Caro aluno, bem-vindo aos seus recursos digitais!

A partir de agora, você tem à sua disposição um conjunto de recursos educacionais digitais que complementam seus livros impressos e são desenvolvidos especialmente para auxiliar os seus estudos. Veja abaixo como é fácil e rápido o acesso aos recursos integrantes deste projeto.

Como acessar os recursos digitais da SM:

1. Para ter acesso aos recursos digitais você precisa ser cadastrado no *site* da . Para isso, no computador, acesse o endereço <www.edicoessm.com.br>.

2. Clique em "Login/Cadastre-se", depois em "Quero me cadastrar" e siga as instruções.

3. Se você **já possui** um cadastro, digite seu *e-mail* e senha para acessar.

4. Após acessar o *site* da SM, entre na área "Ativar recursos digitais" e insira o código indicado abaixo:

COMAT-A7E9C-XKW6K-ANNY3

5. Com seu livro cadastrado em seu perfil, você poderá acessar os recursos digitais usando:

Um computador

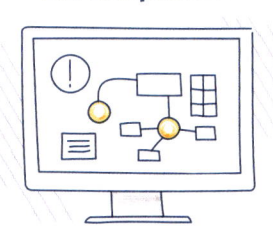

Acesse o endereço <www.edicoessm.com.br>. Faça o *login* e clique no botão "Livro digital". Nesta página, você visualizará todos os seus livros cadastrados. Para acessar o livro desejado, basta clicar na sua capa.

Um dispositivo móvel

Instale o aplicativo **SM Tablet** que está disponível de forma gratuita na loja de aplicativos do dispositivo. Para acessar o SM Tablet, utilize o mesmo *login* e a mesma senha do seu perfil do *site* da SM.

Importante! Não se esqueça de sempre cadastrar seus livros da SM em seu perfil. Assim, você garante a visualização dos seus conteúdos, seja no computador, seja no dispositivo móvel. Em caso de dúvida, entre em contato com nosso **Atendimento**, pelo telefone **0800 72 54876** ou pelo *e-mail* **atendimento@grupo-sm.com**.

convergências
Matemática 7

Eduardo Rodrigues Chavante
- Licenciado em Matemática pela Pontifícia Universidade Católica do Paraná (PUC-PR).
- Professor da rede pública de Ensino Fundamental e Ensino Médio no estado do Paraná.

Convergências — Matemática — 7
© Eduardo Rodrigues Chavante
Todos os direitos reservados

Direção editorial	Juliane Matsubara Barroso
Gerência editorial	Maria Esther Nejm
Gerência de *design* e produção	Marisa Iniesta Martin
Edição executiva	Ana Paula Souza Nani
	Edição: Adriana Netto, Alice Kobayashi, Eliane Cabariti Casagrande Lourenço, Isabella Semaan, Laura Stephano, Marcelo Augusto Barbosa Medeiros, Simone Politi, Tomas Hirayama Masatsugui
Coordenação de controle editorial	Flavia Casellato
	Suporte editorial: Alzira Aparecida Bertholim Meana, Camila Cunha, Fernanda D'Angelo, Giselle Marangon, Mônica Rocha, Silvana Siqueira, Talita Vieira
Coordenação de revisão	Cláudia Rodrigues do Espírito Santo
Coordenação de *design*	Rafael Vianna Leal
Coordenação de arte	Ulisses Pires
	Edição executiva de arte: Melissa Steiner Rocha Antunes
Coordenação de iconografia	Josiane Laurentino
Produção editorial	Scriba Soluções Editoriais
	Assistência editorial: André Luiz Steigenberger, Daiane Gomes de Lima Carneiro, Fátima Gomes Machado Vizacaro, Leandro Figueira Ferreira, Marcela de Marques B. Cardoso, Paulo Ricardo Krzyzanowski, Sheila C. Molina, Thais Marcelle de Andrade
	Revisão técnica: Diego Barboza Prestes
	Revisão: Claudia Maietta
	Edição de ilustrações: Eduardo dos Santos, Ingridhi F. B. e Poliana F. G.
	Cartografia: E. Bellusci, Paula Radi, Renan Fonseca
	Iconografia: Tulio Sanches Esteves
	Tratamento de imagens: José Vitor E. Costa
	Diagramação: Fernanda Miyabe
Capa	Rafael Vianna Leal sobre ilustração de Carlo Giovani
Projeto gráfico	Dayane Ferreira e Marcela Pialarissi
Editoração eletrônica	Luiz Roberto Correa
Fabricação	Alexander Maeda
Impressão	Corprint

Dados Internacionais de Catalogação na Publicação (CIP)
(Câmara Brasileira do Livro, SP, Brasil)

Chavante, Eduardo Rodrigues
   Convergências : matemática, 7º ano : anos finais
do ensino fundamental / Eduardo Rodrigues Chavante.
— 1. ed. — São Paulo : Edições SM, 2016. —
(Convergências)

   Suplementado pelo manual do professor.
   Vários ilustradores.
   Bibliografia.
   ISBN 978-85-418-1609-0 (aluno)
   ISBN 978-85-418-1611-3 (professor)

   1. Matemática (Ensino fundamental) I. Título.
II. Série.

16-04857   CDD-372.7

Índices para catálogo sistemático:
1. Matemática : Ensino fundamental 372.7

1ª edição, 2016

Edições SM Ltda.
Rua Tenente Lycurgo Lopes da Cruz, 55
Água Branca   05036-120   São Paulo   SP   Brasil
Tel. 11 2111-7400
edicoessm@grupo-sm.com
www.edicoessm.com.br

"Nascer sabendo é uma limitação porque obriga a apenas repetir e, nunca, a criar, inovar, refazer, modificar. Quanto mais se nasce pronto, mais se é refém do que já se sabe e, portanto, do passado; aprender sempre é o que mais impede que nos tornemos prisioneiros de situações que, por serem inéditas, não saberíamos enfrentar."

Mario Sergio Cortella

Conheça seu livro

O **Projeto Convergências** é estruturado em três eixos: formação cidadã, formação de leitores críticos e educação baseada em valores. Além disso, ele apresenta assuntos interessantes e atuais, que o auxiliarão a desenvolver autonomia, criticidade, entre outras competências importantes para a sua aprendizagem. Quer saber como seu livro está organizado? Conheça o projeto!

Ampliando fronteiras

Na seção **Ampliando fronteiras** você encontrará informações que o levarão a se posicionar criticamente sobre assuntos relevantes e a estabelecer relações entre diversos temas ou conteúdos.

Para isso, organizamos esses assuntos em seis temas convergentes que permitem relacionar o que foi trabalhado em todas as disciplinas e contribuem para a sua formação cidadã. Conheça um pouco sobre cada um deles.

▶ **Expressões culturais**
As discussões propostas nesse tema permitem compreender e valorizar as diferenças étnicas e culturais, além de conhecer mais sobre diferentes manifestações artísticas.

▶ **Gênero e Diversidade**
Nesse tema, são trabalhados assuntos relacionados aos direitos da mulher, à valorização dos povos e da cultura indígena, à identidade de gênero, ao combate às discriminações, entre outros.

▶ **Tecnologia**
Os assuntos trabalhados nesse tema estão relacionados a inovações tecnológicas de diferentes épocas. Afinal, uma das formas de o ser humano se relacionar com o ambiente e com os outros seres vivos é por meio da tecnologia que ele desenvolve ao longo do tempo.

▶ **Ambiente e Sustentabilidade**
Discutir e compreender a responsabilidade de cada um pelo meio em que vive são os objetivos desse tema. Assim, serão apresentados assuntos como a conservação de recursos naturais, a relação do ser humano e das sociedades com o ambiente, entre outros.

▶ **Cidadania**
Nesse tema, são abordados assuntos que conduzem à reflexão sobre o respeito ao outro e a si mesmo, o combate aos preconceitos de todos os tipos, as reivindicações de melhorias nos locais onde vivemos, entre outros aspectos relevantes para uma formação ética.

▶ **Qualidade de vida**
Os assuntos referentes ao bem-estar físico, mental e emocional são tratados nesse tema. Você vai ler e discutir sobre lazer, atividades físicas, saúde pública, alimentação, combate à violência, prevenção de doenças, entre outros tópicos relacionados a esse tema.

Lendo

Nessa seção, você lerá textos de gêneros variados. Começando com a definição do gênero, a seção apresentará questões organizadas nas etapas **Antes da leitura**, **Durante a leitura** e **Depois da leitura**. Essa estrutura foi elaborada para auxiliá-lo na leitura e na interpretação dos textos, permitindo que você desenvolva autonomia e criticidade.

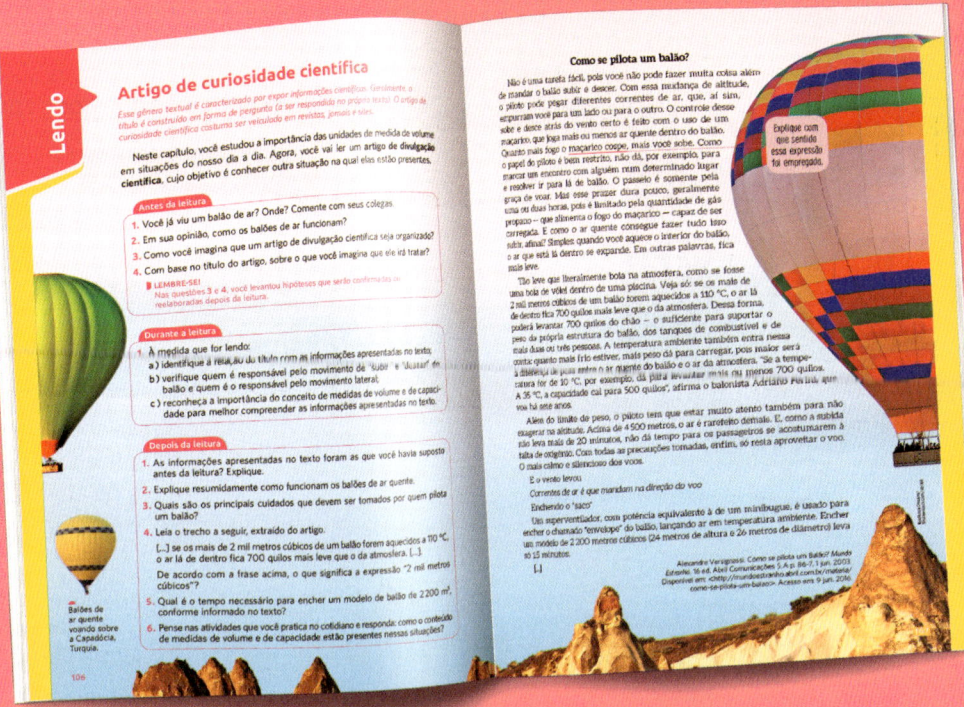

Valores em ação

Nessa seção, o trabalho proposto relaciona os assuntos estudados com valores universais, promovendo a reflexão, a participação e principalmente o respeito pela opinião do colega.

Monkey Business Images/Shutterstock.com/ID/BR

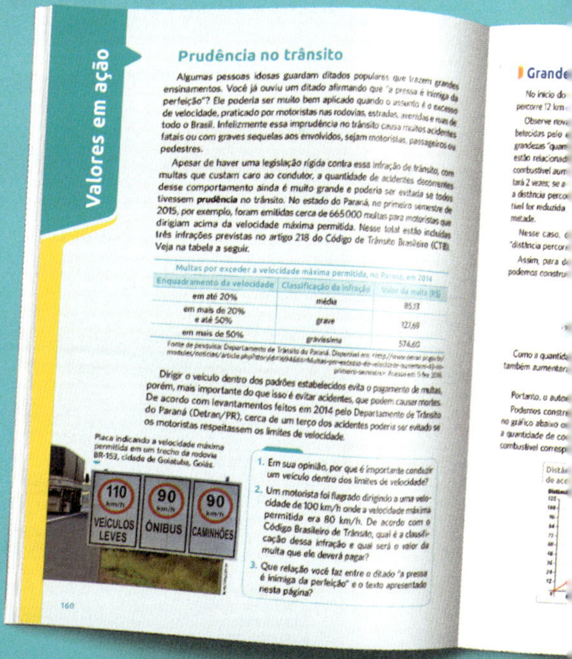

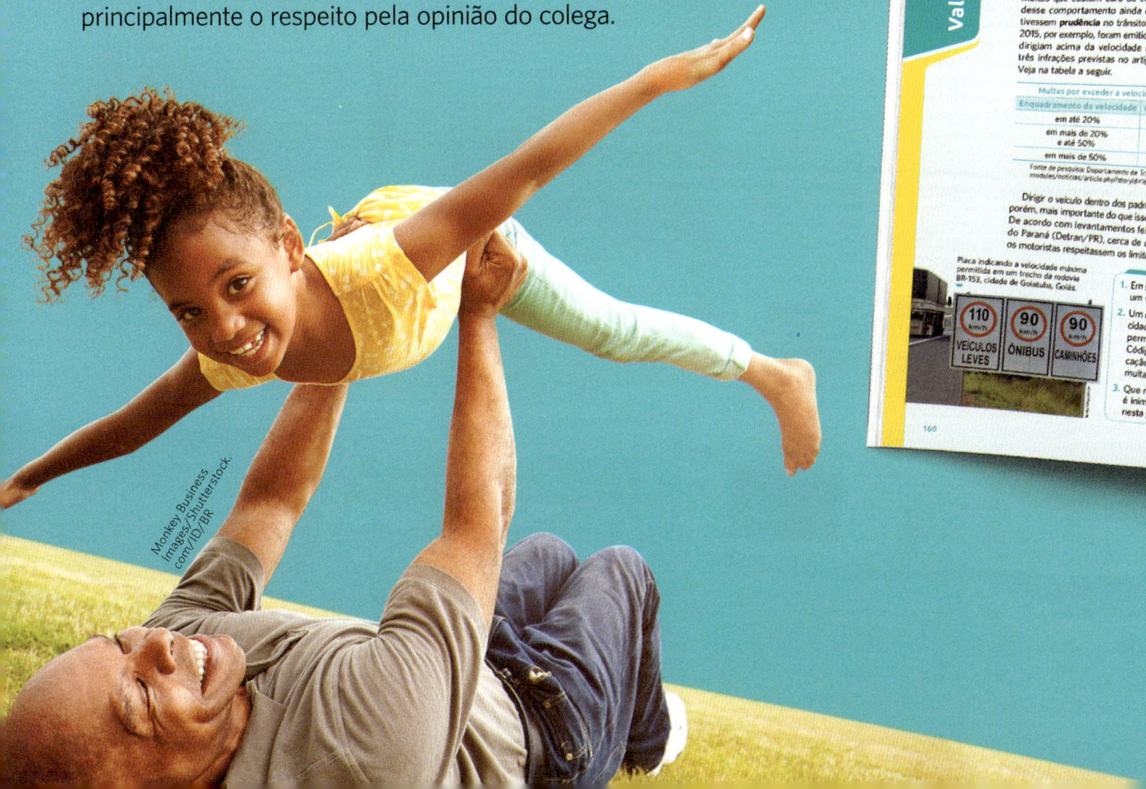

Além das seções que representam os eixos principais, na disciplina de **Matemática**, você também encontrará:

Abertura de unidade

Essas páginas marcam o início de uma nova unidade. Observe a imagem, leia o texto e, com os seus colegas, responda às questões apresentadas.

Iniciando rota

Ao responder essas questões, você vai se dar conta dos conhecimentos que já possui e perceberá que pode ir além.

Os conteúdos são organizados por títulos e subtítulos e, sempre que necessário, são propostas questões que permitem a interação entre você e seus colegas.

Atividades

Nessa seção, você vai praticar os conceitos aprendidos por meio de atividades variadas.

- Atividades que serão realizadas com os colegas.
- Envolvem o trabalho com o eixo de Tratamento da informação.
- Estimulam a utilização de diferentes estratégias de resolução.
- Exercitam o cálculo mental.
- Utilizam recursos mencionados na seção Ferramentas.
- Relacionam a Matemática a outras áreas de conhecimento.

Vamos relembrar

Nessa seção, as atividades estão organizadas em ordem gradual de dificuldade, retomando os conteúdos estudados nos capítulos.

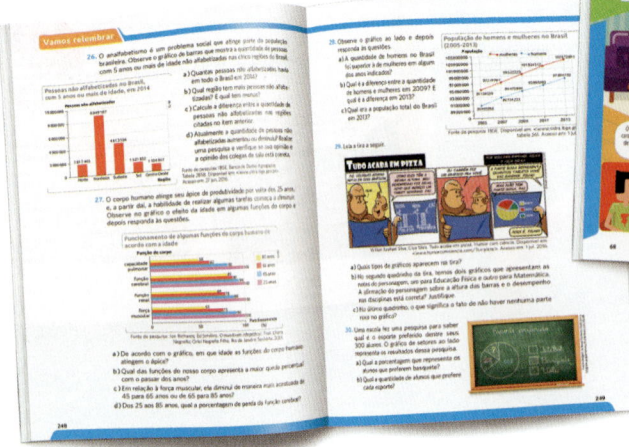

Educação financeira

Para desenvolver atitudes e hábitos conscientes de consumo é preciso ter uma boa educação financeira. Reflexões desse tipo são exploradas nessa seção.

Verificando rota

Aqui você poderá avaliar sua aprendizagem por meio de perguntas que o farão refletir sobre os conhecimentos que tinha antes de iniciar os estudos, comparando-os com os conhecimentos adquiridos ao longo da unidade.

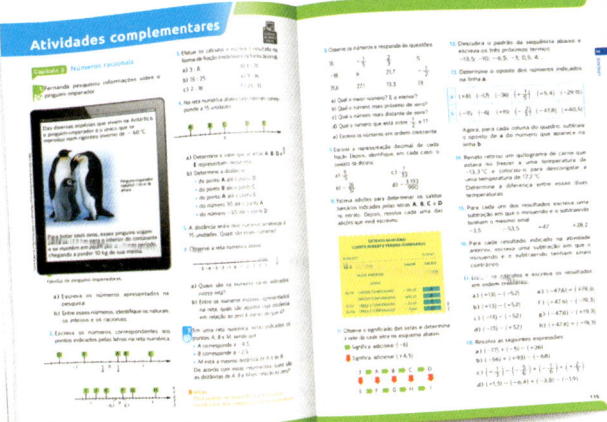

Atividades complementares

Atividades para retomar os conteúdos estudados ao longo da unidade, consolidando e ampliando o seu aprendizado.

Ferramentas

Nessa seção, você vai aprender a utilizar algumas ferramentas para aprofundar os seus conhecimentos em Matemática.

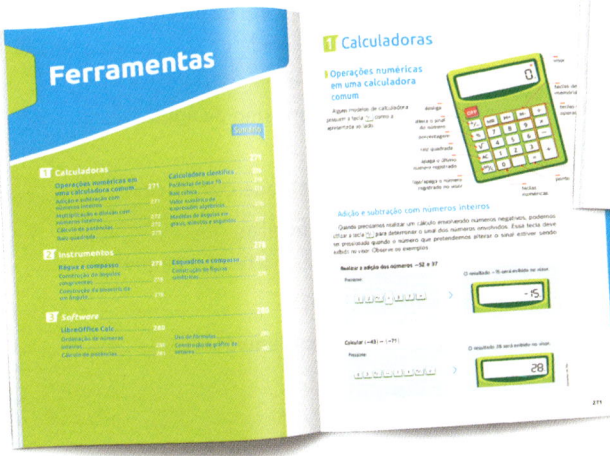

▶ Aprenda mais

Aproveite as sugestões de livros, filmes e *sites* para aprender um pouco mais sobre o conteúdo estudado.

Ação e construção

Para realizar a atividade proposta nessa seção, você vai trabalhar em equipe. Muitas vezes esse trabalho vai envolver toda a turma e isso será um grande desafio! Atividades assim permitem que você e seus colegas desenvolvam habilidades individuais e coletivas, além de possibilitar a relação entre mais de uma disciplina. Mãos à obra!

 Esse ícone remete a um objeto educacional digital.

Sumário

UNIDADE 1 — Números inteiros e operações 10

CAPÍTULO 1 — Números positivos e números negativos 12
- Uso dos números inteiros 12
- Números inteiros na reta numérica 17
- Comparação de números inteiros 20

▌ **Valores em ação**
Campanha do Agasalho: solidariedade ao próximo 21

CAPÍTULO 2 — Operações com números inteiros 24
- Adição com números inteiros 24
- Subtração com números inteiros 27
- Multiplicação com números inteiros 30
- Divisão com números inteiros 33
- Potenciação com números inteiros na base 36

▌ **Ampliando fronteiras**
Temperatura ideal do corpo humano 42

▌ **Verificando rota** 44

▌ **Atividades complementares** 46

UNIDADE 2 — Números racionais, potências, raízes e medidas 52

CAPÍTULO 3 — Números racionais 54
- Forma fracionária e forma decimal 54
- Números racionais na reta numérica 56
- Dízima periódica 58
- Adição e subtração com números racionais 60
- Multiplicação com números racionais 63
- Divisão com números racionais 66

▌ **Educação financeira**
Por que usamos o dinheiro? 68

- Potenciação com números racionais na base 70
- Raiz quadrada de números racionais 71

CAPÍTULO 4 — Potências, notação científica e raízes 76
- Potências com expoente negativo 76
- Propriedades das potências 77
- Potências de base **10** 80
- Notação científica 82
- Raízes 84

CAPÍTULO 5 — Medidas de volume e de capacidade 90
- Medidas de volume 90
- Volume de um paralelepípedo retângulo 93
- Conversão de unidades de medida de volume 94
- Medidas de capacidade 99

▌ **Valores em ação**
Prudência no consumo da água 105

▌ **Lendo**
Artigo de curiosidade científica 106

▌ **Ampliando fronteiras**
Grande e ao mesmo tempo pequeno 110

▌ **Verificando rota** 112

▌ **Atividades complementares** 114

UNIDADE 3 — Equações, inequações e proporção 124

CAPÍTULO 6 — Expressões algébricas, equações e inequações 126
- Expressões algébricas 126
- Fórmulas 131
- Igualdades 134
- Equações 135
- Inequações 141
- ▌ Educação financeira
  - Consumo consciente em casa 146

CAPÍTULO 7 — Razão e proporção 152
- Razão 152
- ▌ Valores em ação
  - Prudência no trânsito 160
- Grandezas diretamente proporcionais 161
- Grandezas inversamente proporcionais 162
- Grandezas não proporcionais 162
- Proporção 165
- Regra de três simples 166
- Regra de três composta 172
- ▌ Ampliando fronteiras
  - Número de ouro na natureza 180
- ▌ Verificando rota 182
- ▌ Atividades complementares 184

UNIDADE 4 — Ângulos, polígonos e probabilidade 194

CAPÍTULO 8 — Ângulos 196
- Classificação dos ângulos 197
- Ângulos congruentes 197
- Ângulos adjacentes 197
- Grau, minuto e segundo 200
- ▌ Lendo
  - Reportagem 202
- Adição e subtração de medidas de ângulos 204
- Multiplicação e divisão de medidas de ângulos 208

CAPÍTULO 9 — Polígonos e simetria 216
- Polígonos 216
- Soma das medidas dos ângulos internos de um polígono 219
- Simetria: reflexão, rotação e translação 223
- ▌ Valores em ação
  - A coerência da beleza 228

CAPÍTULO 10 — Gráficos e probabilidade 232
- Gráfico de barras 232
- Gráfico de barras múltiplas 233
- Gráfico de linhas 233
- Gráfico de setores 237
- Possibilidades e probabilidade 243
- ▌ Ampliando fronteiras
  - Ângulos na ortodontia 252
- ▌ Verificando rota 254
- ▌ Atividades complementares 256

▌ Ação e construção
  Hábitos saudáveis para viver melhor 266
▌ Ferramentas 270
▌ Aprenda mais 284
▌ Gabarito 286
▌ Siglas 304
▌ Referências bibliográficas 304

UNIDADE 1

Números inteiros e operações

Agora vamos estudar...

- os números inteiros, representá-los na reta e compará-los entre si;
- operações com números inteiros;
- algumas regras para determinar se o resultado de algumas operações é positivo ou negativo.

O mar Morto está localizado no Oriente Médio, entre Israel e Jordânia. Em suas águas há uma grande concentração de sal, condição que não favorece a sobrevivência de espécies animais ou vegetais. Além disso, a grande taxa de salinidade possibilita aos banhistas boiar com facilidade.

Banhistas nas águas do mar Morto.

Iniciando rota

1. A superfície do mar Morto está a cerca de 400 m abaixo do nível do mar, como mostra o esquema.

Em sua opinião, como poderíamos expressar a altitude da superfície do mar Morto em relação ao nível do mar?

2. Um submarino está submerso a uma profundidade de 150 m. Durante a realização de um treinamento, precisou descer mais 230 m, depois desceu outros 60 m e por último subiu 410 m. Após a realização do treinamento, qual era a profundidade do submarino?

CAPÍTULO 1

Números positivos e números negativos

Existem algumas situações em que o número zero ou os números maiores que zero não são suficientes para expressar determinadas informações, como é o caso de certas temperaturas. Vamos estudar alguns desses casos.

▌ Uso dos números inteiros

Observe o mapa a seguir.

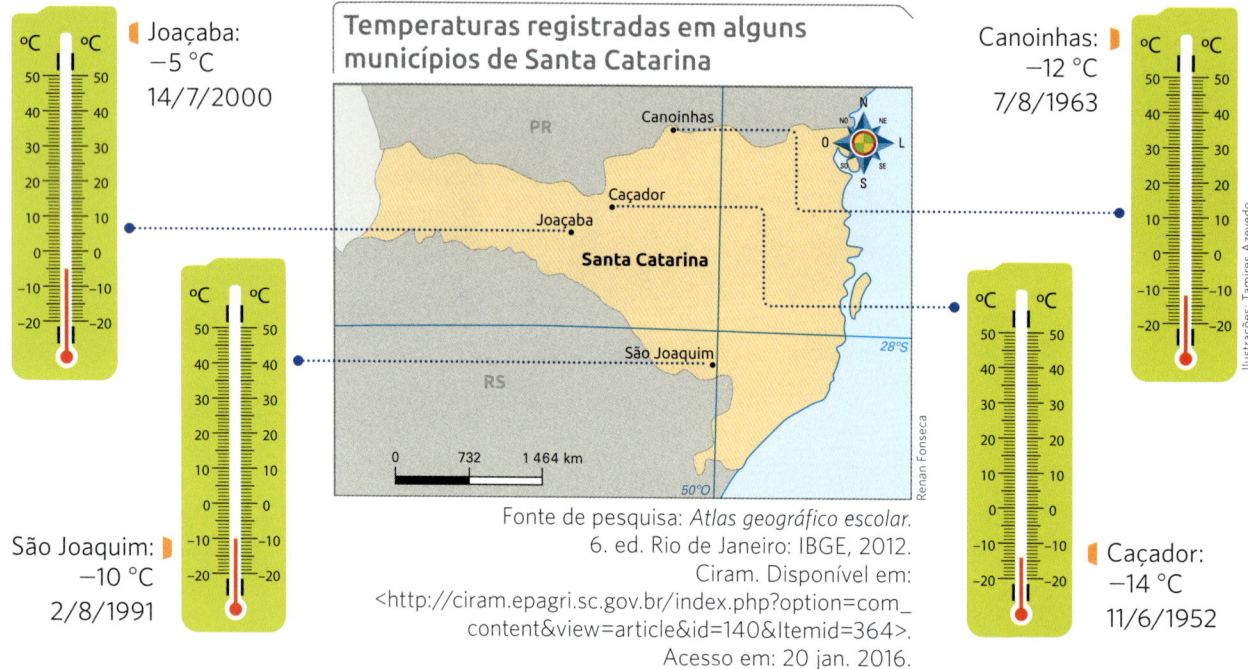

Fonte de pesquisa: *Atlas geográfico escolar.* 6. ed. Rio de Janeiro: IBGE, 2012. Ciram. Disponível em: <http://ciram.epagri.sc.gov.br/index.php?option=com_content&view=article&id=140&Itemid=364>. Acesso em: 20 jan. 2016.

Note que as temperaturas apresentadas estão **abaixo de zero** e são indicadas por **números negativos** acompanhados da unidade de medida (°C), que corresponde à escala de medida de temperatura centígrada ou Celsius, utilizada no Brasil. A temperatura do município de São Joaquim, por exemplo, é lida como menos dez **graus Celsius** ou **centígrados**, ou ainda, dez graus negativos.

A escala Celsius foi assim denominada em homenagem ao astrônomo sueco Anders Celsius (1701-1744), que desenvolveu essa unidade de medida de temperatura.

1 Qual é a menor temperatura apresentada no mapa? Em qual município ela foi registrada?

▌ Retrato de Anders Celsius. Além da escala termométrica que leva seu nome, Anders Celsius também contribuiu com algumas áreas da Astronomia.

Para medir a temperatura é utilizado um instrumento chamado **termômetro**. Veja alguns modelos.

Termômetro digital de rua, na cidade de São Paulo (SP).

Termômetro digital de uso comum.

Termômetro de álcool colorido.

2 Qual é a temperatura que o termômetro de álcool colorido está indicando?

Os números negativos também são utilizados para registrar certas altitudes, como indicado no esquema.

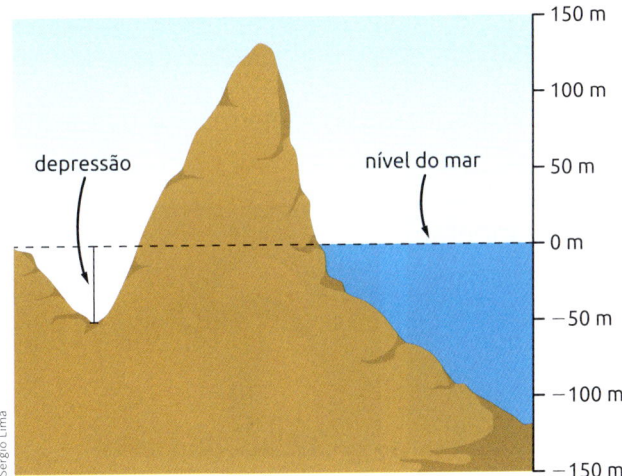

Nesse esquema é possível perceber que acima do nível do mar as altitudes são indicadas com números positivos e abaixo do nível do mar elas são indicadas com números negativos. Note que o ponto de referência que indica a altitude igual a zero é o nível do mar.

3 Qual é a altitude aproximada da depressão representada no esquema?

Os extratos bancários também podem apresentar valores negativos.

BANCO BONAVENTURA
25/01/2017   13:53   AG: 0123   CONTA: 054321-0
TITULAR: JOSÉ DA SILVA

DATA	HISTÓRICO	DOCUMENTO	VALOR (R$)
01/01	SALDO	******	315,00
11/01	PAGAMENTO FATURA	632701	−79,00
15/01	DEPÓSITO DINHEIRO	931382	100,00
22/01	SAQUE	876531	−200,00
23/01	SAQUE	730014	−159,00
25/01	SALDO	******	−23,00

❚ Nesse caso, para indicar um valor positivo, não é utilizado sinal algum, mas para indicar um valor negativo utiliza-se o sinal (−) antes do número.

Geralmente os extratos das movimentações bancárias apresentam os saldos com valores positivos quando há dinheiro disponível na conta, e com valores negativos quando não há dinheiro disponível na conta. Além disso, também apresentam os créditos (valores depositados), com valores positivos, e os débitos (valores retirados), com valores negativos.

4 Ao final do dia 25/01, qual era o saldo registrado no extrato bancário? O que esse valor representa?

Os sinais de + e − apareceram pela primeira vez em um livro de matemática comercial publicado em 1489 pelo alemão Johann Widman (c. 1460–1498).

Atividades

1. Entre as temperaturas indicadas, determine a que é mais conveniente em cada caso.

Temperatura em ambiente quente.

Temperatura da lava de um vulcão em erupção.

Temperatura da água em ebulição.

Temperatura em ambiente muito frio.

40 °C   7 °C   100 °C   50 °C   70 °C   100 °C   20 °C   6 °C
−5 °C   1 200 °C   −180 °C   −15 °C

2. Em abril de 2016, algumas localidades da Região Sul do Brasil registraram baixas temperaturas, como mostra o mapa.

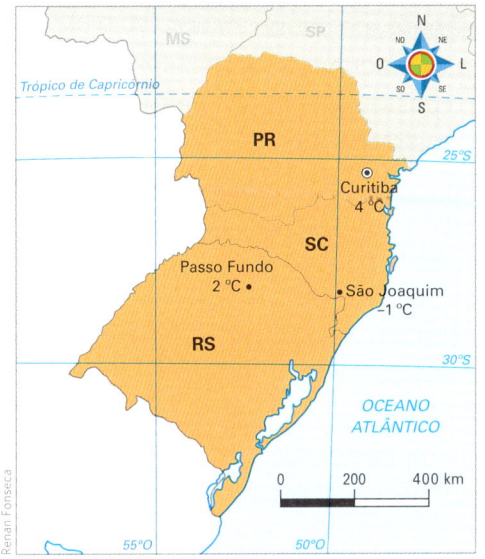

Fonte de pesquisa: *Atlas geográfico escolar*. 6. ed. Rio de Janeiro: IBGE, 2012. Inmet. Disponível em: <www.inmet.gov.br/portal/index.php?r=tempo/graficos>. Acesso em: 7 jun. 2016.

Os termômetros abaixo indicam a temperatura das localidades indicadas no mapa. Associe o nome de cada localidade ao termômetro correspondente.

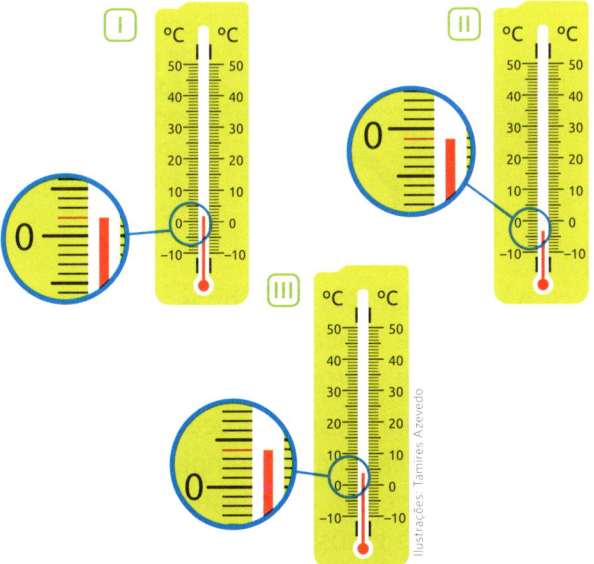

3. Em 2014, o Canadá enfrentou uma das maiores ondas de frio dos últimos invernos, com temperaturas de 41 °C abaixo de zero em Winnipeg, e 29 °C abaixo de zero em Toronto. Em virtude das baixas temperaturas, as autoridades aconselharam as pessoas a não saírem de casa por causa da possibilidade de congelamento em poucos minutos.

Escreva no caderno as temperaturas que foram citadas no texto.

4. Utilizando números positivos ou números negativos, escreva as altitudes de acordo com as informações.

a)

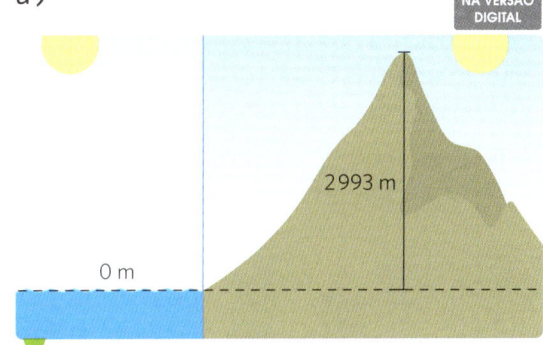

Localizado na Serra do Imeri, no estado do Amazonas, o Pico da Neblina é a montanha mais alta do Brasil, com cerca de 2 993 m de altitude. Ele recebe esse nome porque a parte superior da montanha fica coberta por neblina quase o ano inteiro.

b)

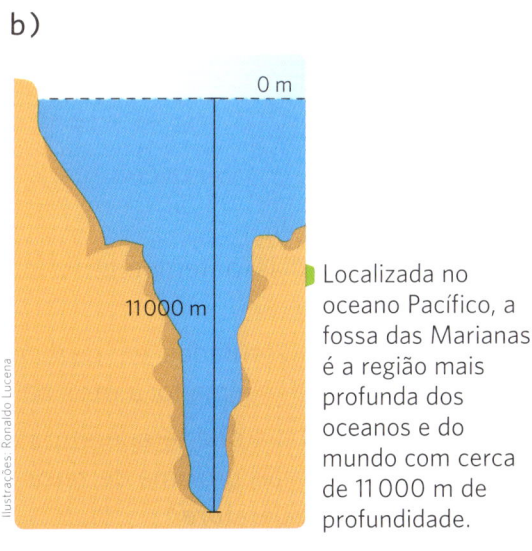

Localizada no oceano Pacífico, a fossa das Marianas é a região mais profunda dos oceanos e do mundo com cerca de 11 000 m de profundidade.

5. Represente com números positivos ou números negativos as seguintes situações.

a) A conta bancária de Patrícia apresenta um saldo positivo de R$ 800,00.

b) A conta bancária de Lúcio apresenta um saldo negativo de R$ 452,50.

c) Marta tinha R$ 1 800,00 em sua conta bancária, retirou R$ 1 500,00 e depois depositou R$ 600,00. Qual é o saldo ao final dessas movimentações na conta de Marta?

6. Observe no gráfico a seguir a temperatura mínima registrada durante cinco dias em São Joaquim.

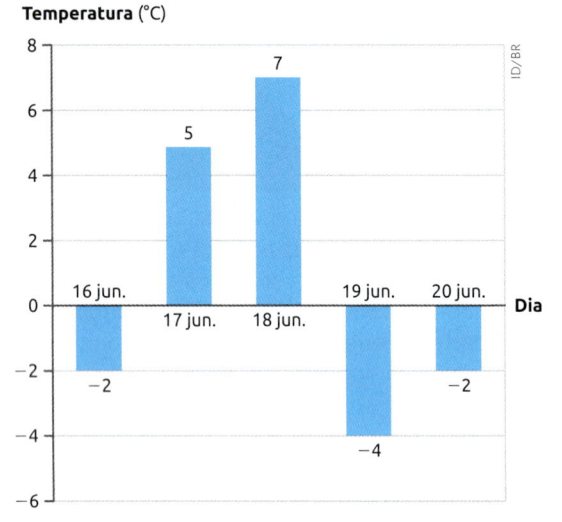

Temperatura mínima registrada em São Joaquim (SC) de 16/06/2015 a 20/06/2015

Fonte de pesquisa: Inmet. Disponível em: <www.inmet.gov.br/portal/index.php?r=tempo/graficos>. Acesso em: 8 jun. 2016.

a) Em quais dias a temperatura esteve abaixo de zero?

b) Dos dias apresentados, em qual deles a temperatura mínima foi a mais baixa?

c) Em qual(is) dia(s) a temperatura mínima esteve mais próxima de zero? Qual foi essa temperatura?

7. A fim de prolongar a validade do leite e garantir um produto isento de microrganismos que podem causar doenças ao ser humano, foi criado um processo chamado pasteurização, que consiste em um tratamento térmico do leite. Existem três tipos de pasteurização: a lenta, a rápida e a muito rápida. A lenta é usada para pequenas quantidades de leite, como a pasteurização do leite de cabra, que consiste em elevar a temperatura do leite até 65 °C por 30 minutos e em seguida resfriá-lo a 5 °C. A pasteurização rápida é mais utilizada para leite de vaca do tipo **A**, **B** e **C** embalado em saco plástico. Nesse caso, a temperatura do leite é elevada a 75 °C durante 15 a 20 segundos e depois ele é resfriado a 4 °C.

Já na pasteurização muito rápida, também conhecida como UHT (*Ultra High Temperature*), a temperatura do leite é elevada de 130 °C a 150 °C durante 3 a 5 segundos e, depois, o leite é resfriado até atingir 22 °C. Em seguida, é colocado assepticamente em embalagens que o protege da luz e do gás oxigênio.

Após a pasteurização, o prazo de validade do leite que sofreu o processo de pasteurização rápida é três dias, enquanto no processo muito rápido é quatro meses.

a) Em qual dos três tipos de pasteurização é aplicada a maior temperatura durante o processo? E a menor?

b) Em qual desses processos ocorre a maior diferença de temperatura durante o processo de pasteurização? De quantos graus Celsius é essa diferença?

Números inteiros na reta numérica

Os números positivos e os números negativos podem ser representados em uma **reta numérica**.

Para construir uma reta numérica com números positivos e números negativos, representamos uma reta e destacamos uma **origem**, que corresponderá ao **número zero**. Em seguida, determinamos o sentido negativo e positivo a partir da origem.

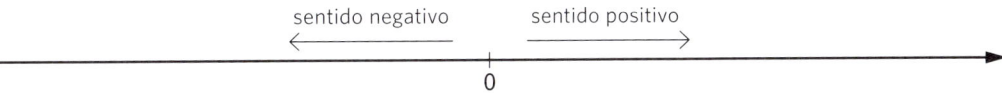

Depois, escolhemos uma unidade de medida qualquer, que pode ser 1 cm, por exemplo, e realizamos marcações na reta utilizando sempre essa unidade.

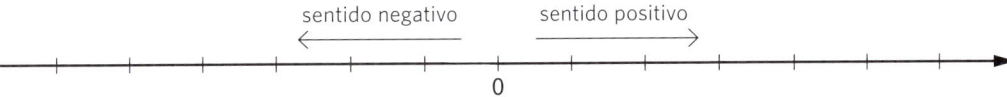

Por fim, registramos em cada marcação da reta um número positivo ou um número negativo, tomando como referência a origem.

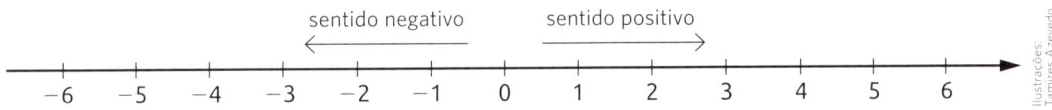

Observando a reta numérica podemos perceber que 5 é o sucessor de 4, pois 4 + 1 = 5. Por outro lado, o antecessor de 4 é 3, pois 4 − 1 = 3.

Outra maneira de analisar é verificando que 5 está imediatamente à direita do número 4. Logo, 5 é o sucessor de 4. Do mesmo modo, 3 está imediatamente à esquerda do número 4. Logo, 3 é o antecessor do número 4.

1 Qual é o sucessor de −1? E o antecessor de −5?

Nesta reta estão representados alguns números naturais e alguns números inteiros negativos.

- **Números naturais**:
  0, 1, 2, 3, 4, 5, 6, ...

- **Números inteiros negativos**:
  ..., −6, −5, −4, −3, −2, −1

Unindo os números naturais com os números inteiros negativos, obtemos os **números inteiros**.

- **Números inteiros**:
  ..., −6, −5, −4, −3, −2, −1, 0, 1, 2, 3, 4, 5, 6, ...

Note que a sequência dos números inteiros aumenta indefinidamente tanto no sentido negativo quanto no sentido positivo. Assim, não existe um número inteiro que seja maior que todos os outros e nem um que seja menor que todos os outros.

O zero não é um número positivo nem negativo.

Módulo

Observe a reta numérica e os pontos indicados:

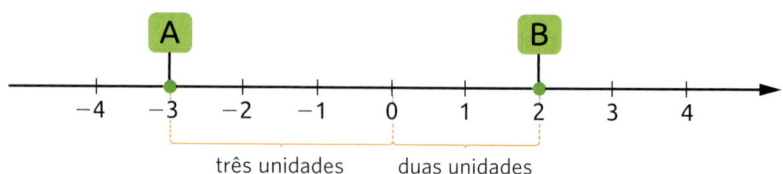

O ponto A está a 3 unidades da origem e o ponto B está a 2 unidades da origem. A distância entre um ponto qualquer da reta numérica e a origem recebe o nome de **módulo** ou **valor absoluto**, que é representado pelo número entre duas barras verticais paralelas. Desse modo, dizemos que o módulo ou valor absoluto do número:

- −3 é 3, isto é, |−3| = 3 (lê-se: módulo de menos três é igual a três);
- 2 é 2, isto é, |2| = 2 (lê-se: módulo de dois é igual a dois).

2 Qual é o módulo de −5? E o módulo de 5? O que podemos dizer sobre o módulo de qualquer número diferente de zero?

> O módulo de qualquer número diferente de zero é sempre positivo.

Veja alguns exemplos.

- |5| = 5
- |−8| = 8
- |13| = 13
- |−1| = 1

Quando dois números estão em sentidos opostos e à mesma distância da origem, dizemos que eles são **números opostos** ou **simétricos**. Por exemplo:

- −6 e 6 são opostos ou simétricos, porque |−6| = 6 e |6| = 6;

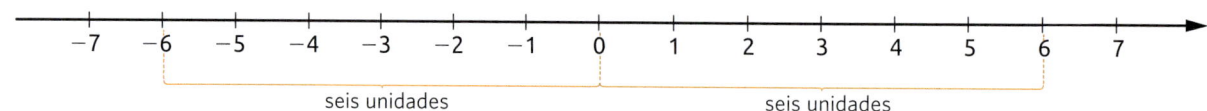

- 4 e −4 são opostos ou simétricos, porque |4| = 4 e |−4| = 4.

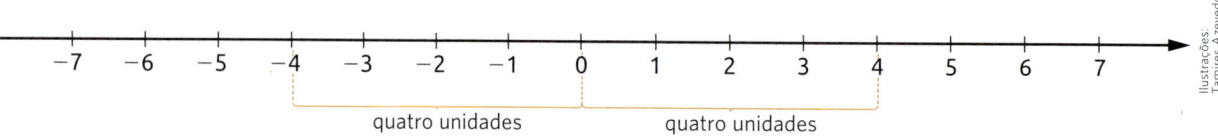

> São chamados de números opostos ou simétricos os pares de números inteiros 1 e −1, 2 e −2, 3 e −3, etc.

Atividades

8. Escreva no caderno o antecessor e o sucessor dos seguintes números.

a) −12
b) 0
c) −81
d) 100
e) −3 056

9. Na malha quadriculada abaixo cada lado do quadradinho equivale a uma unidade.

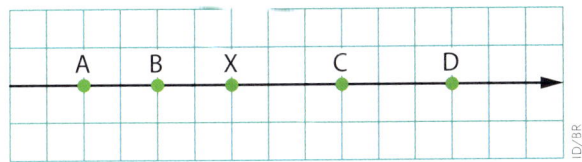

a) Qual é o número correspondente ao ponto X se a origem for o:
 • ponto C?   • ponto D?
 • ponto A?   • ponto B?

b) Se a origem for o ponto X, qual número corresponde ao:
 • ponto A?   • ponto C?
 • ponto B?   • ponto D?

10. Na reta numérica abaixo cada letra representa um dos números indicados nas fichas.

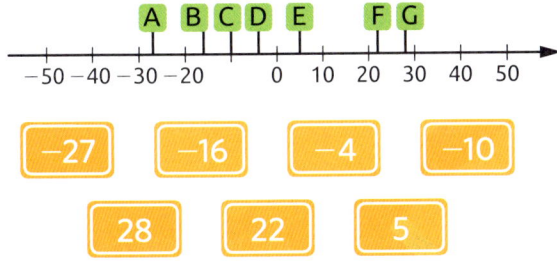

a) Escreva o número que cada uma das letras representa.

b) Dos números nas fichas:
 • qual é o número mais próximo da origem da reta numerada?
 • quais números estão localizados a mais de 20 unidades de distância da origem?

11. A exposição a temperaturas extremas pode causar no ser humano, mal-estar, cansaço, tontura, confusão mental, ser levado ao coma e até a morte. Veja dois exemplos de temperaturas extremas.

• Em 13 de setembro de 1922, em Al'Aziziyah, no deserto do Saara, na Líbia, os termômetros marcaram 58 °C à sombra.

• Em Vostok, na Antártica, em 21 de julho de 1983, foi registrada a temperatura de aproximadamente 89 °C abaixo de zero.

Na reta numérica a seguir, cada letra representa uma temperatura. Associe cada uma das temperaturas citadas no texto a uma letra, escrevendo a letra e a temperatura correspondente.

12. Determine o módulo de cada um dos números.

a) |−56| d) |26|
b) |−8| e) |−36|
c) |100| f) |−92|

13. Responda no caderno às questões abaixo.

a) Quais são os módulos dos números inteiros que estão entre −2 e 2?

b) Quais são os números inteiros cujos módulos são menores do que 2?

14. Observe a reta numérica e determine o módulo dos números inteiros indicados pelas letras.

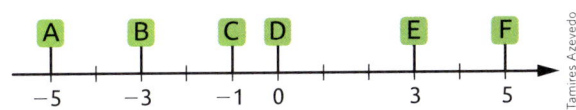

15. Qual é o simétrico de 106?

Comparação de números inteiros

A reta numérica também pode nos auxiliar a comparar dois ou mais números inteiros. Veja, por exemplo, como comparar os números −5 e 2.

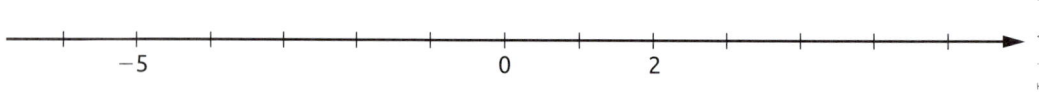

Ao observar os números representados na reta numérica, percebemos que o número 2 está à direita do número −5, portanto:

- 2 é maior que −5, isto é, 2 > −5 (lê-se: dois é maior que menos cinco);
- −5 é menor que 2, isto é, −5 < 2 (lê-se: menos cinco é menor que dois).

De maneira geral, para comparar dois números inteiros, basta observar qual deles está representado mais à direita na reta numérica: esse será o maior. Assim, podemos afirmar que:

- qualquer número positivo é maior que zero;
- qualquer número positivo é maior que qualquer número negativo;
- zero é maior que qualquer número negativo.

1 Ao comparar dois números negativos, o maior deles será o que estiver mais próximo ou mais distante da origem? Por quê?

Atividades

16. (Saresp) Leia a notícia abaixo.

Uma onda de frio já causou 46 mortes nos últimos dias nos países da Europa Central. No centro da Romênia, a temperatura chegou a −32 °C na noite passada. No noroeste da Bulgária, a temperatura era de −22 °C e as ruas ficaram cobertas por uma camada de 10 cm de gelo. Foram registradas as marcas de −30 °C na República Tcheca e de −23 °C na Eslováquia.

Segundo a notícia, o país em que a temperatura estava mais alta é:

a) Romênia.
b) Bulgária.
c) República Tcheca.
d) Eslováquia.

17. Quais são os números inteiros negativos maiores que −6?

18. Copie as sentenças abaixo no caderno, substituindo cada ■ pelo símbolo > (maior que) ou < (menor que).

a) −3 ■ −5
b) 8 ■ 13
c) 12 ■ 5
d) −4 ■ 0
e) −23 ■ −2
f) −2 ■ −5
g) −11 ■ 6
h) 25 ■ 18

19. Escreva em ordem crescente os números das fichas a seguir.

20. Escreva em ordem crescente a sequência dos números inteiros maiores que −3 e menores que 8.

Campanha do Agasalho: solidariedade ao próximo

Todos os anos, quando vai se aproximando o inverno, ouvimos falar de arrecadações de roupas, calçados e cobertores que servirão para suprir as necessidades de famílias e pessoas em situação de vulnerabilidade social e ajudá-las a passar de maneira digna e aceitável por essa época do ano.

Essas mobilizações ocorrem em várias localidades do país e geralmente recebem o nome de Campanha do Agasalho. Diversas instituições, como organizações não governamentais, empresas, instituições religiosas e até mesmo órgãos vinculados aos governos municipais e estaduais, promovem tais campanhas. Apesar de serem solidárias individualmente, elas se unem com um objetivo em comum: ajudar as pessoas que mais precisam.

A cada edição, as instituições participantes se mobilizam a fim de chamar a atenção da população para essa causa nobre e para que cada vez mais as pessoas tenham atitudes de **solidariedade** com o próximo. Para isso, são criadas ações publicitárias para a divulgação da Campanha em diversos meios de comunicação, como a internet, jornais, revistas, rádios, emissoras de televisão, etc.

Moradores de São Paulo colocam cabides com várias peças de roupas para estimular doação de agasalhos para pessoas carentes.

> **Vulnerabilidade social:** condição de indivíduos em situação de fragilidade, expostos a riscos, geralmente moradores de rua.

1. Quais são os órgãos que costumam promover a Campanha do Agasalho? Com qual objetivo?

2. Qual a importância da Campanha do Agasalho e da participação de todos nesse ato de solidariedade? Converse com os colegas a respeito desse assunto.

3. Em grupo, façam um cartaz com informações sobre a Campanha do Agasalho salientando a importância desse ato de solidariedade e também sobre as condições dos materiais arrecadados, pois devem estar todos em bom estado de conservação.

Valores em ação

Vamos relembrar

21. Associe os termômetros que indicam a mesma temperatura. Para isso, escreva a letra e o símbolo romano correspondentes.

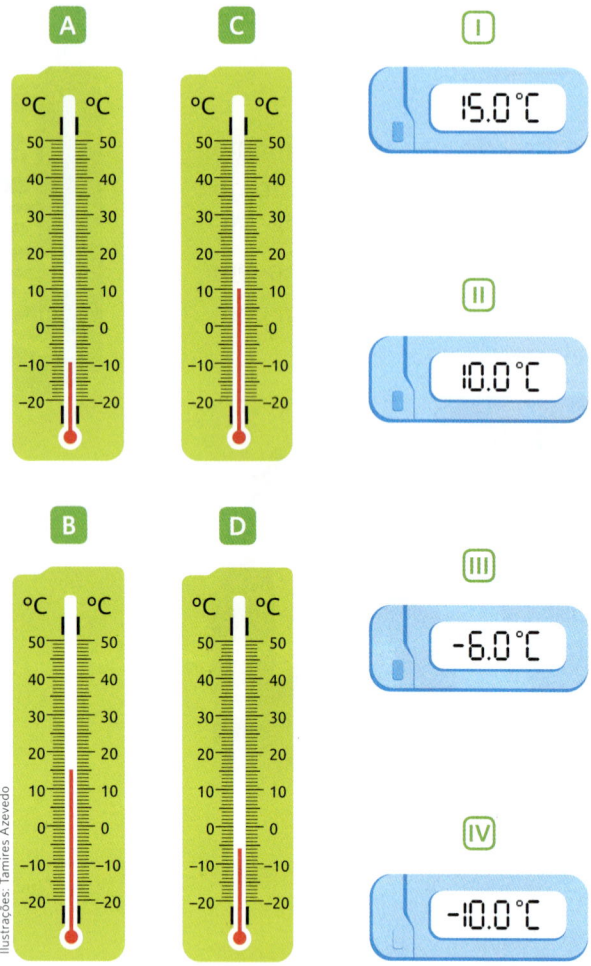

22. Observe o extrato bancário.

BANCO SUCESSO
25/01/2017   07:53   AG: 0012   CONTA: 012345-0
TITULAR: CARLOS FERREIRA

DATA	HISTÓRICO	DOCUMENTO	VALOR (R$)
03/01	SALDO	******	−176,00
06/01	DEPÓSITO DINHEIRO	932323	880,00
11/01	SAQUE	876543	−200,00
12/01	SAQUE	760054	−159,00
25/01	SALDO	******	345,00

a) De acordo com o extrato bancário, o saldo de Carlos é positivo ou negativo? Qual é o valor do saldo?

b) Em qual dia o saldo de Carlos estava negativo? De quantos reais era o saldo nesse dia?

c) Qual foi o maior crédito apresentado no extrato?

d) Suponha que no dia 25 de janeiro Carlos realize uma compra no valor de R$ 341,00. Após realizar a compra, o saldo ficará positivo ou negativo? De quantos reais?

23. O gráfico a seguir apresenta o resultado financeiro de uma empresa, entre lucros e prejuízos, em cada bimestre em um determinado ano.

> **Bimestre:** período correspondente a dois meses.

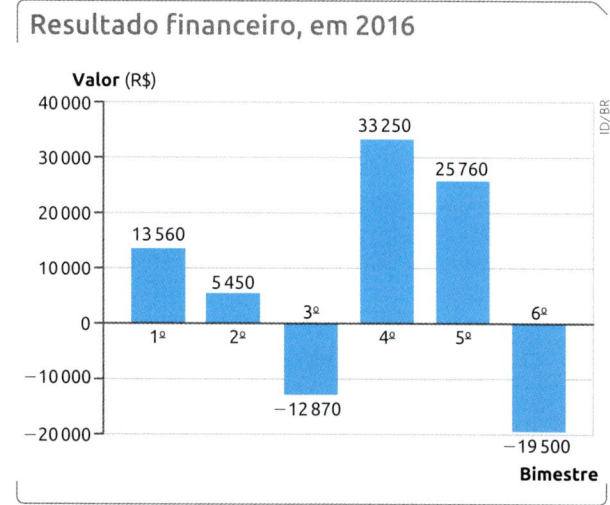

Fonte de pesquisa: Departamento Contábil.

a) Em que bimestre a empresa obteve o maior lucro? De quantos reais foi esse lucro?

b) O maior prejuízo foi quantos reais? Em que bimestre isso ocorreu?

c) Em quais bimestres essa empresa obteve lucro entre R$ 25 000,00 e R$ 35 000,00?

24. Observe a situação em uma sala de aula.

a) Em sua opinião, o aluno respondeu corretamente? Justifique.

b) Substitua as letras pelos números correspondentes de acordo com a reta numérica que aparece na imagem.

25. A distância entre dois números na reta numérica é 56. Quais são esses números sabendo que são opostos?

26. Determine o valor de cada letra indicada no quadro a seguir.

número	oposto	valor absoluto
−82	A	B
C	44	D
E	F	26
15	G	H

27. Determine os pares de fichas que apresentam o mesmo módulo.

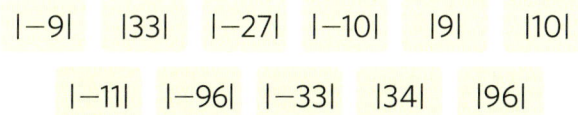

28. Escreva o simétrico de cada número.
  a) +26   c) +69   e) −1
  b) −152   d) +101   f) −273

29. Veja o que Zoraide está dizendo.

A afirmação de Zoraide está correta? Justifique.

30. Qual dos termômetros está indicando a temperatura mais alta? E qual termômetro está indicando a temperatura mais baixa?

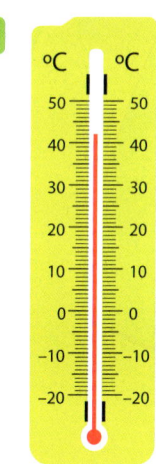

23

CAPÍTULO 2

Operações com números inteiros

Neste capítulo, você vai aprender a adicionar, subtrair, multiplicar e dividir números positivos e negativos.

Adição com números inteiros

A diferença entre o crédito e o débito é chamada saldo.

No gráfico está representado o saldo bancário de uma lanchonete ao final de cada mês do primeiro semestre do ano 2016.

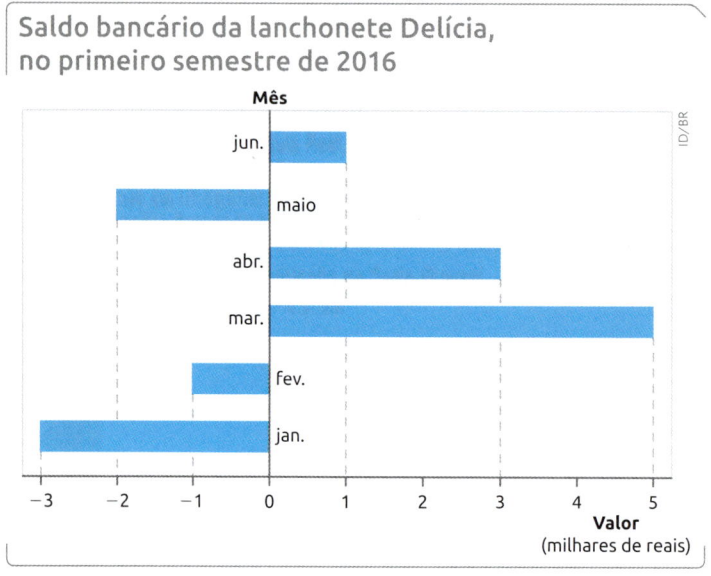

Fonte de pesquisa: Balanço semestral da lanchonete Delícia.

Podemos verificar se essa lanchonete obteve **lucro (saldo positivo)** ou **prejuízo (saldo negativo)** ao final de certo período, realizando a adição das quantias em reais. Por exemplo, para saber o saldo que essa lanchonete obteve ao final do primeiro bimestre de 2016, adicionamos (-3) com (-1). Para isso, utilizamos a reta numérica.

A partir da origem, deslocamos 3 unidades para a esquerda, pois (-3) é negativo. Em seguida, deslocamos mais 1 unidade para a esquerda a partir de (-3), pois (-1) também é negativo.

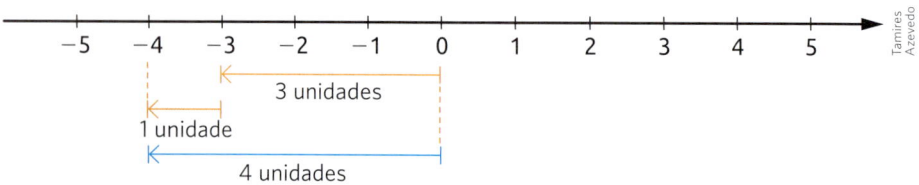

Portanto, $(-3) + (-1) = -4$.

Logo, o prejuízo dessa lanchonete no primeiro bimestre de 2016 foi 4 mil reais.

Para sabermos se essa lanchonete obteve lucro ou prejuízo ao final do primeiro trimestre, adicionamos o prejuízo de 4 mil reais (-4), obtido no primeiro bimestre, com o lucro de 5 mil reais $(+5)$ do mês de março. Para isso, utilizamos, de maneira semelhante à página anterior, a reta numérica.

A partir da origem, deslocamos 4 unidades para a esquerda, pois (-4) é negativo. Em seguida, deslocamos 5 unidades para a direita a partir de (-4), pois $(+5)$ é positivo.

Tamires Azevedo

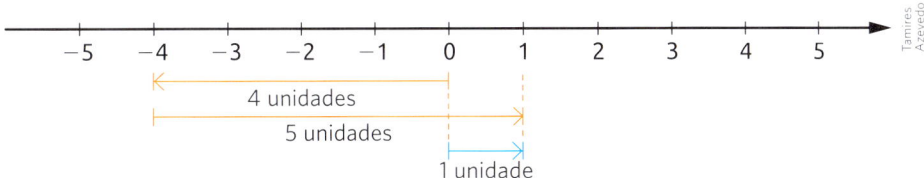

Portanto, $(-4) + (+5) = +1$.

Logo, essa lanchonete obteve lucro de mil reais no primeiro trimestre.

1 Essa lanchonete obteve lucro ou prejuízo no primeiro semestre de 2016? De quantos reais?

Atividades

1. Complete os cálculos, substituindo cada ■ pelo número adequado. Para isso, utilize as informações da reta numérica indicada em cada item.

a) $(+7) + (■) = +4$

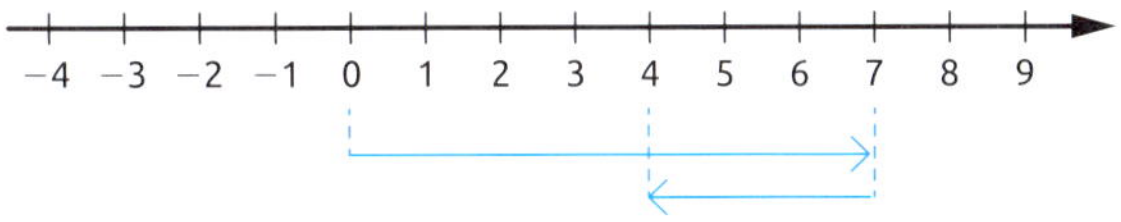

b) $(-8) + (■) = -1$

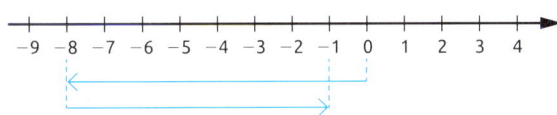

c) $(■) + (-8) = ■$

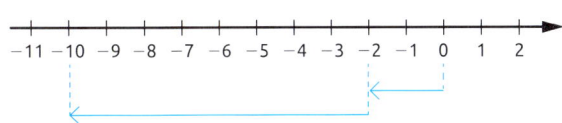

d) $(■) + (■) = ■$

Ilustrações: Tamires Azevedo

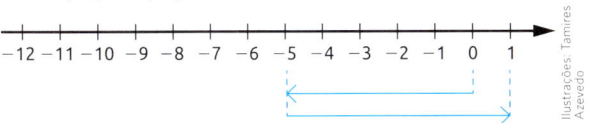

2. As propriedades **associativa**, **comutativa** e **elemento neutro** são válidas para os números inteiros. Além dessas, temos outra propriedade válida para os números inteiros, que está relacionada a um número e ao seu oposto. Em uma adição em que as duas parcelas são números opostos (ou simétricos), o resultado é zero (elemento neutro da adição). Veja o exemplo:

$$(+5) + \underbrace{(-5)}_{\text{oposto de } +5} = 0$$

Essa propriedade é chamada **elemento oposto** da adição. De acordo com essa informação, substitua cada letra pelo número adequado.

a) $(+10) + (-10) = \mathbf{A}$

b) $(+9) + (\mathbf{B}) = 0$

c) $(\mathbf{C}) + (-8) = 0$

d) $(-36) + (\mathbf{D}) = 0$

3. Observe como Artur resolveu o cálculo $(+32)+(-2)+(-6)+(-30)$ utilizando as propriedades da adição.

Fotomontagem de Renan Fonseca criada com a fotografia Tibet Saisema/Shutterstock.com/ID/BR

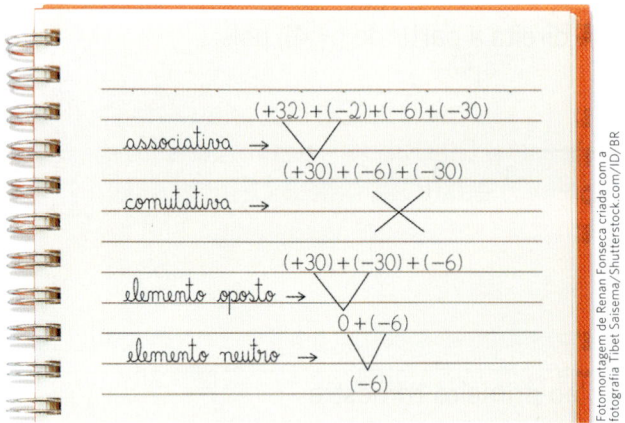

Agora, de maneira semelhante, resolva e identifique nos cálculos a propriedade utilizada em cada etapa.

a) $(-16)+(+4)+(+16)+(+2)+(-6)$

b) $(-36)+(+25)+(+11)+(+21)+(+5)$

4. Efetue os cálculos a seguir com uma calculadora.

a) $(-19)+(+6)$

b) $(-23)+(+14)$

c) $(-56)+(-6)$

d) $(+21)+(-18)$

e) $(+45)+(-10)$

f) $(-92)+(-68)$

g) $(+77)+(-56)$

5. Resolva as expressões.

a) $(+12)+(-5)+(-3)$

b) $(-42)+(+15)+(-33)$

c) $(-35)+(+41)+(-21)$

d) $(+22)+(-48)+(-3)$

e) $(-19)+(-51)+(-22)+(+36)$

f) $(-17)+(+35)+(-23)+(-41)$

6. Em um jogo com cinco participantes, cada um recebeu aleatoriamente quatro fichas numeradas. Vence a partida o jogador que obtiver o maior resultado após a soma dos números das quatro fichas. Observe o que cada um recebeu.

Participante **1**:	+10	+50	−20	+10
Participante **2**:	−50	+10	−10	+20
Participante **3**:	−50	+10	+10	+20
Participante **4**:	+50	+10	−10	−20
Participante **5**:	−10	+20	−10	−10

a) Determine a pontuação de cada participante, sabendo que:

- Amanda venceu a partida;
- Abel ficou em último lugar;
- Rui ficou em 2º lugar;
- Gabriel e Marli empataram.

b) Escreva o nome dos cinco amigos em ordem decrescente de pontuação.

7. Um quadrado é chamado **mágico** quando ele é formado por diferentes números distribuídos em linhas e colunas de maneira que a soma dos números que aparecem em cada linha, coluna e diagonal seja a mesma. A essa soma, chamamos **constante mágica**. Observe as indicações a seguir e substitua cada letra no quadrado mágico por um número inteiro.

- A soma em cada linha, coluna ou diagonal é −3;
- **C** é o número oposto de 5;
- **F** é o antecessor de −3.

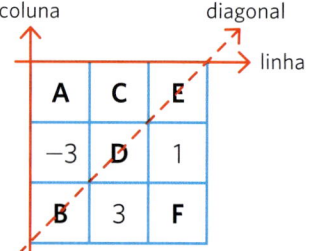

Subtração com números inteiros

Na tabela a seguir estão apresentadas as três primeiras e as três últimas equipes da classificação do Campeonato Brasileiro de Futebol da série **A** de 2015 e as informações sobre os gols.

Lance durante a partida entre Atlético (MG) e Corinthians (SP) pela série **A** do Campeonato Brasileiro de Futebol, em Belo Horizonte (MG), 2015.

Campeonato Brasileiro de Futebol da série A, em 2015				
Colocação	Equipe	Gols marcados	Gols sofridos	Saldo de gols
1º	Corinthians (SP)	71	31	40
2º	Atlético (MG)	65	47	18
3º	Grêmio (RS)	52	32	20
18º	Vasco da Gama (RJ)	28	54	−26
19º	Goiás (GO)	39	49	−10
20º	Joinville (SC)	26	48	−22

Fonte de pesquisa: Confederação Brasileira de Futebol. Disponível em: <www.cbf.com.br/competicoes/brasileiro-serie-a/classificacao/2015>. Acesso em: 22 jan. 2016.

1 O saldo de gols de uma equipe que marcou mais gols do que sofreu será positivo ou negativo? E de uma equipe que sofreu mais gols do que marcou?

O saldo de gols é determinado pela diferença entre a quantidade de gols marcados e a quantidade de gols sofridos.

Por exemplo, para determinar o saldo de gols do Goiás (GO), temos de subtrair 49 de 39. Em uma subtração com números positivos e negativos, adicionamos o minuendo ao oposto do subtraendo, ou seja:

$$(+39) - (+49) = (+39) + \underbrace{(-49)}_{\text{oposto de } +49} = -10$$

Representando $(+39) + (-49) = -10$ na reta numérica, temos:

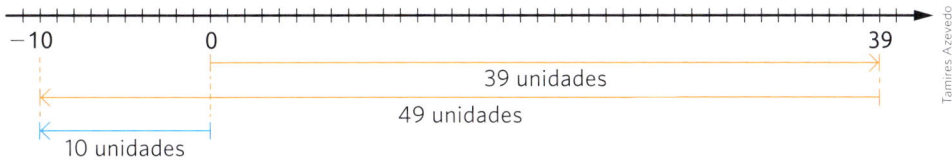

Assim, o saldo de gols do Goiás (GO) era de (−10) no Campeonato Brasileiro de Futebol da série **A** de 2015.

Agora, veja como calcular a diferença entre os saldos de gols do primeiro colocado, Corinthians (SP), e do último colocado, Joinville (SC).

$$(+40) - (-22) = (+40) + (+22) = 62$$

oposto de -22

Representando $(+40) + (+22) = 62$ na reta numérica, temos:

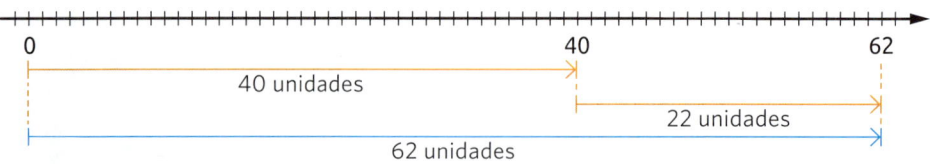

Portanto, a diferença entre os saldos de gols do Corinthians (SP) e do Joinville (SC) era 62 gols.

Também podemos determinar a diferença entre $(+40)$ e (-22) localizando esses números na reta numérica.

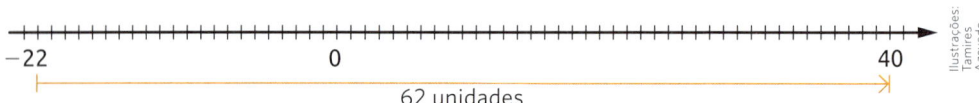

Note que a distância entre (-22) e $(+40)$ corresponde a 62 unidades, isto é, a diferença entre eles é 62 unidades, que nesse caso representa 62 gols.

Atividades

8. Veja parte da tabela da página **27**, e responda considerando os gols marcados e sofridos.

Campeonato Brasileiro de Futebol da série A, em 2015

Colocação	Equipe	Saldo de gols
1º	Corinthians (SP)	40
2º	Atlético (MG)	18
3º	Grêmio (RS)	20
18º	Vasco da Gama (RJ)	−26
19º	Goiás (GO)	−10
20º	Joinville (SC)	−22

Fonte de pesquisa: Confederação Brasileira de Futebol. Disponível em: <www.cbf.com.br/competicoes/brasileiro-serie-a/classificacao/2015>. Acesso em: 22 jan. 2016.

a) Quais dessaa equipes têm saldo de gols negativo?

b) Quantos gols o Goiás deveria marcar a mais para ficar com saldo de gols igual a zero?

c) No mínimo, quantos gols o Grêmio precisaria sofrer para ficar com saldo negativo?

9. Observe o extrato bancário de Paula.

EXTRATO BANCÁRIO
CLIENTE: PAULA DE OLIVEIRA

20/02/2017　　　　　　　　13:50:05

DATA	HISTÓRICO	SALDO
15/02	SALDO	−120,00
17/02	DEPÓSITO	620,00
18/02	SAQUE	−50,00
20/02	TARIFA BANCÁRIA	−15,00

RESUMO
SALDO ATUAL

a) Qual é o saldo atual?

b) Paula vai pagar no caixa eletrônico as faturas de energia elétrica e água, cujos valores são R$ 160,00 e R$ 95,00, respectivamente. Após o pagamento, qual será o saldo bancário de Paula?

10. Famosa pela neve a cada inverno, a cidade de São Joaquim (SC) é considerada uma das mais frias do Brasil.

Cidade de São Joaquim (SC) em um dia de inverno.

Veja no gráfico as temperaturas mínima e máxima observadas em um período de cinco dias em São Joaquim em maio 2016.

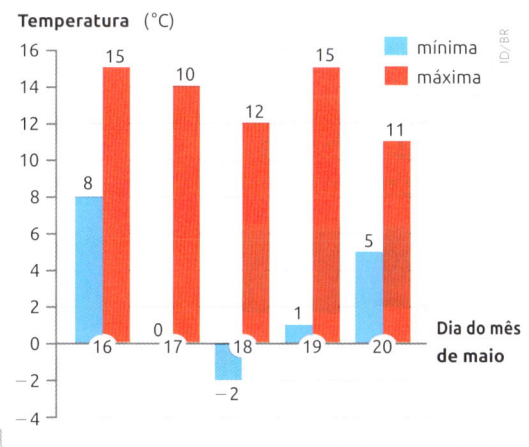

Temperaturas mínima e máxima em São Joaquim (SC) – 16/05/2016 a 20/05/2016

Fonte de pesquisa: Inmet. Disponível em: <www.inmet.gov.br/portal/index.php?r=tempo/graficos>. Acesso em: 8 jun. 2016.

De acordo com o gráfico, calcule a **variação da temperatura** de cada dia, ou seja, a diferença entre as temperaturas máxima e mínima.

11. A linha do tempo é uma representação cronológica dos fatos que ocorreram ao longo da história. Em geral, a linha do tempo é dividida em antes e depois do nascimento de Cristo. Os fatos que ocorreram antes do nascimento de Cristo são indicados com a sigla a.C. (antes de Cristo) ou pelo sinal de menos (−). Já os fatos que ocorreram após o nascimento de Cristo são indicados com a sigla d.C. (depois de Cristo) ou pelo sinal de mais (+). Observe a linha do tempo a seguir.

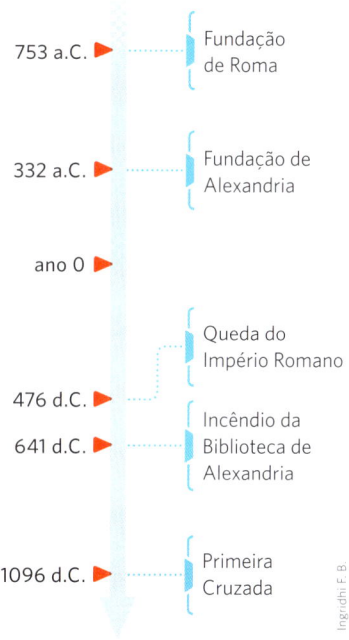

a) Escreva as datas apresentadas na linha do tempo utilizando o sinal + ou −.

b) Qual dos fatos históricos indicados está mais próximo do nascimento de Cristo?

c) Qual é a diferença, em anos, entre a fundação de Alexandria e a queda do Império Romano?

d) Utilizando a linha do tempo, elabore uma pergunta envolvendo adição ou subtração e dê para um colega resolver. Depois, troquem as perguntas e verifiquem se as respostas estão corretas.

Multiplicação com números inteiros

Flávia participou de um teste seletivo em que as questões respondidas corretamente valiam 4 pontos e as respondidas incorretamente, −2 pontos. Sabendo que de um total de oito questões, Flávia respondeu a 5 questões corretamente e a 3 incorretamente, quantos pontos ela obteve nesse teste?

Para responder a essa pergunta, podemos realizar o seguinte cálculo:

$$\underbrace{5 \cdot (+4)}_{\text{pontos obtidos com as respostas corretas}} + \underbrace{3 \cdot (-2)}_{\text{pontos obtidos com as respostas incorretas}}$$

Primeiro, vamos determinar a quantidade de pontos obtidos com as cinco respostas corretas.

$$5 \cdot (+4) = 5 \cdot 4 = 4 + 4 + 4 + 4 + 4 = 20$$

Portanto, Flávia obteve 20 pontos com as respostas corretas.

Agora, vamos determinar a quantidade de pontos obtidos com as três respostas incorretas.

$$3 \cdot (-2) = (-2) + (-2) + (-2) = -6$$

Representando esse cálculo na reta numérica, temos que:

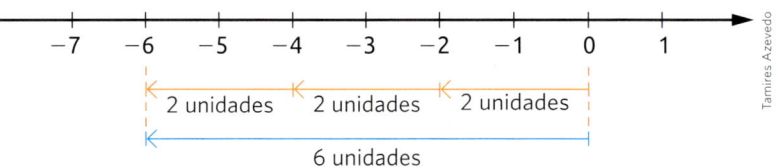

Portanto, Flávia obteve −6 pontos com as respostas incorretas.

Adicionando as pontuações obtidas, temos:

$$\underbrace{5 \cdot (+4)}_{20} + \underbrace{3 \cdot (-2)}_{(-6)} = 20 + (-6) = 14$$

Logo, Flávia obteve 14 pontos nesse teste seletivo.

1 Sabendo que outro candidato respondeu a 2 questões corretamente e a 6 incorretamente, quantos pontos ele obteve no teste?

Para calcular a quantidade de pontos obtidos por Flávia com as respostas incorretas, realizamos a multiplicação entre um número positivo e um número negativo, nesse caso, $3 \cdot (-2)$.

Agora, para realizar a multiplicação entre um número negativo e um número positivo, podemos utilizar a propriedade comutativa da multiplicação e proceder de maneira semelhante à apresentada.

Veja, por exemplo, como calcular $(-7) \cdot (+4)$.

$$(-7) \cdot (+4) = (+4) \cdot (-7) = 4 \cdot (-7) = (-7) + (-7) + (-7) + (-7) = -28.$$

Outra maneira de realizar esse cálculo é substituir o fator (-7) por $-(+7)$, porque $(+7)$ é o oposto de (-7), e em seguida realizar o cálculo.

$$(-7) \cdot (+4) = -\underbrace{(+7) \cdot (+4)}_{(+28)} = -(+28) = -28$$

De maneira semelhante, podemos realizar multiplicações em que ambos os fatores são números negativos. Veja, por exemplo, como calcular $(-2) \cdot (-8)$.

$$(-2) \cdot (-8) = -\underbrace{(+2) \cdot (-8)}_{(-16)} = -(-16) = +16$$

Nesse caso, substituímos o fator (-2) por $-(+2)$ porque $(+2)$ é o oposto de (-2).

2 Agora, realize o cálculo $(-2) \cdot (-8)$, substituindo o fator (-8) por $-(+8)$.

- Em uma multiplicação de dois fatores em que ambos possuem o mesmo sinal, o produto será um número positivo.
- Em uma multiplicação de dois fatores em que ambos têm sinais diferentes, o produto será um número negativo.

Atividades

12. Resolva os itens a seguir.
   a) $(-2) \cdot (+8)$
   b) $(-3) \cdot (+8)$
   c) $(+5) \cdot (-7)$
   d) $(-9) \cdot (+7)$

13. Observe o esquema abaixo, e substitua cada letra pelo número adequado.

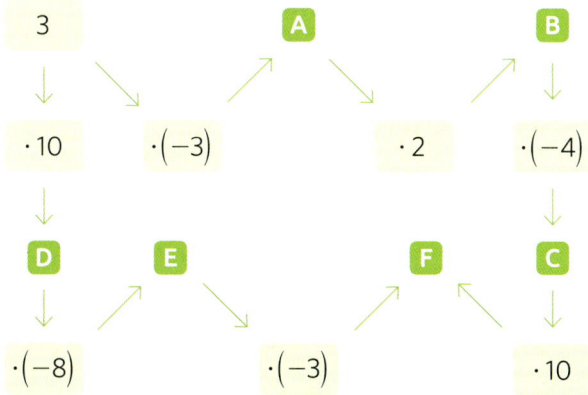

14. Associando dois fatores da expressão numérica ao lado obtivemos um número inteiro terminado em zero.

$$5 \cdot (-9) \cdot (-6)$$
$$(-30) \cdot (-9)$$
$$270$$

De maneira semelhante, resolva as expressões numéricas.
   a) $5 \cdot (-16) \cdot 8$
   b) $(-4) \cdot (-25) \cdot 82$
   c) $15 \cdot (-2) \cdot (-5) \cdot 6$
   d) $35 \cdot 4 \cdot (-4)$

15. Calcule o que se pede em cada item.
   a) dobro de -15
   b) quádruplo de -8
   c) triplo de $-11 \cdot 6$
   d) dobro de $3 \cdot (-10) \cdot (-12)$

16. Verifique, em cada item, se o resultado da expressão numérica é negativo ou positivo. Veja um exemplo:

$$\underbrace{\underbrace{(+14)\cdot(-9)}_{\text{negativo}}\cdot\underbrace{(-2)}_{\text{negativo}}}_{\text{positivo}} \to \text{resultado positivo}$$

a) $(-56)\cdot(+95)\cdot(+2)$
b) $(-13)\cdot(-100)\cdot(-21)$
c) $(+106)\cdot(-9)\cdot(+74)\cdot(-66)$
d) $(-160)\cdot(-88)\cdot(-51)\cdot(-16)$

17. Bruna e quatro amigos reuniram-se para disputar um jogo de perguntas e respostas. A cada resposta certa, o jogador ganha 5 pontos e a cada resposta errada, perde 3. Observe o desempenho de Bruna nessa disputa.

Jogador	Bruna
Respostas certas	3
Respostas erradas	4
Pontos ganhos	+15
Pontos perdidos	−12
Saldo	+3

Agora, veja no quadro a quantidade de respostas certas e erradas dos demais jogadores. Em seguida, calcule os pontos ganhos, os pontos perdidos e o saldo de pontos de cada jogador.

Jogador	Respostas certas	Respostas erradas
Ângelo	2	5
Carla	5	2
Vilma	1	6
Alfredo	4	3

▌**DICA!**
Represente os pontos perdidos com números negativos.

18. Os itens de **I** a **IV** representam sequências de teclas de uma calculadora que foram acionadas para solucionar cada uma das multiplicações. Relacione cada sequência de teclas a uma multiplicação escrevendo a letra e o numeral romano correspondentes. Depois, determine os resultados das multiplicações.

A 9×7 **C** $(-9) \times 7$
B $9 \times (-7)$ **D** $(-9) \times (-7)$

I	9	+/−	×	7	=
II	9	×	7	=	
III	9	×	7	+/−	=
IV	9	+/−	×	7	+/−	=

19. Observe as anotações de um aluno e determine o resultado desta atividade.

Pense em um número inteiro negativo. Multiplique-o por −4. Adicione 10 ao resultado. Multiplique o novo resultado por −8. Subtraia 15 do resultado obtido. Que número você encontrou?

Explique a um colega como você chegou ao resultado e peça a ele que verifique se os seus cálculos estão corretos.

20. Encontre o valor de cada letra da pirâmide.

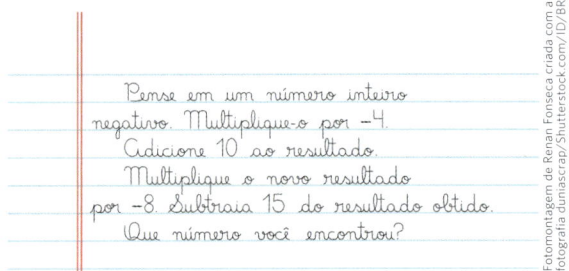

▌**DICA!**
O segredo da pirâmide é: $6\cdot(-4)=A$

Divisão com números inteiros

Um mergulhador pretende imergir a −16 metros a fim de visualizar os destroços de um navio naufragado. Em sua primeira tentativa, conseguiu descer até a metade da distância pretendida. A quantos metros esse mergulhador conseguiu descer na primeira tentativa?

Mergulhador descendo para explorar destroços de um navio.

Para responder a essa pergunta, podemos efetuar o cálculo $(-16) : 2$.

Sabendo que a divisão é a operação inversa da multiplicação e vice-versa, podemos pensar em um número que multiplicado por 2 resulta em −16. Logo, determinamos o número −8, ou seja, se $(-8) \cdot 2 = -16$, então $(-16) : 2 = -8$.

Portanto, em sua primeira tentativa, o mergulhador desceu a −8 m.

Podemos representar as operações inversas por meio do esquema ao lado. Note que, ao efetuarmos $(-8) \cdot 2$, obtemos −16 e, ao efetuarmos $(-16) : 2$, obtemos −8.

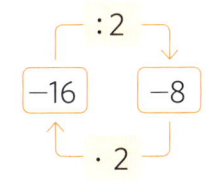

Veja outros exemplos de divisões envolvendo números inteiros:

- $30 : 2 = 15$, porque $15 \cdot 2 = 30$
- $(-28) : 4 = -7$, porque $(-7) \cdot 4 = -28$
- $40 : (-5) = -8$, porque $(-8) \cdot (-5) = 40$
- $(-54) : (-6) = 9$, porque $9 \cdot (-6) = -54$

1 Qual é o resultado de $0 : (-7)$? Justifique.

- Em uma divisão em que o dividendo e o divisor possuem o mesmo sinal, o quociente é um número positivo.
- Em uma divisão em que o dividendo e o divisor possuem sinais diferentes, o quociente é um número negativo.

Atividades

21. Resolva as divisões com números inteiros.

a) $(-70):(-2)$
b) $(-36):(+3)$
c) $(+49):(-7)$
d) $(+50):(+5)$
e) $(-74):(-37)$
f) $(-81):(+27)$
g) $(+90):(-30)$
h) $(+86):(+43)$

22. Na cidade de Mirny, na Rússia, existe uma mina que já foi considerada a maior jazida de diamantes do mundo.

Mina de Mirny, em 2015.

Escavada a céu aberto, a exploração dessa mina começou em 1957 e, atualmente, ela atingiu a profundidade de cerca de 530 m abaixo do nível do mar.

Sabendo que outra mina tem a metade da dimensão da mina de Mirny, qual é a profundidade, em metros, dessa mina? Dê sua resposta utilizando um número inteiro.

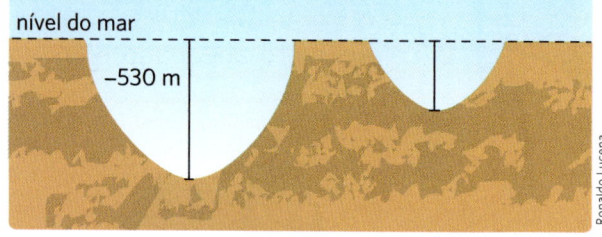

23. Copie as sentenças substituindo cada ■ pelo símbolo =, > ou <.

a) $12:3 \; \blacksquare \; 18:(-2)$
b) $(-20):(-10) \; \blacksquare \; 16:8$
c) $(-28):(-7) \; \blacksquare \; -14:2$
d) $56:(-8) \; \blacksquare \; 121:(-11)$

24. Observe a tira.

De acordo com a tira, qual era realmente a temperatura naquele momento?

25. Observe o padrão a seguir e escreva os quatro números que completam cada sequência.

a)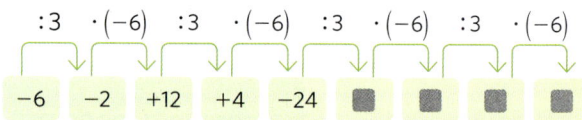

b)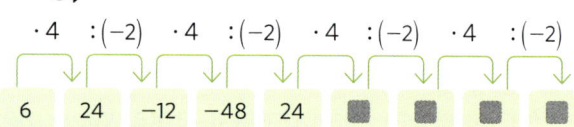

26. Podemos associar duas divisões a uma multiplicação da seguinte maneira:

$(+6) \cdot (-13) = (-78) \begin{cases} (-78):(+6) = (-13) \\ (-78):(-13) = (+6) \end{cases}$

Resolva os cálculos e depois escreva duas divisões associadas a cada multiplicação.

a) $(-9) \cdot (+8)$
b) $(-11) \cdot (-3)$
c) $(+30) \cdot (-2)$
d) $(+17) \cdot (+10)$

27. Responda às perguntas a seguir.

a) Qual é o número que multiplicado por (-16) é igual a 32?

b) Ao dividirmos um número por (-5), obteremos (-25) como resultado. Que número é esse?

28. Em toda a extensão do litoral brasileiro há vários navios naufragados. No gráfico estão representados alguns deles com a medida de profundidade em que cada um atingiu o fundo do mar em relação ao nível do mar.

Alguns navios naufragados no litoral brasileiro, até 2013

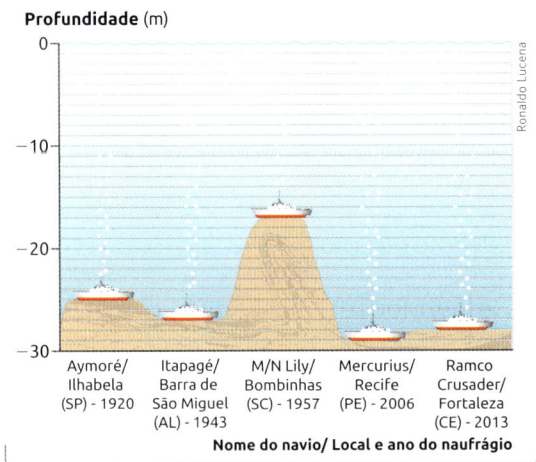

Profundidade (m)

Nome do navio/ Local e ano do naufrágio:
- Aymoré/ Ilhabela (SP) - 1920
- Itapagé/ Barra de São Miguel (AL) - 1943
- M/N Lily/ Bombinhas (SC) - 1957
- Mercurius/ Recife (PE) - 2006
- Ramco Crusader/ Fortaleza (CE) - 2013

Fonte de pesquisa: Brasil Mergulho. Disponível em: <www.brasilmergulho.com.br/port/especialidades/naufragios/navios/>. Acesso em: 8 jun. 2016.

a) A quantos metros de profundidade está o navio M/N Lily?
b) Qual dos navios apresentados está mais próximo do nível do mar?
c) Quantos metros a profundidade do navio Mercurius é maior que a profundidade do navio Aymoré?
d) Qual a média, em metros, da profundidade dos navios apresentados no gráfico?

29. Amauri começou um jogo com 60 pontos e nas 4 primeiras rodadas, de um total de 5 rodadas, ele perdeu 20 pontos por rodada.
a) Quantos pontos Amauri perdeu nas 4 primeiras rodadas?
b) Com quantos pontos Amauri estava ao fim das 4 primeiras rodadas?
c) Sabendo que na quinta rodada Amauri recuperou metade dos pontos que perdeu na primeira rodada, determine com quantos pontos ele terminou o jogo.

30. Uma mina de carvão possui um elevador que atinge uma profundidade de 35 m, que pode ser representada por -35. Observe, no esquema abaixo, o elevador e algumas das saídas que dão acesso às galerias da mina. Utilizando uma divisão de números inteiros, calcule a quantidade de saídas, sabendo que a distância entre elas é sempre a mesma.

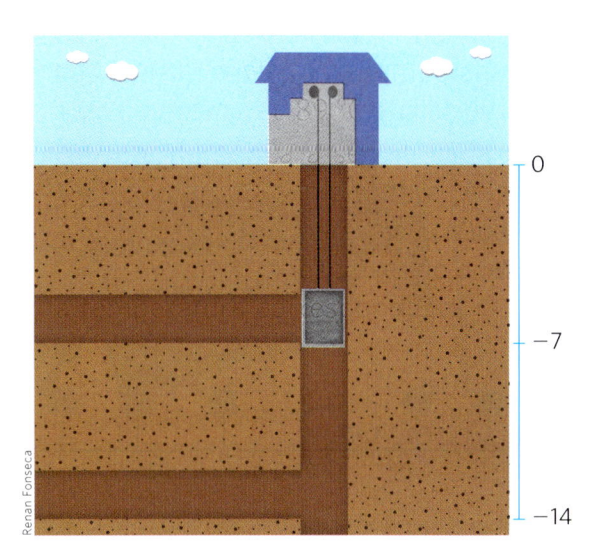

31. Utilizando uma calculadora, efetue os cálculos a seguir.
a) $(-2) \cdot (+62)$
b) $(-12) \cdot (-6)$
c) $(+25) \cdot (-5)$
d) $(-24) : (-3)$
e) $(+32) : (-8)$
f) $(-18) : (+6)$

32. Observe os esquemas a seguir e substitua cada ■ pelo número adequado em cada item.

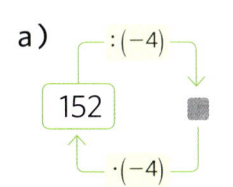

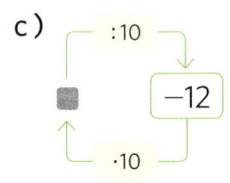

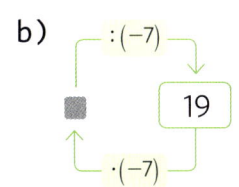

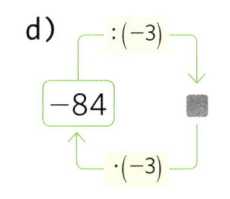

a) 152 $:(-4)$ → ■ ; ■ $\cdot(-4)$ → 152

b) ■ $:(-7)$ → 19 ; 19 $\cdot(-7)$ → ■

c) ■ $:10$ → -12 ; $-12 \cdot 10$ → ■

d) -84 $:(-3)$ → ■ ; ■ $\cdot(-3)$ → -84

Potenciação com números inteiros na base

Você já estudou potenciação envolvendo números naturais e sabe que uma potenciação equivale ao produto de fatores iguais. Por exemplo:

$$4^3 = \underbrace{4 \cdot 4 \cdot 4}_{\text{fatores}} = 64$$

expoente: quantidade de vezes que o fator se repete
base: fator que se repete
potência

> Lembre-se de que a multiplicação é utilizada para representar uma adição de parcelas iguais.
> $$4 \cdot 3 = 3 + 3 + 3 + 3 = 12$$

Lê-se a potência 4^3 da seguinte maneira: "quatro elevado à terceira potência" ou "quatro elevado ao cubo". Veja outros exemplos:

- 9^2: nove elevado à segunda potência ou nove elevado ao quadrado.
- 3^5: três elevado à quinta potência.

Quando a base é um número positivo, a potência também é um número positivo.

- $6^2 = 6 \cdot 6 = 36$
- $1^7 = 1 \cdot 1 \cdot 1 \cdot 1 \cdot 1 \cdot 1 \cdot 1 = 1$
- $3^4 = 3 \cdot 3 \cdot 3 \cdot 3 = 81$

Quando a base é um número negativo, a potência pode ser um número positivo ou um número negativo. Veja alguns exemplos:

- $(-7)^0 = 1$
- $(-6)^1 = -6$
- $(-5)^2 = (-5) \cdot (-5) = 25$
- $(-4)^3 = \underbrace{(-4) \cdot (-4)}_{16} \cdot (-4) = 16 \cdot (-4) = -64$
- $(-3)^4 = \underbrace{(-3) \cdot (-3)}_{9} \cdot \underbrace{(-3) \cdot (-3)}_{9} = 9 \cdot 9 = 81$
- $(-2)^5 = \underbrace{(-2) \cdot (-2)}_{4} \cdot \underbrace{(-2) \cdot (-2)}_{4} \cdot (-2) = \underbrace{4 \cdot 4}_{16} \cdot (-2) = 16 \cdot (-2) = -32$

> Em uma potenciação cuja base é um número negativo e o expoente é:
> - **par**, a potência é positiva;
> - **ímpar**, a potência é negativa.

> Todo número diferente de zero, elevado a zero, é igual a 1. Exemplos:
> - $(-4)^0 = 1$
> - $18^0 = 1$
> - $(-23)^0 = 1$
> - $1^0 = 1$

Ao escrevermos potências com bases negativas é necessário inserir os parênteses, caso contrário o sinal negativo será do resultado da potenciação.
Exemplos:

- $(-9)^2 = (-9) \cdot (-9) = 81$
- $-9^2 = -(9)^2 = -(9 \cdot 9) = -81$

Note que 81 é diferente de -81. Além disso, note que em $(-9)^2$ a base é -9 e em -9^2 a base é 9.

1 No seu caderno, mostre que $-(-2)^3 = 2^3$.

Atividades

33. Calcule as potências a seguir.

a) $(-10)^2$
b) 1^{10}
c) -5^3
d) $(3 \cdot 2)^2$
e) $(-1 \cdot 7)^3$
f) $(-1 \cdot 4)^4$

34. Utilizando uma calculadora, resolva as seguintes potências.

a) $(-18)^2$
b) $(-18)^3$
c) $(-7)^5$
d) $(-10)^4$
e) $(-9)^5$
f) $(-2)^7$

35. Verifique, em cada item, se o resultado da potência é negativo ou positivo.

a) $(-5)^4$
b) -18^6
c) -18^7
d) $(-9)^3$
e) $-(-11)^2$
f) $-(-6)^7$

36. Para cada item, escreva uma potência e, em seguida, resolva.

a) (-6) elevado ao cubo
b) base (-14) e expoente 2
c) expoente 0 e base (-19)
d) (-8) ao quadrado

37. Resolva os itens abaixo.

a) 10^0
b) 8^1
c) $(-125)^1$
d) $(-15)^0$

38. Para resolver uma expressão numérica que contenha operações de potenciação, adição, subtração, multiplicação e divisão, efetuamos primeiro a potenciação. Em seguida, resolvemos a multiplicação e a divisão, na ordem em que elas aparecem, e depois a adição e a subtração, também na ordem em que aparecem.

Observe um exemplo:

$$(8^2 - 4) \cdot 6 + (-4)^2$$
$$(64 - 4) \cdot 6 + 16$$
$$60 \cdot 6 + 16$$
$$360 + 16$$
$$376$$

Agora, resolva as expressões numéricas.

a) $15 : (-5) + 24 \cdot (3^3 - 13 \cdot 2)$
b) $(1 + 7^2) : (-5)^2 - (86 + 7)$
c) $(12 : 2) - (4 \cdot 5) + 10^2$
d) $8 \cdot [56 : (7 + 26^0)]$

39. Copie as sentenças e depois insira parênteses ou colchetes nos locais adequados a fim de torná-las verdadeiras.

a) $75 : 5 - 30 = -3$
b) $(-4)^2 - 8 \cdot 2 = 16$
c) $12 : 4 - 3 + 5 \cdot 3 = -21$
d) $36 - 24 - 18 \cdot 3^2 + 6 = 168$

Vamos relembrar

40. A Terra é "dividida" em 24 regiões delimitadas por linhas imaginárias, uma para cada hora, denominadas fusos, de modo que em um mesmo instante cada região apresenta um horário diferente. O meridiano de Greenwich foi tomado como referência para o fuso 0 e, a partir dele, cada fuso a oeste (esquerda) desse meridiano tem uma hora atrasada, e cada fuso a leste (direita), uma hora adiantada.

Observe no mapa a indicação dos fusos e as diferenças de horário entre os fusos e o meridiano de Greenwich, representadas pelos números positivos e os números negativos. No mapa aparece também a localização de algumas capitais.

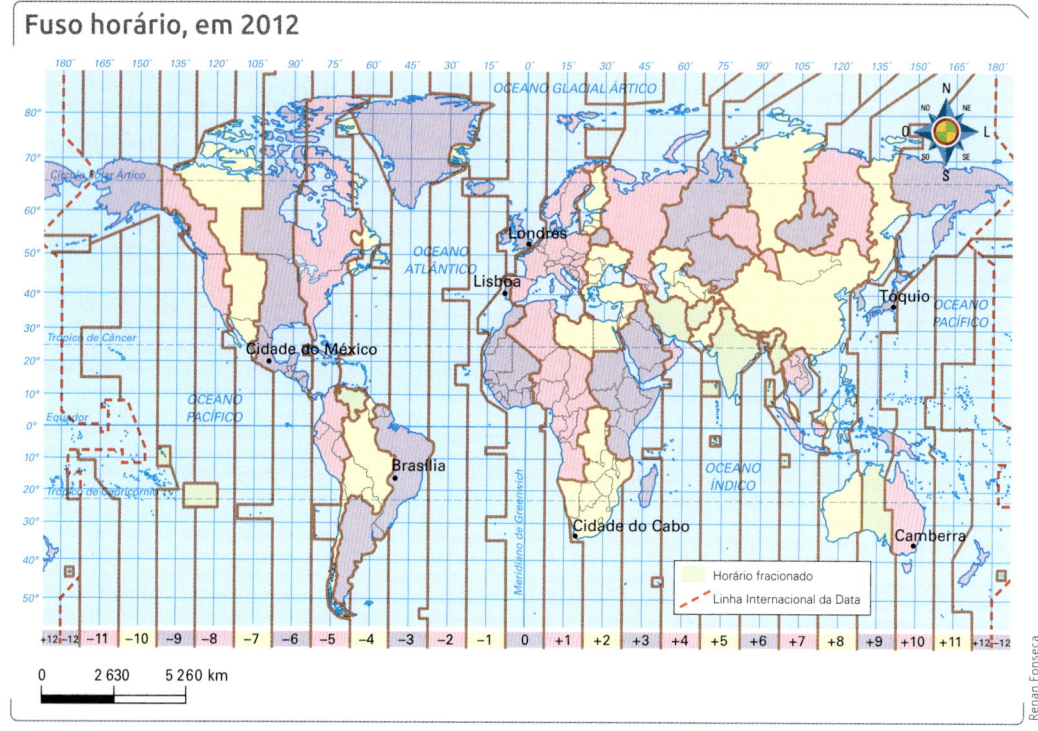

Fuso horário, em 2012

Fonte de pesquisa: *Atlas geográfico escolar*. 6. ed. Rio de Janeiro: IBGE, 2012.

a) Supondo que em Brasília sejam 5h, calcule que horas são:
- em Tóquio.
- em Londres.
- na Cidade do México.

b) Qual é a diferença em horas entre os horários de:
- Lisboa e Camberra?
- Cidade do Cabo e Cidade do México?

41. O lugar mais quente da Terra é o Deserto de Lut, no Irã. Em 2005, a temperatura nesse local chegou a 70,7 °C. Já a menor temperatura registrada na Terra ocorreu na Antártica, no dia 10 de agosto de 2010, quando os termômetros marcaram −93 °C. Qual é a diferença de temperatura entre a maior e a menor temperatura registradas na Terra?

42. Durante certo dia, em um torneio de jogos de inverno, os termômetros marcaram −4 °C exatamente ao meio-dia. No período da noite do mesmo dia a temperatura caiu bruscamente, e às 23h a temperatura era 9 °C menor que a registrada ao meio-dia. Qual foi a temperatura registrada às 23h?

43. Por volta de 1500 a.C. os egípcios criaram o relógio de sol. Esse relógio utilizava a posição da sombra causada pela projeção da luz do Sol sobre ele para determinar as horas. Em 1949 foi construído o relógio atômico, que utiliza as vibrações dos átomos para medir o tempo. O relógio atômico é muito preciso, de maneira que levaria cerca de 3 milhões de anos para atrasar ou adiantar 1 segundo. Qual é a diferença, em anos, entre a invenção desses relógios?

44. As marcações indicadas nas retas numéricas dos itens a seguir têm as mesmas distâncias. Determine os números que as letras representam em cada uma.

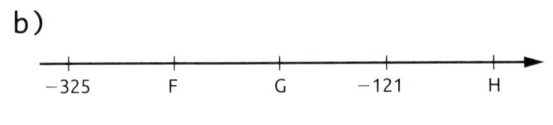

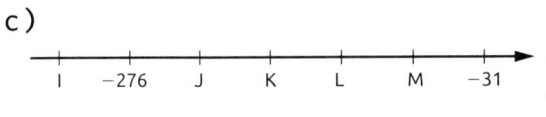

a)
-35 A B C D E 13

b)
-325 F G -121 H

c)
I -276 J K L M -31

d)
N -571 O P -25 Q

45. Pitágoras foi um importante matemático e filósofo grego. Entre suas contribuições, atribui-se a ele o desenvolvimento da tábua de multiplicação do sistema decimal, das proporções aritméticas e do famoso Teorema de Pitágoras, o qual leva seu nome. Pitágoras nasceu por volta de 565 a.C. na ilha de Samos, leste do mar Egeu, e morreu aos 75 anos em Metaponto (região sul da Itália). Em que ano Pitágoras morreu?

Pitágoras de Samos.

46. A Lua é o satélite natural da Terra. Ela gira em torno do nosso planeta numa órbita oval a uma velocidade de aproximadamente 36 800 quilômetros por hora. Por não ter atmosfera, a temperatura na superfície da Lua muda drasticamente, variando entre $-184\ °C$ e $214\ °C$. Qual é a variação de temperatura na superfície da Lua?

47. Acredita-se que o quadrado mágico tenha surgido na China há muitos séculos e era chamado *Lo-Shu*. Segundo a lenda, o imperador chinês Yu (2800 a.C.) estava meditando às margens do rio Lo quando viu uma tartaruga com estranhas marcas na carapaça. Yu percebeu que essas marcas podiam ser transformadas em números com a mesma soma em todas as direções.

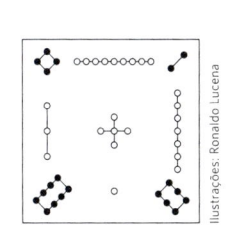

Representação da tartaruga e do quadrado mágico de *Lo-Shu*.

a) No quadrado mágico de *Lo-Shu*, cada bolinha representa uma unidade. Reescreva esse quadrado mágico substituindo os desenhos das bolinhas por números. Em seguida, determine a constante mágica desse quadrado.

b) Efetue os cálculos e verifique se o quadrado a seguir é mágico. Caso seja mágico, determine a constante mágica.

7	5	−9
−15	1	17
11	−3	−5

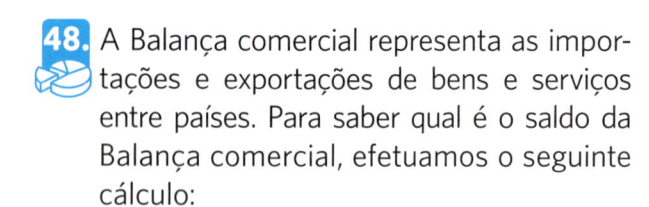

48. A Balança comercial representa as importações e exportações de bens e serviços entre países. Para saber qual é o saldo da Balança comercial, efetuamos o seguinte cálculo:

Saldo da Balança comercial	=	Valor recolhido com exportações	−	Valor gasto com importações

Se o saldo for positivo, temos o chamado **superávit**, demonstrando que o país exporta (vende) mais do que importa (compra). Porém, se o saldo da Balança comercial for negativo, temos um **déficit**, demonstrando que o país importa mais do que exporta. Veja na tabela a seguir algumas informações acerca da Balança comercial de janeiro a dezembro de 2015.

Balança comercial brasileira, de janeiro a dezembro de 2015, em milhões de dólares – FOB

Mês	Valor de exportação	Valor de importação
Janeiro	13 704	16 874
Fevereiro	12 092	14 933
Março	16 979	16 519
Abril	15 156	14 666
Maio	16 769	14 011
Junho	19 628	15 099
Julho	18 533	16 146
Agosto	15 485	12 794
Setembro	16 148	13 202
Outubro	16 049	14 053
Novembro	13 806	12 609
Dezembro	16 783	10 543

Fonte de pesquisa: Ministério do Desenvolvimento, Indústria e Comércio Exterior. Disponível em: <www.desenvolvimento.gov.br/sitio/interna/interna.php?area=5&menu=1161>. Acesso em: 25 jan. 2016.

▎**FOB:** iniciais da expressão inglesa *Free On Board*, que significa que o exportador é responsável pela mercadoria até ela estar dentro do navio, para transporte, no porto indicado pelo comprador.

a) Em que meses a Balança comercial brasileira teve saldo positivo? E em quais meses teve saldo negativo? Determine o saldo desses meses em milhões de dólares.

b) Nos meses indicados na tabela, a Balança comercial brasileira teve mais superávit ou déficit?

49. Em alguns painéis de elevadores de *shoppings* e prédios comerciais aparecem números, como mostra a imagem.

▎Os números positivos indicam os andares superiores.

▎Os números negativos indicam os subsolos.

▎O zero indica o andar térreo.

a) Supondo que uma pessoa está no décimo andar $(+10)$ e vai descer até o segundo subsolo (-2), quantos andares o elevador vai se deslocar?

b) Se uma pessoa desceu 8 andares e está no subsolo (-1), de qual andar essa pessoa partiu?

50. Veja as sequências a seguir e determine a regra de cada uma completando-as até o 10º termo.

a) −4, −8, −16, −32, −64, ...

b) 1, −3, 9, −27, 81, ...

c) −3, 6, −12, 24, −48, ...

51. Em 2012, sem o auxílio de instrumentos de respiração, o mergulhador austríaco Herbert Nitsch atingiu a profundidade de 253 m abaixo do nível do mar na ilha de Santorini, Grécia, batendo *record* mundial. Uma empresa particular dos EUA, em 2011, desenvolveu um submarino tripulado que pode alcançar profundidade 44 vezes maior que a atingida por Herbert Nitsch. Calcule quantos metros esse submarino pode imergir, expressando o resultado com um número inteiro negativo.

> **Imergir:** estar imerso; afundar-se.

Herbert Nitsch.

52. Escreva um número inteiro negativo e o multiplique por 3. Adicione 24 ao resultado. Divida o novo resultado por 3. Subtraia desse resultado o número que você escolheu. Que número você encontrou?

53. Coloque parênteses nos itens abaixo de maneira que torne as igualdades verdadeiras.

a) $-52 + 2 : 2 - 4 = 25$
b) $-60 : 5 - 20 + 3 = -35$
c) $-52 + 2 : 2 - 4 = -29$
d) $60 : 5 - 20 + 3 = -1$

54. Calcule utilizando uma calculadora.

a) $(-9 + 1) : 8$
b) $(-98 + 2) : 8$
c) $(-987 + 3) : 8$
d) $(-9\,876 + 4) : 8$

55. Em um campeonato de pontaria, o alvo é uma pilha com latas vazias de alumínio nas cores azuis e vermelhas. O objetivo é derrubar, com bolinhas feitas de jornal, a maior quantidade de latas azuis sem derrubar as vermelhas. A cada lata azul derrubada ganha-se 10 pontos. A cada lata vermelha derrubada perde-se 8 pontos. As equipes têm a mesma quantidade de jogadores. Vence quem conseguir a maior pontuação média dos pontos conquistados pelos jogadores da equipe. Observe a pontuação das equipes **A** e **B**.

Equipe A		Equipe B	
Jogador	Pontos	Jogador	Pontos
Mateus	28	Evandro	58
Kátia	−34	Manuela	18
Márcia	42	Michel	−26
Antony	−12	Catarina	−14

Identifique a média de pontos de cada equipe. Qual foi campeã?

56. Copie os itens a seguir, substituindo cada ■ pelo símbolo = (igual) ou ≠ (diferente) de modo a tornar as sentenças verdadeiras.

a) -5^3 ■ $(-5)^3$
b) 49 ■ -7^2
c) $(-2)^6$ ■ 2^6
d) -64 ■ $(-4)^3$
e) -6^8 ■ $(-6)^8$
f) $(-12)^0$ ■ -12^0

57. Responda às questões de acordo com a potência indicada na ficha ao lado. $(-8)^x$

a) Por qual número natural devemos substituir a letra *x* a fim de obter -512 como resultado?

b) Por quais números naturais podemos substituir a letra *x* para que a potência seja um número negativo?

c) Existe algum número natural pelo qual podemos substituir a letra *x* de modo que a potência seja ímpar? Se sim, qual é esse número?

Ampliando fronteiras

Temperatura ideal do corpo humano

O corpo humano possui uma faixa de temperatura ideal que fica em torno de 36,5 °C e 37,5 °C. Para manter o pleno funcionamento, o organismo utiliza mecanismos para regular a temperatura. As glândulas sudoríparas são responsáveis pela produção de suor, espalhando-o por toda a pele. Esse mecanismo permite controlar a perda ou o ganho excessivo de calor. Em dias quentes, por exemplo, a produção de suor aumenta, promovendo a diminuição da temperatura corporal, mantendo-a dentro dos padrões considerados normais.

Termostato Hipotalâmico

A temperatura corporal é regulada por mecanismos que tentam manter a produção e a perda de calor em equilíbrio. O centro de controle para estes mecanismos tem um grupo de neurônios localizado no hipotálamo e é chamado de área pré-óptica. Se a temperatura sanguínea aumenta, estes neurônios enviam impulsos mais frequentemente. Se a temperatura sanguínea diminui, os neurônios enviam impulsos com menor frequência.

Os impulsos são enviados para duas outras porções do hipotálamo: o centro de perda de calor, que inicia uma série de respostas que baixam a temperatura, e o centro de produção de calor, que inicia uma série de respostas que aumentam a temperatura corporal. [...]

Gerard J. Tortora. *Corpo humano*: fundamentos de anatomia e fisiologia. Trad. Cláudia L. Zimmer et al. 4. ed. Porto Alegre: Artmed, 2000. p. 478.

Entre 40 °C e 42 °C

Nesse intervalo de temperatura interna o corpo já sofre de hipertermia (excesso de calor). Por causa da desidratação e da perda de sais minerais causadas pelo suor, a pessoa tem tonturas, náuseas e vômitos. O funcionamento de todos os órgãos e do metabolismo é afetado, e a pessoa pode ter delírios e até entrar em coma.

Acima de 42 °C não há como garantir a sobrevivência do indivíduo.

Entre 20 °C e 30 °C

Nesse intervalo de temperatura interna o corpo já sofre de hipotermia grave (diminuição excessiva da temperatura corporal). O metabolismo vai diminuindo cada vez mais, conforme a temperatura interna vai baixando. Nesse ponto, o fluxo sanguíneo para o cérebro diminui, causando confusão mental e dificuldade de raciocínio, a frequência cardíaca está entre um e dois batimentos por minuto e continua baixando até que o coração pare e a atividade cerebral cesse completamente. Quando a temperatura interna do indivíduo chega a 20 °C, este já não é capaz de sobreviver.

Representação sem proporção de tamanho. Cores-fantasia.

Cecilia Andrade

1. Em dias de muito calor, o que você costuma fazer para se refrescar? Quais tipos de alimento ingere e quais roupas costuma usar? E nos dias frios? Converse com os colegas.

2. Você já reparou que em dias quentes a nossa produção de suor é maior do que nos dias não tão quentes? Em sua opinião, por que isso acontece?

3. Imagine a seguinte situação: Flávio tem a sensação de estar com febre e pede a seu pai que verifique a temperatura de seu corpo utilizando um termômetro. Após a medição, o pai de Flávio verifica que a temperatura corporal do filho está em 39 °C. De acordo com esse exemplo, a temperatura de Flávio precisa aumentar ou diminuir para voltar ao normal?

Verificando rota

Capítulo 1 Números positivos e números negativos

1. Para indicar um número negativo, geralmente utilizamos qual notação?

2. Você considera importante o surgimento dos números negativos? Justifique.

3. Cite algumas situações do seu dia a dia em que são utilizados números negativos.

4. Você concorda com a afirmação de Luiza? Por quê?

> Para obtermos os números inteiros, basta reunirmos os números inteiros positivos com os números inteiros negativos.

5. Escreva no caderno como podemos comparar dois números inteiros na reta numérica.

6. É possível que o resultado do módulo de um número inteiro seja negativo? Justifique.

7. Leia o diálogo entre Túlio e Artur.

> Estou chateado. Perdi meu livro de invenções.

> Pense positivo! Vamos procurar e achar o livro!

a) O que você entende pela expressão "pensar positivo"? E "pensar negativo"?

b) Em sua opinião, existe alguma relação entre as expressões do item **a** e os números positivos e os números negativos? Converse com seus colegas a respeito.

Capítulo 2 — Operações com números inteiros

8. Escreva no caderno uma situação envolvendo números inteiros negativos que possa ser resolvida utilizando a operação de:
   - adição.
   - subtração.
   - multiplicação.
   - divisão.

9. Qual é a importância do uso dos parênteses nas operações com números inteiros negativos?

10. Responda no caderno à pergunta de Davi. Se necessário, utilize um exemplo.

> Ao subtrairmos um número inteiro positivo de outro inteiro positivo, é possível que o resultado seja negativo?

11. Ao multiplicar dois números inteiros, em quais casos o produto será positivo?

12. Explique a um colega como você faria para resolver os cálculos a seguir utilizando uma reta numérica como a apresentada.
    - $(+5) + (-3)$
    - $(-2) - (+2)$
    - $(+4) - (-1)$

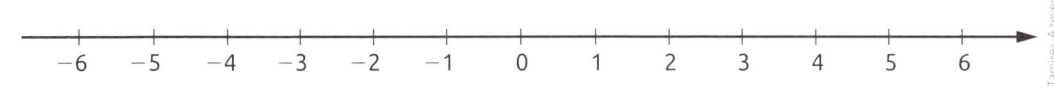

13. Em uma potência cuja base é um número inteiro negativo, para quais valores de expoente o resultado é positivo?

14. Identifique e explique o erro cometido na resolução da expressão.

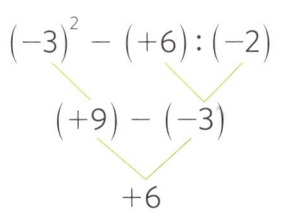

$$(-3)^2 - (+6) : (-2)$$
$$(+9) - (-3)$$
$$+6$$

Autoavaliação

- Participei das aulas com atenção e interesse?
- Esforcei-me ao máximo para compreender as explicações apresentadas?
- Realizei todas as tarefas propostas em sala de aula?
- Auxiliei os colegas a resolverem as tarefas em que eles apresentavam dificuldades?
- Sanei minhas dúvidas com os colegas ou com o(a) professor(a)?

Atividades complementares

Capítulo 1 — Números positivos e números negativos

1. Indique a temperatura mais adequada para cada uma das situações dos itens abaixo, utilizando apenas uma vez cada informação que aparece no quadro.

5 500 °C	100 °C	−65 °C
−13 °C	36 °C	0 °C

a) O interior de um *freezer*.
b) O corpo humano sem febre.
c) O ponto em que a água passa do estado líquido para o gasoso.
d) O ponto em que a água passa do estado líquido para o sólido.
e) A temperatura da superfície do Sol.
f) A temperatura média da Antártica no inverno.

2. Observe os termômetros.

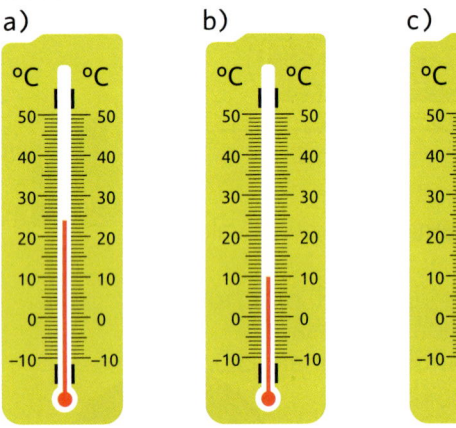

a) b) c)

- Qual deles está indicando a temperatura mais baixa? E qual deles está indicando a temperatura mais alta?
- Escreva, em ordem decrescente, as temperaturas indicadas nos termômetros.

3. Um termômetro está indicando 18 °C. Quantos graus o termômetro vai indicar se a temperatura:

a) aumentar 7 °C?
b) diminuir 4 °C?
c) diminuir 20 °C?
d) aumentar 14 °C?

4. Represente as altitudes em destaque nos textos dos itens abaixo com números negativos ou positivos.

a) O monte Everest, localizado na cordilheira do Himalaia, na fronteira da China com o Nepal, é o ponto mais alto da Terra. Seu pico está a uma altitude de **8 848 m**.

b) A fossa das Marianas, no oceano Pacífico, é o ponto mais profundo dos oceanos e está a aproximadamente **11 000 m** abaixo do nível do mar.

c) O pico da Neblina, localizado na serra do Imeri, é o ponto mais elevado do Brasil, com aproximadamente **2 994 m** de altura.

d) Waldemar Niclevicz, o primeiro brasileiro a escalar o monte Everest, conseguiu ultrapassar a barreira dos **8 000 m** de altitude.

e) Titanic, o maior navio do mundo na época, naufragou em sua primeira viagem, em 1912, ao se chocar com um imenso *iceberg* nas águas geladas do Atlântico Norte. Esse navio ficou alojado cerca de **4 000 m** abaixo do nível do mar. Dos 2 227 passageiros, somente 705 sobreviveram.

5. No extrato bancário abaixo está indicada a movimentação da conta de Marcos na última semana de janeiro.

EXTRATO BANCÁRIO
CLIENTE: MARCOS ANTÔNIO FERREIRA

30/01/2017   09:30:47

DATA	HISTÓRICO	SALDO
25/01	SALDO ANTERIOR	+ 3 800,00
26/01	SAQUE	− 4 900,00
27/01	DEP. EM DINHEIRO	+ 900,00

RESUMO
SALDO ATUAL

Qual era o saldo atual da conta de Marcos?

6. Geraldo estava com saldo negativo em sua conta corrente de R$ 200,00, depositou R$ 800,00 e depois pagou uma conta com um cheque de R$ 700,00.

Qual o saldo da conta de Geraldo depois dessas movimentações?

7. O quadro apresenta o saldo de gols de alguns times de futebol que disputaram um campeonato regional.

Times	Gols marcados	Gols sofridos	Saldo de gols
A	7	9	−2
B	6	6	0
C	9	12	
D	15	20	
E	10	5	
F	10	2	

a) De acordo com o quadro, escreva o saldo de gols dos times **C**, **D**, **E** e **F**.

b) Quais foram as equipes que tiveram saldo de gols positivo? E quais foram as equipes que tiveram saldo de gols negativo?

8. No quadro abaixo estão indicados os números correspondentes a alguns pontos de uma reta.

Ponto	Número correspondente
I	2
J	−12
K	−8
L	−16
M	10
N	−1
P	8
Q	29

a) Qual desses pontos tem a maior distância em relação ao zero? E a menor?

b) Qual ponto representa um número negativo que está mais distante de zero?

c) Quais pontos estão à mesma distância de zero?

9. Observe a reta numérica e responda.

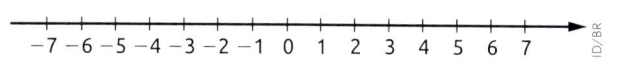

−7 −6 −5 −4 −3 −2 −1 0 1 2 3 4 5 6 7

a) Qual a distância entre −5 e 2?

b) Qual a distância entre −2 e 2?

c) Qual a distância entre −2 e −1?

10. Qual dos números do quadro vermelho não apresenta seu oposto no quadro verde?

−7	−29	25
−13	−100	
88	−32	82

−25	−82	−88
32	29	
100	7	

11. Escreva o simétrico de cada número.

a) 33
b) −19
c) −25
d) 8
e) −51
f) −13
g) 14
h) 6

12. Responda às questões.

a) O número y é oposto do menor número natural de três algarismos iguais. Qual é o valor de y?

b) A distância entre dois números é 260 unidades. Quais são esses números, sabendo que são opostos?

13. Copie os números abaixo e compare-os escrevendo o sinal > ou < entre eles.

a) 43 e 34
b) −13 e 13
c) −21 e −17
d) 14 e −32
e) −28 e −26
f) −45 e −50
g) 18 e −18
h) −55 e 50

14. Determine todos os números inteiros cuja distância em relação ao zero é menor que 5 unidades.

47

15. Para controlar suas despesas bancárias, Roberta anotou os saldos. Veja:

Data	Saldo
07/10	−R$ 25,00
08/10	R$ 320,00
13/10	R$ 286,00
22/10	−R$ 4,00
23/10	−R$ 12,00
24/10	R$ 28,00
28/10	−R$ 6,00

a) Em qual dia o saldo era maior que −R$ 5,00 e menor que R$ 25,00?
b) Em quais dias o saldo estava positivo?
c) Em quais dias o saldo estava negativo?
d) Qual foi o menor saldo? E o maior saldo?
e) Em 13/10, o saldo era positivo ou negativo?
f) Quantos reais Roberta deveria depositar em 7/10 para que o saldo ficasse positivo em R$ 20,00?
g) Utilizando o símbolo <, escreva em ordem crescente os valores anotados por Roberta.

16. Determine três valores possíveis para x.
a) $-5 < x < 23$
b) $-8 < x < 10$
c) $-1 < x < 5$
d) $-6 < x < 0$
e) $-9 < x < -1$
f) $-1 < x < 1$

17. Escreva em ordem crescente os números do quadro a seguir.

−17	8	−5	12
−23	6	0	

18. Paulo mediu a altura de três colegas e constatou que a altura de Marcos (175 cm) está entre a de Ana (162 cm) e a de Rafael (181 cm). Veja como ele representou essa comparação.

$$162 < 175 < 181$$

Assim como fez Paulo, compare os números que aparecem em cada item e escreva-os colocando o sinal < entre eles.

a) A altitude do monte Aconcágua (7 000 m) está entre a altitude do pico da Neblina (2 994 m) e a do monte Everest (8 848 m).

Pico da Neblina no Parque Nacional do Pico da Neblina, em Santa Isabel do Rio Negro, AM.

b) −15 °C é uma temperatura que está entre −30 °C e 10 °C.

c) A temperatura de 1 °C, registrada na cidade de Palmas (PR) em certo dia do mês de julho, está entre a temperatura de 13 °C, registrada na cidade de Ribeirão Preto (SP), e a de −3 °C, registrada na cidade de São Joaquim (SC) nesse mesmo dia.

19. Observe estes números.

−75	34	−16	−58
	10	23	−25

Entre eles, quais:
a) são maiores que −50?
b) são menores que 20?
c) estão entre −50 e 20?

20. Escreva todos os números inteiros pares entre −20 e −10 e seus simétricos em ordem crescente. Coloque sinais de < entre eles.

21. (Saresp) Observe atentamente as retas ordenadas a seguir:

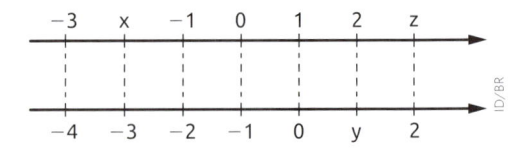

A ordenação correta entre os números representados pelas letras x, y e z é:
a) $x < y < z$
b) $x < z < y$
c) $y < x < z$
d) $y < z < x$

Capítulo 2 — Operações com números inteiros

22. Calcule:
a) $(-8)+(-3)$
b) $(-7)+(+9)$
c) $(+4)+(-9)$
d) $(+8)+(-8)$
e) $(+5)+(+19)+(+3)$
f) $(-9)+(-14)+(-15)$

23. Para cada situação abaixo, encontre o cálculo correspondente no quadro azul.

A Joana tinha R$ 250,00 em sua conta e fez um depósito de R$ 180,00.

B Sérgio tinha R$ 250,00 em sua conta e teve um cheque de R$ 180,00 compensado.

C A conta de Maria estava com saldo negativo de R$ 250,00 e foi compensado um cheque de R$ 180,00.

D A conta de Vanessa estava com saldo negativo de R$ 250,00. Ela fez um depósito de R$ 180,00.

I $(+250)+(-180)$
II $(-250)+(-180)$
III $(-250)+(+180)$
IV $(+250)+(+180)$

Agora, efetue cada um dos cálculos.

24. Escreva três números inteiros consecutivos cuja soma seja:
a) +12   b) −15   c) −3   d) 0

25. Escreva duas adições de três ou mais parcelas em que os resultados estejam entre −21 e −5.

26. O lucro e o prejuízo de uma rede de hotéis nos 6 últimos meses do ano estão representados no gráfico.

Movimentação financeira mensal de uma rede de hotéis
Saldo (em milhões de reais)

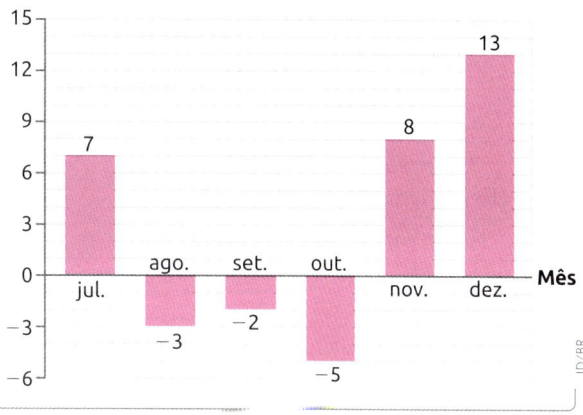

Fonte de pesquisa: Administração do Hotel Dourado.

a) De acordo com os dados desse gráfico, em qual trimestre a rede de hotéis obteve maior lucro, no 3º ou no 4º? De quanto?
b) Ao final dos 6 meses registrados, a rede de hotéis teve lucro ou prejuízo? De quantos reais?

27. (Prova Brasil) Em uma cidade do Alasca, o termômetro marcou −15° pela manhã. Se a temperatura descer mais 13°, o termômetro vai marcar:
a) −28°   b) −2°   c) 2°   d) 28°

28. Efetue os cálculos mentalmente. Depois, escreva os números correspondentes aos resultados dos cálculos em ordem crescente.
a) $(-12)-(+4)$
b) $(-12)-(-4)$
c) $(-9)-(+4)$
d) $(+10)-(-4)$
e) $(+9)-(-4)$
f) $(-10)-(+4)$

Efetue os cálculos novamente e verifique se sua resposta está correta.

29. Determine o valor de cada letra no esquema.

Observação: Cada letra indica o resultado da subtração dos números da coluna correspondente.

(+19)	(+7)	(−19)	(+5)
(−8)	(−13)	(+27)	(−30)
↓	↓	↓	↓
A	B	C	D

49

30. Observe no quadro a temperatura máxima e a mínima de algumas cidades do mundo em um mesmo dia do mês de dezembro.

Localidade	Temperatura máxima (°C)	Temperatura mínima (°C)
Cairo (Egito)	21	16
Londres (Reino Unido)	7	−3
Nova York (EUA)	5	−4
Ottawa (Canadá)	−1	−8
Quito (Equador)	23	19
Tóquio (Japão)	14	10

a) De quantos graus foi a variação de temperatura em cada uma das cidades nesse quadro?

b) Qual é a diferença entre a temperatura máxima registrada na cidade de Quito e a temperatura máxima registrada na cidade de Ottawa?

31. Sem efetuar os cálculos, estime o resultado mais adequado para cada item.

a) $-38 - 16$ → -54 / $+54$

b) $-100 + 27$ → -73 / $+127$

c) $-52 - 34$ → -18 / -86

d) $-780 + 450$ → -330 / -303

Agora, efetue os cálculos e verifique se suas respostas estão corretas.

32. Em uma cidade, o termômetro registrou, respectivamente, as temperaturas mínimas e máximas de −3 °C e 5 °C na segunda-feira, 0 °C e 7 °C na terça-feira e 8 °C e 14 °C na quarta-feira.

a) Em qual desses dias ocorreu a maior variação de temperatura? De quantos graus?

b) Nesses três dias qual foi a maior temperatura? E a menor? Qual a variação entre elas?

33. Os números x e y abaixo estão à esquerda da origem (ponto zero).

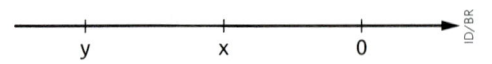

De acordo com essa informação, escreva se os números indicados em cada item a seguir são números positivos ou negativos.

a) os números x e y.
b) o resultado de $x + y$.
c) o resultado de $x - y$.
d) o resultado $y - x$.

34. Resolva:
a) $(-9) \cdot (+10)$
b) $(-2) \cdot (-14)$
c) $(-8) \cdot (-7)$
d) $(-19) \cdot (+21)$
e) $(-16) \cdot (-24)$
f) $(+52) \cdot (-28)$

35. Escreva uma multiplicação de dois números inteiros cujo resultado esteja entre $-1\,000$ e -900.

36. Sem efetuar os cálculos, responda: dos itens a seguir, quais têm resultado negativo?
a) $4 \cdot (-2) \cdot (-1)$
b) $(-5) \cdot 3 \cdot 100$
c) $10 \cdot (-7) \cdot 3$
d) $(-6) \cdot (-2) \cdot (-4)$

37. Escreva três números inteiros negativos tais que seu produto seja -12 e sua soma seja -8.

38. Gustavo verificou no extrato de sua conta bancária que o saldo era metade do valor de uma semana atrás. Sabendo que no novo extrato o saldo devedor é R$ 135,00, qual era o saldo de uma semana atrás?

39. Utilizando os números de duas das fichas apresentadas, podemos representar uma multiplicação cujo produto é -12:

$$\boxed{-1} \cdot \boxed{+12} = -12$$

Escreva outras duas possibilidades de multiplicação cujo produto seja -12 utilizando apenas duas fichas.

$\boxed{+4}$ $\boxed{-2}$ $\boxed{+6}$ $\boxed{+1}$

$\boxed{+12}$ $\boxed{+3}$ $\boxed{-6}$ $\boxed{+2}$

$\boxed{-3}$ $\boxed{-1}$ $\boxed{-4}$ $\boxed{-12}$

40. Escreva uma multiplicação de dois fatores em que um deles é o menor número inteiro negativo de quatro algarismos diferentes e o resultado é o oposto desse fator.

41. Calcule:
a) $(-72) : (+9)$
b) $(+64) : (-4)$
c) $(+35) : (+5)$
d) $(-42) : (-7)$
e) $(-18) : (+6)$
f) $(-30) : (-5)$

42. Leia o que André está dizendo e responda.

> Pensei em um número, multipliquei-o por −3 e encontrei −321. Em que número pensei?

43. Copie, substituindo cada ■ pelo número adequado.
a) ■ $: (-4) = 1$
b) ■ $: (-4) = -1$
c) ■ $: 5 = 0$
d) ■ $: (-5) = 0$
e) ■ $: (-8) = -8$
f) ■ $: 8 = -8$

44. Resolva as multiplicações.
a) $(-14) \cdot (+6)$
b) $(+19) \cdot (-7)$
c) $(+24) \cdot (-16)$
d) $(-15) \cdot (-40)$
e) $(-52) \cdot (+9)$
f) $(-100) \cdot (-25)$

Agora escreva, para cada multiplicação, duas divisões correspondentes.

45. Responda às questões.
a) Se o dividendo e o divisor tiverem o mesmo sinal, o quociente será um número positivo ou negativo?
b) O quociente de dois números negativos é sempre um número positivo?
c) Se em uma divisão o dividendo for negativo e o divisor for positivo, o quociente será um número positivo ou negativo?
d) Para que o quociente de dois números seja um número positivo, que sinal devem ter o dividendo e o divisor?

46. Em certo jogo de enigmas, uma pergunta é retirada de um monte de cartas: se o jogador der a resposta errada, a quantidade de pontos dele é dividida por −4; caso contrário, a quantidade de pontos é multiplicada por 4.
a) O jogador possuía 4 096 pontos e errou 4 vezes seguidas durante todo o jogo. Qual passou a ser seu saldo de pontos?
b) Se ele errasse mais uma vez, seus pontos ficariam positivos ou negativos?

47. Calcule:
a) 4^3
b) 2^7
c) 0^{10}
d) 1^6
e) $(-2)^5$
f) $(-6)^2$
g) $(-3)^3$
h) $(-9)^1$

48. Escreva o cálculo indicado em cada ficha e encontre o resultado.

A soma dos quadrados de −6 e 8.	A soma do triplo de 5 com o cubo de 2.
A diferença entre o quadrado de −15 e o cubo de 6.	O produto de 4 e $(-5)^4$.
O quociente de $(-3)^5$ por 9.	O quociente do produto de 6 e $(8)^2$ por 4.

49. Calcule as potências e identifique qual é a maior.
a) 2^3; 3^3
b) $(-5)^2$; 2^5
c) 4^2; 27^1
d) $(-2)^1$; $(-1)^2$
e) 2^8; -4^4
f) 10^2; 2^{10}

50. Resolva as expressões numéricas.
a) $4 \cdot 2^3 \cdot 12$
b) $600 + 3^4 : 9$
c) $(-6)^4 \cdot 5 + 180$
d) $3^2 + (-4)^1 - 16$
e) $2^9 : 16 \cdot 2^3$

UNIDADE 2

Números racionais, potências, raízes e medidas

Agora vamos estudar...

- os números que podem ser escritos na forma fracionária e como operar com eles;
- como obter a representação decimal de um número racional por meio de divisões;
- cálculo de potências;
- potências com expoente inteiro negativo;
- algumas regularidades e propriedades de potências;
- notação científica;
- raiz quadrada e cúbica;
- as unidades de medida de volume;
- como calcular o volume de um paralelepípedo;
- as unidades de medida de capacidade e sua relação com as unidades de medida de volume.

Iniciando rota

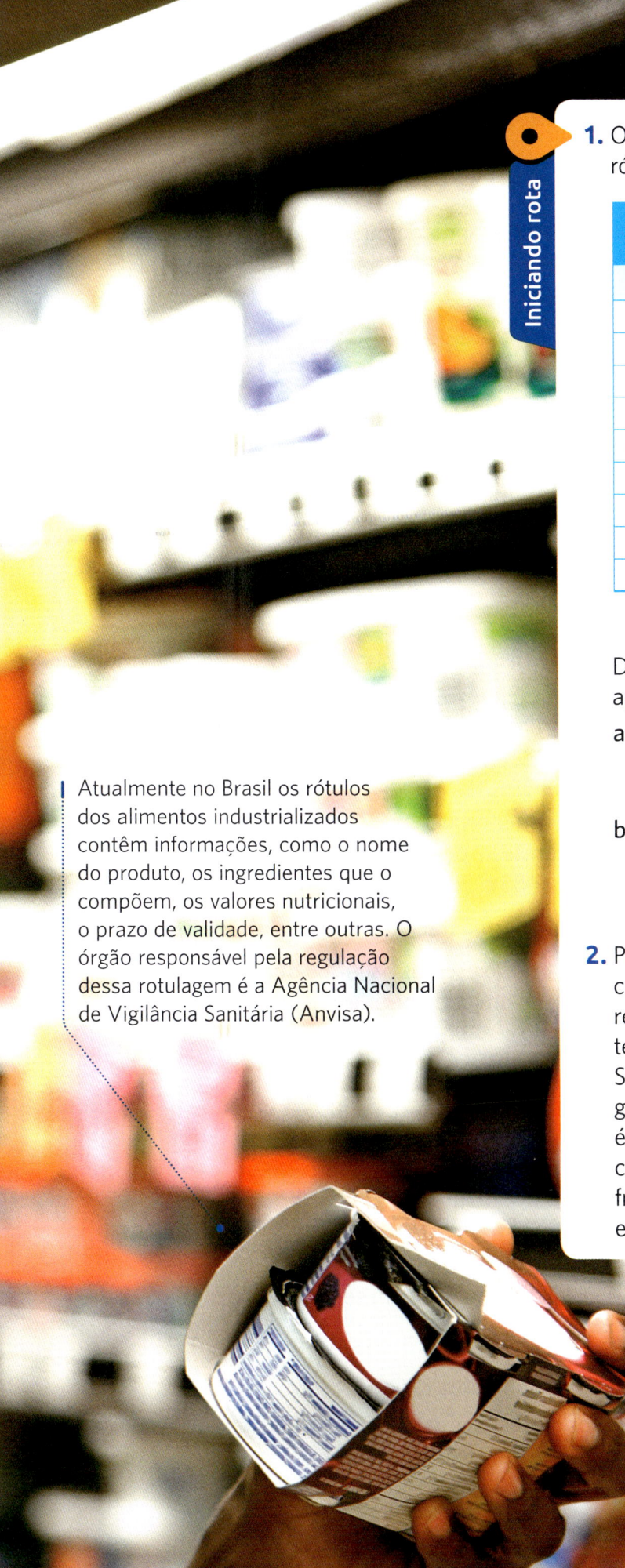

1. Observe as informações nutricionais do rótulo de uma bebida láctea.

Informação nutricional Porção 180 g (1 unidade)		
Quantidade por porção		% VD (*)
Valor energético	157 kcal	8%
Carboidratos	29 g	10%
Proteínas	4,6 g	6%
Gorduras totais	2,6 g	5%
Gorduras saturadas	1,3 g	6%
Gorduras trans	8 g	0%
Fibra alimentar	0,8 g	3%
Cálcio	175 mg	18%
Sódio	92 mg	4%

*Valores diários baseando-se em uma dieta de 2 000 kcal ou cerca de 8 400 kJ.

De acordo com as informações apresentadas acima:

a) indique um valor que está representado por um número natural e outro por um número decimal.

b) o consumo de 180 g dessa bebida láctea supre exatamente $\frac{1}{10}$ do recomendado para qual nutriente?

2. Presentes em alimentos, como leite, carnes, ovos e feijões, as proteínas são responsáveis pela construção de órgãos, tecidos e células do nosso organismo. Sabendo que em 100 g de ovo de galinha cozido a quantidade de proteínas é 13,3 g e em 100 g de feijão-carioca cozido é 17,4 g, escreva na forma de fração os números que representam essas quantidades de proteínas.

Atualmente no Brasil os rótulos dos alimentos industrializados contêm informações, como o nome do produto, os ingredientes que o compõem, os valores nutricionais, o prazo de validade, entre outras. O órgão responsável pela regulação dessa rotulagem é a Agência Nacional de Vigilância Sanitária (Anvisa).

Consumidor conferindo as informações que estão no rótulo do produto.

CAPÍTULO 3

Números racionais

Iniciaremos este capítulo apresentando de que maneira os números podem nos ajudar a compreender e a interpretar as diversas informações que aparecem em nosso cotidiano.

▎Forma fracionária e forma decimal

Você sabia que Marte é um dos planetas do Sistema Solar que mais se assemelha à Terra? Assim como a Terra, Marte possui, por exemplo, quatro estações no ano, calotas polares, vulcões e cânions. Veja outras informações:

- A temperatura ambiente em Marte varia de −153 °C a 20 °C.
- O dia em Marte é um pouco mais longo que o da Terra, com 24,623 horas.
- Marte possui cerca de $\frac{1}{10}$ da massa da Terra.
- A extensão da superfície de Marte corresponde a aproximadamente 28% da superfície da Terra.

Marte: o planeta vermelho.

Representação em cores-fantasia.

Os números nos auxiliam a compreender as informações apresentadas. Tente imaginar uma maneira de expressar, por exemplo, a temperatura em Marte sem a utilização dos números −153 e 20.

O número $\frac{1}{10}$ está escrito na forma fracionária.

Já os números 24,623 e 28% estão escritos na forma decimal e como porcentagem, respectivamente, mas também podem ser escritos na forma fracionária.

$$24{,}623 = \frac{24\,623}{1\,000} \qquad 28\% = \frac{28}{100}$$

Os números $\frac{1}{10}$, $\frac{24\,623}{1\,000}$ e $\frac{28}{100}$ podem ser representados por meio de uma divisão de dois números inteiros, com o divisor diferente de zero.

Todo número que pode ser escrito como quociente de dois números inteiros, com o divisor diferente de zero, é chamado de **número racional**.

A palavra racional vem do latim *ratio*, que significa razão.

Os números inteiros −153 e 20 também podem ser escritos na forma de fração.

$$-153 = -\frac{153}{1} \qquad 20 = \frac{20}{1}$$

Logo, −153 e 20 também são números racionais.

Todos os números inteiros podem ser escritos na forma de fração; portanto, os números inteiros também são números racionais.

1 Os números naturais também são números racionais? Justifique.

Atividades

1. Quais dos números racionais a seguir também são números naturais?
- E quais também são números inteiros?

0	−7	5,92
11	−4,10	
89	−23	6,7

2. Quais afirmações dos itens a seguir são verdadeiras?

a) Qualquer número **inteiro** é um número **racional**.

b) Todo número **racional** é um número **natural**.

c) Todo número **inteiro** é um número **natural**.

d) A razão entre dois números **naturais** maiores que zero é um número **racional**.

3. Escreva em seu caderno cada número racional como a razão de dois números inteiros.

a) 6
b) 1,3
c) 0,48
d) −5,92
e) 25,7
f) −32,56

4. Escreva o número racional correspondente à divisão na forma fracionária e na forma decimal dos itens a seguir.

a) 9 : 15
b) 17 : 2
c) 30 : 40
d) 11 : 22
e) 28 : 10
f) 55 : 100

5. Em regiões metropolitanas, muitos trabalhadores brasileiros gastam mais de uma hora para chegar ao local de trabalho. Esse é o resultado de um estudo feito pelo Instituto de Pesquisa Econômica Aplicada (Ipea) com dados de 2012 com o objetivo de revelar aspectos que afetam a qualidade de vida dos brasileiros.

Porcentagem aproximada de trabalhadores brasileiros que gastam mais de uma hora para chegar ao trabalho em regiões metropolitanas de algumas capitais, em 2012

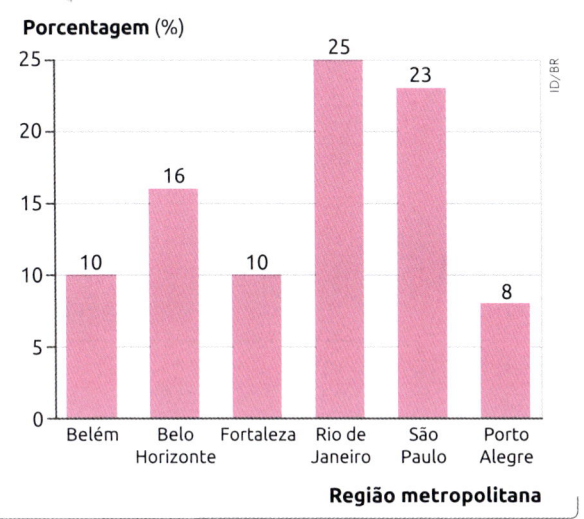

Região metropolitana	Porcentagem (%)
Belém	10
Belo Horizonte	16
Fortaleza	10
Rio de Janeiro	25
São Paulo	23
Porto Alegre	8

Fonte de pesquisa: Ipea. Disponível em: <http://www.ipea.gov.br/portal/images/stories/PDFs/comunicado/131024_comunicadoipea161.pdf>. Acesso em: 28 jan. 2016.

a) Em quais regiões metropolitanas a porcentagem de trabalhadores que gastam mais de uma hora no traslado para o trabalho é igual?

b) Podemos afirmar que a quantidade de trabalhadores das regiões metropolitanas citadas no item anterior é igual ou diferente?

c) No caderno, escreva em forma de fração decimal e de números decimais as porcentagens apresentadas no gráfico.

d) Pergunte às pessoas que moram com você e que trabalham fora quanto tempo elas demoram para chegar ao trabalho.

Números racionais na reta numérica

Já estudamos no capítulo **1** como representar números inteiros na reta numérica. Agora representaremos, por exemplo, os números racionais $\frac{1}{4}$, $-3\frac{1}{2}$, $\frac{5}{3}$ e $-2,4$ na reta numérica.

- O número $-3\frac{1}{2}$ está localizado entre os números -4 e -3. Dividimos este intervalo em duas partes iguais e indicamos o ponto correspondente a essa divisão.

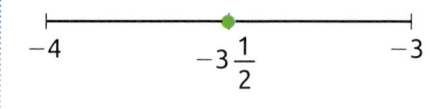

- O número $\frac{1}{4}$ está localizado entre os números 0 e 1. Dividimos este intervalo em quatro partes iguais e indicamos o ponto correspondente à primeira parte no sentido positivo.

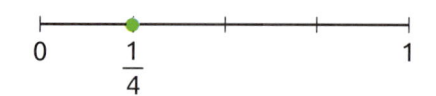

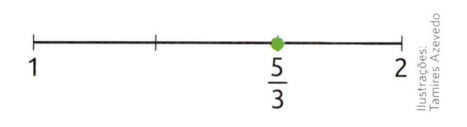

sentido negativo ←- -→ sentido positivo

origem

O número $-2,4$ fica entre os números -3 e -2. Dividimos este intervalo em dez partes iguais e indicamos o ponto correspondente à quarta parte no sentido negativo.

Outra maneira de determinar sua localização é utilizando frações:

$$-2,4 = -2\frac{4^{\,2}}{10^{\,5}} = -2\frac{2}{5}$$

Logo, dividimos o intervalo entre -3 e -2 em cinco partes iguais e indicamos o ponto correspondente à segunda parte no sentido negativo.

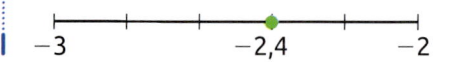

Como o número $\frac{5}{3}$ possui o denominador menor que o numerador, podemos escrevê-lo na forma mista:

$$\begin{array}{r|l} 5 & \underline{3} \\ -3 & 1 \\ \hline 2 & \end{array} \quad 1\frac{2}{3}$$

Como $\frac{5}{3} = 1\frac{2}{3}$, ele está localizado entre 1 e 2. Dividimos este intervalo em três partes iguais e indicamos o ponto correspondente à segunda parte no sentido positivo.

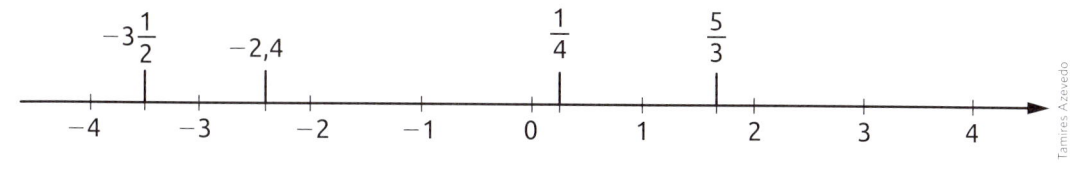

Indicando esses números na reta numérica, temos:

1 O número $-\dfrac{7}{8}$ se localiza entre quais números inteiros consecutivos?

Atividades

6. Relacione cada número das fichas a uma letra indicada na reta numérica.

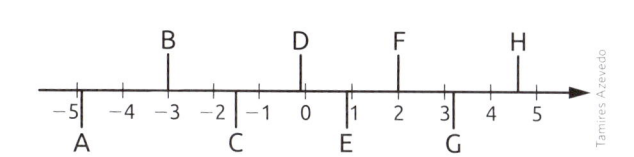

-0,1   2   0,9
3,2   -4,9   -1,5
4,6   -3

7. Entre quais números inteiros consecutivos cada número decimal a seguir se localiza em uma reta numérica?

a) 6,105
b) −1,99
c) −8,3
d) 1,42

8. Escreva os números a seguir em ordem crescente.

1   2,901   -0,5
$\dfrac{3}{100}$ -5 $\dfrac{11}{2}$
$-\dfrac{9}{5}$ 3,07   -6,2   -7,9

9. Copie os itens a seguir no caderno, substituindo cada ■ pelo sinal de > (maior que), < (menor que) ou = (igual a).

a) −0,73 ■ 0
b) 6,812 ■ 6,81
c) −4,9 ■ −4,05
d) $\dfrac{24}{3}$ ■ 8
e) −1,09 ■ −1,1
f) $-\dfrac{2}{5}$ ■ −0,32

10. No capítulo **1**, vimos as definições de módulo e de números simétricos ou opostos. Essas definições também são válidas para os números racionais.

- Módulo: o número −2,5 está a 2,5 unidades da origem e o número 1,3 está a 1,3 unidade.

  Portanto, |−2,5| = 2,5 e |1,3| = 1,3.

- Números simétricos ou opostos: os números −4,9 e 4,9 são opostos ou simétricos, pois |−4,9| = 4,9 e |4,9| = 4,9.

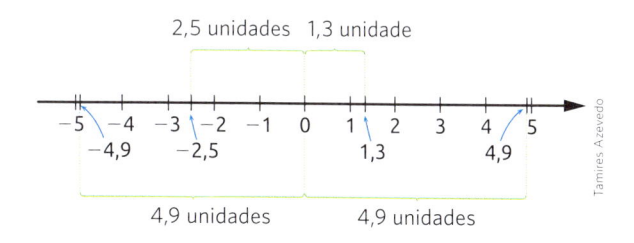

Determine o módulo e o simétrico dos números racionais a seguir.

a) −6,1
b) 0,49
c) 7,58
d) 1,902
e) $\dfrac{16}{3}$
f) −5,2

Dízima periódica

Cássia obteve a representação decimal de alguns números racionais, realizando divisões, e anotou essas informações no caderno.

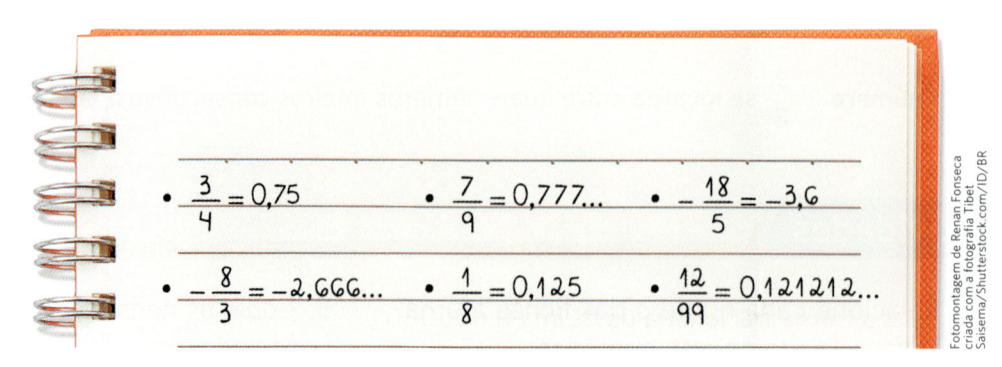

- $\frac{3}{4} = 0{,}75$
- $\frac{7}{9} = 0{,}777\ldots$
- $-\frac{18}{5} = -3{,}6$
- $-\frac{8}{3} = -2{,}666\ldots$
- $\frac{1}{8} = 0{,}125$
- $\frac{12}{99} = 0{,}121212\ldots$

No caso dos números $\frac{3}{4}$, $-\frac{18}{5}$ e $\frac{1}{8}$, a forma decimal de cada um possui **finitas** casas decimais.

Já no caso dos números $\frac{7}{9}$, $-\frac{8}{3}$ e $\frac{12}{99}$, a forma decimal de cada um possui **infinitas** casas decimais que se repetem de maneira **periódica**. Veja, por exemplo, a divisão de 7 por 9:

```
 7 0      | 9
-6 3      0,777...
  0 7 0
-   6 3
    0 7 0
 -    6 3
      0 7
```

▸ Continuando essa divisão o resto nunca será igual a zero, e o algarismo 7 se repetirá infinitamente no quociente.

Um número cuja forma decimal possui infinitas casas decimais que se repetem periodicamente é chamado **dízima periódica**. Em uma dízima periódica, os algarismos que se repetem formam o seu **período**. Por exemplo, na dízima periódica 0,777… o período é 7, e na dízima periódica 0,121212… o período é 12.

As dízimas periódicas podem ser representadas com um traço sobre seu período. Por exemplo, a dízima periódica −2,666… pode ser representada por $-2{,}\overline{6}$.

1 Escreva três dízimas periódicas diferentes com período igual a 123.

Todo número racional pode ser representado na forma decimal por um número com finitas casas decimais ou por uma dízima periódica. Observe os números racionais a seguir:

$\frac{1}{9} = 0{,}111\ldots$ $\frac{3}{9} = 0{,}333\ldots$ $\frac{5}{9} = 0{,}555\ldots$

$\frac{2}{9} = 0{,}222\ldots$ $\frac{4}{9} = 0{,}444\ldots$

Note que em todos os casos o denominador da fração é igual a 9, e o número que se repete na representação decimal é igual ao numerador da fração, que possui apenas um algarismo.

A forma fracionária de uma dízima periódica é chamada **fração geratriz**.

2 Escreva a forma fracionária irredutível da dízima 0,888…

Agora, observe as regularidades nos números racionais a seguir.

$\frac{16}{99} = 0{,}1616\ldots$ $\frac{39}{99} = 0{,}3939\ldots$ $\frac{87}{99} = 0{,}8787\ldots$

$\frac{25}{99} = 0{,}2525\ldots$ $\frac{46}{99} = 0{,}4646\ldots$ $\frac{91}{99} = 0{,}9191\ldots$

3 Escreva a forma fracionária da dízima 0,606060…

Esse é apenas um modo prático de determinar as frações correspondentes a dízimas periódicas com parte inteira nula e períodos de um ou dois algarismos.

Atividades

11. Com o auxílio da calculadora, escreva os números a seguir na forma decimal. Depois, identifique quais deles são dízimas periódicas.

a) $-\frac{1}{12}$ c) $-\frac{9}{8}$

b) $3\frac{1}{5}$ d) $7\frac{4}{6}$

12. Certa escola vai realizar uma palestra para seus 544 alunos do período matutino, no auditório da própria escola, cuja capacidade é de 96 pessoas sentadas. Quantas palestras, no mínimo, deverão ser realizadas para que todos os alunos do período matutino possam participar?

13. Meire quer distribuir igualmente R$ 100,00 entre seus três netos. Com base nessa informação, responda.

a) Qual cálculo representa o valor em reais que cada neto receberá?

b) Qual o resultado do cálculo indicado no item **a**?

c) Em sua opinião, é possível que cada neto receba exatamente esse valor em reais? Justifique a resposta.

14. Identifique o período de cada dízima periódica e escreva cada uma com um traço sobre o período.

a) 1,333…   c) 0,702702…

b) 1,484848…   d) 11,020202…

15. Observe como podemos determinar a fração geratriz da dízima periódica $1{,}\overline{4}$.

Temos que a dízima periódica $1{,}\overline{4} = 1 + 0{,}\overline{4}$.
A fração geratriz de $0{,}\overline{4}$ é igual a $\frac{4}{9}$.
Logo, $1{,}\overline{4} = 1 + \frac{4}{9}$.
Como $1 + \frac{4}{9} = \frac{13}{9}$, temos que a fração geratriz de $1{,}\overline{4}$ é $\frac{13}{9}$.

Agora, determine a fração geratriz de cada dízima periódica.

a) $2{,}\overline{2}$ b) $1{,}\overline{19}$ c) $-3{,}\overline{5}$ d) $-1{,}\overline{68}$

16. Escreva a fração geratriz correspondente a cada dízima periódica.

a) 0,666…   c) 0,464646…

b) −0,151515…   d) −1,282828…

Adição e subtração com números racionais

Nas operações com números racionais, utilizamos o que aprendemos com as operações envolvendo números na forma fracionária, números na forma decimal e números inteiros. Veja uma situação envolvendo adição e subtração com esses números.

Alguns modelos de *freezer* apresentam um visor que indica sua temperatura interna.

Caso a temperatura interna desse *freezer* sofra uma variação de −2,5 °C, qual será a temperatura apresentada no visor?

Para responder a essa pergunta podemos realizar a adição entre −16,2 °C e −2,5 °C.

$$(-16,2) + (-2,5) = -18,7$$

Logo, a nova temperatura apresentada no visor será −18,7 °C. Nesse caso, uma variação negativa indica que a temperatura baixou.

Considerando novamente a temperatura −16,2 °C, quantos graus a temperatura interna do *freezer* deve variar para que o visor passe a indicar −13 °C?

Para responder a essa pergunta, podemos realizar a subtração entre −13 °C e −16,2 °C.

$$(-13) - (-16,2) = -13 + 16,2 = 3,2$$

Logo, é necessário aumentar a temperatura em 3,2 °C para o visor indicar −13 °C.

1 Se o visor estiver indicando −18,9 °C, quantos graus ele passará a indicar se a temperatura interna sofrer uma variação de 1,2 °C?

Observe outras adições e subtrações envolvendo números racionais.

- $\left(-\dfrac{2}{3}\right) + \left(-\dfrac{1}{2}\right) = \left(-\dfrac{4}{6}\right) + \left(-\dfrac{3}{6}\right) = \dfrac{(-4)+(-3)}{6} = -\dfrac{7}{6}$

- $(-1,2) - \left(+\dfrac{7}{10}\right) = (-1,2) + (-0,7) = -1,9$

- $2 - \left(+\dfrac{3}{4}\right) = \dfrac{2}{1} + \left(-\dfrac{3}{4}\right) = \dfrac{8}{4} + \left(-\dfrac{3}{4}\right) = \dfrac{8+(-3)}{4} = \dfrac{5}{4}$

- $\left(+\dfrac{1}{5}\right) + (-0,6) = \left(+\dfrac{1}{5}\right) + \left(-\dfrac{6}{10}\right) = \left(+\dfrac{1}{5}\right) + \left(-\dfrac{3}{5}\right) = \dfrac{(+1)+(-3)}{5} = -\dfrac{2}{5}$

- $(-1) + \left(-\dfrac{15}{10}\right) + 3,9 = (-1) + (-1,5) + 3,9 = 1,4$

Atividades

17. Efetue as operações a seguir.

a) $4 + 3,4$

b) $\left(-\dfrac{9}{2}\right) + 6$

c) $(-6,3) - (-2,7)$

d) $4,5 - \left(+\dfrac{7}{2}\right)$

e) $\dfrac{1}{5} + \left(-\dfrac{2}{3}\right)$

f) $\left(-\dfrac{3}{50}\right) - (+0,75)$

18. Ângelo vai instalar duas torneiras. Para realizar esse serviço, ele vai precisar dos pedaços de cano a seguir.

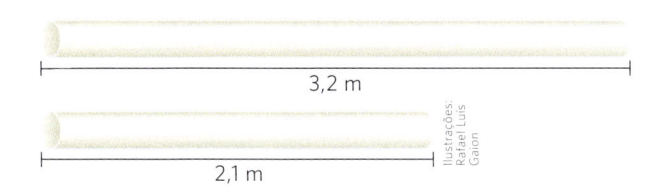

3,2 m

2,1 m

a) Quantos metros de cano ele vai utilizar para instalar essas torneiras?

b) Se ele comprar um cano de 6 metros, qual é o comprimento do cano que vai sobrar, considerando que não haja desperdício?

19. Veja a seguir como resolver uma mesma expressão de duas maneiras diferentes.

1ª maneira

Associando as parcelas positivas, as negativas e, depois, efetuando a operação entre elas.

$3,4 + (-1,7) + 0,9 + (-3,4)$

$4,3 + (-5,1)$

$-0,8$

2ª maneira

Adicionando as parcelas opostas inicialmente.

$3,4 + (-1,7) + 0,9 + (-3,4)$

$0 + (-0,8)$

$-0,8$

Agora, resolva as expressões.

a) $(-9) + 2,3 + 7,1 + (-2,3)$

b) $2,3 + (-6,8) + (-2,3) + 5,4$

c) $\dfrac{3}{4} + \dfrac{2}{5} + \left(-\dfrac{2}{5}\right) + \left(-\dfrac{4}{3}\right)$

d) $\dfrac{1}{2} + \left(-\dfrac{1}{4}\right) + \dfrac{3}{2} + \left(-\dfrac{1}{2}\right) + \dfrac{1}{4}$

20. Determine o valor de cada letra do quadrado mágico sabendo que a soma dos números de cada linha, coluna e diagonal é igual a 7,5.

A	3,5	3
4,5	B	C
D	$\frac{3}{2}$	E

21. A variação de temperatura em certo dia é determinada pela diferença entre a temperatura máxima e a temperatura mínima registradas nesse dia. De acordo com as informações a seguir, determine a variação de temperatura em cada dia da semana.

Dia da semana	sexta-feira	sábado	domingo
Temperatura máxima	3,3 °C	0 °C	−2,1 °C
Temperatura mínima	−5,7 °C	−10,6 °C	−12,9 °C

22. Observe o marcador de combustível em dois momentos:

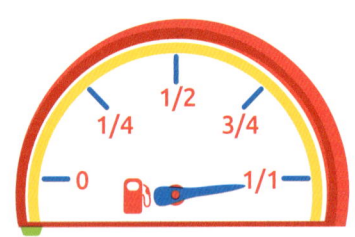

Ao sair de casa.

Ao chegar ao destino.

A fração $\frac{1}{1}$ indica tanque de combustível cheio e o número **0** indica tanque de combustível vazio.

Que fração corresponde à quantidade de combustível utilizada no trajeto da casa ao destino?

23. Em dezembro, Sofia reservou $\frac{1}{15}$ e $\frac{1}{12}$ de seu 13º salário para comprar presentes para a filha e para o marido. Que fração do 13º salário ela reservou para comprar presentes?

24. Resolva as expressões.

a) $13 - (6,1 + 4,8)$

b) $\left[\left(-\frac{5}{6} + \frac{1}{2}\right) + \frac{2}{3}\right] - \frac{2}{3}$

c) $-0,3 + \left[\frac{1}{10} - \left(1,2 + \frac{7}{10}\right)\right]$

d) $\left\{1 + \left[(8,2 - 5,3) - 6\right]\right\} + (4,5 - 0,9)$

25. (Enem/Inep) A cidade de Guarulhos (SP) tem o 8º PIB municipal do Brasil, além do maior aeroporto da América do Sul. Em proporção, possui a economia que mais cresce em indústrias, conforme mostra o gráfico.

Crescimento – Indústria (2002–2008)

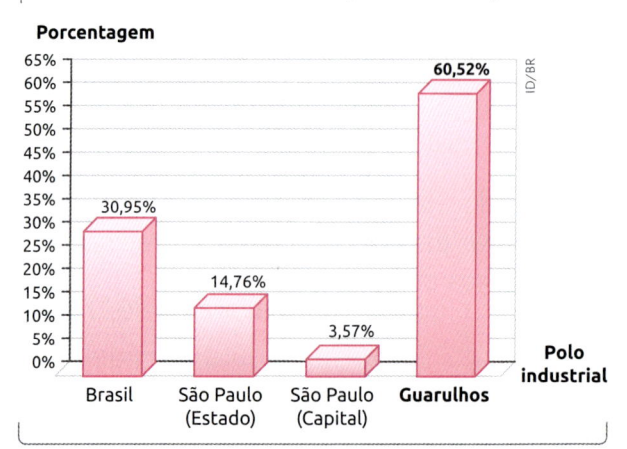

Porcentagem
- Brasil: 30,95%
- São Paulo (Estado): 14,76%
- São Paulo (Capital): 3,57%
- Guarulhos: 60,52%

Polo industrial

Fonte de pesquisa: IBGE, 2002-2008 (adaptado).

Analisando os dados percentuais do gráfico, qual é a diferença entre o maior e o menor centro em crescimento no polo das indústrias?

a) 75,28
b) 64,09
c) 56,95
d) 45,76
e) 30,07

Multiplicação com números racionais

Um dos elementos essenciais para realizar a higiene bucal é o creme dental. O valor desse produto pode apresentar grande variação, de acordo com a marca e a composição.

Observe a representação do creme dental ao lado e responda: Qual valor o consumidor pagará por três desses cremes dentais?

Para responder a essa pergunta, podemos realizar a multiplicação entre os números racionais 3 e 5,39.

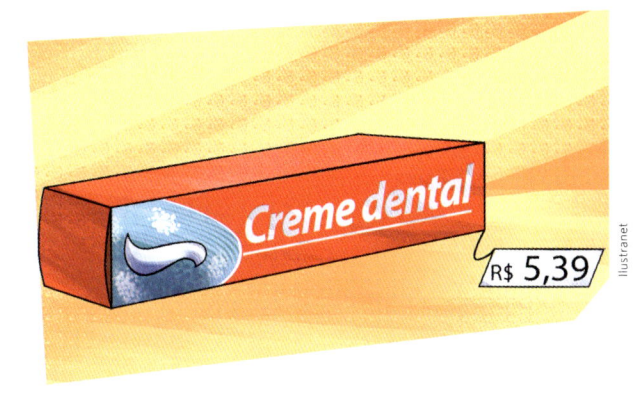

- Multiplicamos o número decimal 5,39 por 100 para obter um número inteiro.

$$5,39 \cdot 100 = 539$$

- Em seguida, efetuamos a multiplicação entre 3 e 539.

$$\begin{array}{r} \overset{1}{5}\overset{2}{3}9 \\ \times \quad 3 \\ \hline 1\,617 \end{array}$$

- Como multiplicamos o número decimal 5,39 por 100, o resultado ficou multiplicado por 100, por isso o dividimos por 100.

$$1\,617 : 100 = 16,17$$

Também podemos escrever os números na forma fracionária para calcular. Por exemplo:

$$3 \cdot 5,39 = \frac{3}{1} \cdot \frac{539}{100} = \frac{3 \cdot 539}{1 \cdot 100} = \frac{1\,617}{100} = 16,17$$

Logo, o consumidor pagará R$ 16,17 por três desses cremes dentais.

Esse cálculo também pode ser realizado de maneira prática. Inicialmente efetuamos o cálculo desconsiderando a vírgula. Depois acrescentamos a vírgula ao resultado de modo que a quantidade de casas decimais seja igual à quantidade de casas decimais do fator decimal. Observe.

$$\begin{array}{r} \overset{1}{5},\overset{2}{3}9 \leftarrow \text{duas casas decimais} \\ \times \quad 3 \\ \hline 16,17 \leftarrow \text{duas casas decimais} \end{array}$$

1 Escreva uma multiplicação envolvendo números racionais de maneira que o resultado seja menor que ambos os fatores.

Observe outras multiplicações envolvendo números racionais.

- $\left(-\dfrac{5}{7}\right) \cdot 3 = \left(-\dfrac{5}{7}\right) \cdot \dfrac{3}{1} = -\dfrac{5 \cdot 3}{7 \cdot 1} = -\dfrac{15}{7}$

- $\dfrac{3}{4} \cdot (-0{,}7) = \dfrac{3}{4} \cdot \left(-\dfrac{7}{10}\right) = -\dfrac{3 \cdot 7}{4 \cdot 10} = -\dfrac{21}{40}$

- $(-2{,}6) \cdot (-1{,}8) = \left(-\dfrac{26}{10}\right) \cdot \left(-\dfrac{18}{10}\right) = +\dfrac{26 \cdot 18}{10 \cdot 10} = \dfrac{468}{100} = 4{,}68$

Atividades

26. Determine o produto em cada item.

a) $\dfrac{9}{2} \cdot \left(-\dfrac{5}{11}\right)$

b) $(-0{,}3) \cdot 8{,}2$

c) $\dfrac{1}{3} \cdot 1{,}7$

d) $0{,}7 \cdot \left(-\dfrac{1}{5}\right) \cdot (-7)$

27. Observe como Magna obteve o produto, simplificando os fatores.

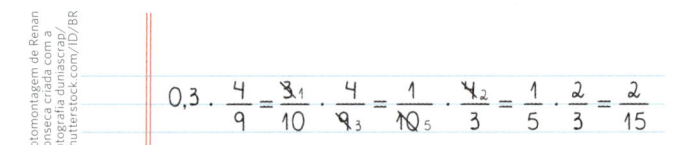

$0{,}3 \cdot \dfrac{4}{9} = \dfrac{\cancel{3}^{1}}{10} \cdot \dfrac{4}{\cancel{9}_{3}} = \dfrac{1}{\cancel{10}_{5}} \cdot \dfrac{\cancel{4}^{2}}{3} = \dfrac{1}{5} \cdot \dfrac{2}{3} = \dfrac{2}{15}$

Agora, determine os produtos de maneira semelhante.

a) $0{,}6 \cdot \dfrac{2}{3}$

b) $\dfrac{8}{15} \cdot \dfrac{5}{6}$

c) $\dfrac{1}{7} \cdot (-1{,}4)$

d) $(-2{,}5) \cdot (-0{,}05)$

28. Os números racionais possuem inverso, com exceção do zero. Por exemplo:

- o inverso de $-\dfrac{7}{8}$ é $-\dfrac{8}{7}$;
- o inverso de $0{,}9$ é $\dfrac{10}{9}$, pois $0{,}9 = \dfrac{9}{10}$ e o inverso de $\dfrac{9}{10}$ é $\dfrac{10}{9}$.

Determine o inverso dos números a seguir.

a) $\dfrac{3}{8}$ b) -6 c) $0{,}7$ d) $-0{,}555\ldots$

Agora, multiplique cada número pelo seu inverso e verifique que o produto é 1.

29. Laís, Mariana e Vítor foram almoçar em um restaurante *self-service*, em que os clientes se servem à vontade e pagam, nesse caso, o equivalente a R$ 32,50 por quilograma. Observe as balanças abaixo e determine o valor a ser pago por eles.

a) Laís

b) Mariana

c) Vítor

30. Para cada item, pense em um número racional, escreva no caderno um cálculo e determine o resultado.

a) Adicione 15 ao triplo do número que você pensou e multiplique por 7 o resultado obtido.

b) Multiplique o número que você pensou por $-2{,}4$ e adicione 10. Multiplique o resultado obtido por 2.

c) Multiplique o número que você pensou por $\dfrac{2}{3}$. Subtraia 20 do resultado obtido.

31. Realize os cálculos e determine o valor correspondente a cada letra em destaque no cupom fiscal.

SUPERMERCADO BELA FLOR
SOCIEDADE ENTRE AMIGOS E CIA. LTDA
RUA FLORES, 1003 - HOLAMBRA - SP

CNPJ: 24.815.000/007-10   IE: 35437586-02

25/4/2017   16:00   OP010   LJ0004   COO:036170

CUPOM FISCAL

QTDE.	PRODUTO	DESCRIÇÃO	VALOR (UN)	VALOR (R$)
2X	MACARRÃO TALHARIM	200 g	5,50	11,00+
1X	SUCO NATURAL	1 L	4,99	A
3X	QUEIJO RALADO	50 g	2,60	B
2X	EXTRATO DE TOMATE	340 g	3,25	C
** TOTAL				D

32. Efetue os cálculos a seguir no caderno e escreva os dois próximos termos de cada sequência.

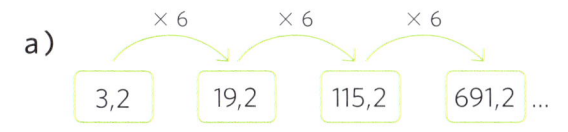

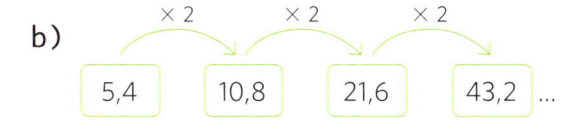

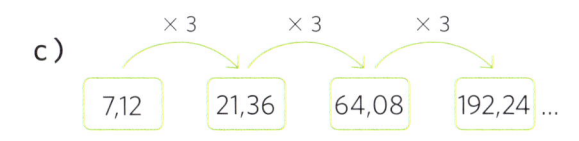

a) 3,2 →×6→ 19,2 →×6→ 115,2 →×6→ 691,2 ...

b) 5,4 →×2→ 10,8 →×2→ 21,6 →×2→ 43,2 ...

c) 7,12 →×3→ 21,36 →×3→ 64,08 →×3→ 192,24 ...

33. Escreva uma multiplicação que envolva números racionais não inteiros de modo que o resultado seja:

a) um número racional não inteiro entre −40 e −30.

b) uma dízima periódica entre 5 e 6.

34. A tabela abaixo apresenta o percentual das famílias linguísticas agrupadas no tronco linguístico Macro-Jê, sendo consideradas pessoas de 5 anos ou mais que vivem em terras indígenas.

Percentual das famílias linguísticas do tronco Macro-Jê nas terras indígenas brasileiras, em 2010	
Bororo	1,81%
Guató	0,05%
Jê	84,41%
Karajá	5,44%
Krenák	0,36%
Maxakali	3,24%
Ofayé	0,02%
Rikbaktsa	0,02%
Yatê	3,27%
Macro-Jê não especificado	1,38%

Fonte de pesquisa: Fundação Nacional do Índio. Disponível em: <www.funai.gov.br/arquivos/conteudo/ascom/2013/img/12-Dez/pdf-brasil-ind.pdf>. Acesso em: 30 jan. 2016.

a) As três maiores famílias linguísticas juntas correspondem a que porcentagem do tronco linguístico Macro-Jê?

b) O percentual da família linguística Karajá é maior que o percentual da família linguística Bororo e Maxakali juntas? Justifique.

c) O percentual de qual família linguística corresponde a 18 vezes o percentual da família linguística Rikbaktsa?

Família linguística: grupo de línguas provenientes de uma mesma descendência.

Criança guarani kaiowá, da família linguística Bororo, com cocar e chocalho.

Divisão com números racionais

Jairo comprou uma barra de 3,5 metros de trilho de cortina para instalar em sua casa. Sabendo que ele quer dividir essa barra em duas partes de mesmo comprimento, quantos metros terá cada parte do trilho?

Para responder a essa pergunta podemos realizar a divisão de 3,5 por 2.

$$3,5 : 2 = 35 : 20$$
(·10   ·10)

$$\begin{array}{r|l} 35 & \underline{20} \\ -20 & 1,75 \\ \hline 150 & \\ -140 & \\ \hline 0100 & \\ -100 & \\ \hline 000 & \end{array}$$

Também podemos escrever os números na forma fracionária para realizar os cálculos.

$$3,5 : 2 = \frac{35}{10} : \frac{2}{1} = \frac{35^7}{10_2} \cdot \frac{1}{2} = \frac{7}{2} \cdot \frac{1}{2} = \frac{7 \cdot 1}{2 \cdot 2} = \frac{7}{4} = 1,75$$

> **DICA!**
> Utilize uma calculadora e verifique que os resultados de 3,5 : 2 e de 35 : 20 são iguais.

Logo, cada parte do trilho terá 1,75 metro.

Observe outras divisões envolvendo números racionais.

- $1,8 : \left(-\frac{1}{4}\right) = \frac{18}{10} : \left(-\frac{1}{4}\right) = \frac{18}{10} \cdot \left(-\frac{4}{1}\right) = -\frac{18 \cdot 4}{10 \cdot 1} = -\frac{72}{10} = -7,2$

- $(-0,1) : (-0,25) = \left(-\frac{1}{10}\right) : \left(-\frac{25}{100}\right) = \left(-\frac{1}{10}\right) \cdot \left(-\frac{100}{25}\right) =$

$= +\frac{1 \cdot 100}{10 \cdot 25} = \frac{100^4}{250_{10}} = \frac{4}{10} = 0,4$

Atividades

35. Calcule as divisões abaixo.

a) $7,8 : 3$

b) $\frac{1}{6} : \left(-\frac{11}{4}\right)$

c) $\left(-\frac{3}{2}\right) : 0,5$

d) $4,2 : 0,6$

36. Marisa é costureira e precisa dividir um elástico de 1,8 m de comprimento em quatro partes de mesmo comprimento. Qual será, em metro, o comprimento de cada parte do elástico?

37. Em cada item abaixo, realize estimativas e indique a divisão que resulta no maior valor.

a) $1,4 : 0,2$ ou $0,2 : 1,4$

b) $\frac{1}{2} : \frac{5}{6}$ ou $\frac{5}{6} : \frac{1}{2}$

c) $0,8 : \frac{1}{4}$ ou $\frac{1}{4} : 0,8$

d) $1,5 : \frac{2}{5}$ ou $\frac{2}{5} : 1,5$

Agora, efetue os cálculos e verifique se suas estimativas estavam corretas.

38. Determine a medida em centímetros dos lados de cada polígono regular a seguir.

A perímetro: 6,9 cm

B perímetro: 12,48 cm

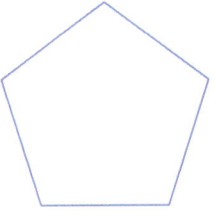

C perímetro: 8,75 cm

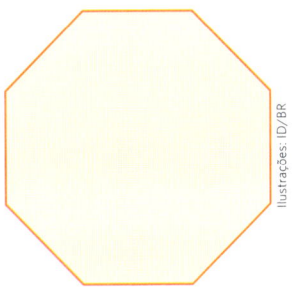

D perímetro: 12 cm

39. Escreva um texto com os procedimentos que você utilizaria para efetuar o cálculo $2,6 : \dfrac{1}{5}$.

40. (OBMEP) Qual é o valor de $1 + \dfrac{1}{1 - \dfrac{2}{3}}$?

a) $\dfrac{1}{3}$
b) $\dfrac{3}{2}$
c) $\dfrac{4}{3}$
d) 2
e) 4

41. Geralmente em feiras livres é possível encontrar produtos vendidos a granel.

Arroz R$ 2,50 kg

Feijão R$ 4,25 kg

Considerando esses preços, responda.

a) Qual é o valor a ser pago por:
- 2 kg de feijão?
- 3 kg de arroz mais 1 kg de feijão?

b) Ao comprar 5 kg de arroz e 3 kg de feijão, qual deve ser o troco caso o pagamento seja realizado com uma cédula de R$ 50,00?

c) Com uma cédula de R$ 10,00 é possível comprar no máximo quantos quilogramas de arroz?

42. Quantos copos de 0,25 litro é possível encher com o suco da caixa?

SUCO DE LARANJA — 1,5 litro

43. Um óleo é envasado em recipientes de $\dfrac{1}{600}$ da capacidade total do reservatório da máquina distribuidora. Se em determinado dia a máquina distribuidora estiver com apenas $\dfrac{1}{4}$ de sua capacidade total, quantos recipientes serão envasados com óleo?

Educação Financeira

Por que usamos o dinheiro?

Muitas vezes acumulamos roupas, livros, brinquedos ou outros objetos que não utilizamos mais por vários motivos. Uma boa saída é doar estes pertences a outras pessoas que precisam ou realizar trocas por objetos que possam nos ser úteis. A prática de trocar pertences, de modo geral, não tem finalidade de lucro, porém, ainda assim, é necessário que haja algum parâmetro para medir quanto custa o bem que está sendo trocado.

— Eu já enjoei deste jogo.

— Sério? Eu achei muito legal!

— O que acha de ficar com este jogo em troca de três de seus livros que já leu?

— Acho que por dois livros a troca seria mais justa.

— Fechado!

Atualmente, o sistema de trocas pode não ser o mais convencional para se obter pertences, por isso, utilizamos o dinheiro. Porém, quando o dinheiro não existia, esta era a prática mais utilizada, e ficou conhecida como **escambo**.

O grande problema deste sistema é que não havia uma medida comum entre os valores dos produtos que estavam sendo trocados. Assim, alguns que eram mais procurados, como o sal, tornaram-se uma espécie de moeda, que servia para medir o valor dos outros produtos (a palavra "salário" se origina daí). Esta noção foi evoluindo, até chegar às moedas de metal e ao dinheiro, que conhecemos hoje.

Por meio dele conseguimos estabelecer um parâmetro para medir o preço dos produtos e serviços.

Sabemos que é praticamente impossível viver sem dinheiro na atualidade, pois é essencial para as necessidades básicas (alimentação, moradia, vestuário, dentre outras) e para outras necessidades (segurança, cultura, lazer, etc.). Contudo, dependendo de alguns fatores, a prioridade de como devemos gastá-lo varia, especialmente quando nos tornamos adultos e temos diversas responsabilidades ligadas a ele. E você, como está gastando seu dinheiro?

1. Numa busca realizada pela internet foram cotados os valores em diferentes lojas para o jogo e os dois livros mencionados na cena:

	Loja 1	Loja 2	Loja 3
Dois livros juntos	R$ 68,60	R$ 72,30	R$ 65,60
Jogo	R$ 67,50	R$ 73,60	R$ 65,95

Em relação aos preços praticados pelas lojas, você acha que a troca foi justa? Justifique.

2. Vamos supor que nossa moeda atual fosse o "sal" e considerar que um pacote com 1 kg de sal custe R$ 2,55. Determine o preço aproximado dos itens a seguir em pacotes de 1 kg de sal.

Tablet. R$ 480,00

Mochila. R$ 94,00

Tênis. R$ 150,00

3. Pense em algum pertence que você não utiliza mais e gostaria de trocar.

    a) Em sua avaliação, qual seria o valor médio, em reais, desse objeto?

    b) Por qual outro objeto de valor semelhante você gostaria de trocá-lo?

4. Supondo que você vai realizar a troca de um de seus pertences por outro, ao realizar a troca, o que você leva mais em consideração, o valor do produto trocado ou a sua utilidade? Converse com o professor e os colegas sobre esse assunto.

Potenciação com números racionais na base

Vimos anteriormente a potenciação com números inteiros na base, por exemplo:

$$(-8)^2 = (-8) \cdot (-8) = +64$$

Agora, vamos ampliar o conceito de potenciação para números racionais na base. Veja alguns exemplos:

- $(4,5)^2 = (4,5) \cdot (4,5) = 20,25$

- $\left(-\dfrac{1}{2}\right)^6 = \left(-\dfrac{1}{2}\right) \cdot \left(-\dfrac{1}{2}\right) \cdot \left(-\dfrac{1}{2}\right) \cdot \left(-\dfrac{1}{2}\right) \cdot \left(-\dfrac{1}{2}\right) \cdot \left(-\dfrac{1}{2}\right) = \dfrac{1}{4} \cdot \dfrac{1}{4} \cdot \dfrac{1}{4} =$
$= \dfrac{1}{16} \cdot \dfrac{1}{4} = \dfrac{1}{64}$

- $(-0,1)^3 = (-0,1) \cdot (-0,1) \cdot (-0,1) = 0,01 \cdot (-0,1) = -0,001$

Note que para determinar uma potência com números racionais na base, tanto na forma decimal quanto na forma fracionária, procedemos de maneira semelhante à utilizada para determinar a potência com números inteiros na base.

1 Qual é o valor da potência $(-7,59)^0$? E da potência $\left(\dfrac{7}{8}\right)^1$?

Atividades

44. Determine as potências.

a) $(-6)^3$

b) $\left(\dfrac{2}{3}\right)^5$

c) $(-5,7)^2$

d) $\left(\dfrac{1}{4}\right)^4$

e) $(-0,09)^2$

f) $\left(-\dfrac{7}{16}\right)^0$

45. Escreva por extenso o valor correspondente às seguintes potências:

a) $\left(-\dfrac{1}{2}\right)^3$ b) $(-0,7)^2$ c) $\left(-\dfrac{1}{3}\right)^4$

46. Sem efetuar cálculos, copie no caderno as sentenças a seguir substituindo cada ■ por <, >, ou =, de maneira que sejam verdadeiras.

a) $(-0,5)^{10}$ ■ $(0,05)^{10}$

b) $\left(-\dfrac{1}{6}\right)^3$ ■ $\left(\dfrac{1}{6}\right)^2$

c) $(-7)^4$ ■ 7^4

47. Ao cortar uma folha de papel sucessivas vezes ao meio, João notou que era possível comparar os recortes com a folha original utilizando frações.

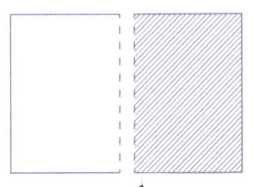

1 inteiro

1º recorte → $\dfrac{1}{2}$ de 1 inteiro

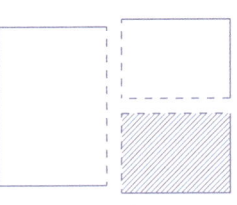

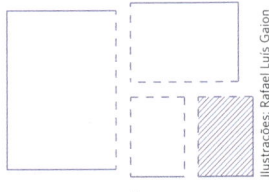

2º recorte → $\dfrac{1}{4}$ de 1 inteiro

3º recorte → $\dfrac{1}{8}$ de 1 inteiro

Utilizando potências de mesma base, escreva em sequência as frações obtidas do primeiro ao terceiro recorte.

Raiz quadrada de números racionais

Veja a pergunta da professora.

Qual a medida do lado de um quadrado de área igual a 46,24 cm²?

Para calcular a medida do lado do quadrado, podemos utilizar a fórmula da área do quadrado.

$$A = \ell^2$$

$$46{,}24 = \ell^2$$

Assim, precisamos obter um número ℓ que, elevado ao quadrado, resulte em 46,24.

Nesse caso, esse número pode ser 6,8 ou $-6{,}8$, pois $6{,}8^2 = 46{,}24$ e $(-6{,}8)^2 = 46{,}24$. No entanto, como estamos calculando a medida do lado de um quadrado, consideramos apenas o número positivo 6,8.

Portanto, a medida do lado de um quadrado de área 46,24 cm² é 6,8 cm.

A operação utilizada para obter a medida do lado do quadrado, conhecendo sua área, é chamada **radiciação**. Para representar essa operação, nesse caso, escrevemos $\sqrt[2]{46{,}24}$, que lemos **raiz quadrada de** 46,24.

$$\sqrt[2]{46{,}24} = 6{,}8, \text{ pois } 6{,}8^2 = 46{,}24$$

Na radiciação temos os seguintes elementos:

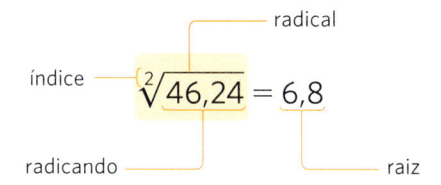

$$\underset{\text{radicando}}{\underset{\text{índice}}{\sqrt[2]{46{,}24}}} = \underset{\text{raiz}}{6{,}8}$$

(radical, índice, radicando, raiz)

Geralmente, quando representamos a raiz quadrada de um número, não utilizamos o índice 2. No caso apresentado escrevemos $\sqrt{46{,}24}$.

Além disso, podemos obter somente a raiz quadrada de números não negativos, pois nenhum número elevado ao quadrado resulta em um número negativo.

> A raiz quadrada de um número não negativo a é um número não negativo que, elevado ao quadrado, resulte em a.

Veja outros exemplos.

- $\sqrt{64} = 8$, pois $8^2 = 64$
- $\sqrt{\dfrac{1}{9}} = \dfrac{1}{3}$, pois $\left(\dfrac{1}{3}\right)^2 = \dfrac{1}{9}$
- $\sqrt{100} = 10$, pois $10^2 = 100$
- $\sqrt{12{,}25} = 3{,}5$, pois $(3{,}5)^2 = 12{,}25$
- $-\sqrt{121} = -11$, pois $-(11)^2 = -121$
- $\sqrt{\dfrac{4}{49}} = \dfrac{2}{7}$, pois $\left(\dfrac{2}{7}\right)^2 = \dfrac{4}{49}$
- $-\sqrt{0{,}81} = -0{,}9$, pois $-(0{,}9)^2 = -0{,}81$

> Os números racionais que podem ser representados por meio de uma potência de base racional e expoente 2 são chamados **números racionais quadrados perfeitos**. A raiz quadrada de um número racional quadrado perfeito é um número racional.

1 Considerando os números $\dfrac{1}{4}$ e $\dfrac{1}{5}$, qual deles podemos chamar de número racional quadrado perfeito? Por quê?

2 Utilizando uma calculadora, determine a medida do lado de cada quadrado.

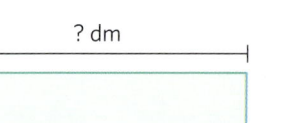

a) ? dm

Área: 6,25 dm²

b) ? m

Área: 153,76 m²

c) ? mm

Área: 453,69 mm²

Atividades

48. Veja a seguir como o professor Firmino fez para calcular $\sqrt{1{,}69}$.

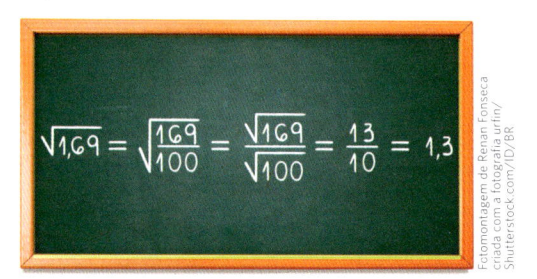

$$\sqrt{1{,}69} = \sqrt{\frac{169}{100}} = \frac{\sqrt{169}}{\sqrt{100}} = \frac{13}{10} = 1{,}3$$

Agora, de maneira semelhante à desse professor, calcule as raízes a seguir.

a) $\sqrt{3{,}24}$ c) $\sqrt{24{,}01}$ e) $\sqrt{0{,}25}$
b) $\sqrt{9{,}61}$ d) $\sqrt{8{,}41}$ f) $\sqrt{1{,}21}$

49. Quais itens a seguir possuem o mesmo resultado?

A) $\sqrt{10\,000}$
B) $\left(\dfrac{3}{4}\right)^2$
C) $\sqrt{0{,}0016}$
D) $\sqrt{\dfrac{1}{100}}$
I) $\sqrt{\dfrac{81}{256}}$
II) $\sqrt{0{,}01}$
III) $6^2 + 8^2$
IV) $(0{,}2)^2$

50. Veja como Charles fez para obter a raiz quadrada de 18,49.

Sei que a raiz quadrada de 18,49 está entre 4 e 5, porque $4^2 = 16$ e $5^2 = 25$. Vou testar alguns números:
$(4{,}1)^2 = 16{,}81$
$(4{,}2)^2 = 17{,}64$
$(4{,}3)^2 = 18{,}49$
Desse modo, $\sqrt{18{,}49} = 4{,}3$.

De maneira semelhante, determine a raiz quadrada de:

a) $\sqrt{4{,}84}$ c) $\sqrt{28{,}09}$
b) $\sqrt{11{,}56}$ d) $\sqrt{57{,}76}$

51. Copie o número que satisfaça a sentença de cada item do quadro a seguir.

Sentença						
$\sqrt{8} < x < \sqrt{11}$	2	3	2,7	3,4	3,8	4
$\sqrt{5} < x < \sqrt{10}$	1,9	2,1	2	2,2	3,4	2,5
$\sqrt{20} < x < \sqrt{25}$	4,2	4	4,9	5	5,6	5,1
$\sqrt{13} < x < \sqrt{19}$	3,9	4,8	5,2	5,3	4,7	5

52. Escreva no caderno:

a) quatro números racionais com uma casa decimal que estejam entre $\sqrt{10{,}24}$ e $\sqrt{16}$.
b) Três números racionais quadrados perfeitos maiores que $\dfrac{2}{5}$.
c) Dois números naturais menores que $\sqrt{18{,}49}$.
d) Dois números inteiros maiores que $-\sqrt{31{,}36}$.

53. Quais dos números a seguir são números racionais quadrados perfeitos?

$\dfrac{16}{25}$ $0{,}8$ $-\dfrac{4}{9}$ $0{,}64$ $\dfrac{1}{99}$

$0{,}09$ $\dfrac{15}{36}$ $\dfrac{144}{400}$

54. Resolva as expressões numéricas.

a) $7{,}35 + (-1{,}4)^2 : 2 - 5{,}01$

b) $-\dfrac{3}{8} + \dfrac{1}{16} \cdot 6 - \sqrt{\dfrac{81}{100}} + 0{,}1$

c) $\dfrac{2}{3} \cdot \sqrt{1{,}69} + \dfrac{2}{15} - (0{,}5)^2$

d) $\left(\dfrac{1}{2}\right)^3 \cdot \sqrt{\dfrac{1}{9}} : 0{,}\overline{2}$

Vamos relembrar

55. Escreva cada número em sua forma decimal.

a) $\dfrac{8}{5}$

b) $\dfrac{21}{4}$

c) $\dfrac{17}{20}$

d) $2\dfrac{2}{3}$

56. Associe cada número na forma decimal à sua representação na forma fracionária, escrevendo a letra e o símbolo romano correspondentes.

- A 1,333...
- B $1,\overline{7}$
- C 6,75
- D 0,32

- I $\dfrac{4}{3}$
- II $\dfrac{8}{25}$
- III $\dfrac{27}{4}$
- IV $\dfrac{16}{9}$

Agora, represente as frações impróprias na forma mista.

57. Entre números naturais, números inteiros e números racionais, indique qual deles é o mais adequado e simples para:

a) compor os preços dos produtos de um mercado.

b) medir a altura de uma criança no decorrer dos meses.

c) expressar o saldo de gols dos times participantes de um campeonato de futebol.

58. Considerando os números racionais a seguir, faça o que se pede.

$$\dfrac{17}{8} \qquad -\dfrac{2}{3} \qquad -\dfrac{25}{15} \qquad 4,75 \qquad 1\dfrac{2}{3} \qquad 3,4$$

a) Escreva os números em ordem crescente, utilizando o símbolo < entre eles.

b) Represente os números em uma reta numérica.

59. Utilizando uma calculadora, verifique se há dízimas periódicas correspondentes a frações cujo denominador seja:

- 2
- 3
- 5
- 8
- 12

Em cada caso afirmativo, escreva três frações com o respectivo denominador cuja forma decimal seja uma dízima periódica.

60. Resolva:

a) $\left(+\dfrac{5}{3}\right) + \left(-\dfrac{3}{4}\right)$

b) $5,8 - \left(-\dfrac{15}{2}\right)$

c) $(-1,2) - (+8,9) + \dfrac{14}{10}$

d) $\left(+\dfrac{25}{4}\right) - \left(+\dfrac{38}{8}\right) - 1$

61. Para pagar as faturas de água, de energia elétrica e de telefone, Jorge gastou, no total, R$ 196,68. Sabendo que o valor das faturas de água e de telefone era R$ 48,72 e R$ 82,56, respectivamente, responda:

a) Quanto ele gastou para pagar as faturas de água e de telefone juntas?

b) Se ■ representa o valor da fatura de energia elétrica, qual sentença está correta? Justifique.

- 131,28 − ■ = 196,68
- 196,68 + 131,28 = ■
- 131,28 + ■ = 196,68

c) Determine o valor pago pela fatura de energia elétrica.

62. Calcule:

a) $\left(-\dfrac{14}{5}\right) : 7$

b) $(-8) \cdot \dfrac{5}{28}$

c) $(-9,1) \cdot (-2,1)$

d) $\dfrac{9}{2} : (+0,3)$

63. Observe como o professor Marcelo fez para obter a fração geratriz de $0,1\overline{6}$.

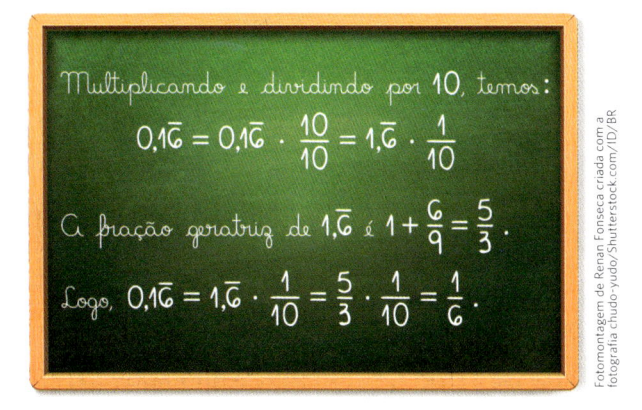

> Multiplicando e dividindo por 10, temos:
> $$0,1\overline{6} = 0,1\overline{6} \cdot \frac{10}{10} = 1,\overline{6} \cdot \frac{1}{10}$$
> A fração geratriz de $1,\overline{6}$ é $1 + \frac{6}{9} = \frac{5}{3}$.
> Logo, $0,1\overline{6} = 1,\overline{6} \cdot \frac{1}{10} = \frac{5}{3} \cdot \frac{1}{10} = \frac{1}{6}$.

Agora, obtenha a fração geratriz de:

a) $0,4\overline{6}$ b) $0,7\overline{2}$ c) $0,58\overline{3}$ d) $0,3\overline{81}$

64. Veja o valor facial e a massa de algumas moedas de real em circulação em 2016.

Moeda						
Valor facial (R$)	0,01	0,05	0,10	0,25	0,50	1,00
Massa (g)	2,43	4,10	4,80	7,55	7,81	7,00

Ao dividir a massa de uma moeda, em gramas, pelo seu valor facial, em reais, obtemos o valor da massa por unidade de real. Por exemplo:

$$\underbrace{2,43}_{\text{massa da moeda de 1 centavo}} : \underbrace{0,01}_{\text{valor facial da moeda de 1 centavo}} = \frac{243}{100} : \frac{1}{100} = \frac{243}{100} \cdot \frac{100}{1} = 243$$

Isso significa que a moeda de 1 centavo tem 243 g/R$, ou seja, R$ 1,00 em moedas de 1 centavo tem 243 g de massa.

Agora, obtenha a massa por unidade de real das outras moedas apresentadas.

65. Calcule o valor das potências.

a) $\left(\frac{5}{2}\right)^2$ b) $(-1,1)^3$ c) $\left(-\frac{1}{2}\right)^7$ d) $(-0,4)^4$

66. Dentre os números a seguir, quais são números racionais quadrados perfeitos? Determine a raiz quadrada desses números.

$$\frac{32}{9} \qquad \frac{49}{4} \qquad \frac{1}{24} \qquad 0,01 \qquad 1,44 \qquad 62,5 \qquad 0,81 \qquad \frac{9}{36}$$

CAPÍTULO 4

Potências, notação científica e raízes

Neste capítulo, iremos aprofundar o estudo sobre potências, estudar notação científica, que é uma importante ferramenta para trabalhar com números muito grandes e com números muito pequenos, além de estudar as raízes.

Potências com expoente negativo

No capítulo **2**, estudamos o cálculo das potências cuja base é um número inteiro diferente de zero. Agora, vamos estudar um pouco mais a respeito das potências com expoente inteiro, mais especificamente com expoente inteiro negativo.

Observe os exemplos e as regularidades.

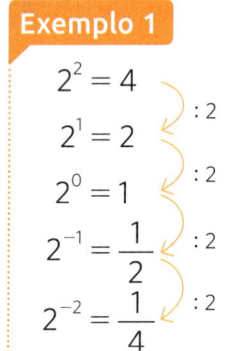

Exemplo 1

$$2^2 = 4$$
$$2^1 = 2$$
$$2^0 = 1$$
$$2^{-1} = \frac{1}{2}$$
$$2^{-2} = \frac{1}{4}$$

(: 2)

Exemplo 2

$$(-3)^2 = 9$$
$$(-3)^1 = -3$$
$$(-3)^0 = 1$$
$$(-3)^{-1} = -\frac{1}{3}$$
$$(-3)^{-2} = \frac{1}{9}$$

(: (−3))

No exemplo **1**, perceba que, conforme o expoente diminui uma unidade, dividimos as potências por 2. Do mesmo modo, quando diminuímos uma unidade do expoente no exemplo **2**, dividimos a potência por −3.

1 De acordo com o padrão observado nos exemplos, qual é o resultado de 2^{-3}? E o resultado de $(-3)^{-3}$?

Nos exemplos acima vimos que $2^{-2} = \frac{1}{4}$. Como $2^2 = 4$, podemos reescrever a igualdade da seguinte maneira:

$$2^{-2} = \frac{1}{4} = \frac{1}{2^2} = \left(\frac{1}{2}\right)^2$$

Lembre-se de que o inverso de 2 é $\frac{1}{2}$.

> Um número diferente de zero elevado a um expoente inteiro negativo é igual ao inverso da base elevado ao oposto do expoente.
> Considerando a um número diferente de zero e n um número natural, temos:
> $$a^{-n} = \frac{1}{a^n} \text{ ou } a^{-n} = \left(\frac{1}{a}\right)^n$$

2 Qual é o inverso de $\frac{2}{3}$? E qual é o valor da potência $\left(\frac{2}{3}\right)^{-4}$?

Propriedades das potências

Agora, vamos estudar as propriedades decorrentes das definições de potências estudadas neste capítulo e em capítulos anteriores.

Multiplicação de potências de mesma base

Observe como resolvemos as multiplicações de potências de mesma base, reduzindo a uma única potência.

$$4^2 \cdot 4^3 = \underbrace{4 \cdot 4}_{4^2} \cdot \underbrace{4 \cdot 4 \cdot 4}_{4^3} = 4^5$$

$$(-10)^3 \cdot (-10) \cdot (-10)^2 = \underbrace{(-10) \cdot (-10) \cdot (-10)}_{(-10)^3} \cdot \underbrace{(-10)}_{(-10)^1} \cdot \underbrace{(-10) \cdot (-10)}_{(-10)^2} = (-10)^6$$

Nestes exemplos perceba que podemos repetir a base e realizar a adição dos expoentes, obtendo os mesmos resultados.

$$4^2 \cdot 4^3 = 4^{2+3} = 4^5$$

$$(-10)^3 \cdot (-10) \cdot (-10)^2 = (-10)^3 \cdot (-10)^1 \cdot (-10)^2 = (-10)^{3+1+2} = (-10)^6$$

> Ao efetuar uma multiplicação de potências de mesma base, repetimos a base e realizamos a adição dos expoentes.
> $$a^n \cdot a^m = a^{n+m}, \text{ com } a \neq 0 \text{ se } n \leq 0 \text{ ou } m \leq 0$$

1 Escreva no caderno o cálculo $8^{-3} \cdot 8^6$. Depois, utilize a propriedade acima para apresentar o resultado na forma de uma única potência.

Divisão de potências de mesma base

Observe a seguir as divisões de potências de mesma base, diferente de zero, sendo reduzidas a uma única potência.

$$7^5 : 7^3 = \frac{7^5}{7^3} = \frac{7 \cdot 7 \cdot \cancel{7} \cdot \cancel{7} \cdot \cancel{7}}{\cancel{7} \cdot \cancel{7} \cdot \cancel{7}} = 7 \cdot 7 = 7^2$$

$$(-5)^3 : (-5) = \frac{(-5)^3}{(-5)} = \frac{(-5) \cdot (-5) \cdot \cancel{(-5)}}{\cancel{(-5)}} = (-5) \cdot (-5) = (-5)^2$$

Ao efetuarmos estas divisões, observe que repetimos a base e subtraímos os expoentes, obtendo os mesmos resultados.

$$7^5 : 7^3 = 7^{5-3} = 7^2$$

$$(-5)^3 : (-5) = (-5)^3 : (-5)^1 = (-5)^{3-1} = (-5)^2$$

> Ao efetuar uma divisão de potências de mesma base, diferente de zero, repetimos a base e subtraímos os expoentes.
> $$a^n : a^m = a^{n-m}, \text{ com } a \neq 0$$

2 Qual é o resultado de $9^7 : 9^7$?

Potência de potência

Potência de potência refere-se a uma potência elevada a um expoente. Como nos outros casos, podemos reduzi-la a uma única potência. Observe.

- $\left(6^3\right)^3 = 6^3 \cdot 6^3 \cdot 6^3 = 6^{3+3+3} = 6^9$

- $\left[(-2)^4\right]^2 = (-2)^4 \cdot (-2)^4 = (-2)^{4+4} = (-2)^8$

Com esses exemplos, podemos perceber que, repetindo a base e multiplicando os expoentes, obtemos o mesmo resultado.

- $\left(6^3\right)^3 = 6^{3 \cdot 3} = 6^9$
- $\left[(-2)^4\right]^2 = (-2)^{4 \cdot 2} = (-2)^8$

> Ao efetuar potência de potência, repetimos a base e multiplicamos os expoentes.
> $$(a^n)^m = a^{n \cdot m}, \text{ com } a \neq 0 \text{ se } n \leq 0 \text{ ou } m \leq 0$$

Multiplicação de potências de mesmo expoente

Podemos representar, por meio de uma única potência, a multiplicação de potências de mesmo expoente. Veja os exemplos.

- $2^3 \cdot 4^3 = 2 \cdot 2 \cdot 2 \cdot 4 \cdot 4 \cdot 4 = 2 \cdot 4 \cdot 2 \cdot 4 \cdot 2 \cdot 4 =$
  $= (2 \cdot 4) \cdot (2 \cdot 4) \cdot (2 \cdot 4) = (2 \cdot 4)^3 = 8^3$

- $(-3)^2 \cdot 5^2 = (-3) \cdot (-3) \cdot 5 \cdot 5 = (-3) \cdot 5 \cdot (-3) \cdot 5 =$
  $= (-3 \cdot 5) \cdot (-3 \cdot 5) = (-3 \cdot 5)^2 = (-15)^2$

De maneira resumida, representamos as multiplicações da seguinte forma:

- $2^3 \cdot 4^3 = (2 \cdot 4)^3 = 8^3$
- $(-3)^2 \cdot 5^2 = (-3 \cdot 5)^2 = (-15)^2$

> Ao efetuar uma multiplicação de potências de mesmo expoente, multiplicamos os números da base e repetimos o expoente.
> $$a^n \cdot b^n = (a \cdot b)^n, \text{ com } (a \cdot b) \neq 0 \text{ se } n \leq 0$$

Divisão de potências de mesmo expoente

Vamos representar, por meio de uma única potência, a divisão de potências de mesmo expoente. Observe o exemplo.

- $10^3 : 2^3 = \dfrac{10^3}{2^3} = \dfrac{10 \cdot 10 \cdot 10}{2 \cdot 2 \cdot 2} = \dfrac{10}{2} \cdot \dfrac{10}{2} \cdot \dfrac{10}{2} = \left(\dfrac{10}{2}\right)^3 = (10:2)^3 = 5^3$

De maneira resumida, representamos a divisão da seguinte forma:

- $10^3 : 2^3 = (10:2)^3 = 5^3$

> Ao efetuar uma divisão de potências de mesmo expoente, dividimos os números das bases e repetimos o expoente.
> $$a^n : b^n = (a:b)^n, \text{ com } a \neq 0 \text{ se } n \leq 0 \text{ e } b \neq 0$$

Atividades

1. No caderno, escreva os itens a seguir na forma de potência com expoente positivo.

a) 2^{-3}
b) $\left(\dfrac{1}{5}\right)^{-2}$
c) $(-3)^{-4}$
d) $\left(-\dfrac{1}{6}\right)^{-5}$

2. Calcule:

a) 5^{-2}
b) 7^{-1}
c) $(-4)^{-3}$
d) $(-2)^{-6}$

3. Calcule cada item a seguir, sabendo que $a = 2^{-2}$ e $b = 3^{-3}$.

a) $a + b$
b) $a - b$
c) $a \cdot b$
d) $a : b$

4. Utilizando a propriedade da multiplicação de potências de mesma base, escreva os cálculos por meio de uma única potência. Depois, resolva as potências.

a) $7^{-4} \cdot 7^7$
b) $(-4)^6 \cdot (-4)^{-4}$
c) $4^{16} \cdot 4^{-6} \cdot 4^{-10}$
d) $(-5)^{-7} \cdot (-5)^{-8} \cdot (-5)^{13}$
e) $5^4 \cdot 5^{-6} \cdot 5^{-1}$

5. Escreva no caderno os cálculos a seguir na forma de uma única potência utilizando a propriedade da divisão de potências de mesma base. Depois, resolva as potências.

a) $6^6 : 6^4$
b) $20^{-19} : 20^{-20}$
c) $4^2 : 4^{-1}$
d) $2^{-18} : 2^{-12}$
e) $3^2 : 3^{-3}$
f) $(-8)^1 : (-8)^{-1}$

6. Utilizando a propriedade da potência de potência, resolva as potências a seguir.

a) $(2^2)^3$
b) $(2^5)^2$
c) $(3^2)^2$
d) $[(-5)^1]^3$
e) $[(-2)^3]^{-3}$

7. Sabendo que em cada item as letras indicadas representam um número inteiro, determine o valor de cada uma.

a) $2^3 \cdot 2^A \cdot 2^{-8} = 2^2$
b) $\left(\dfrac{7}{8}\right)^{32} : \left(\dfrac{7}{8}\right)^B = \left(\dfrac{7}{8}\right)^{-13}$
c) $(22^C)^5 = 22^{15}$
d) $[(-13)^6]^D = (-13)^{-18}$

8. Copie as sentenças no caderno, substituindo cada ■ pelo símbolo = (igual) ou ≠ (diferente) de modo que as sentenças sejam verdadeiras.

a) $4^3 \cdot 14^3$ ■ $(4 \cdot 14)^3$
b) $28^4 \cdot 28^4$ ■ $(28 \cdot 16)^8$
c) $9^{-10} \cdot 11^{-10}$ ■ $(9 \cdot 10)^{-10}$
d) $(15:5)^8$ ■ $15^8 : 5^8$
e) $21^{-4} : 3^{-4}$ ■ $(21:3)^0$

9. Escreva no caderno os cálculos a seguir na forma de uma única potência utilizando a propriedade da multiplicação de potências de mesmo expoente. Depois, resolva as potências.

a) $2^3 \cdot 3^3$
b) $5^2 \cdot 3^2$
c) $4^3 \cdot 2^3$
d) $7^3 \cdot 1^3$
e) $9^1 \cdot 8^1$

10. Calcular $(a^n)^m$ é o mesmo que calcular a^{nm}? Se necessário, utilize um exemplo.

11. (OBMEP) Qual é o valor da soma $9^{20} + 9^{20} + 9^{20}$?

a) 9^{20}
b) 3^{66}
c) 9^{23}
d) 3^{41}
e) 3^{23}

12. A sentença matemática $(a + b)^n = a^n + b^n$ é verdadeira ou falsa para a e b não nulos e n diferente de 1? Justifique com um exemplo.

13. Simplifique as expressões numéricas.

a) $4^2 + 2^3 \cdot 7^1$
b) $6^4 : 6^2 - 3^2$
c) $10^3 - 8^2 \cdot 2$
d) $(4^2)^{-1} \cdot 6^{-2}$

Potências de base 10

Acompanhe os registros que Jerônimo fez no caderno ao desenvolver potências de base 10.

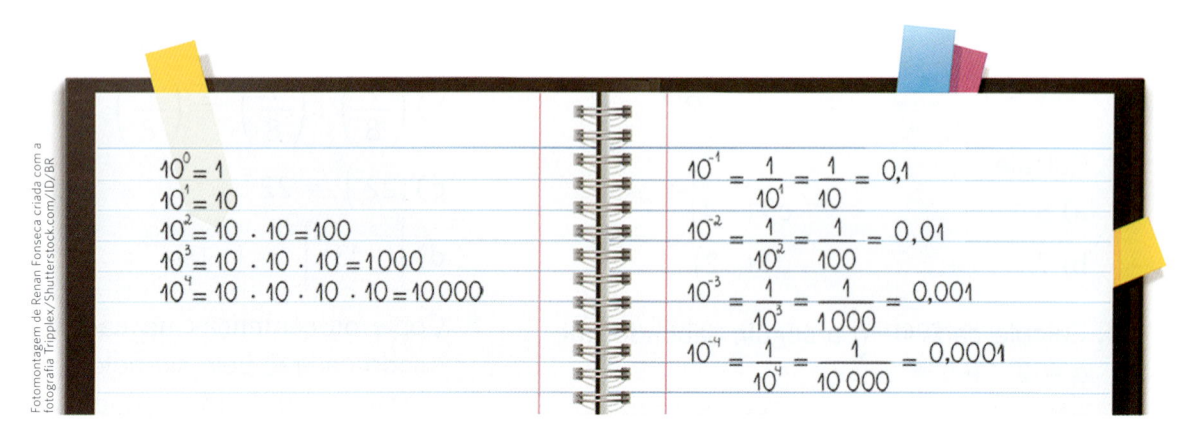

$10^0 = 1$
$10^1 = 10$
$10^2 = 10 \cdot 10 = 100$
$10^3 = 10 \cdot 10 \cdot 10 = 1\,000$
$10^4 = 10 \cdot 10 \cdot 10 \cdot 10 = 10\,000$

$10^{-1} = \dfrac{1}{10^1} = \dfrac{1}{10} = 0{,}1$

$10^{-2} = \dfrac{1}{10^2} = \dfrac{1}{100} = 0{,}01$

$10^{-3} = \dfrac{1}{10^3} = \dfrac{1}{1\,000} = 0{,}001$

$10^{-4} = \dfrac{1}{10^4} = \dfrac{1}{10\,000} = 0{,}0001$

Nos registros de Jerônimo, podemos perceber que nas potências de base 10 cujo expoente é um número natural, a quantidade de zeros após o algarismo 1 é igual ao expoente.

$$10^5 = \underbrace{10 \cdot 10 \cdot 10 \cdot 10 \cdot 10}_{\text{fatores}} = 100\,000$$

(expoente; quantidade de zeros)

No caso das potências de base 10 com expoente inteiro negativo, a quantidade de algarismos à direita da vírgula é igual ao módulo do expoente.

$$10^{-5} = \dfrac{1}{10^5} = \dfrac{1}{100\,000} = 0{,}00001$$

(o módulo de −5 é 5; cinco algarismos à direita da vírgula)

> O módulo de −5 é igual a 5, ou seja, $|-5| = 5$.

Decomposição de números

Em 2015, a estimativa da população do estado de Sergipe era 2 242 937 pessoas. Veja como podemos representar esse número utilizando potências de base 10.

$$2\,242\,937 = 2\,000\,000 + 200\,000 + 40\,000 + \\ + 2\,000 + 900 + 30 + 7$$

$$2\,242\,937 = 2 \cdot 1\,000\,000 + 2 \cdot 100\,000 + 4 \cdot 10\,000 + \\ + 2 \cdot 1\,000 + 9 \cdot 100 + 3 \cdot 10 + 7 \cdot 1$$

$$2\,242\,937 = 2 \cdot 10^6 + 2 \cdot 10^5 + 4 \cdot 10^4 + 2 \cdot 10^3 + \\ + 9 \cdot 10^2 + 3 \cdot 10^1 + 7 \cdot 10^0$$

1 Qual é a população da cidade onde você mora? Realize uma pesquisa no *site* do IBGE e escreva o número que representa a população da sua cidade utilizando potências de base 10.

Atividades

14. Escreva cada um dos números abaixo na forma de:
- algarismos
- potências de base 10

a) um
b) um mil
c) dez mil
d) um milhão
e) dez milhões
f) um bilhão

15. Determine mentalmente o resultado de cada item.

a) $10^5 \cdot 10^3$
b) $10^2 \cdot 10^2$
c) $10^1 \cdot 10^4$
d) $10^7 : 10^5$
e) $10^6 : 10^3$
f) $10^8 : 10^8$

16. Resolva as potências.

a) 10^{-1}
b) 10^{-5}
c) $(-10)^{-2}$
d) $(-10)^{-1}$
e) $\left(\dfrac{1}{10}\right)^{-3}$
f) $\left(-\dfrac{1}{10}\right)^{-4}$
g) $\left(-\dfrac{1}{10}\right)^{-3}$

17. Copie no caderno substituindo as letras pelos números correspondentes de cada item a seguir.

a) $A \cdot 10^5 = 26\,300\,000$
b) $4 \cdot 2 \cdot 10^3 \cdot 10^4 = B$
c) $5 \cdot 10^2 \cdot C = 5 \cdot 10^8$
d) $10^0 \cdot D = 1\,000$

18. Substitua o expoente n nos itens abaixo pelo número adequado.

a) $425 \cdot 10^n = 4\,250\,000$
b) $16 \cdot 10^n = 16\,000\,000$
c) $4 \cdot 10^n = 400\,000\,000$

19. Escreva cada um dos números entre duas potências de base 10 com expoentes consecutivos.

a) $10^{-4} < 0,00058 < \blacksquare$
b) $\blacksquare < 0,0037 < \blacksquare$
c) $\blacksquare < 0,63 < \blacksquare$
d) $\blacksquare < 0,0000094 < \blacksquare$

20. Faça os cálculos em uma calculadora e responda às questões a seguir.

a) Quantos minutos, aproximadamente, você já viveu?
b) Aproxime o número de minutos à unidade de milhão mais próxima e escreva o número aproximado usando potências de base 10.

21. Observe a tabela a seguir.

População estimada das regiões do Brasil, em 2016	
Região	População
Norte	17 707 783
Nordeste	56 915 936
Sudeste	86 356 952
Sul	29 439 773
Centro-Oeste	15 660 988

Fonte de pesquisa: IBGE. Disponível em: <www.ibge.gov.br/home/estatistica/populacao/projecao_da_populacao/2013/default_tab.shtm>. Acesso em: 28 jan. 2016.

a) Represente a população estimada de cada uma das regiões utilizando potências de base 10.
b) Aproxime a população estimada de cada uma das regiões à centena de milhar mais próxima.

22. Faça a decomposição dos números abaixo utilizando potências de base 10.

a) 112 635
b) 3 465 899
c) 74 663 007
d) 208 578 346

Notação científica

Observe as imagens.

Representação sem proporção de tamanho. Cores-fantasia.

A distância média da Terra ao Sol é aproximadamente 149 500 000 km.

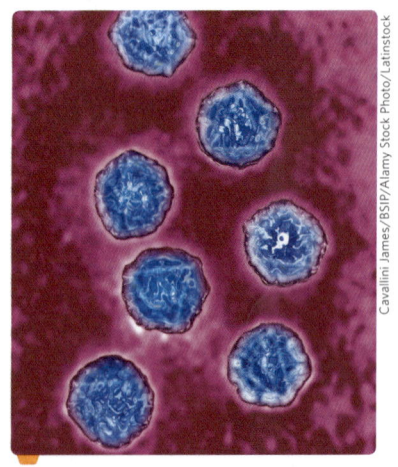

O diâmetro do vírus da poliomielite mede aproximadamente 0,000028 mm. A imagem é uma fotografia obtida por meio de ampliação microscópica de 42 000 vezes.

Para representar a distância média do planeta Terra ao Sol, utilizamos um número muito grande. Para indicar o comprimento do diâmetro do vírus da poliomielite, utilizamos um número bem pequeno. Em casos como esses, pode-se utilizar a **notação científica** para representar números que possuem grande quantidade de algarismos.

Observe como escrevemos em notação científica os números acima.

$$149\ 500\ 000 = 1{,}495 \cdot 100\ 000\ 000 = 1{,}495 \cdot 10^8$$

$$0{,}000028 = 2{,}8 \cdot 0{,}00001 = 2{,}8 \cdot 10^{-5}$$

A notação científica apresenta a característica de ser formada pelo produto de dois fatores. O primeiro fator é um número racional cujo módulo é maior ou igual a 1 e menor que 10. Já o segundo fator é uma potência de base 10.

número racional cujo módulo é maior ou igual a 1 e menor que 10 — a · 10^n — potência de base 10

Agora, veja mais dois exemplos de números escritos em notação científica.

Exemplo	Escrita convencional	Notação científica
Quantidade aproximada de estrelas em nossa galáxia	400 000 000 000 estrelas (11 algarismos)	$4 \cdot 10^{11}$ estrelas
Diâmetro do vírus da varíola	0,0002 mm (4 algarismos)	$2 \cdot 10^{-4}$ mm

1 Utilizando notação científica, escreva um número maior que $6 \cdot 10^4$.

Atividades

23. Represente os números de cada item utilizando a notação científica.

a) 800 000
b) 75 000
c) 0,000367
d) 6 617 000

24. Escreva os números de cada item abaixo utilizando a notação científica.

a) A quantidade aproximada de células olfativas de um cachorro é cerca de 300 000 000.

b) Lançada a quase 20 000 000 000 m da Terra, a sonda Voyager 1 tornou-se o primeiro objeto feito pelo homem a entrar no espaço interestelar.

c) Uma folha de papel tem 0,06 mm de espessura.

d) A espessura de um vírus é, aproximadamente, 0,0008 mm.

e) O tempo aproximado que a luz leva para percorrer 300 m é 0,000001 s.

f) As células bacterianas têm cerca de 0,0000003 cm por 0,0000008 cm até 0,00001 por 0,000025 cm.

g) Especialistas concluíram, por meio de estudos, que o chamado núcleo externo da Terra constitui-se de ferro derretido, atingindo temperaturas próximas a 5 500 °C.

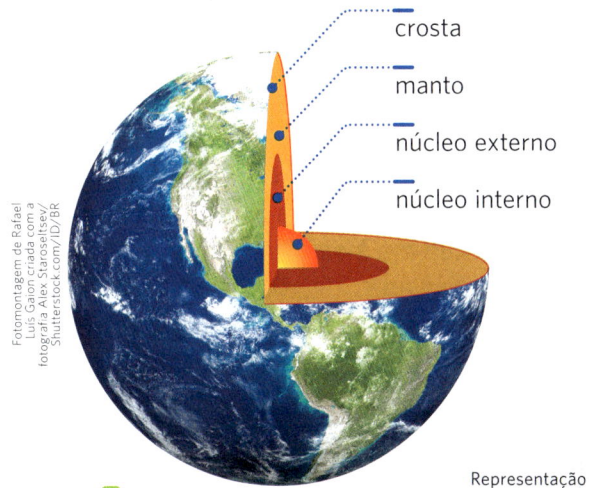

Esquema artístico que mostra a estrutura interna da Terra.
Representação sem proporção de tamanho. Cores-fantasia.

25. (Enem/Inep) A Agência Espacial Norte-Americana (Nasa) informou que o asteroide YU 55 cruzou o espaço entre a Terra e a Lua no mês de novembro de 2011. A ilustração a seguir sugere que o asteroide percorreu sua trajetória no mesmo plano que contém a órbita descrita pela Lua em torno da Terra. Na figura, está indicada a proximidade do asteroide em relação à Terra, ou seja, a menor distância que ele passou da superfície terrestre.

O asteroide se aproximará o suficiente para que os cientistas possam observar detalhes de sua superfície

Proximidade da Terra 325 mil km

Asteroide YU 55
Tamanho: 400 m de diâmetro, equivalente ao tamanho de um porta-aviões

Passagem: 8 de novembro às 21h 28min (horário de Brasília)

Representação sem proporção de tamanho. Cores-fantasia.

Fonte de pesquisa: Terra. Disponível em: <http://noticias.terra.com.br> (adaptado).

Com base nessas informações, a menor distância que o asteroide YU 55 passou da superfície da Terra é igual a:

a) $3,25 \cdot 10^2$ km
b) $3,25 \cdot 10^3$ km
c) $3,25 \cdot 10^4$ km
d) $3,25 \cdot 10^5$ km
e) $3,25 \cdot 10^6$ km

26. Segundo o IBGE, a população aproximada das capitais da Região Sul do Brasil em 2015 são:

- Curitiba (PR) — 11 163 000 habitantes;
- Florianópolis (SC) — 6 819 000 habitantes;
- Porto Alegre (RS) — 11 247 000 habitantes.

Calcule o total aproximado da população dessas capitais em 2015 e represente esse total em notação científica.

Raízes

Vimos anteriormente que a raiz quadrada de um número positivo *a* é um número positivo que, elevado ao quadrado, resulta em *a*. Assim, dizemos, por exemplo, que:

$$\sqrt{49} = 7, \text{ pois } 7^2 = 49$$

> Os números naturais que podem ser representados por meio de uma potência de base natural e expoente dois são chamados **quadrados perfeitos**. A raiz quadrada de um quadrado perfeito é um número natural.

Além da raiz quadrada, também podemos citar a **raiz cúbica**.

A raiz cúbica de um número *a* é um número que, elevado ao cubo, resulta em *a*. Para representar a raiz cúbica de 125, por exemplo, escrevemos $\sqrt[3]{125}$, que lemos **raiz cúbica de** 125.

$$\sqrt[3]{125} = 5, \text{ pois } 5^3 = 125$$

Assim, a raiz cúbica de 125 é 5.

Veja outros exemplos:

- $\sqrt[3]{64} = 4$, pois $4^3 = 64$
- $\sqrt[3]{-27} = -3$, pois $(-3)^3 = -27$
- $\sqrt[3]{1\,000} = 10$, pois $10^3 = 1\,000$

Nos exemplos acima podemos notar que é possível definir a raiz cúbica de um número negativo.

1 Qual é a raiz cúbica de 8? E qual é a raiz cúbica de −8?

Cálculo da raiz exata de um número

Podemos calcular a raiz quadrada de um número por meio de tentativa. Observe, por exemplo, como calcular a raiz quadrada de 2 916, ou seja, $\sqrt{2\,916}$.

Devemos determinar o número que, elevado ao quadrado, dê 2 916. Primeiro, vamos calcular os quadrados das dezenas de 10 a 90, para determinar o intervalo em que o número procurado está.

a	10	20	30	40	50	60	70	80	90
a^2	100	400	900	1 600	2 500	3 600	4 900	6 400	8 100

Observando o quadro, podemos perceber que 2 916 está entre 2 500 e 3 600 e, portanto, $\sqrt{2\,916}$ está entre 50 e 60, pois $50^2 = 2\,500$ e $60^2 = 3\,600$. Assim, vamos calcular o quadrado dos números naturais compreendidos entre 50 e 60.

- $51^2 = 2\,601$
- $52^2 = 2\,704$
- $53^2 = 2\,809$
- $54^2 = 2\,916$

Portanto, $\sqrt{2\,916} = 54$, pois $54^2 = 2\,916$.

2 É correto afirmar que $\sqrt{484}$ está entre 20 e 30? Justifique.

Outro modo de calcular $\sqrt{2\,916}$ é decompondo o número 2 916 em fatores primos e, depois, simplificar o resultado da decomposição.

$$\begin{array}{r|l} 2\,916 & 2 \\ 1\,458 & 2 \\ 729 & 3 \\ 243 & 3 \\ 81 & 3 \\ 27 & 3 \\ 9 & 3 \\ 3 & 3 \\ 1 & \end{array}$$

$2\,916 = \underbrace{2 \cdot 2}_{2^2} \cdot \underbrace{3 \cdot 3}_{3^2} \cdot \underbrace{3 \cdot 3}_{3^2} \cdot \underbrace{3 \cdot 3}_{3^2} = 2^2 \cdot 3^2 \cdot 3^2 \cdot 3^2 =$

$= (2 \cdot 3 \cdot 3 \cdot 3)^2 = 54^2$

Lembre-se de que os números primos possuem apenas dois divisores diferentes: o número 1 e o próprio número.

Portanto, $\sqrt{2\,916} = 54$, pois $54^2 = 2\,916$.

Ainda utilizando a decomposição em fatores primos, vamos calcular $\sqrt[3]{216}$.

$$\begin{array}{r|l} 216 & 2 \\ 108 & 2 \\ 54 & 2 \\ 27 & 3 \\ 9 & 3 \\ 3 & 3 \\ 1 & \end{array}$$

$216 = \underbrace{2 \cdot 2 \cdot 2}_{2^3} \cdot \underbrace{3 \cdot 3 \cdot 3}_{3^3} = 2^3 \cdot 3^3 = (2 \cdot 3)^3 = 6^3$

Portanto, $\sqrt[3]{216} = 6$, pois $6^3 = 216$.

Agora, veja o cálculo de $\sqrt[3]{2\,460\,375}$, por meio da decomposição em fatores primos.

$$\begin{array}{r|l} 2\,460\,375 & 3 \\ 820\,125 & 3 \\ 273\,375 & 3 \\ 91\,125 & 3 \\ 30\,375 & 3 \\ 10\,125 & 3 \\ 3\,375 & 3 \\ 1\,125 & 3 \\ 375 & 3 \\ 125 & 5 \\ 25 & 5 \\ 5 & 5 \\ 1 & \end{array}$$

$2\,460\,375 = \underbrace{3 \cdot 3 \cdot 3}_{3^3} \cdot \underbrace{3 \cdot 3 \cdot 3}_{3^3} \cdot \underbrace{3 \cdot 3 \cdot 3}_{3^3} \cdot \underbrace{5 \cdot 5 \cdot 5}_{5^3} =$

$= 3^3 \cdot 3^3 \cdot 3^3 \cdot 5^3 = (3 \cdot 3 \cdot 3 \cdot 5)^3 = 135^3$

Portanto, $\sqrt[3]{2\,460\,375} = 135$, pois $135^3 = 2\,460\,375$.

Cálculo da raiz quadrada aproximada de um número natural

Nem sempre a raiz quadrada de um número natural é outro número natural. Se considerarmos a raiz quadrada de 58, por exemplo, não obteremos um número natural, pois não há um natural que elevado ao quadrado seja igual a 58. Dessa maneira, dizemos que 58 não é um número quadrado perfeito.

Nesse caso, podemos calcular a **raiz quadrada aproximada** do número 58, ou seja, $\sqrt{58}$. Veja uma maneira de realizar esse cálculo.

Primeiramente verificamos entre quais números quadrados perfeitos o 58 está. Para isso, escrevemos os quadrados dos números de 1 a 10.

a	1	2	3	4	5	6	7	8	9	10
a^2	1	4	9	16	25	36	49	64	81	100

Podemos notar que o 58 está entre os quadrados perfeitos 49 e 64. Assim, $\sqrt{58}$ está entre 7 e 8. Em seguida, calculamos os quadrados dos números entre 7 e 8, com uma casa decimal.

- $(7,1)^2 = 50,41$
- $(7,2)^2 = 51,84$
- $(7,3)^2 = 53,29$
- $(7,4)^2 = 54,76$
- $(7,5)^2 = 56,25$
- $(7,6)^2 = 57,76$

Resultados menores que 58.

- $(7,7)^2 = 59,29$
- $(7,8)^2 = 60,84$
- $(7,9)^2 = 62,41$

Resultados maiores que 58.

De acordo com os quadros acima, podemos observar que $7,6 < \sqrt{58} < 7,7$. Como $(7,6)^2$ está mais próximo de 58, temos que:

$$\sqrt{58} \simeq 7,6$$

Lê-se: raiz quadrada de 58 é aproximadamente 7,6.

Agora, vamos determinar a raiz aproximada de 58 com duas casas decimais calculando o quadrado de alguns números entre 7,6 e 7,7 com duas casas decimais.

- $(7,61)^2 = 57,9121$

Resultado menor que 58.

- $(7,62)^2 = 58,0644$

Resultado maior que 58.

Podemos observar que $7,61 < \sqrt{58} < 7,62$. Como $(7,62)^2$ está mais próximo de 58, temos que:

$$\sqrt{58} \simeq 7,62$$

Assim, também podemos fazer o cálculo aproximado de uma raiz quadrada para mais casas decimais.

3 Determine a raiz aproximada de 58 com três casas decimais.

Atividades

27. Determine as raízes a seguir.

a) $\sqrt[3]{27}$ c) $\sqrt{441}$ e) $\sqrt{225}$

b) $-\sqrt{900}$ d) $\sqrt[3]{-216}$ f) $\sqrt[3]{729}$

28. Calcule a medida do lado de um quadrado cuja área é igual a:

a) $81\ cm^2$ c) $49\ cm^2$ e) $16\ cm^2$

b) $25\ cm^2$ d) $121\ cm^2$ f) $64\ cm^2$

29. Observe como Ilda fez para determinar o número inteiro mais próximo de $\sqrt{11}$ mentalmente.

> O número 11 está entre os quadrados perfeitos 9 e 16. Como 9 está mais próximo de 11, temos que:
> $\sqrt{11} \simeq \sqrt{9} = 3$

O número inteiro mais próximo de $\sqrt{11}$ é 3. De maneira semelhante à realizada por Ilda, determine o número inteiro mais próximo das raízes apresentadas em cada item.

a) $\sqrt{7}$ c) $\sqrt{90}$ e) $\sqrt{30}$

b) $\sqrt{15}$ d) $\sqrt{120}$ f) $\sqrt{69}$

30. Com uma calculadora científica, determine as raízes a seguir aproximando o resultado, quando necessário, para duas casas decimais.

a) $\sqrt{620,01}$ d) $\sqrt[3]{22\,188,041}$

b) $\sqrt{101,4049}$ e) $-\sqrt[3]{-19}$

c) $\sqrt[3]{-600}$ f) $\sqrt[3]{-400,1}$

31. Observe os números abaixo e responda.

$\sqrt{40}$	$\sqrt[3]{216}$	$\sqrt{100}$	$\sqrt{85}$
$\sqrt[3]{729}$	19	4	$\sqrt[3]{3\,375}$	8

a) Qual dos números apresentados acima está compreendido entre 9,1 e 9,5?

b) Organize em ordem crescente os números.

32. Murilo representou e recortou um quadrado com $36\ cm^2$ de área em uma cartolina para montar um mosaico com formas quadradas. Ele percebeu que precisava de formas quadradas com $\dfrac{1}{4}$ dessa área. Assim, ele dividiu a cartolina em quadrados. Observe.

a) Qual é a medida dos lados do quadrado representado na cartolina no 1º passo?

b) Para montar o mosaico, qual é a área dos quadrados de que Murilo precisava?

c) Após Murilo dividir em quadrados e recortá-los, conforme o 3º passo, ele obteve formas com a área de que necessitava? Justifique.

d) Qual deveria ser a medida dos lados dos quadrados para que Murilo conseguisse obter formas com $\dfrac{1}{4}$ daquela obtida no 1º passo?

Vamos relembrar

33. Calcule o valor das potências.

a) $\left(\dfrac{7}{5}\right)^{-2}$ c) $(-4)^{-3}$

b) $\left(-\dfrac{1}{3}\right)^{-4}$ d) $(0,9)^{-3}$

34. Copie as sentenças no caderno, substituindo cada ■ pelo número que as torna verdadeiras.

a) $\dfrac{1}{6^7} = 6^{■}$ c) $\dfrac{1}{9^6 \cdot 9^{-11}} = 9^{■}$

b) $5^8 : 5^{■} = 5^2$ d) $\dfrac{8^{10} \cdot 8^{-3}}{8^{■}} = 8^8$

35. Utilizando as propriedades das potências, classifique as sentenças em verdadeiras ou falsas. Em seguida, copie as sentenças falsas no caderno, corrigindo-as.

a) $2^{11} \cdot 4^{11} = 6^{11}$

b) $(26^4)^7 = 26^{28}$

c) $\left(\dfrac{1}{6}\right)^{-12} = 2^{12} \cdot 3^{12}$

d) $10^{15} : (3^{10})^5 = \left(\dfrac{10}{3}\right)^{15}$

36. Observe algumas potências de base 6 nos quadros a seguir.

6^1	6^2	6^3	6^4	6^5	6^6
6	36	216	1 296	7 776	46 656

6^7	6^8	6^9	6^{10}
279 936	1 679 616	10 077 696	60 466 176

Utilize as propriedades das potências e os resultados do quadro para calcular os itens abaixo.

a) $6^4 \cdot 6^5 = 6^9 = ■$

b) $6^3 \cdot 6^2 = ■ = ■$

c) $6^2 \cdot 6^5 = ■ = ■$

d) $6^7 : 6^4 = ■ = ■$

e) $6^{11} : 6^7 = ■ = ■$

f) $6^8 : 6^6 = ■ = ■$

37. Sabendo que $a = 8^5 : 8^4 + 3^2 \cdot 3^3$, determine:

- o valor de a
- o valor de a^{-2}
- o valor de a^2
- o valor de $(-a)^2$
- o oposto de a^2
- $(-a)^{-1}$

38. A unidade básica para armazenar dados na memória de um computador é o bite.

- Uma sequência de 8 bites é chamada de baite e corresponde a determinado caractere.
- Um quilobaite (KB) corresponde a 2^{10} baites.
- Um megabaite (MB) corresponde a 2^{10} quilobaites.
- Um gigabaite (GB) corresponde a 2^{10} megabaites.
- Um terabaite (TB) corresponde a 2^{10} gigabaites.

Determine a quantidade de caracteres que cada dispositivo indicado nos itens a seguir pode armazenar, de acordo com o tamanho de sua memória.

Caractere: qualquer letra, algarismo, sinal, espaço, etc. que pode ser inserido em um computador por meio de um teclado ou outros dispositivos.

Existem alguns dispositivos de memória que podem armazenar dados, e cada um deles é utilizado de acordo com a finalidade do arquivo armazenado. O *pen drive*, por exemplo, é utilizado geralmente para transportar arquivos de um computador para outro.

a) CD de 700 MB.

b) DVD de 4,7 GB.

c) Cartão de memória de 128 GB.

d) *Pen drive* de 512 GB.

e) HD de 3 TB.

39. Substitua cada ■ por >, < ou =.

a) -4^2 ■ $(-4)^2$ d) $3^5 + 2^5$ ■ $3^5 \cdot 2^5$

b) $\left(\dfrac{1}{5}\right)^2$ ■ $\dfrac{1}{25}$ e) $2{,}06 \cdot 2^5$ ■ $2{,}6 \cdot 2^5$

c) $\left(5^4\right)^3$ ■ $5^4 \cdot 5^3$ f) $4^9 \cdot 4^5$ ■ $4^9 : 4^5$

40. Simplifique as seguintes expressões numéricas.

a) $2^3 \cdot 2^5 + 3^2$

b) $7^2 \cdot 7^2 + 10^4 : 10^2$

c) $\left(3^2\right)^3 + 2 \cdot 5^2 - 12$

d) $\left(25^4\right)^3 : 25^{10} - 9^2 \cdot 9$

41. Observe os cálculos a seguir.

$(0{,}8)^4 = \left(\dfrac{8}{10}\right)^4 = \left(\dfrac{4}{5}\right)^4 = \left(4 \cdot \dfrac{1}{5}\right)^4 =$

$= \left(2^2 \cdot \dfrac{1}{5}\right)^4 = \left(2^2\right)^4 \cdot \left(\dfrac{1}{5}\right)^4 = 2^8 \cdot 5^{-4}$

De maneira semelhante, escreva $(0{,}75)^5$ como o produto de uma potência de base 2 com uma potência de base 3.

42. Escreva como potência de base 10 os itens a seguir.

a) 10 000   c) 1   e) 0,01

b) 1 000 000   d) 0,00001   f) 0,1

43. Em quais itens é adequado expressar o número descrito em notação científica?

a) A idade, em anos, do planeta Terra.

b) O tamanho de um átomo de oxigênio em milímetros.

c) A quantidade de telhas de uma casa.

d) A massa, em quilogramas, do planeta Júpiter.

44. Verifique quais números a seguir estão escritos em notação científica. Em caso negativo, escreva um número equivalente em notação científica.

a) $52{,}1 \cdot 10^8$ d) $205 \cdot 10^3$

b) $5 \cdot 10^{-12}$ e) $9{,}851 \cdot 10^{35}$

c) $0{,}825 \cdot 10^{-22}$ f) $0{,}003 \cdot 10^{14}$

45. Determine mentalmente o número natural representado por x.

a) $\sqrt{x} = 3$ d) $\sqrt{x} = 20$

b) $\sqrt{x} = 5$ e) $\sqrt{x} = 0$

c) $\sqrt{x} = 7$ f) $\sqrt{x} = 1$

46. Determine uma aproximação com duas casas decimais das raízes a seguir.

a) $\sqrt{12}$ c) $\sqrt{28{,}5}$

b) $\sqrt{45}$ d) $\sqrt{1{,}1}$

47. Copie no caderno as sentenças abaixo substituindo cada ■ pelo número natural mais próximo da raiz e que torna a sentença verdadeira.

a) ■ $< \sqrt{75} <$ ■   c) ■ $< \sqrt{112} <$ ■

b) ■ $< \sqrt{21} <$ ■   d) ■ $< \sqrt{200} <$ ■

48. Escreva os seguintes números em ordem crescente.

$\sqrt{15}$ 4 $\sqrt{20}$ $\sqrt{9}$

5   $\sqrt{10}$ 2

49. Joaquim pretende cercar parte de sua propriedade para fazer uma horta cujo formato será um quadrado com 2 500 m² de área. Sabendo que ele vai construir uma cerca com 5 fios de arame, deixando parte de um dos lados sem cerca para o portão, calcule quantos metros de arame serão necessários.

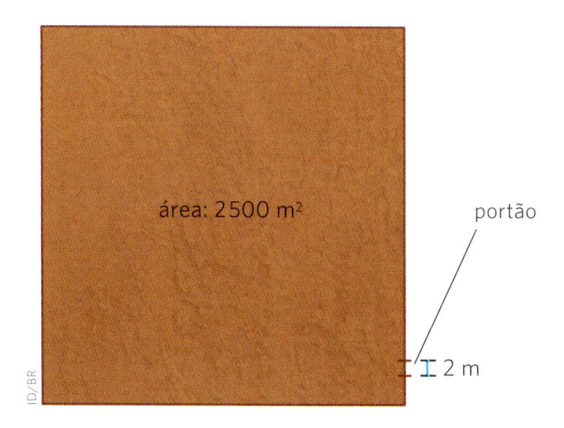

área: 2 500 m²   portão   2 m

CAPÍTULO 5

Medidas de volume e de capacidade

Neste capítulo, iremos estudar medidas de volume, unidades de medida de volume, volume de um paralelepípedo retângulo e conversão de unidades de medida de volume. Estudaremos também medidas de capacidade, conversão entre litro e mililitro, relações entre unidades de medida de volume e de capacidade, além de outras unidades de medida de capacidade.

Medidas de volume

O gás de um balão de festa, a água de uma piscina, as britas de um monte, o líquido de uma garrafa são exemplos de corpos que ocupam algum espaço.

Brita: fragmentos de pedra usados geralmente em estradas de rodagem e concreto; cascalho.

Balões de festa.

Piscina.

Brita.

Garrafas.

Quando medimos o espaço ocupado por um corpo qualquer, obtemos o **volume** desse corpo. O volume é uma grandeza, assim como o comprimento, a área, a massa, a temperatura, etc. Além disso, o volume de um objeto depende de suas dimensões e não de sua massa.

Para medir o volume de um objeto, é necessário estabelecer uma unidade de medida.

Considerando o espaço ocupado pelo cubo ao lado como unidade de medida, podemos determinar o volume de cada pilha de cubos a seguir.

cubo

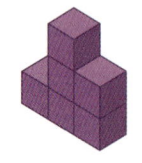

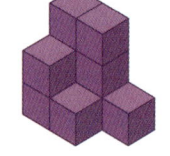

Volume: 6 cubos.   Volume: 10 cubos.   Volume: ▇ cubos.

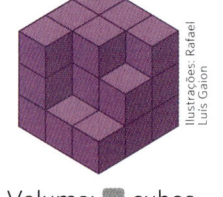

Como a unidade de medida utilizada é o cubo, a quantidade de cubos de cada pilha corresponde ao seu volume.

1 Qual é o volume da terceira pilha de cubos?

Unidades de medida de volume

O **metro cúbico** (m³), o **decímetro cúbico** (dm³) e o **centímetro cúbico** (cm³) são alguns exemplos de unidades de medida de volume padronizadas. As medidas de 1 m³, 1 dm³ e 1 cm³ correspondem, respectivamente, ao volume de um cubo de aresta 1 m, 1 dm e 1 cm.

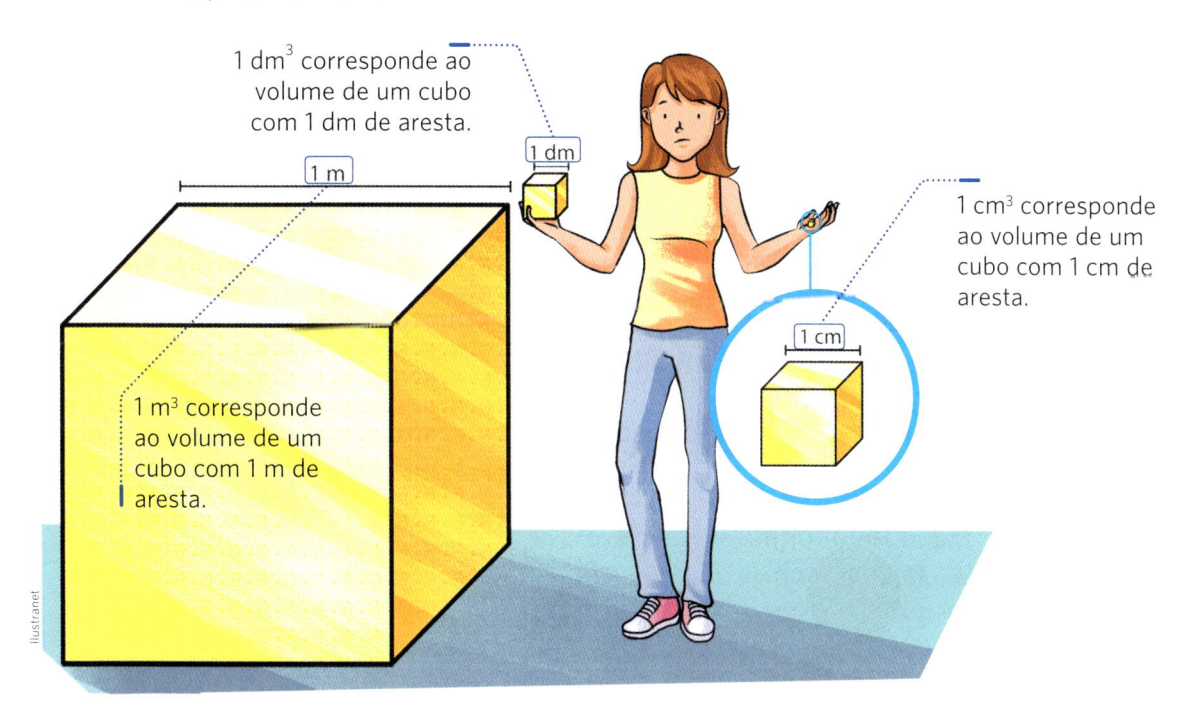

1 dm³ corresponde ao volume de um cubo com 1 dm de aresta.

1 cm³ corresponde ao volume de um cubo com 1 cm de aresta.

1 m³ corresponde ao volume de um cubo com 1 m de aresta.

2 Quantos cubos com 1 cm de aresta cabem no cubo com 1 dm de aresta? E quantos cubos com 1 dm de aresta cabem no cubo com 1 m de aresta?

Atividades

1. Caroline colocou algumas peças em forma de cubo em uma caixa transparente.

   a) Quantas peças Caroline já colocou na caixa?

   b) Quantas peças Caroline colocou na 1ª camada da caixa?

   c) Quantas camadas, ao todo, ela terá de colocar na caixa para que fique cheia?

   d) Quantas peças faltam para preencher todo o espaço interno da caixa?

   e) Qual é o volume dessa caixa, considerando as peças em forma de cubo como unidade de medida?

   f) Como é definida a medida do espaço ocupado pelas peças em forma de cubos nessa caixa?

   1ª camada

2. Considerando o cubinho como unidade de medida, determine o volume de cada pilha.

> Não existem cubinhos atrás das pilhas.

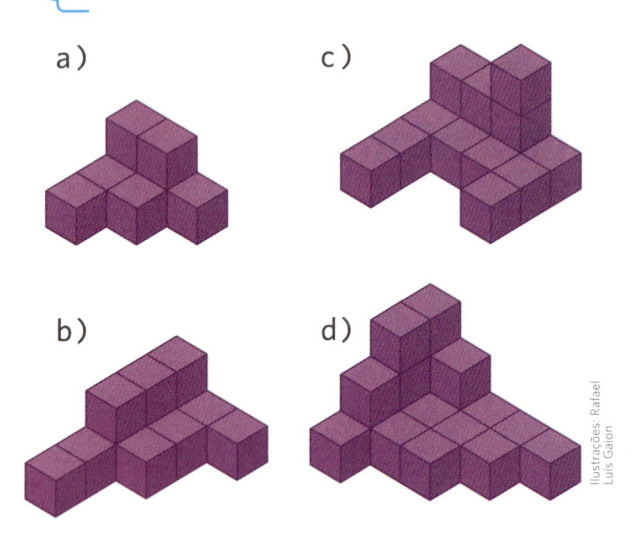

a)

b)

c)

d)

3. Veja a sequência de pilhas que foi construída utilizando cubinhos de madeira.

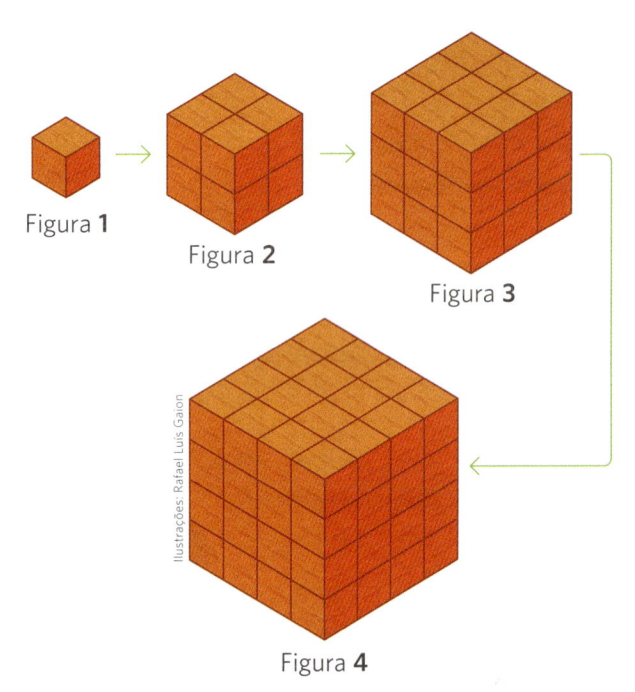

Figura **1**

Figura **2**

Figura **3**

Figura **4**

a) Quantos cubinhos há em cada pilha dessa sequência?

b) Considerando o padrão dessa sequência, determine quantos cubinhos são necessários para compor a próxima pilha dessa sequência.

4. A representação a seguir com forma de paralelepípedo foi construída com cubinhos de 1 dm de aresta.

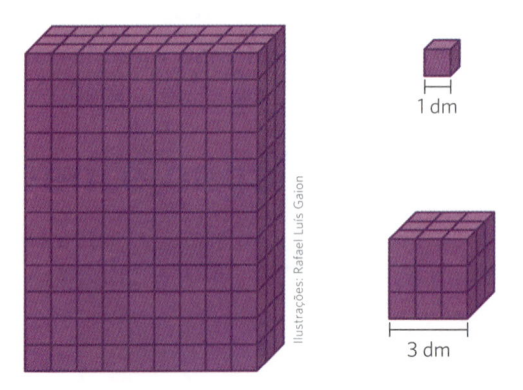

1 dm

3 dm

Com a quantidade de cubinhos utilizada na construção dessa pilha, é possível fazer quantas pilhas com forma de cubo com 3 dm de aresta?

5. Cada pilha abaixo foi construída com cubinhos de 1 dm³. Calcule o volume de cada uma dessas pilhas.

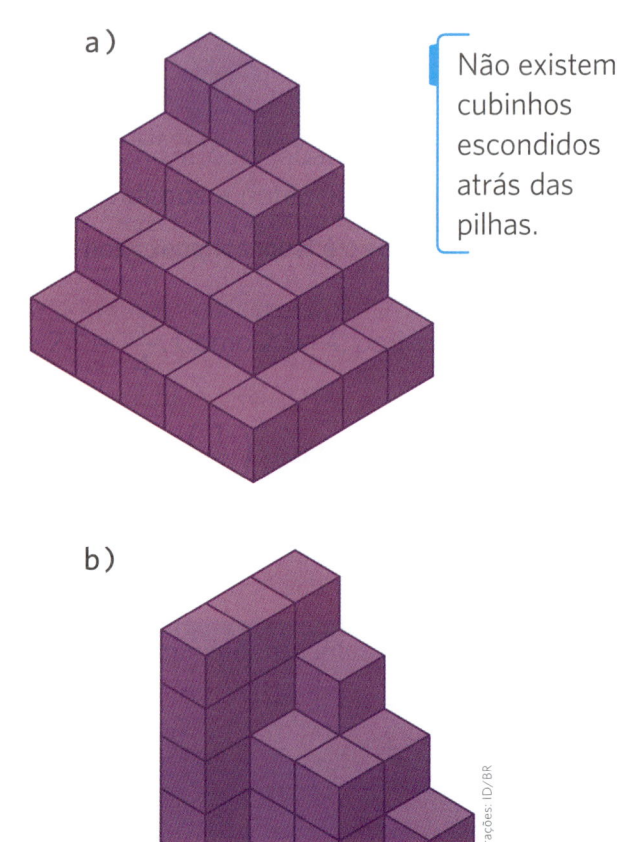

a)

> Não existem cubinhos escondidos atrás das pilhas.

b)

Volume de um paralelepípedo retângulo

Nas imagens a seguir estão indicadas as dimensões internas de uma caixa em forma de paralelepípedo retângulo. Sandro preencheu o fundo dessa caixa com cubinhos de 1 cm de aresta, ou seja, com cubinhos de 1 cm³, formando uma camada de cubinhos, como mostra a primeira imagem.

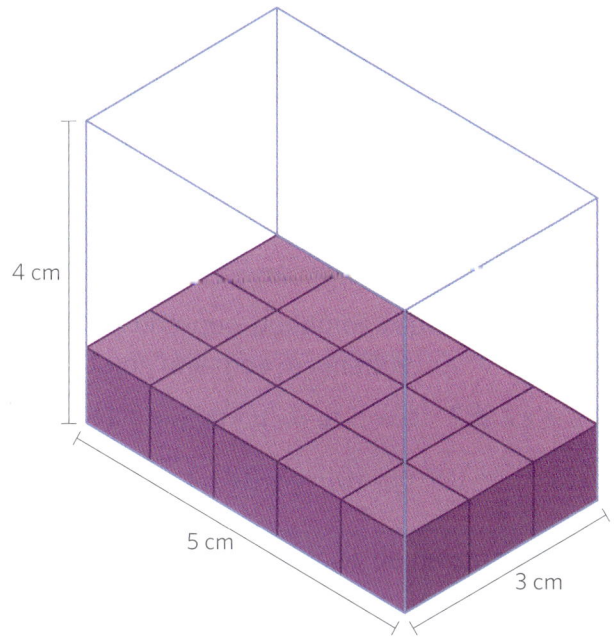

Como a caixa tem 5 cm de comprimento e 3 cm de largura, a quantidade de cubinhos dessa camada é 5 · 3 = 15.

Depois, em um segundo momento, Sandro preencheu toda a caixa com cubinhos de 1 cm³.

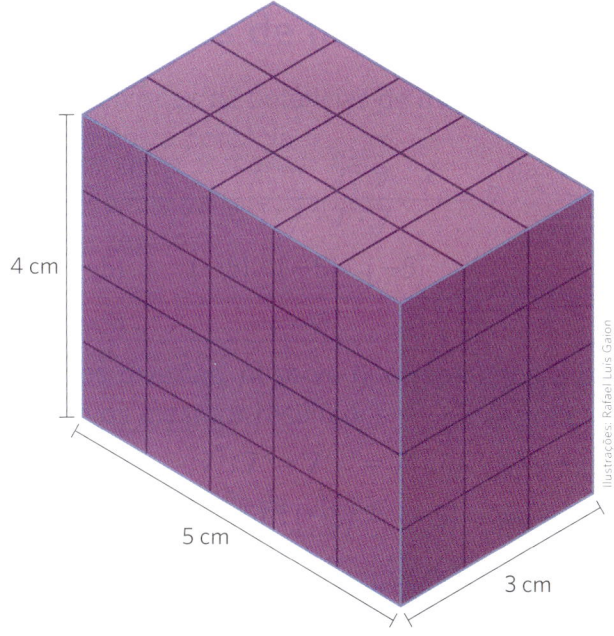

Para completar a caixa, são necessárias 4 dessas camadas, pois a caixa tem 4 cm de altura. Logo, a quantidade de cubinhos que cabe na caixa é 5 · 3 · 4 = 60, ou seja, o volume interno da caixa é 60 cm³.

93

Observe que a pilha de cubinhos no interior da caixa tem a forma de um paralelepípedo, e o seu volume é dado pela multiplicação das medidas de suas dimensões.

> O volume de um paralelepípedo retângulo de comprimento a, largura b e altura c é dado por:
>
> $V = a \cdot b \cdot c$

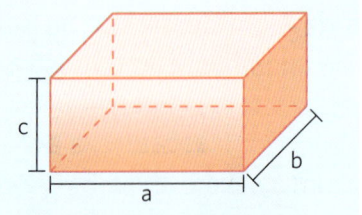

Como o cubo é um paralelepípedo em que todas as arestas possuem a mesma medida, temos que:

> O volume de um cubo de aresta ℓ é dado por:
>
> $V = \ell \cdot \ell \cdot \ell$ ou $V = \ell^3$

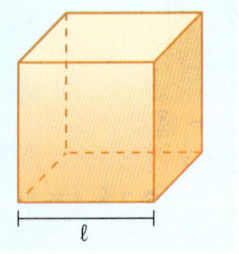

No cálculo do volume, as medidas do comprimento, da largura e da altura devem estar expressas na mesma unidade de medida. Além disso, se as dimensões estiverem em cm, dm ou m, então o volume será expresso em cm³, dm³ ou m³, respectivamente.

Conversão de unidades de medida de volume

Observe algumas relações entre o centímetro, o decímetro e o metro:

- 1 m equivale a 10 dm;
- 1 dm equivale a 10 cm;
- 1 m equivale a 100 cm.

Agora, veja os cubos a seguir. Perceba que suas arestas possuem medidas equivalentes e, portanto, os cubos possuem o mesmo volume.

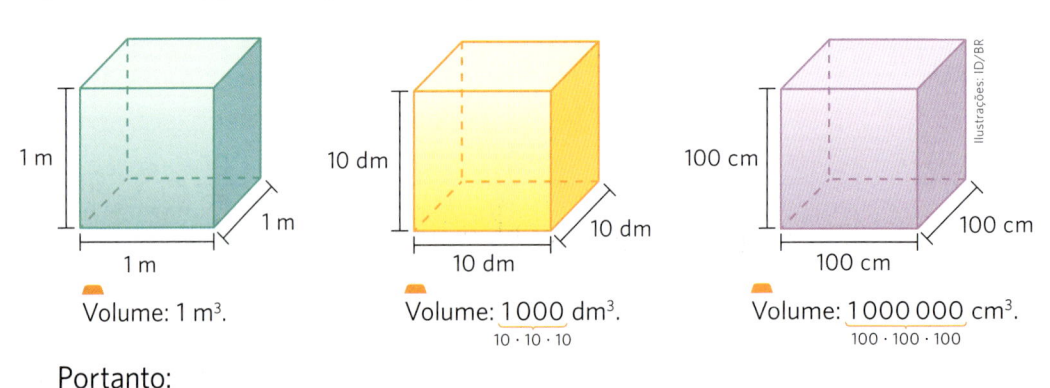

Volume: 1 m³.

Volume: $\underline{1\,000}$ dm³.
$\scriptsize 10 \cdot 10 \cdot 10$

Volume: $\underline{1\,000\,000}$ cm³.
$\scriptsize 100 \cdot 100 \cdot 100$

Portanto:

$$1\,m^3 = 1\,000\,dm^3 = 1\,000\,000\,cm^3$$

1 Quantos centímetros cúbicos equivalem a 1 dm³?

Atividades

6. (Enem/Inep) A siderúrgica Metal Nobre produz diversos objetos maciços utilizando o ferro. Um tipo especial de peça feita nessa companhia tem o formato de um paralelepípedo retangular, de acordo com as dimensões indicadas na figura que segue.

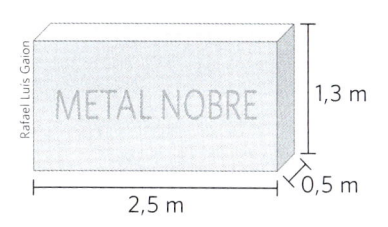

O produto das três dimensões indicadas na peça resultaria na medida da grandeza:

a) massa
b) volume
c) superfície
d) capacidade
e) comprimento

7. Para fazer um trabalho da escola, Fernanda precisa desenhar e recortar a planificação de um cubo com 1000 cm³ de volume. Sabendo que o formato da planificação sugerida pela professora é igual ao representado a seguir, responda:

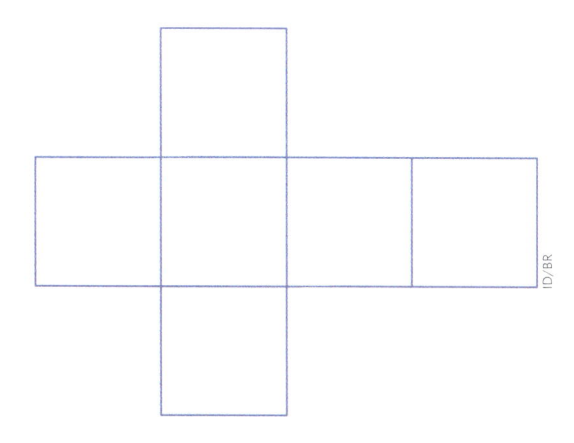

a) Qual será a medida da aresta de um cubo formado por essa planificação?
b) Quais devem ser o comprimento e a largura mínimos da folha de papel para que Fernanda consiga desenhar a planificação?

8. Calcule o volume de cada paralelepípedo retângulo.

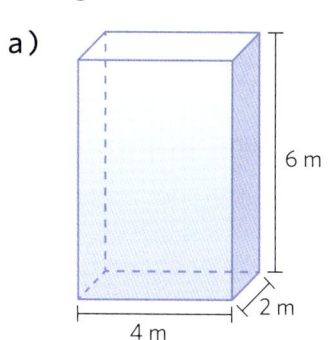

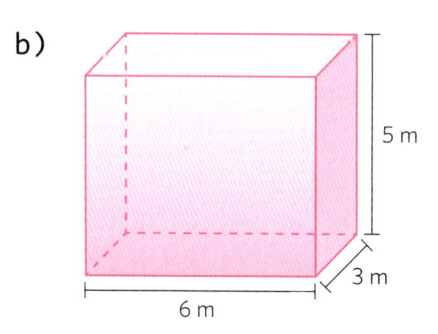

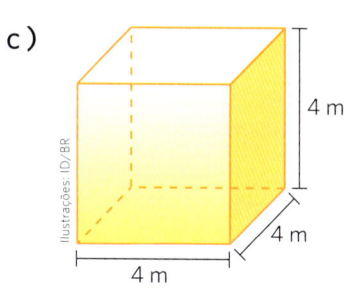

a) 6 m, 4 m, 2 m

b) 5 m, 6 m, 3 m

c) 4 m, 4 m, 4 m

- Qual desses paralelepípedos possui o maior volume?

9. Soraia vai construir um paralelepípedo a partir da seguinte planificação.

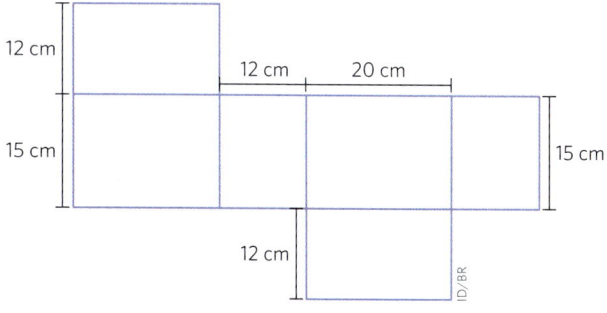

De acordo com as medidas indicadas na planificação, qual será o volume desse sólido?

10. Copie as sentenças, substituindo cada ■ pelo número adequado.

a) 5 m³ correspondem a ■ cm³.

b) 2 m³ correspondem a ■ dm³.

c) 7,2 m³ correspondem a ■ dm³.

d) 0,46 m³ correspondem a ■ cm³.

11. Calcule o volume de cada um dos paralelepípedos retângulos abaixo e, em seguida, converta para centímetros cúbicos os volumes calculados.

a) 5 dm × 4 dm × 3 dm

b) 5,2 dm × 6 dm × 4 dm

12. Calcule o volume de um paralelepípedo retângulo, sabendo que suas dimensões são:

- comprimento: 10 cm;
- largura: metade da medida do comprimento;
- altura: metade da medida da largura.

13. A medida do comprimento de um paralelepípedo retângulo é o dobro da medida da largura, e a medida da altura é o triplo da medida da largura.

a) Quais são as dimensões desse paralelepípedo, sabendo que a medida do comprimento é 6 cm?

b) Calcule o volume desse paralelepípedo retângulo.

14. O volume de um paralelepípedo retângulo é 60 dm³. Determine as medidas das arestas de alguns paralelepípedos retângulos que tenham esse mesmo volume.

15. Uma empresa produz embalagens de acordo com as exigências e necessidades de seus clientes. Um dos clientes dessa empresa solicitou uma embalagem de papelão sem tampa, com altura mínima de 3 dm. Veja a seguir a planificação de três propostas para essa embalagem:

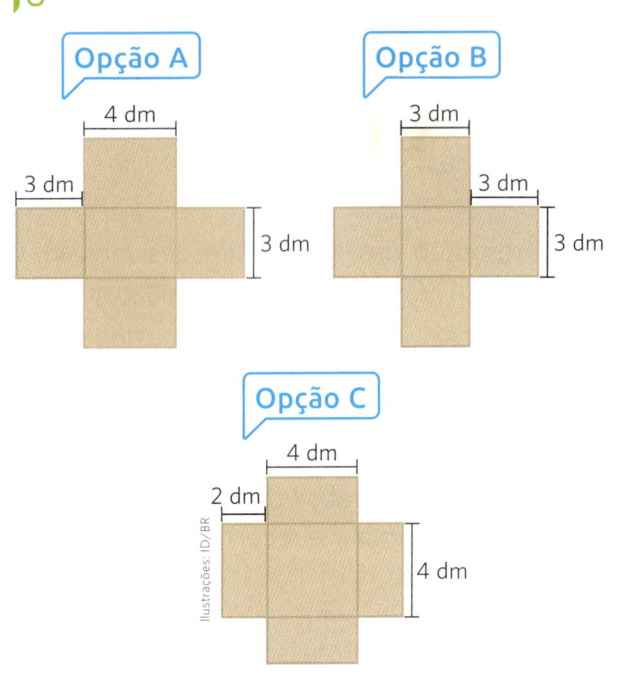

Opção A: 4 dm × 3 dm, altura 3 dm

Opção B: 3 dm × 3 dm, altura 3 dm

Opção C: 4 dm × 2 dm, altura 4 dm

Considerando essas embalagens depois de montadas, responda:

a) Alguma embalagem não atende à solicitação do cliente? Qual?

b) Qual é o volume interno de cada uma das embalagens?

16. (Enem/Inep) Um porta-lápis de madeira foi construído no formato cúbico, seguindo o modelo ilustrado a seguir. O cubo de dentro é vazio. A aresta do cubo maior mede 12 cm e a do cubo menor, que é interno, mede 8 cm.

O volume de madeira utilizado na confecção desse objeto foi de:

a) 12 cm³

b) 64 cm³

c) 96 cm³

d) 1 216 cm³

e) 1 728 cm³

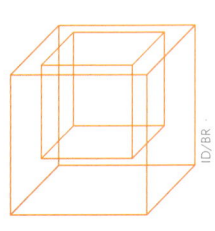

17. Observe abaixo três vistas diferentes de uma mesma pilha de caixas.

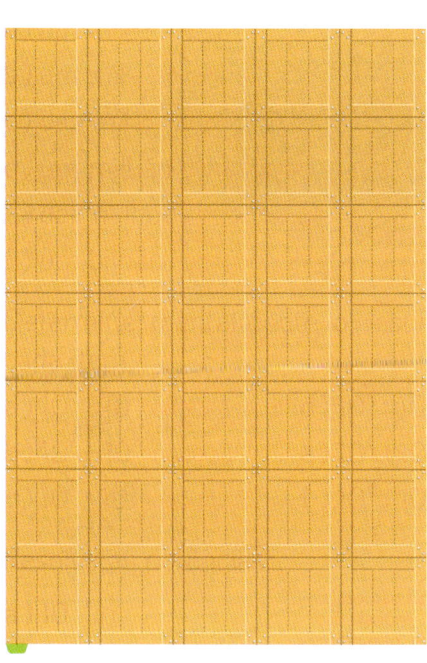

Vista superior.

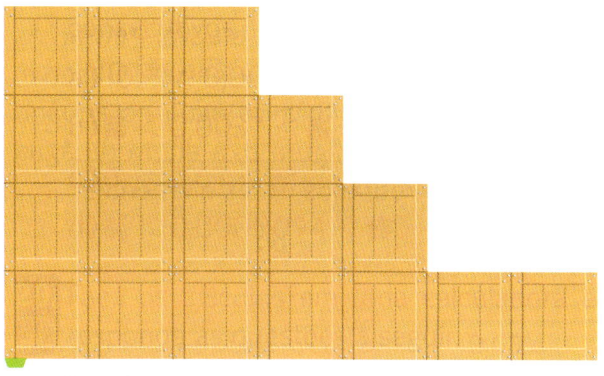

Vista lateral.

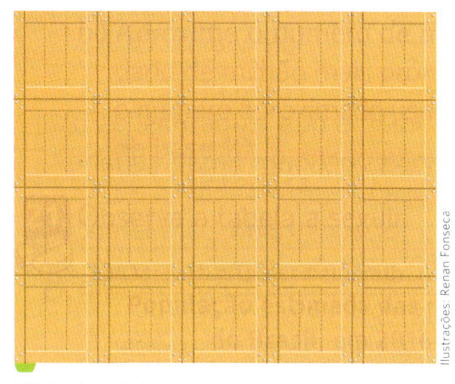

Vista frontal.

Determine o volume dessa pilha, sabendo-se que cada caixa tem 21 cm de comprimento, 17 cm de largura e 15 cm de altura.

18. O paralelepípedo representado abaixo tem as seguintes dimensões:

- comprimento: 12 cm
- largura: 9 cm
- altura: 6 cm

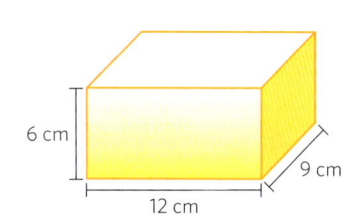

Três paralelepípedos com essas mesmas dimensões foram divididos em 4 partes iguais.

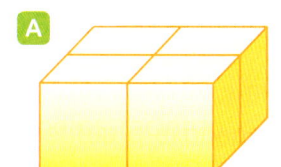

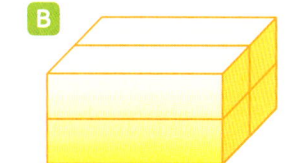

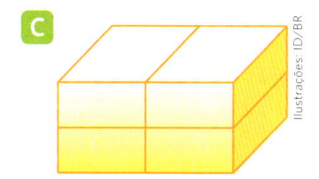

A   **B**   **C**

Observe-os e solucione cada um dos itens.

a) Escreva as dimensões de cada parte dos paralelepípedos **A**, **B** e **C**.
b) Calcule o volume de cada uma dessas partes.

19. Elias fará uma limpeza em seu aquário, cujo formato lembra um paralelepípedo retângulo. Para isso, ele vai retirar as pedras, as plantas e os peixes. Observe, na figura **a**, a altura da água no aquário montado e, na figura **b**, a altura da água ao serem retirados esses elementos.

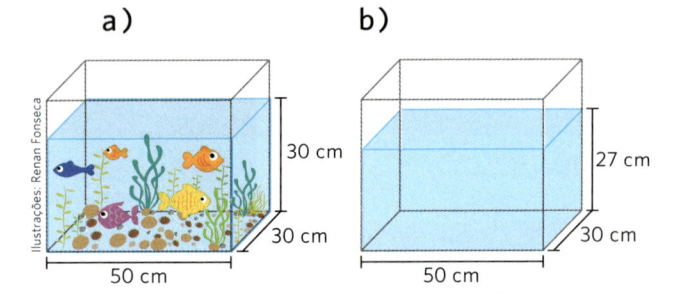

a)   b)

30 cm — 30 cm — 50 cm

27 cm — 30 cm — 50 cm

Qual é o volume que as pedras, as plantas e os peixes ocupam nesse aquário?

20. Um pódio foi construído para a entrega de troféus aos três primeiros colocados de uma competição. De acordo com as dimensões desse pódio, responda:

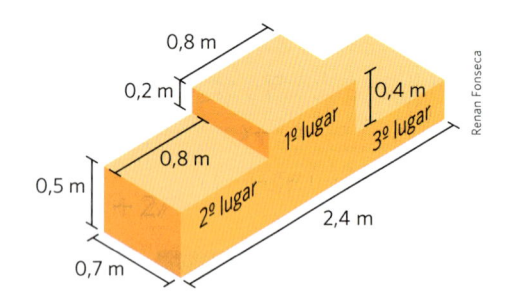

0,8 m; 0,2 m; 0,4 m; 0,8 m; 0,5 m; 2,4 m; 0,7 m
1º lugar; 2º lugar; 3º lugar

Determine o volume desse pódio em decímetros cúbicos.

21. De acordo com as medidas indicadas no paralelepípedo retângulo a seguir, calcule o volume.

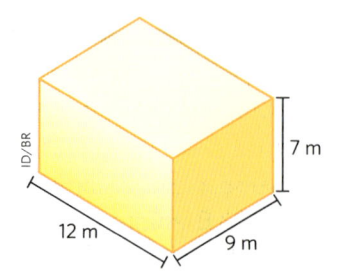

7 m; 12 m; 9 m

22. Determine o volume de cada sólido representado abaixo.

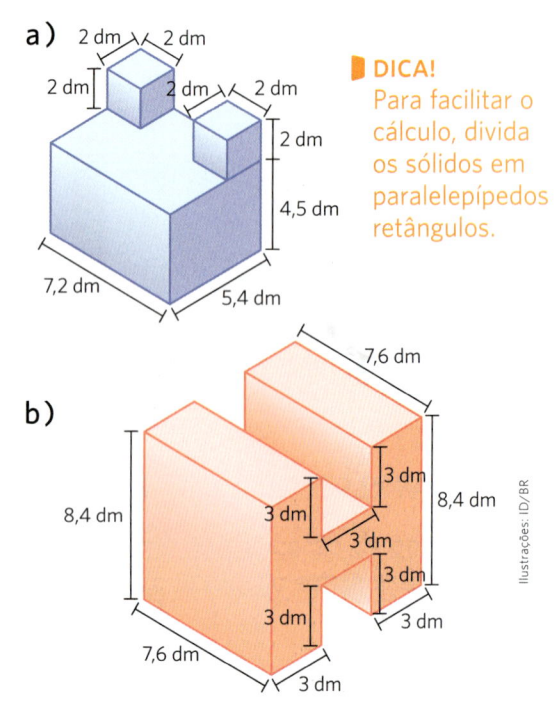

a) 2 dm, 2 dm, 2 dm, 2 dm, 2 dm, 2 dm, 4,5 dm, 7,2 dm, 5,4 dm

DICA!
Para facilitar o cálculo, divida os sólidos em paralelepípedos retângulos.

b) 7,6 dm; 3 dm; 8,4 dm; 3 dm; 3 dm; 8,4 dm; 3 dm; 3 dm; 7,6 dm; 3 dm

23. Uma indústria embala certo produto em caixas em formato de cubo de 0,5 m de aresta. Essas caixas são transportadas em caminhões do tipo baú, na forma de paralelepípedo retângulo. Veja a seguir as medidas internas do baú de um desses caminhões.

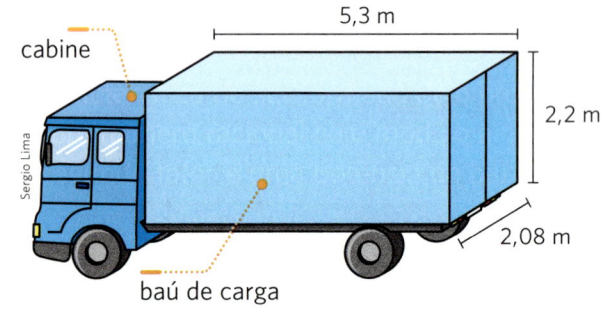

5,3 m; 2,2 m; 2,08 m
cabine — baú de carga

a) Qual é o volume interno do baú desse caminhão?
b) Qual é o volume de cada caixa?
c) É possível acomodar esse tipo de caixa no baú desse caminhão de maneira que não fiquem espaços vazios?
d) Quantas caixas o caminhão pode transportar no máximo?

Medidas de capacidade

Nas embalagens de produtos, como leite, água mineral, suco, detergente, entre outros, podemos observar indicações como as destacadas a seguir, que mostram a quantidade do produto contido na embalagem. Essa quantidade corresponde à **capacidade** e está relacionada, por exemplo, ao volume do líquido em seu interior.

Embalagem de leite. — CONTEÚDO 1 L
Embalagem de detergente. — 500 mL
Galão de água. — 5 L
Embalagem de óleo. — 900 mL

O litro (L) e o mililitro (mL) são **unidades de medida de capacidade** que utilizamos em nosso dia a dia.

$$1\,L = 1000\,mL$$

Conversão entre litro e mililitro

Leila encheu de água a jarra que está segurando e distribuiu todo o conteúdo em seis copos de mesma capacidade, deixando-os cheios.

> Esta jarra tem 1,5 L de capacidade, ou seja, é possível colocar nesta jarra até 1,5 L de água, por exemplo.

1. Qual é a capacidade, em mililitros, de cada um desses copos?

Para converter 1,5 L em mililitros, podemos proceder da seguinte maneira:

$$1,5 \text{ L} = 1,5 \cdot \underbrace{1 \text{ L}}_{1000 \text{ mL}} = 1,5 \cdot 1000 \text{ mL} = 1500 \text{ mL}$$

Como 1500 mL foram distribuídos igualmente em 6 copos, temos:

$$1500 : 6 = 250$$

Portanto, a capacidade de cada copo é 250 mL.

Veja a pergunta que Leila propôs a seus alunos e tente respondê-la:

A quantos litros correspondem 8 300 mL de água?

Para converter 8 300 mL em litros, podemos proceder da seguinte maneira:

$$8\,300 \text{ mL} = 8,3 \cdot 1000 \text{ mL} = 8,3 \cdot \underbrace{1 \text{ L}}_{1000 \text{ mL}} = 8,3 \text{ L}$$

Portanto, 8 300 mL correspondem a 8,3 L.

Em vez de expressar uma medida em litros usando um número decimal, podemos expressar essa medida em litros e mililitros, convertendo apenas a parte decimal em mililitros. Por exemplo:

$$8,3 \text{ L} = 8 \text{ L} + 0,3 \text{ L} = 8 \text{ L} + 300 \text{ mL} = 8 \text{ L } 300 \text{ mL}$$

Portanto, 8,3 L = 8 L 300 mL.

Relações entre unidades de medida de volume e de capacidade

Um recipiente cujo interior tenha a forma de um cubo com 1 dm de aresta tem exatamente 1 L de capacidade, ou seja, 1 L corresponde a 1 dm³ de volume.

$1 \text{ dm}^3 = 1 \text{ L}$

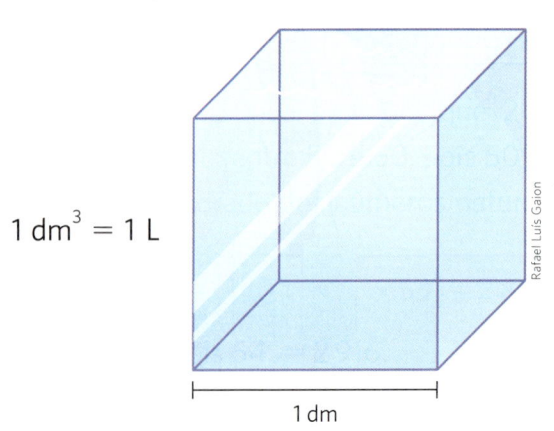

1 dm

Estudamos anteriormente algumas relações entre as unidades de medida de volume:

$$1 \text{ m}^3 = 1000 \text{ dm}^3$$
$$1 \text{ dm}^3 = 1000 \text{ cm}^3$$

Assim, temos as seguintes relações entre as unidades de medida de volume e as unidades de medida de capacidade L e mL.

- $1 \text{ m}^3 = 1000 \text{ dm}^3 = 1000 \text{ L}$
- $1 \text{ cm}^3 = \dfrac{1}{1000} \text{ dm}^3 = \dfrac{1}{1000} \text{ L} = 1 \text{ mL}$

Quadro de equivalências

volume	capacidade
1 m³	1000 L
1 dm³	1 L
1 cm³	1 mL

Outras unidades de medida de capacidade

O litro é considerado a unidade padrão de medida de capacidade. A partir desta unidade, determinamos seus múltiplos e submúltiplos.

Múltiplos			Unidade padrão	Submúltiplos		
quilolitro (kL)	hectolitro (hL)	decalitro (daL)	litro (L)	decilitro (dL)	centilitro (cL)	mililitro (mL)
1 kL = 1000 L	1 hL = 100 L	1 daL = 10 L	1 L = 1 L	10 dL = 1 L	100 cL = 1 L	1000 mL = 1 L

2 De que maneira podemos converter uma medida de kL para hL? E de cL para L?

Observe o esquema a seguir que representa as relações entre as unidades de medida de capacidade

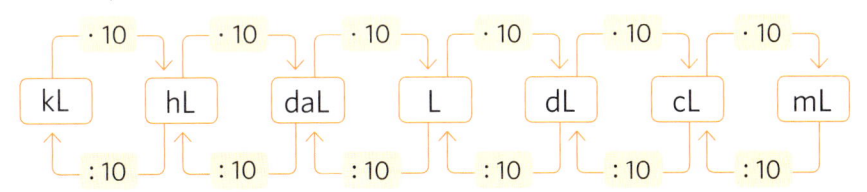

kL → hL → daL → L → dL → cL → mL (·10 entre cada, :10 no sentido inverso)

Exemplos:
- Converter 28 cL em mL.

28 cL →·10→ 280 mL

28 cL = 280 mL

- Converter 5 450 L em hL.

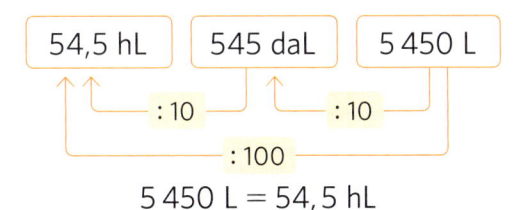

54,5 hL ←:10— 545 daL ←:10— 5 450 L

:100

5 450 L = 54,5 hL

- Converter 80,9 kL em L.

80,9 kL →·10→ 809 hL →·10→ 8 090 daL →·10→ 80 900 L

(1000)

80,9 kL = 80 900 L

Atividades

24. Cite quatro produtos que são vendidos em litros ou mililitros.

25. Expresse as medidas a seguir em litros e mililitros.
   a) 4,5 L
   b) 15 045 mL
   c) 20 800 mL
   d) 7,009 L

26. Determine se a unidade de medida mais adequada é o litro (L) ou o mililitro (mL).
   a) Todas as manhãs, meu pai toma 100 ▪ de café.
   b) A garrafa térmica que comprei tem 0,5 ▪ de capacidade.
   c) Na minha casa são gastos cerca de 9 000 ▪ de água por mês.
   d) Para fazer uma receita de pão caseiro, minha mãe usou 200 ▪ de óleo de soja.
   e) Precisaremos de, no mínimo, 30 ▪ de suco para a festa de aniversário.

27. Substitua as letras pelos números correspondentes de modo que as igualdades se tornem verdadeiras.
   a) 9 L = **A** mL
   b) 15 L = **B** mL
   c) 7,5 L = **C** mL
   d) 2 000 mL = **D** L
   e) 800 mL = **E** L
   f) 640 mL = **F** L

28. Considere as medidas de capacidade das fichas a seguir.

   [1 490 mL] [1 L 750 mL] [1,01 L]
   [0,028 L] [1 L 95 mL]

   Agora, copie e complete a sequência no caderno substituindo cada ▪ por uma das medidas das fichas, de maneira que a sequência fique ordenada da medida menor para a maior.

   ▪ < 240 mL < ▪ < ▪ < ▪ < 1,5 L < ▪

29. Uma fábrica de perfume produziu 21 L de água-de-colônia de certa fragrância. Esse produto foi colocado em frascos de 75 mL cada um.
   a) Quantos frascos de água-de-colônia foram produzidos?
   b) Qual o valor arrecadado pela fábrica, sabendo que ela vendeu cada frasco por R$ 9,00?

30. As marcações dos recipientes estão espaçadas igualmente, dividindo-os em partes de mesma capacidade. Veja que os recipientes contêm uma quantidade de água menor que sua capacidade.

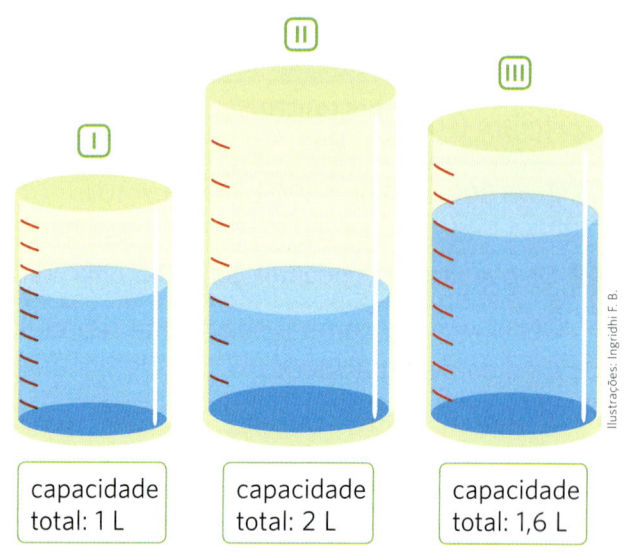

   I - capacidade total: 1 L
   II - capacidade total: 2 L
   III - capacidade total: 1,6 L

   a) Escreva uma fração que represente a quantidade de água em relação à capacidade total de cada recipiente.
   b) Quantos mililitros de água há em cada recipiente?

31. Armando começou a encher uma piscina de plástico com capacidade para 1 000 L às 12h 10min. A torneira da casa dele fornece 7 litros de água por minuto. Ele fechou a torneira 100 minutos depois de aberta.
A piscina ficou cheia? Se não ficou, quantos litros de água faltaram para enchê-la?

32. João produziu 300 L de suco de uva. Para guardar todo o suco produzido ele tem 250 garrafas de 300 mL e 100 garrafas de 2 L.

a) João pode encher todas as garrafas? Vai sobrar suco? Quanto?

b) Se João produzisse 500 L de suco de uva e precisasse guardá-lo em 300 garrafas de 500 mL e 150 garrafas de 2 L, seria possível encher todas as garrafas?
- Sobraria suco? Quanto?

33. Um grupo de amigos foi acampar por dois dias. Eles levaram trinta recipientes com 5 L de água mineral em cada um. Sabendo que no fim do acampamento sobraram 22 L de água, responda.

a) Quantos litros de água mineral foram consumidos?

b) Sabendo que cada pessoa tomou, em média, 10 copos de 200 mL de água mineral por dia, quantos amigos foram acampar?

34. Quantos litros de água são necessários para encher o reservatório representado a seguir?

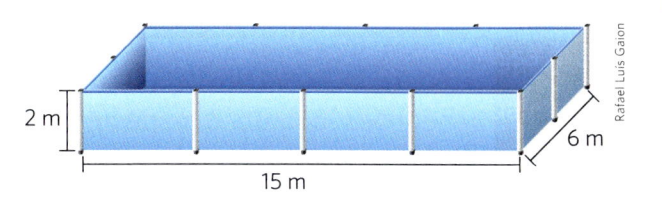

(2 m × 15 m × 6 m)

35. Associe cada recipiente a seguir à sua capacidade, escrevendo a letra e o símbolo romano correspondentes.

A 22,4 L   C 37,5 L
B 25,08 L   D 29,16 L

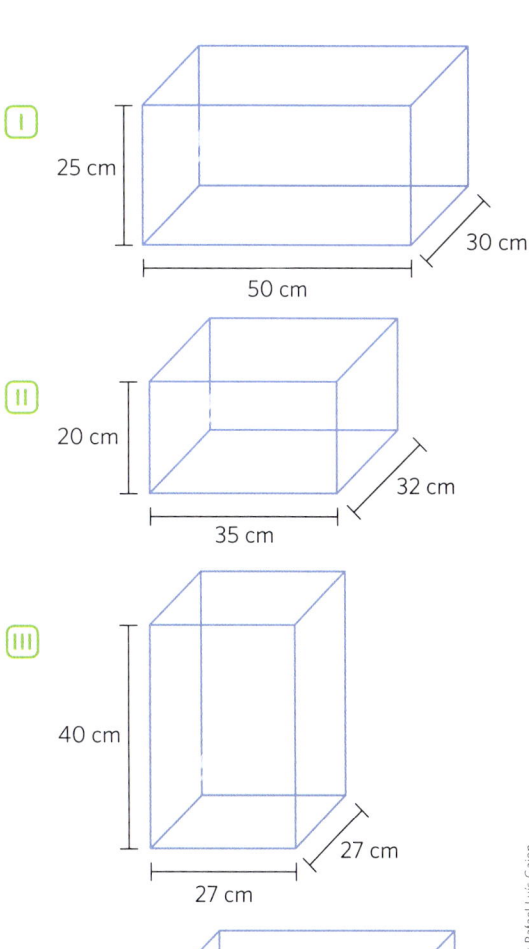

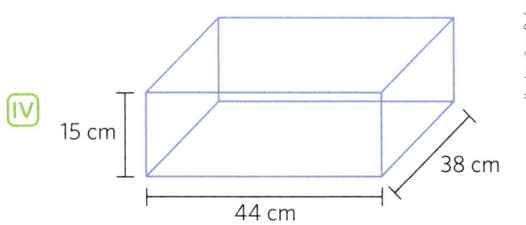

I) 50 cm × 30 cm × 25 cm
II) 35 cm × 32 cm × 20 cm
III) 27 cm × 27 cm × 40 cm
IV) 44 cm × 38 cm × 15 cm

103

36. Irene quer montar um aquário com peixes ornamentais e tem dúvida sobre o tamanho adequado do aquário. Ela tem interesse por cinco espécies e pretende manter, no aquário, uma quantidade fixa de peixes de apenas uma espécie. Veja algumas recomendações quanto à espécie e à capacidade mínima do aquário.

Espécie	Capacidade mínima do aquário (L)
1	100
2	500
3	40
4	80
5	300

Seguindo essas orientações, Irene poderá escolher entre quais espécies para cada aquário abaixo?

a) 40 cm × 60 cm × 30 cm

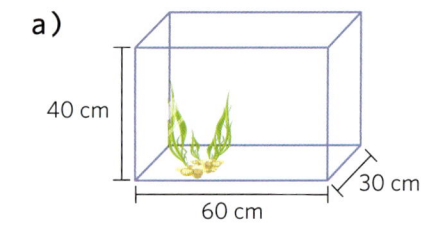

b) 50 cm × 70 cm × 30 cm

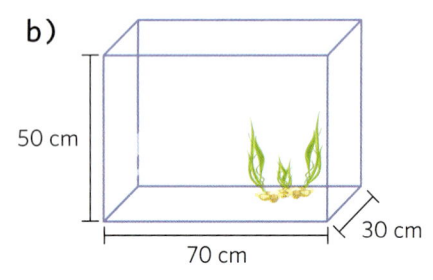

c) 80 cm × 120 cm × 50 cm

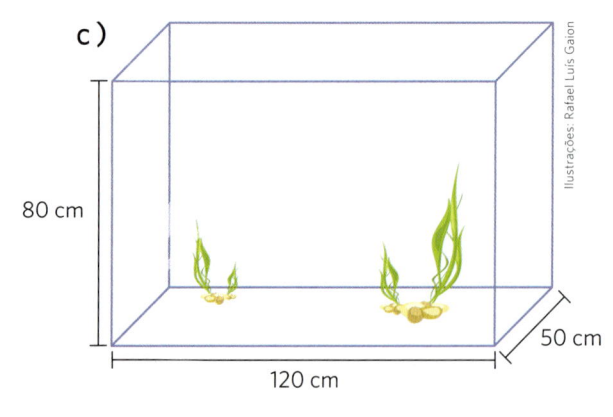

37. O primeiro recipiente está cheio de água e o segundo, vazio. Se toda a água contida no primeiro recipiente for despejada no segundo, faltará água para enchê-lo, ele ficará totalmente cheio ou a água vai transbordar? Justifique sua resposta em mL.

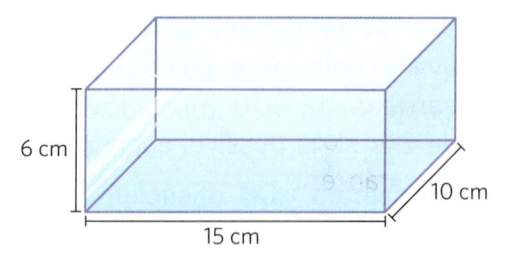

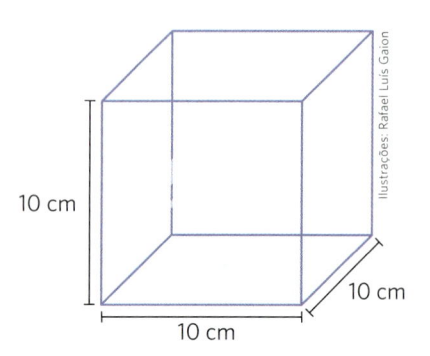

(Primeiro recipiente: 15 cm × 10 cm × 6 cm)
(Segundo recipiente: 10 cm × 10 cm × 10 cm)

38. O recipiente representado a seguir tem a forma de um paralelepípedo retângulo e contém 3,2 L de água.

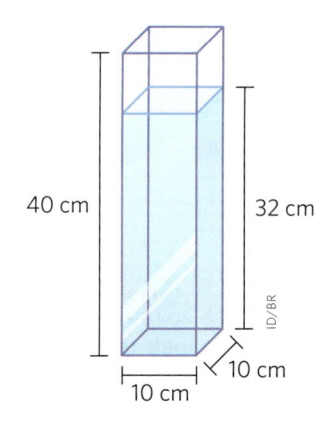

(10 cm × 10 cm × 40 cm; água com altura 32 cm)

Quantos mililitros de água faltam para encher o recipiente?

39. Copie cada igualdade, substituindo o ■ pelo número que a torna verdadeira.

a) ■ L = 2 500 cL
b) ■ hL = 3 400 dL
c) 12,8 kL = ■ daL
d) ■ mL = 9,3 cL
e) 60 L = ■ kL

Prudência no consumo da água

Você já parou para pensar que poderíamos sobreviver sem eletricidade, sem internet e sem gás de cozinha? Seria muito difícil viver sem esses inventos, porém, sem água não sobreviveríamos e não haveria vida em nosso planeta, pois ela é fundamental para a manutenção da vida de todos os seres vivos que habitam a Terra.

A água é um recurso natural renovável, mas ela não é infinita. Atualmente enfrentamos uma crise de abastecimento desse recurso tão fundamental para a nossa sobrevivência. De acordo com estimativas do Instituto Internacional de Pesquisa de Política Alimentar, até 2050, aproximadamente 4,8 bilhões de pessoas estarão em situação de estresse hídrico. Caso essas estimativas se confirmem, com o aumento da população mundial e os avanços industriais e tecnológicos, se não tivermos **prudência** no consumo da água, aumentarão os conflitos pelo acesso a ela.

Observe os dados de cada unidade federativa brasileira no gráfico abaixo, considerando que, de acordo com a Organização Mundial da Saúde (OMS), o consumo médio ideal por pessoa é 50 litros por dia.

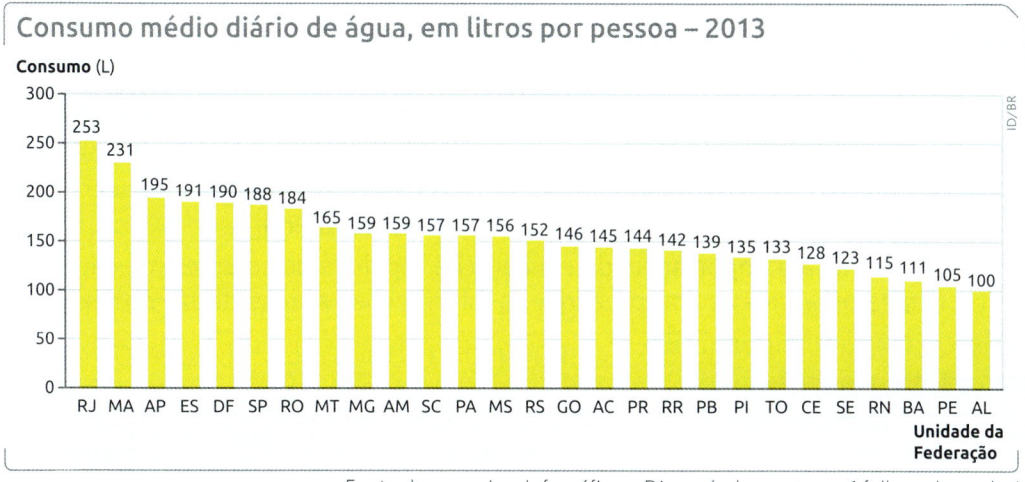

Consumo médio diário de água, em litros por pessoa – 2013

UF	Consumo (L)
RJ	253
MA	231
AP	195
ES	191
DF	190
SP	188
RO	184
MT	165
MG	159
AM	159
SC	157
PA	157
MS	156
RS	152
GO	146
AC	145
PR	144
RR	142
PB	139
PI	135
TO	133
CE	128
SE	123
RN	115
BA	111
PE	105
AL	100

Fonte de pesquisa: Infográficos. Disponível em: <www1.folha.uol.com.br/infograficos/2015/01/118521-agua-no-brasil.shtml>. Acesso em: 4 fev. 2016.

Todos devemos ajudar a economizar água, começando pelas mudanças de hábitos. A água não é um bem de consumo, é um recurso natural essencial para a vida que deve ser utilizado de maneira consciente.

1. Em sua opinião, por que a água é tão importante?

2. Você já vivenciou alguma situação em que não havia água disponível para o seu consumo e o de sua família? Em caso afirmativo, conte para os colegas.

3. Converta de litro para centímetro cúbico os dados do gráfico correspondentes às Unidades da Federação onde o consumo diário médio de água por pessoa é maior que 190 L.

> **Estresse hídrico:** momento em que a procura de água excede a quantidade disponível.

Valores em ação

Lendo

Artigo de curiosidade científica

Esse gênero textual é caracterizado por expor informações científicas. Geralmente, o título é construído em forma de pergunta (a ser respondida no próprio texto). O artigo de curiosidade científica costuma ser veiculado em revistas, jornais e sites.

Neste capítulo, você estudou a importância das unidades de medida de volume em situações do nosso dia a dia. Agora, você vai ler um **artigo de divulgação científica**, cujo objetivo é conhecer outra situação na qual elas estão presentes.

Antes da leitura

1. Você já viu um balão de ar? Onde? Comente com seus colegas.
2. Em sua opinião, como os balões de ar funcionam?
3. Como você imagina que um artigo de divulgação científica seja organizado?
4. Com base no título do artigo, sobre o que você imagina que ele irá tratar?

▌ **LEMBRE-SE!**
Nas questões **3** e **4**, você levantou hipóteses que serão confirmadas ou reelaboradas depois da leitura.

Durante a leitura

1. À medida que for lendo:
    a) identifique a relação do título com as informações apresentadas no texto;
    b) verifique quem é responsável pelo movimento de "subir" e "descer" do balão e quem é o responsável pelo movimento lateral;
    c) reconheça a importância do conceito de medidas de volume e de capacidade para melhor compreender as informações apresentadas no texto.

Depois da leitura

1. As informações apresentadas no texto foram as que você havia suposto antes da leitura? Explique.
2. Explique resumidamente como funcionam os balões de ar quente.
3. Quais são os principais cuidados que devem ser tomados por quem pilota um balão?
4. Leia o trecho a seguir, extraído do artigo.

   [...] se os mais de 2 mil metros cúbicos de um balão forem aquecidos a 110 °C, o ar lá de dentro fica 700 quilos mais leve que o da atmosfera. [...].

   De acordo com a frase acima, o que significa a expressão "2 mil metros cúbicos"?
5. Qual é o tempo necessário para encher um modelo de balão de 2 200 m³, conforme informado no texto?
6. Pense nas atividades que você pratica no cotidiano e responda: como o conteúdo de medidas de volume e de capacidade estão presentes nessas situações?

Balões de ar quente voando sobre a Capadócia, Turquia.

Como se pilota um balão?

Não é uma tarefa fácil, pois você não pode fazer muita coisa além de mandar o balão subir e descer. Com essa mudança de altitude, o piloto pode pegar diferentes correntes de ar, que, aí sim, empurram você para um lado ou para o outro. O controle desse sobe e desce atrás do vento certo é feito com o uso de um maçarico, que joga mais ou menos ar quente dentro do balão. Quanto mais fogo o maçarico cospe, mais você sobe. Como o papel do piloto é bem restrito, não dá, por exemplo, para marcar um encontro com alguém num determinado lugar e resolver ir para lá de balão. O passeio é somente pela graça de voar. Mas esse prazer dura pouco, geralmente uma ou duas horas, pois é limitado pela quantidade de gás propano — que alimenta o fogo do maçarico — capaz de ser carregada. E, como o ar quente consegue fazer tudo isso subir, afinal? Simples: quando você aquece o interior do balão, o ar que está lá dentro se expande. Em outras palavras, fica mais leve.

> Explique com que sentido essa expressão foi empregada.

Tão leve que literalmente boia na atmosfera, como se fosse uma bola de vôlei dentro de uma piscina. Veja só: se os mais de 2 mil metros cúbicos de um balão forem aquecidos a 110 °C, o ar lá de dentro fica 700 quilos mais leve que o da atmosfera. Dessa forma, poderá levantar 700 quilos do chão — o suficiente para suportar o peso da própria estrutura do balão, dos tanques de combustível e de mais duas ou três pessoas. A temperatura ambiente também entra nessa conta: quanto mais frio estiver, mais peso dá para carregar, pois maior será a diferença de peso entre o ar quente do balão e o ar da atmosfera. "Se a temperatura for de 10 °C, por exemplo, dá para levantar mais ou menos 700 quilos. A 35 °C, a capacidade cai para 500 quilos", afirma o balonista Adriano Perini, que voa há sete anos.

Além do limite de peso, o piloto tem que estar muito atento também para não exagerar na altitude. Acima de 4 500 metros, o ar é rarefeito demais. E, como a subida não leva mais de 20 minutos, não dá tempo para os passageiros se acostumarem à falta de oxigênio. Com todas as precauções tomadas, enfim, só resta aproveitar o voo. O mais calmo e silencioso dos voos.

E o vento levou

Correntes de ar é que mandam na direção do voo

Enchendo o "saco"

Um superventilador, com potência equivalente à de um minibugue, é usado para encher o chamado "envelope" do balão, lançando ar em temperatura ambiente. Encher um modelo de 2 200 metros cúbicos (24 metros de altura e 26 metros de diâmetro) leva só 15 minutos.

[...]

Alexandre Versignassi. Como se pilota um Balão? *Mundo Estranho*. 16 ed. Abril Comunicações S.A p. 86-7, 1 jun. 2003. Disponível em: <http://mundoestranho.abril.com.br/materia/como-se-pilota-um-balao>. Acesso em: 9 jun. 2016.

Vamos relembrar

40. Na caixa transparente a seguir foram colocados alguns cubos coloridos de mesmo tamanho.

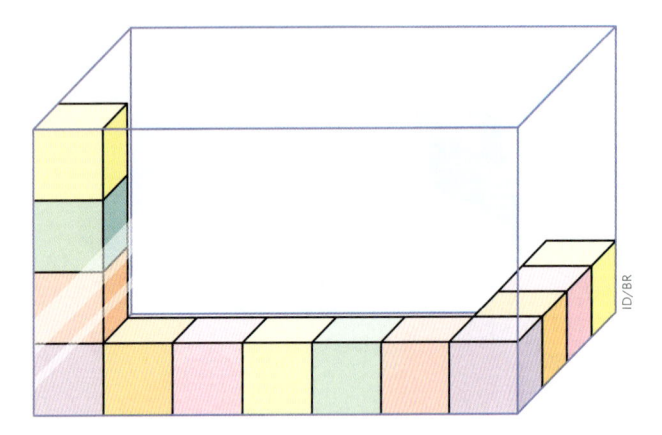

a) Qual é o volume interno dessa caixa, considerando um cubo colorido como unidade de medida?

b) Quantos cubos coloridos faltam para preencher todo o espaço da caixa?

41. (Enem/Inep) Uma fábrica produz barras de chocolate no formato de paralelepípedos e de cubos, com o mesmo volume. As arestas da barra de chocolate no formato de paralelepípedo medem 3 cm de largura, 18 cm de comprimento e 4 cm de espessura. Analisando as características das figuras geométricas descritas, a medida das arestas dos chocolates que têm o formato de cubo é igual a:

a) 5 cm
b) 6 cm
c) 12 cm
d) 24 cm
e) 25 cm

42. Calcule as medidas das arestas dos cubos cujos volumes estão indicados nos itens a seguir.

a) 64 cm^3
b) 343 cm^3
c) 1000 cm^3
d) 125 cm^3
e) 8 cm^3
f) 512 cm^3

43. Determine as medidas das arestas de um recipiente em forma de paralelepípedo retângulo, em dm, no qual caibam exatamente 12 litros de água.

44. Determine o volume, em metros cúbicos, de uma piscina olímpica que tem a forma de um paralelepípedo retangular com as seguintes dimensões: 50 m de comprimento, 21 m de largura e 1,80 m de altura.

45. (Enem/Inep) Para se construir um contrapiso, é comum, na constituição do concreto, se utilizar cimento, areia e brita, na seguinte proporção: 1 parte de cimento, 4 partes de areia e 2 partes de brita. Para construir o contrapiso de uma garagem, uma construtora encomendou um caminhão betoneira com 14 m^3 de concreto. Qual é o volume de cimento, em m^3, na carga de concreto trazido pela betoneira?

a) 1,75
b) 2,00
c) 2,33
d) 4,00
e) 8,00

46. Uma mangueira que despeja 17 litros de água por minuto está enchendo uma piscina com as dimensões indicadas na figura abaixo.

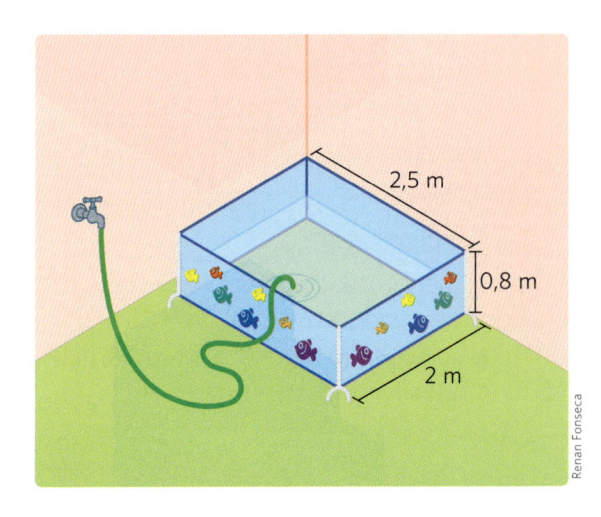

Em quanto tempo essa piscina estará cheia até 85% de sua capacidade, sabendo que ela estava totalmente vazia?

47. Observe abaixo uma garrafa de água mineral e um pacote de copos descartáveis.

água mineral
1,5 L
Copos de 150 mL
100 unidades
copos descartáveis

De acordo com as informações impressas nessas embalagens, quantas garrafas de água mineral serão necessárias para encher todos os copos desse pacote de copos descartáveis?

48. Observe as dimensões e o formato da piscina abaixo. Houve um vazamento na base dessa piscina que provocou a perda de 9 750 L de água.

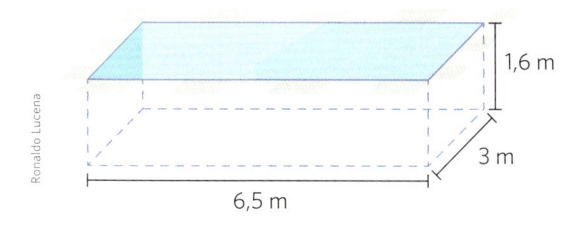

1,6 m
3 m
6,5 m

a) Qual a capacidade total, em litros, dessa piscina?

b) Quantos centímetros o nível de água baixou na piscina, por causa da perda de água decorrente do vazamento?

c) Supondo que, antes do vazamento, a piscina estava com uma quantidade de água correspondente a 90% de sua capacidade, calcule em que altura ficou o nível da água em relação ao fundo da piscina.

49. Amélia fez 2 L 800 mL de suco para seus oito sobrinhos. Quantos mililitros de suco cada sobrinho deve tomar para que não sobre suco e todos bebam a mesma quantidade?

50. Quantos litros de água faltam para encher o recipiente?

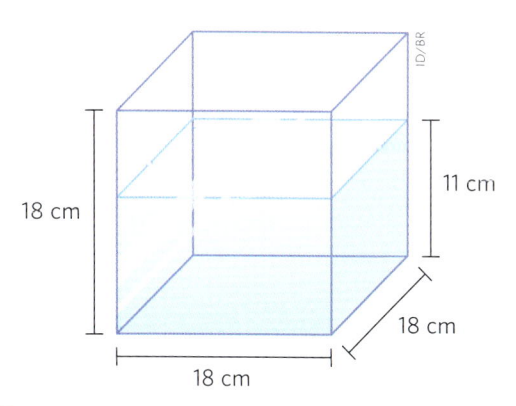

18 cm
11 cm
18 cm
18 cm

51. Jeremias tem à sua disposição um balde com 12 L de capacidade e alguns recipientes em forma de paralelepípedo, como ilustrado abaixo. Sabendo que ele pode encher os recipientes com água e transferir todo o conteúdo ou parte dele de um recipiente para o balde ou para outro recipiente, descreva uma maneira para que Jeremias obtenha 3 L de água no balde.

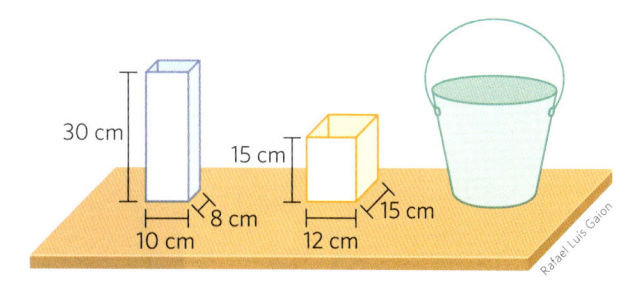

30 cm
15 cm
10 cm
8 cm
12 cm
15 cm

52. Copie cada igualdade, substituindo o ■ pelo número adequado.

a) 800 L = ■ hL
b) 0,002 kL = ■ L
c) 52 cL = ■ dL
d) 0,0159 daL = ■ mL
e) 5 208 000 mL = ■ kL
f) 0,000655 hL = ■ cL

Ampliando fronteiras

Grande e ao mesmo tempo pequeno

Quando olhamos para o céu, podemos perceber os astros, as estrelas e toda a beleza e fascínio que eles nos proporcionam. Muitas estrelas, algumas até maiores que o Sol, estão a uma distância tão imensa que nem conseguimos vê-las direito, pois aparecem como um pontinho de luz no céu. Toda essa distância esconde dimensões que até parecem ficção científica, mas se trata da mais pura realidade.

Por outro lado, estamos em contato com seres e substâncias tão pequenos que nem conseguimos percebê-los. Observe as informações a seguir.

A baleia-azul é o maior mamífero do planeta, alcançando o comprimento de aproximadamente **30 m**.

Os glóbulos vermelhos, também chamados de hemácias, são células que estão no sangue e fazem o transporte de oxigênio e gás carbônico em nosso organismo. Têm cerca de **0,000007 m** de diâmetro.

A estatura média do brasileiro do sexo masculino é aproximadamente **1,70 m**.

Estatura: altura de uma pessoa.

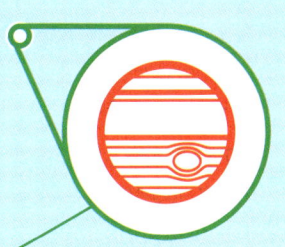

O maior planeta do Sistema Solar, Júpiter possui 64 luas. Seu diâmetro é aproximadamente **140 000 km**.

A estrela Proxima Centauri é a mais próxima do planeta Terra, com exceção do Sol; porém, não é possível vê-la a olho nu, pois seu brilho é ofuscado pelo de outras estrelas. Estima-se que seu diâmetro seja **200 000 km**.

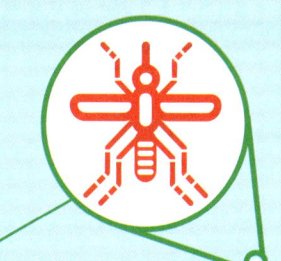

O *Aedes aegypti* é um dos mosquitos transmissores do vírus da dengue. Seu comprimento é aproximadamente **1 cm**.

O Sol é a estrela mais próxima da Terra. É dele que vêm a luz e o calor necessários para a vida em nosso planeta. Seu diâmetro é aproximadamente **1 400 000 km**.

Representação sem proporção de tamanho. Cores-fantasia. Isso pode ser facilmente visto quando observamos a imagem do mosquito *Aedes aegypti* e a da estrela Proxima Centauri. Sem dúvida, a estrela é muito maior que o mosquito.

O tamanho de um grão de areia pode variar bastante de acordo com o tipo de rocha que deu origem a ele, entre outros fatores. Um grão de areia pode ter, aproximadamente, **0,5 mm**.

Entre as brasileiras, a estatura média é cerca de **1,60 m**.

1. Represente em metros e, utilizando notação científica, os números 0,000007 m, 0,5 mm, 140 000 km, 200 000 km e 1 400 000 km que aparecem nas informações dessa seção.

2. Qual elemento representado no texto chamou mais a sua atenção? Ele é maior ou menor do que o ser humano? Conte aos colegas o motivo pelo qual ele foi mais interessante para você.

3. Alguns seres vivos são mais importantes do que outros por causa do tamanho? Reflita com os colegas sobre essa questão.

4. Você já reparou no tamanho dos seres que o cerca no lugar onde vive? Procure observá-los, analisá-los, faça comparações de tamanhos entre eles. Depois, escreva um texto abordando o tamanho dos seres do lugar onde você vive.

Verificando rota

Capítulo 3 — Números racionais

1. Cite alguns exemplos do seu dia a dia em que números racionais são utilizados.

2. Escreva com suas palavras o que é um número racional.

3. Você concorda com a afirmação a seguir? Justifique.

> Para que um número decimal seja uma dízima periódica, é necessário apenas que ele tenha infinitas casas decimais.

4. É possível que um quadrado com 169 cm² tenha lado medindo 13 cm? Por quê?

5. Leia a dúvida de Patrícia e em seguida responda.

> Todos os números racionais possuem inverso?

Capítulo 4 — Potências, notação científica e raízes

6. Ao elevar um número diferente de zero a um expoente inteiro negativo, que resultado se obtém?

7. Verifique se a afirmação feita por Otávio é verdadeira ou falsa e, depois, justifique sua resposta por meio de um exemplo.

> Todo número não inteiro elevado a um expoente inteiro diferente de zero resulta em um número não inteiro.

8. Utilizando um exemplo numérico, explique a propriedade de multiplicação de potências de mesma base.

9. Descreva, com suas palavras, um procedimento para determinar a raiz quadrada aproximada de um número natural que não seja um quadrado perfeito, com aproximação de uma casa decimal.

Capítulo 5 — Medidas de volume e de capacidade

10. Quais unidades de medida de capacidade você utiliza em seu dia a dia?

11. A afirmação apresentada abaixo está correta? Justifique sua resposta.

> Um recipiente com forma de cubo com 0,1 m de aresta tem capacidade para 1 L.

12. Cite dois produtos do seu dia a dia que são vendidos em litros e dois produtos vendidos em mililitros.

13. Como você faria para converter uma medida dada em mililitros para litro?

14. Veja o que Giovana está dizendo.

> Na minha casa, este mês consumimos 20 m^3 de água.

a) Qual é a relação entre a unidade de medida de volume metro cúbico e a unidade de medida de capacidade litros?

b) É possível determinar a quantidade de água consumida, em litros, na casa de Giovana? Justifique.

Autoavaliação

- Estive presente em todas as aulas?
- Participei das aulas com atenção e interesse?
- Respeitei o(a) professor(a), os colegas e as pessoas que trabalham na escola?
- Quais foram minhas maiores dificuldades nesta unidade? Por quê?
- Esforcei-me ao máximo para resolver as tarefas propostas?

Atividades complementares

Capítulo 3 — Números racionais

1. Fernanda pesquisou informações sobre o pinguim-imperador.

Das diversas espécies que vivem na Antártica, o pinguim-imperador é o único que se reproduz num rigoroso inverno de −60 °C.

Pinguim-imperador (adulto): 1,15 m de altura.

Para botar seus ovos, esses pinguins viajam cerca de 100 km para o interior do continente e se mantêm em jejum por um longo período, chegando a perder 10 kg de sua massa.

Família de pinguins-imperadores.

a) Escreva os números apresentados na pesquisa.

b) Entre esses números, identifique os naturais, os inteiros e os racionais.

2. Escreva os números correspondentes aos pontos indicados pelas letras na reta numérica.

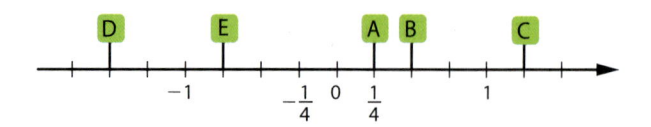

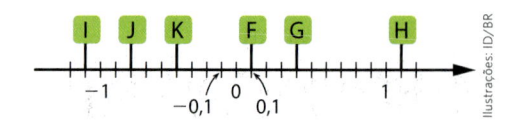

(Reta numérica com pontos D, E, A, B, C nas posições −1, $-\frac{1}{4}$, 0, $\frac{1}{4}$, 1)

(Reta numérica com pontos I, J, K, F, G, H nas posições −1, −0,1, 0, 0,1, 1)

3. Efetue os cálculos e escreva o resultado na forma de fração irredutível e na forma decimal.

a) 3 : 8
b) 15 : 25
c) 2 : 16
d) 6 : 75
e) 9 : 36
f) 24 : 32

4. Na reta numérica abaixo cada intervalo corresponde a 15 unidades.

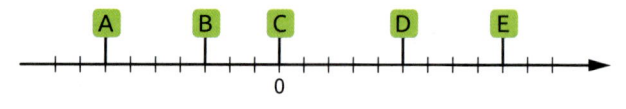

(Reta numérica com pontos A, B, C, D, E e o zero indicado)

a) Determine o valor que as letras **A**, **B**, **D** e **E** representam nessa reta.

b) Determine a distância:
- do ponto **A** até o ponto **D**
- do ponto **B** até o ponto **C**
- do ponto **A** até o ponto **E**
- do número 30 até o ponto **A**
- do número −50 até o ponto **D**

5. A distância entre dois números simétricos é 15 unidades. Quais são esses números?

6. Observe a reta numérica abaixo.

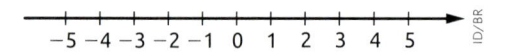

(Reta numérica de −5 a 5)

a) Quais são os números pares indicados nessa reta?

b) Entre os números ímpares representados na reta, quais são aqueles cuja distância em relação ao zero é menor do que 4?

7. Em uma reta numérica, estão indicados os pontos A, B e M, sendo que:
- A corresponde a −4,5;
- B corresponde a −2,5;
- M está à mesma distância de A e de B.

De acordo com essas informações, quais são as distâncias de A, B e M em relação ao zero?

> **DICA!**
> Para auxiliar na resolução, trace uma reta numérica e nela indique os pontos necessários.

8. Observe os números e responda às questões.

15	$-\dfrac{1}{5}$	$\dfrac{2}{3}$	5
−18	6	21,7	$-\dfrac{1}{2}$
31,6	27,1	13,3	13

a) Qual o maior número? E o menor?
b) Qual o número mais próximo de zero?
c) Qual o número mais distante de zero?
d) Qual o número que está entre $\dfrac{1}{2}$ e 1?
e) Escreva os números em ordem crescente.

9. Escreva a representação decimal de cada fração. Depois, identifique, em cada caso, o período da dízima.

a) $\dfrac{8}{15}$
c) $\dfrac{7}{33}$
b) $-\dfrac{26}{37}$
d) $-\dfrac{3\,193}{990}$

10. Escreva adições para determinar os saldos bancários indicados pelas letras **A**, **B**, **C** e **D** no extrato. Depois, resolva cada uma das adições que você escreveu.

EXTRATO BANCÁRIO
CLIENTE: ROBERTO PEREIRA GUIMARÃES

25/04/2017   11:09:47

DATA	HISTÓRICO	VALOR	SALDO
	SALDO ANTERIOR		+ 386,00
	JUNHO		
20/04	CHEQUE COMPENSADO	− 158,20	A
	DEPÓSITO EM DINHEIRO	600,25	B
21/04	CHEQUE COMPENSADO	− 32,43	C
22/04	CHEQUE COMPENSADO	− 75,86	D

11. Observe o significado das setas e determine o valor de cada letra no esquema abaixo.

➡ Significa: adicionar (-6)
⬇ Significa: adicionar $(+4,5)$

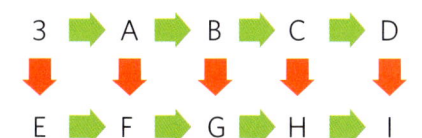

3 ➡ A ➡ B ➡ C ➡ D
⬇   ⬇   ⬇   ⬇   ⬇
E ➡ F ➡ G ➡ H ➡ I

12. Descubra o padrão da sequência abaixo e escreva os três próximos termos.
−13,5; −10; −6,5; −3; 0,5; 4; ...

13. Determine o oposto dos números indicados na linha **a**.

a	$(+8)$	$(-1,7)$	(-36)	$\left(+\dfrac{1}{5}\right)$	$(+5,4)$	$(-29,15)$
b	(-11)	(-6)	$(+15)$	$\left(-\dfrac{2}{3}\right)$	$(-47,8)$	$(+40,5)$

Agora, para cada coluna do quadro, subtraia o oposto de **a** do número que aparece na linha **b**.

14. Renato retirou um quilograma de carne que estava no *freezer* a uma temperatura de −13,3 °C e colocou-o para descongelar a uma temperatura de 17,2 °C.
Determine a diferença entre essas duas temperaturas.

15. Para cada um dos resultados escreva uma subtração em que o minuendo e o subtraendo tenham o mesmo sinal.
−3,5   −53,5   +47   +28,2

16. Para cada resultado indicado na atividade anterior, escreva uma subtração em que o minuendo e o subtraendo tenham sinais contrários.

17. Efetue os cálculos e escreva os resultados em ordem crescente.

a) $(+13) - (-52)$
b) $(+13) - (+52)$
c) $(-13) - (-52)$
d) $(-13) - (+52)$
e) $(-47,6) + (+19,3)$
f) $(+47,6) - (-19,3)$
g) $(-47,6) - (+19,3)$
h) $(+47,6) + (-19,3)$

18. Resolva as seguintes expressões.

a) $(-17) + (-5) - (+26)$
b) $(-56) + (+93) - (-68)$
c) $\left(+\dfrac{1}{3}\right) - \left(-\dfrac{5}{6}\right) + \left(-\dfrac{1}{6}\right) + \left(+\dfrac{2}{3}\right)$
d) $(+1,5) - (-6,4) + (-3,8) - (-1,9)$

19. Efetue os cálculos.

A
a) $4 - (-2 - 5)$
b) $4 - (-2) + 5$
c) $4 - (-2) - 5$

B
d) $7 - (6 - (-9))$
e) $7 - 6 + (-9)$
f) $7 - 6 - (-9)$

C
g) $-3 - (-8 - (-7))$
h) $-3 - (-8) + (-7)$
i) $-3 - (-8) - (-7)$

D
j) $5,2 - (4,6 - 2,15)$
k) $5,2 - 4,6 + 2,15$
l) $5,2 - 4,6 - 2,15$

20. Efetue os cálculos.
a) $(-2,4) \cdot (+1,7)$
b) $\left(+\dfrac{4}{7}\right) \cdot \left(-\dfrac{3}{5}\right)$
c) $(-12,5) \cdot (-6,7)$
d) $\left(-\dfrac{2}{5}\right) \cdot \left(-\dfrac{7}{4}\right)$
e) $\left(+\dfrac{3}{11}\right) \cdot \left(-\dfrac{12}{5}\right)$
f) $(-13,4) \cdot (-7,2)$

21. Responda às questões a seguir.
a) Qual é o resultado da multiplicação de $(-35,17 + 48,85)$ por $(-32,63 - 56,27)$?
b) O oposto de x é dado pelo resultado da expressão $\left(-\dfrac{8}{3}\right) \cdot \left(-\dfrac{5}{7}\right) - \dfrac{16}{21}$. Qual é o valor de x?

22. Gustavo tirou o extrato de sua conta bancária e verificou que o saldo era metade do valor de uma semana atrás. Sabendo que o extrato apresentou um saldo devedor de R$ 135,89, qual o saldo de uma semana atrás?

23. Entre os cálculos indicados, qual possui o mesmo resultado de $(-12) \cdot (+6)$?
a) $(+49,45) + (-23,17)$
b) $(-36,71) \cdot (-2,01)$
c) $(+804,61) + (-876,61)$
d) $(+219,89) - (-147,3)$
e) $(-147,001) - (+75,34)$
f) $(-113) + (+42,078)$

24. (ETE) Muitos estudos têm demonstrado a necessidade de uma dieta alimentar balanceada para diminuir a incidência de doenças e aumentar a qualidade e o tempo de vida do homem.

Durante o intervalo, um estudante consumiu um lanche feito de pão e hambúrguer, 50g de batata frita, 1 caixinha de água de coco e 50g de sorvete.

Considere o quadro a seguir.

Alimento	Valor energético
caixinha de água de coco	42 kcal
pão	82,5 kcal
hambúrguer	292,5 kcal
batata frita	6 kcal/g
sorvete	3 kcal/g

O valor energético total obtido pela ingestão do lanche é, aproximadamente, em kcal, de:
a) 426
b) 442
c) 600
d) 638
e) 867

25. Determine o valor desconhecido nos esquemas.

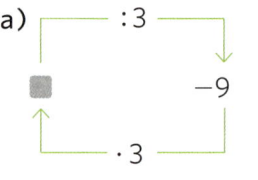

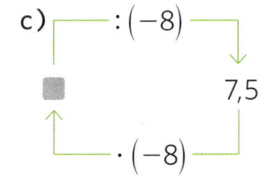

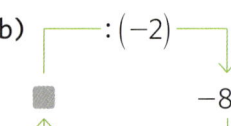

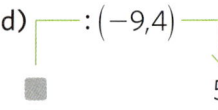

a) $\square \xrightarrow{:3} \rightarrow -9 \xrightarrow{\cdot 3} \square$

b) $\square \xrightarrow{:(-2)} \rightarrow -8 \xrightarrow{\cdot (-2)} \square$

c) $\square \xrightarrow{:(-8)} \rightarrow 7,5 \xrightarrow{\cdot (-8)} \square$

d) $\square \xrightarrow{:(-9,4)} \rightarrow 5 \xrightarrow{\cdot (-9,4)} \square$

26. A nebulosa de Bumerangue, localizada na Constelação de Centauro, é o lugar mais frio do universo, chegando a registrar temperaturas de −272 °C. Para se ter uma ideia do frio que a temperatura da nebulosa representa, a menor temperatura registrada na Terra foi −89,2 °C, na Antártica. Quantas vezes aproximadamente a temperatura registrada na nebulosa de Bumerangue é menor que a menor temperatura registrada na Terra?

27. Calcule:
a) $51,3 : 3$
b) $\left(-\dfrac{1}{5}\right) : \dfrac{3}{13}$
c) $147,2 : 18,4$
d) $\dfrac{7}{5} : 0,5$
e) $\left(-\dfrac{2}{3}\right) : \left(-\dfrac{5}{2}\right)$
f) $121,5 : 5$

28. Nas imagens estão representadas as seis faces de um mesmo cubo.

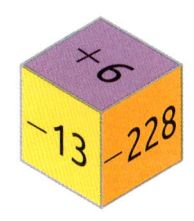

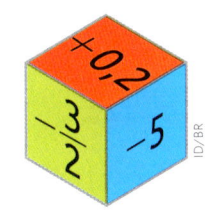

Utilizando os números que aparecem nas faces desse cubo e de acordo com as cores correspondentes às faces, determine o resultado das expressões indicadas pelas fichas coloridas.

a) ■ · ■ + ■
b) ■ : ■ − ■
c) ■ + ■ · ■
d) ■ − ■ : ■
e) ■ : ■ · ■

29. Observe os quadrados mágicos.

A

+18	−16	−8
−28	−2	+24
+4	+12	−22

B

+432	−384	−192
−672	−48	+576
+96	+288	−528

a) Multiplicando os números do quadrado **A** por $\dfrac{1}{2}$, qual será a soma de cada linha, coluna ou diagonal do novo quadrado?

b) Dividindo os números do quadrado **B** por 0,75, escreva qual será a soma de cada linha, coluna ou diagonal do novo quadrado.

30. Calcule:
a) $(-2)^5$
b) $(-11,5)^2$
c) $(7,2)^3$
d) $(-0,5)^4$
e) $\left(\dfrac{4}{7}\right)^2$
f) $\left(-\dfrac{1}{5}\right)^3$

31. Escreva estas potências em ordem crescente.

$\left(\dfrac{1}{4}\right)^2$ $0,25^3$ $(-0,6)^6$

$(-1,7)^2$ -1^4 $\left(-\dfrac{2}{5}\right)^3$

32. Calcule as raízes a seguir:
a) $\sqrt{5,29}$
b) $-\sqrt{40,96}$
c) $\sqrt{\dfrac{25}{81}}$
d) $-\sqrt{\dfrac{144}{400}}$

Capítulo 4 — Potências, notação científica e raízes

33. Calcule:

a) $\left(\dfrac{2}{9}\right)^{-2}$

b) $\left(\dfrac{5}{7}\right)^{-1}$

c) $\left(\dfrac{1}{6}\right)^{-3}$

d) $\left(\dfrac{3}{2}\right)^{-4}$

34. Simplifique as expressões.

a) $7^3 - 49 + 5^2$

b) $\left(2 - \dfrac{3}{4}\right)^2 + \left(-\dfrac{1}{4}\right)^2$

c) $5^{-3} - \left(-\dfrac{1}{5}\right)^2$

d) $\left(\dfrac{2}{3}\right)^{-2} - \left(\dfrac{2}{5}\right)^{-3}$

e) $\left(\dfrac{1}{2} + \dfrac{1}{3}\right)^2 \cdot \left(-\dfrac{1}{6}\right)^{-1}$

f) $\left(10^{-3} - 10^{-2}\right) : \dfrac{1}{10^4}$

35. Calcule, usando as propriedades das potências.

a) $3^4 \cdot 3^2$

b) $(-9)^2 \cdot (-9)^3$

c) $\left(-\dfrac{1}{2}\right)^4 \cdot \left(-\dfrac{1}{2}\right)$

d) $15^6 : 15^4$

e) $6^{-1} : 6^5$

f) $(-10)^5 : (-10)^4$

g) $\left(10^2\right)^3$

h) $\left(7^{-1}\right)^4$

36. Calcule:

a) O produto de $(-5)^4$ e $(-5)^2$.

b) O quociente de 12^3 por 12^2.

c) O quadrado da metade de (-6).

d) A metade do quadrado de (-6).

e) O dobro do cubo de 3.

f) O cubo do quadrado de 3.

37. Resolva as expressões a seguir.

a) $2^3 \cdot 2^5 + 3^2$

b) $5^8 : 5^4 - 4^3 : 4$

c) $7^2 \cdot 7^2 + 10^4 : 10^2$

d) $\left(3^2\right)^3 + 2 \cdot 5^2 - 12$

e) $16^2 \cdot (54 - 38) + 6^9 : 6^7$

f) $\left(25^4\right)^3 : 25^{10} - 9^2 \cdot 9$

38. Determine o valor de cada letra no quadrado mágico abaixo, sabendo que elas representam números na forma de potência e que o produto das linhas, colunas ou diagonais deve ser o mesmo.

3^5	A	3^3
B	3^2	C
3^1	D	E

39. Copie os itens abaixo substituindo x pelo número adequado, de forma que as igualdades sejam verdadeiras.

a) $(-2)^x = 16$

b) $(-5)^x = -125$

c) $\left(\dfrac{2}{3}\right)^x = 1$

d) $x^{20} = 1$

e) $7^x = 49$

f) $(1{,}2)^6 \cdot (1{,}2)^{-2} = (1{,}2)^x$

40. Qual o valor desta expressão numérica?

$$(-8)^3 : (-2) + 3 \cdot (-4)^3$$

41. Determine o resultado das potências.

a) 10^3

b) 10^9

c) 10^1

d) 10^6

e) 10^8

f) 10^2

g) 10^4

h) 10^7

42. Efetue os cálculos e represente os resultados utilizando potência de base 10.

a) $35 : 1\,000$

b) $360\,000 : 12\,000\,000\,000$

c) $1\,675 : 250\,000$

d) $500\,000 : 2\,000\,000\,000$

e) $10\,730\,000 : 185\,000\,000\,000$

43. Uma loja de presentes encomendou 10 caixas de sabonetes perfumados. Cada caixa encomendada contém 10 pacotes com 10 unidades de sabonetes cada um. Quantos sabonetes a loja encomendou?

44. Escreva cada item, usando potências de base 10.
a) $3 \cdot 10 \cdot 10 \cdot 10 \cdot 10 \cdot 10$
b) $38 \cdot 10 \cdot 10 + 21 \cdot 10 \cdot 10 \cdot 10$
c) $\dfrac{5}{10 \cdot 10 \cdot 10 \cdot 10 \cdot 10 \cdot 10}$

45. Na tabela é fornecida a quantidade de alunos matriculados no Brasil de 2010 a 2013:

Quantidade de alunos matriculados no Ensino Fundamental, no Brasil	
Ano	Quantidade de alunos
2010	31 005 341
2011	30 358 640
2012	29 702 498
2013	29 069 281

Fonte de pesquisa: INEP. Censo escolar. Obtido em: <www.inep.gov.br>. Acessado em: 24 jun. 2016.

a) De acordo com a tabela, em que ano houve a maior quantidade de alunos matriculados? Aproxime esse número à centena de milhar mais próxima e escreva-o utilizando potência de base 10.
b) Aproxime à centena de milhar mais próxima a quantidade de alunos matriculados dos demais anos.
c) Utilize potência de base 10 para escrever a quantidade aproximada de alunos matriculados de cada ano.

46. Escreva o número decimal que aparece em cada uma das informações na forma de potência de base 10.

A Em 0,000001 s a luz percorre 300 m.

B O diâmetro de um pólen é, aproximadamente, 0,01 mm.

C Um milésimo de segundo pode ser expresso sob a forma 0,001 s.

D Uma das bactérias que causam a meningite é a meningococo, que tem, em média um diâmetro de 0,0008 mm

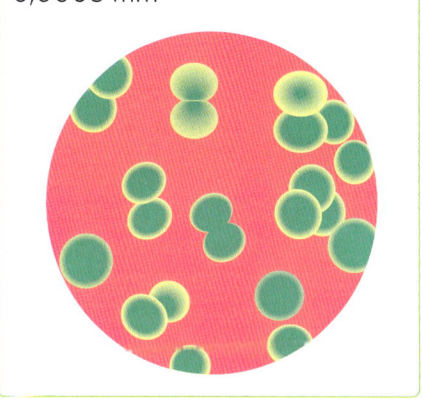

E Uma folha de papel sulfite tem, aproximadamente, 0,06 mm de espessura.

47. Veja abaixo uma imagem obtida por um satélite artificial na qual aparecem a América do Sul e parte da América Central. Ao obter essa imagem, o satélite estava a uma altitude aproximada de 9 247 000 metros.
Escreva essa altitude em notação científica.

Imagem de satélite da América do Sul e parte da América Central.

48. Em certo laboratório foi feito um experimento com colônias de bactérias. Durante o processo, constatou-se que a quantidade de bactérias de uma das colônias, em condições ideais, aumentava 10 vezes a cada dia.
a) Em quantos dias essa colônia passou de $1{,}59 \cdot 10^{17}$ para $1{,}59 \cdot 10^{22}$ bactérias?
b) Quantas bactérias haviam inicialmente nessa colônia, se após 15 dias esse número passou a ser $1{,}59 \cdot 10^{30}$?

49. A luz desloca-se no espaço a uma velocidade de 300 000 km/s. Considerando um ano de 365 dias, calcule a distância que a luz percorre em:
   a) 1 minuto
   b) 1 hora
   c) 1 dia
   d) 1 ano

50. Com exceção do Sol, a estrela mais próxima da Terra visível a olho nu é a Alpha Centauri. Ela se encontra a, aproximadamente, 41 000 000 000 000 km de distância da Terra. Essa distância corresponde a 4,35 anos-luz. Como se representa a distância, em quilômetros, entre a Terra e a Alpha Centauri usando notação científica?

51. Uma piscina quadrada tem 64 m² de área. Qual é o perímetro dessa piscina?

52. Determine, por tentativa, a raiz quadrada dos números.
   a) 289
   b) 529
   c) 5 625
   d) 6 724

53. Responda às questões.
   a) Dos números a seguir, quais são quadrados perfeitos?

   | 9 | 8 | 16 | 3 | 20 |

   b) De 0 a 100 há 11 quadrados perfeitos. Quais são?
   c) Qual o menor quadrado perfeito que se escreve com três algarismos?

54. Qual é o menor número que adicionamos a 410 para obter um quadrado perfeito?

55. Quais números naturais maiores que zero e menores ou iguais a 1 000 possuem raiz cúbica exata?

56. Calcule as raízes. Para isso, decomponha cada um dos radicandos em fatores primos.
   a) $\sqrt{144}$
   b) $\sqrt{7\,056}$
   c) $\sqrt{4\,900}$
   d) $\sqrt[3]{9\,261}$
   e) $\sqrt[3]{13\,824}$
   f) $\sqrt[3]{42\,875}$
   g) $\sqrt[3]{35\,937}$
   h) $\sqrt[3]{91\,125}$

57. Determine a medida do lado de cada um dos quadrados.
   a) área: 2 209 cm²
   b) área: 3 844 cm²
   c) área: 3 025 cm²
   d) área: 1 600 cm²

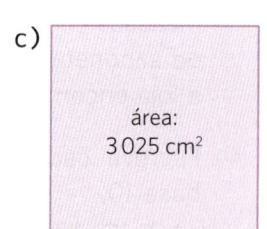

58. Resolva as expressões numéricas.
   a) $5 + \sqrt{4} - 2\sqrt[3]{8}$
   b) $2^2 + \sqrt[3]{27} + \sqrt[3]{64} - 5^3$
   c) $\left(\sqrt{49} \cdot \sqrt[3]{729}\right) - 2^3 + \sqrt{25}$
   d) $\left(\sqrt{100} : 2\right) + \sqrt[3]{512}$
   e) $\dfrac{\left(\sqrt{9} + \sqrt[3]{216}\right)}{\sqrt[3]{343}} + 3^3 - \sqrt[3]{1\,728}$

59. Calcule, por tentativa, a raiz quadrada aproximada:
   a) até a casa dos décimos;
   • $\sqrt{27}$
   • $\sqrt{31}$
   b) até a casa dos centésimos.
   • $\sqrt{50}$
   • $\sqrt{210}$

60. Escreva estes números em ordem crescente.

   | $\sqrt{15}$ | 4 | $\sqrt{20}$ | $\sqrt{9}$ |
   | 5 | $\sqrt{10}$ | 2 | |

61. Escreva quatro números racionais com duas casas decimais que estejam entre $\sqrt{6}$ e $\sqrt{7}$.

62. Quais são os números naturais:
   a) Menores que $\sqrt{3}$?
   b) Menores que $\sqrt{30}$?

Capítulo 5 — Medidas de volume e de capacidade

63. Determine o volume de cada uma das pilhas, sabendo que elas foram construídas com cubinhos de 1 cm³.

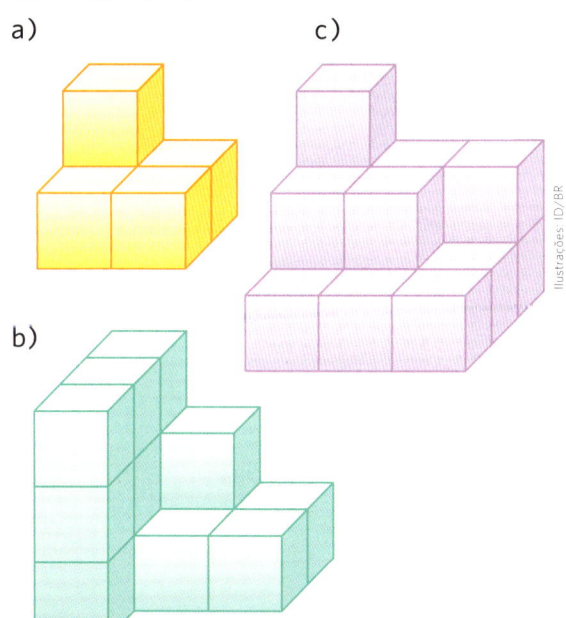

a)

b)

c)

Agora, calcule a quantidade mínima de cubinhos que devem ser acrescentados em cada pilha para que elas fiquem com formato de cubos.

64. Calcule o volume de cada pilha, sabendo que um cubinho tem 1 m³.

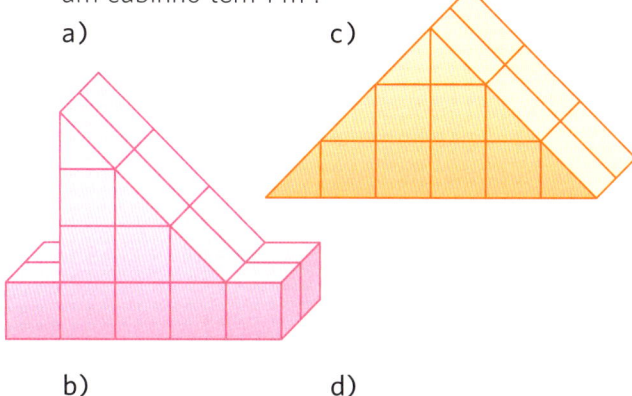

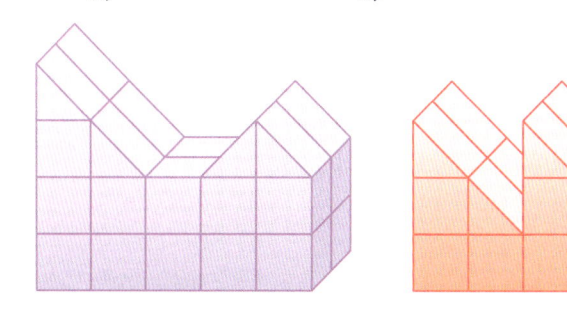

a)

b)

c)

d)

65. Calcule, em centímetros cúbicos, o volume dos paralelepípedos representados a seguir.

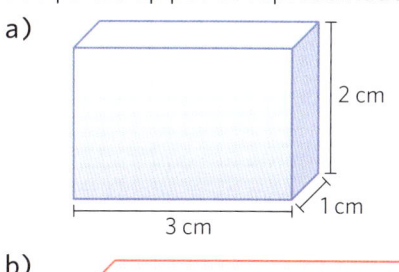

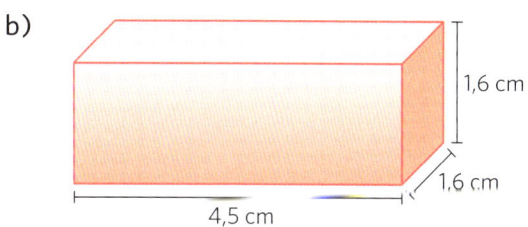

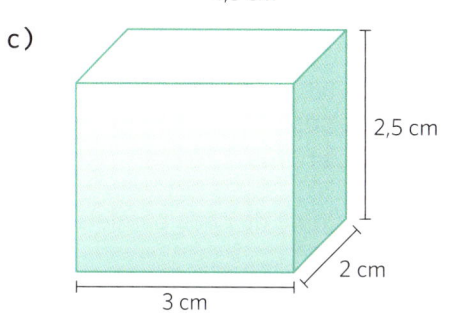

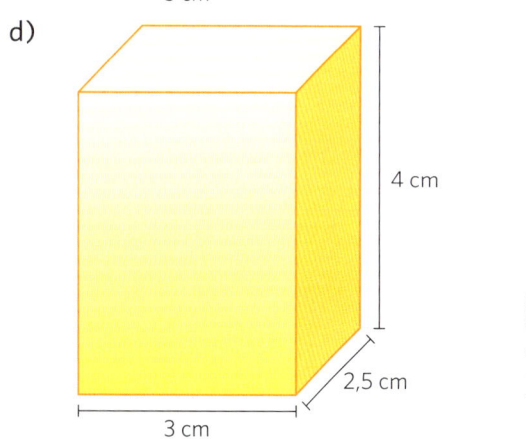

a) 3 cm; 2 cm; 1 cm

b) 4,5 cm; 1,6 cm; 1,6 cm

c) 3 cm; 2,5 cm; 2 cm

d) 3 cm; 4 cm; 2,5 cm

66. Qual é o volume de um cubo que tem 25 cm de aresta?

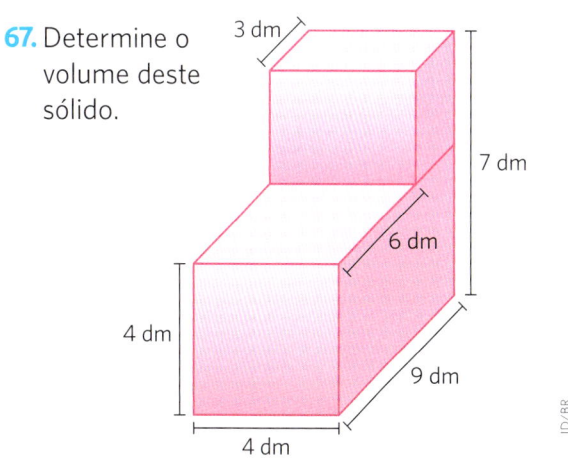

67. Determine o volume deste sólido.

3 dm; 7 dm; 6 dm; 4 dm; 9 dm; 4 dm

121

68. (UERJ) Calcule o número máximo de cubos de madeira com 2 cm de aresta que podemos colocar dentro de uma caixa de papelão com formato de um paralelepípedo retângulo, de dimensões 6 cm × 12 cm × 21 cm.

69. Alexandre comprou um aquário em forma de paralelepípedo com as medidas indicadas na imagem.

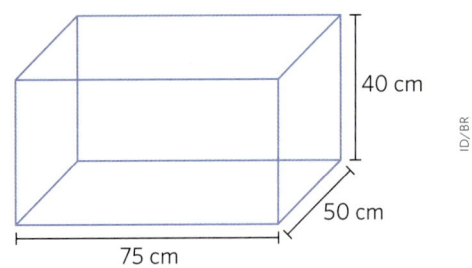

Calcule o volume máximo de água, em centímetros cúbicos, que cabe no aquário que Alexandre comprou.

70. Calcule o volume de cada paralelepípedo.
a)
b)
c)

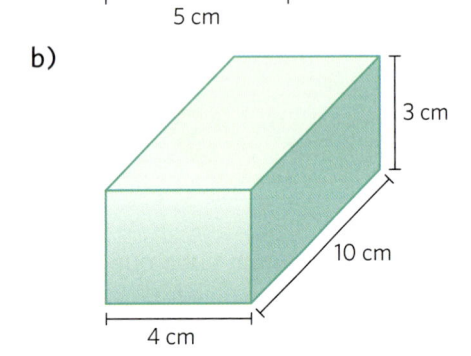

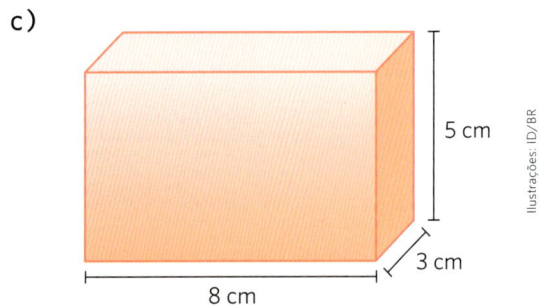

O que você pôde observar em relação aos volumes encontrados?

71. Uma piscina em forma de paralelepípedo retangular mede 1,8 m de profundidade, 20 m de comprimento e 8 m de largura. Os organizadores de uma competição vão enchê-la com água até 15 cm antes da borda.

Calcule o volume de água necessário, em metros cúbicos, para encher essa piscina.

72. Observe os recipientes.
a)
b)

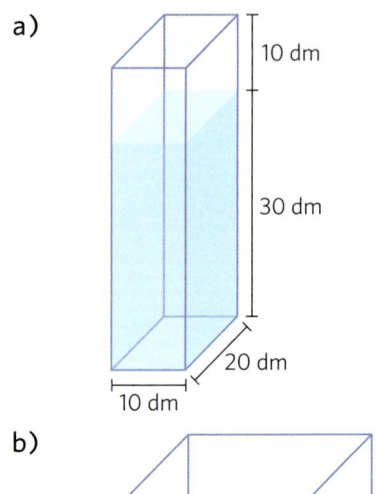

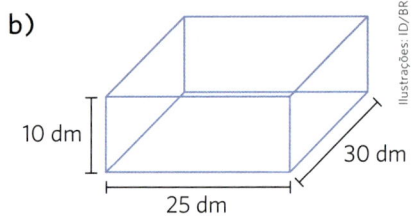

- Todo o líquido contido no recipiente **a** será suficiente para encher o recipiente **b**?
- Vai sobrar ou faltar líquido? Quantos decímetros cúbicos?

73. Uma caixa-d'água tem capacidade para 2 000 L de água. Quantos recipientes cheios de água como o representado abaixo são necessários para encher completamente a caixa-d'água?

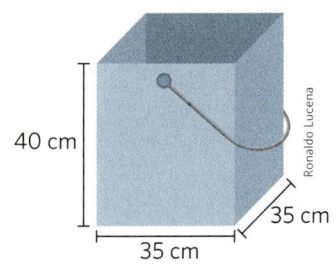

74. Converta em decímetros cúbicos as medidas em centímetros cúbicos.
a) 3 000 cm³
b) 12 000 cm³
c) 5 200 cm³
d) 1 400 cm³
e) 800 cm³
f) 2 480 cm³

75. Transforme as medidas de cada quadro na unidade indicada.

Em dm³
a) 4 000 cm³
b) 3 720 cm³
c) 16,42 m³
d) 0,29 m³

Em m³
e) 309 dm³
f) 1 090 dm³
g) 9 000 cm³
h) 15 000 cm³

76. Relacione cada recipiente com a quantidade de líquido que ele pode conter, escrevendo a letra e o símbolo romano correspondentes.

a) Xícara de café.
b) Colher de sopa.
c) Tanque de combustível de carro.
d) Garrafa.
e) Copo grande.

I) 70 mL
II) 45 L
III) 250 mL
IV) 10 mL
V) 600 mL

77. Ao sair para uma viagem, Eliseu observou as marcações do tanque de combustível e da quilometragem de seu carro, representadas a seguir.

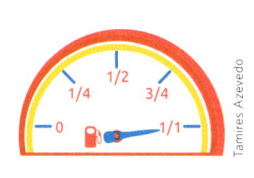

No percurso, ele colocou 32,5 L de gasolina para completar o tanque e, ao chegar em casa, completou-o novamente com 43,2 L.
Sabendo que o carro dele percorre, em média, 8,5 km com 1 L de gasolina, responda às questões.
a) Quantos litros de gasolina o carro consumiu?
b) Quantos quilômetros, aproximadamente, o carro de Eliseu percorreu?
c) Quanto o marcador de quilometragem estava indicando ao chegar em casa?

78. Um vendedor de sucos despejou 10 L de suco em garrafas de 500 mL cada.
a) Quantas dessas garrafas foram necessárias para colocar todo o suco?
b) E se ele fosse despejar o suco em garrafas de 200 mL cada, quantas seriam necessárias?

79. Um frasco contém 500 mL de suco de maracujá concentrado, que deve ser diluído em água.
A receita recomenda misturar 400 mL de água para 100 mL de suco concentrado.
a) Quantos litros de suco podemos fazer com 200 mL de concentrado?
b) Quantos litros de suco podem ser feitos com um frasco desse concentrado?

80. Observe as medidas internas do recipiente.

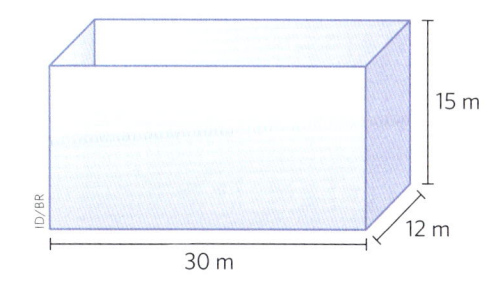

a) Calcule sua capacidade em metros cúbicos.
b) Converta a capacidade que você obteve no item **a** em decímetros cúbicos e em litros.

81. De acordo com as medidas dos itens a seguir, em qual recipiente é possível colocar 24 litros de água, de forma que ele fique completamente cheio?

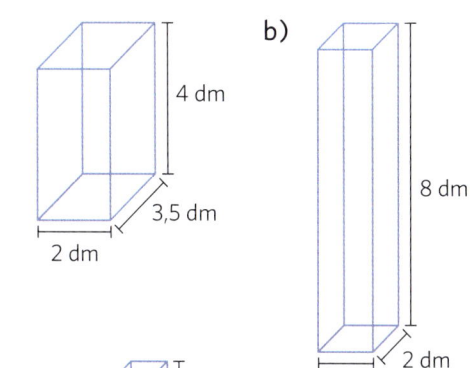

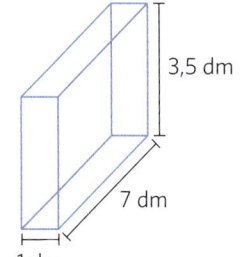

a) 4 dm, 3,5 dm, 2 dm
b) 8 dm, 2 dm, 1,5 dm
c) 3,5 dm, 7 dm, 1 dm

82. Determine quantos litros de água cabem em um recipiente com capacidade para:
a) 5 dm³
b) 16 dm³
c) 7,9 dm³
d) 2 m³
e) 3,5 m³
f) 4,2 m³

UNIDADE

3

Equações, inequações e proporção

Ponte Golden Gate, em São Francisco, nos Estados Unidos.

Agora vamos estudar...
- que podemos utilizar letras para representar números;
- como trabalhar com expressões, igualdades e desigualdades nas quais aparecem essas letras;
- situações que incluem as ideias de razão e como resolver problemas envolvendo essas ideias;
- o uso das ideias de razão na comparação ou na relação entre duas grandezas.

weather today channel

Sunday — San Francisco - CA

41 °F

Monday	Tuesday	Wednesday	Thursday	Friday	Saturday
max. 45 °F	max. 40 °F	max. 37 °F	max. 39 °F	max. 38 °F	max. 40 °F
min. 27 °F	min. 25 °F	min. 21 °F	min. 22 °F	min. 21 °F	min. 23 °F

O clima em São Francisco, nos Estados Unidos, é bastante influenciado pelas correntes frias do oceano Pacífico. Apesar disso, a cidade apresenta temperaturas bem amenas durante o ano todo, um dos fatores que atraem grande quantidade de turistas de várias partes do mundo.

Fotomontagem de José Vitor E. C. criada com a fotografia Matej Hudovernik/Shutterstock.com/ID/BR

Iniciando rota

1. No esquema acima observamos a temperatura ambiente de 41 °F e a previsão das temperaturas máxima e mínima para os dias seguintes. Apesar de a maioria dos países adotar a escala Celsius, em alguns é utilizada a escala Fahrenheit, como nos Estados Unidos.

   a) Observando os termômetros ao lado, que foram subdivididos, a temperatura 41 °F equivale a quantos graus Celsius?

   b) Analisando as escalas dos termômetros e a previsão do tempo para a cidade americana, você levaria, preferencialmente, roupas de calor ou de frio caso fosse viajar para lá na mesma semana em que a fotografia foi registrada?

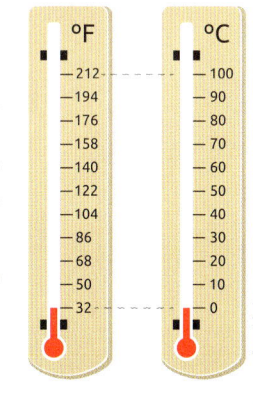

Ronaldo Lucena

CAPÍTULO 6

Expressões algébricas, equações e inequações

Neste capítulo, iremos estudar as expressões, equações e inequações algébricas, que são amplamente utilizadas para calcular quantidades variáveis.

Expressões algébricas

Academia Vida Saudável
Rua Antônio de Pádua, 4 698
Fone: (97) 33351-6598

Qualidade de vida perto de você.
Equipamentos novos e instrutores qualificados.
Horários flexíveis.

Preços

Atividade	Mensalidade
Somente musculação	R$ 75,00
Todas as atividades	R$ 95,00

No bairro onde Edgar mora foi aberta uma academia. Veja, ao lado, o folheto da academia com o preço das mensalidades.

De acordo com o folheto, observe como podemos calcular o valor de dois ou quatro meses de aula de musculação nessa academia.

- Dois meses
$2 \cdot 75 = 150$

- Quatro meses
$4 \cdot 75 = 300$

Portanto, o valor que será pago por dois meses de academia é R$ 150,00 e por quatro meses será R$ 300,00.

Obtemos esses valores multiplicando o valor da mensalidade pela quantidade de meses.

Indicando por x a quantidade de meses, escrevemos a **expressão algébrica** a seguir para obtermos o valor total a pagar pelas aulas de musculação.

$$x \cdot 75 \quad \text{ou} \quad 75 \cdot x$$

valor em reais da mensalidade   quantidade de meses

Utilizando essa expressão podemos, por exemplo, calcular quantos reais uma pessoa pagará por dez meses de aulas de musculação nessa academia. Para isso, basta substituir x por 10 e efetuar o cálculo.

$$75 \cdot x = 75 \cdot 10 = 750$$

Assim, a pessoa pagará R$ 750,00 pelos dez meses de aulas de musculação.

1 Quantos reais uma pessoa pagará por seis meses de aulas de musculação nessa academia?

> As expressões matemáticas em que aparecem letras e números são chamadas **expressões algébricas**. Nelas as letras recebem o nome de **variáveis**.
> Quando substituímos as variáveis de uma expressão algébrica por números e realizamos os cálculos, estamos determinando um **valor numérico** da expressão.

Veja outros exemplos de expressões algébricas.

| $8a$ | $15 - 21k$ | $-4m + 7$ | $7x - \dfrac{2}{9}$ | $32 - \dfrac{14}{5}w$ | $b^2 - 3a + 1$ |

Agora, veja como podemos calcular o valor numérico da expressão $b^2 - 3a + 1$ quando $a = 4$ e $b = 2$:

$$b^2 - 3a + 1 = 2^2 - 3 \cdot 4 + 1 = 4 - 12 + 1 = -7$$

2 Escreva uma expressão algébrica para representar o valor a pagar por w meses de aula envolvendo todas as atividades na academia apresentada na página anterior. Quanto uma pessoa pagaria para praticar todas as atividades no período de um ano?

Simplificação de expressões algébricas

Observe como Yasmim fez para simplificar a expressão $3n + 1 + 2n + 3$ utilizando **propriedades aritméticas**.

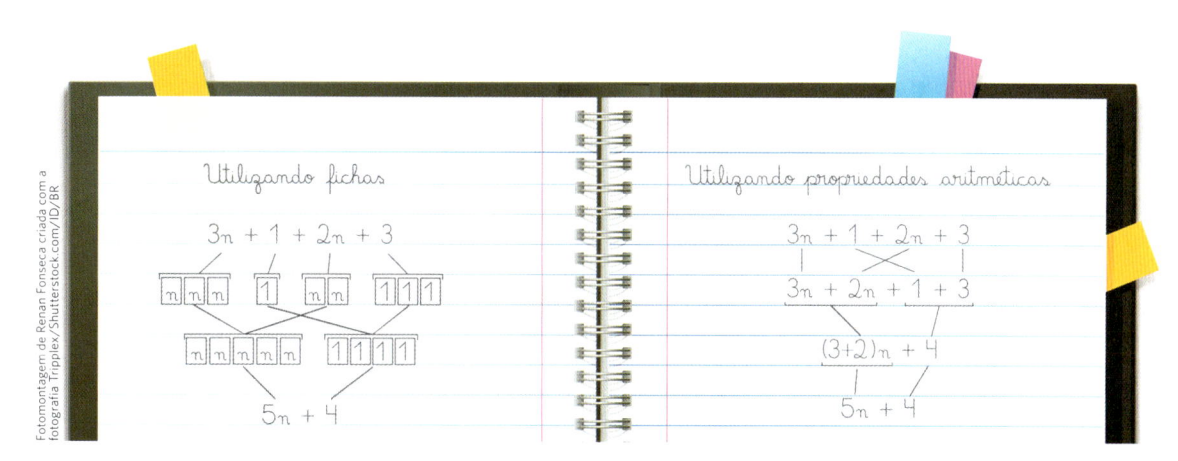

Utilizando fichas

$3n + 1 + 2n + 3$

$5n + 4$

Utilizando propriedades aritméticas

$3n + 1 + 2n + 3$

$3n + 2n + 1 + 3$

$(3+2)n + 4$

$5n + 4$

Observe outros exemplos de simplificação de expressões algébricas utilizando a propriedade distributiva da multiplicação em relação à adição e à subtração.

- $4x - 5x + 3x = (4 - 5 + 3)x = 2x$

- $3x + 5y - 2x + 3y = (3 - 2)x + (5 + 3)y = x + 8y$

- $8x - 3 + 5x = (8 + 5)x - 3 = 13x - 3$

- $8x^2y + 3 - 2x^2y = (8 - 2)x^2y + 3 = 6x^2y + 3$

3 Agora, simplifique a expressão $8a + 10 - 12a + 3$.

Atividades

1. Um vigia presta serviço a uma empresa e recebe R$ 20,00 a cada hora trabalhada.
   a) Quantos reais esse vigia receberá por oito horas de trabalho?
   b) Escreva uma expressão algébrica para representar o valor a ser pago para o vigia após *h* horas de trabalho.

2. Escreva uma expressão algébrica para os itens a seguir.
   a) O dobro de um número *x* adicionado a 3.
   b) O quadrado de um número *y* adicionado a −1.
   c) A diferença entre o quádruplo de um número *z* e sua metade.
   d) A terça parte de um número *w* adicionado ao número *k*.

3. Determine o valor numérico das expressões algébricas de acordo com os valores indicados.
   a) $x + 2y$ para $x = -2$ e $y = 3$
   b) $a^2 - b + 1$ para $a = -3$ e $b = 5$
   c) $\frac{m}{2} + 4n + 5$ para $m = 10$ e $n = -6$
   d) $p + 3q - r$ para $p = \frac{1}{2}$, $q = -\frac{5}{6}$ e $r = \frac{3}{2}$

4. Observe o modo como Daniele descreveu a expressão algébrica $3x - 4 + 1$.

> Triplo de um número *x* menos quatro, mais um.

De maneira semelhante, descreva as seguintes expressões algébricas no caderno.
   a) $2a + 5$
   b) $3b + 8 - 2$
   c) $c^2 + 4$
   d) $\frac{d}{2} - 9$

5. Descubra o padrão de cada sequência e escreva os dois próximos números de cada uma.
   a) $x - 1, x - 2, x - 3, x - 4, \ldots$
   b) $y + 2, 2y + 4, 3y + 6, 4y + 8, \ldots$
   c) $1 - w + 5, 4 - w + 4, 7 - w + 3, 10 - w + 2, \ldots$

Substitua as variáveis pelo número 1 e escreva com algarismos os seis primeiros números de cada sequência.

6. Jussara vende tapiocas. Para calcular o custo por unidade, ela leva em consideração a massa e o recheio. A massa da tapioca tem o valor fixo de R$ 1,40 e o valor do recheio varia de acordo com o sabor escolhido.

A tapioca é um alimento de origem indígena à base de mandioca que pode receber recheio doce ou salgado.

   a) Escreva uma expressão algébrica para representar o custo de uma tapioca, de acordo com o valor do recheio (*r*).
   b) Quantos reais custa uma tapioca cujo valor do recheio é:
   • R$ 1,10?   • R$ 1,50?

7. Em uma banca de feira livre, a dúzia de um biscoito custa R$ 3,00.
   a) Qual é o valor em reais de um biscoito nessa banca?
   b) Escreva uma expressão algébrica para representar o valor a ser pago por *n* biscoitos.

8. A imagem a seguir foi construída a partir de uma sequência de polígonos regulares.

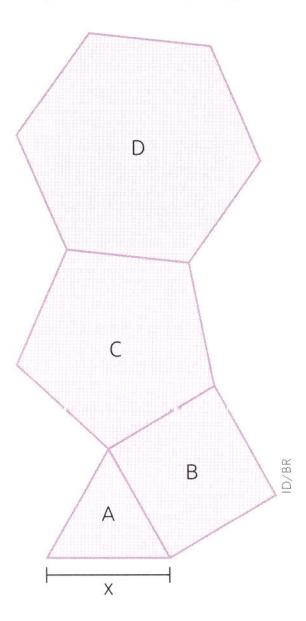

a) Determine quantos lados teria o próximo polígono dessa sequência.

b) Escreva uma expressão para indicar o perímetro de cada um dos quatro polígonos que compõem a sequência.

c) Se nessa sequência houvesse um polígono regular de *n* lados, qual seria a expressão algébrica que indicaria seu perímetro?

9. Adílio é corretor de imóveis e recebe um salário dividido em duas partes: uma parte fixa mensal de R$ 2 300,00 e mais uma comissão correspondente a 1% do valor dos imóveis que vender no mês.

a) Escreva uma expressão algébrica que permita calcular o salário mensal de Adílio considerando o valor de *w* reais com a venda de imóveis no mês.

b) De acordo com a expressão que você escreveu, determine o valor do salário de Adílio no mês em que ele arrecadar com as vendas:
- R$ 100 000,00
- R$ 500 000,00

10. Observe a sequência formada por pontos.

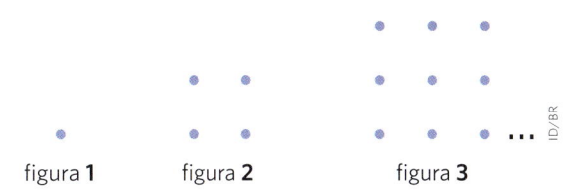

figura **1**   figura **2**   figura **3**

a) Desenhe no caderno a figura **4** dessa sequência.

b) Quantos pontos há em cada uma das quatro primeiras figuras dessa sequência?

c) Escreva uma expressão algébrica que pode ser utilizada para determinar a quantidade de pontos de uma figura *p* qualquer dessa sequência.

d) Utilize a expressão que você escreveu no item anterior para determinar a quantidade de pontos da:
- figura **7**
- figura **10**

11. Escreva no caderno o enunciado de um problema cuja resposta seja dada pela expressão algébrica $2x + 1$. Depois, troque de caderno com um colega e cada um deve verificar se os procedimentos realizados estão corretos.

12. Em determinada cidade, o valor cobrado pelos taxistas é R$ 6,50 fixos, chamado bandeirada, mais R$ 2,80 por quilômetro rodado e mais R$ 0,50 a cada minuto que o táxi estiver parado após o início da corrida.

a) Escreva uma expressão algébrica que permite calcular o valor a ser pago por uma corrida defindo as variáveis correspondentes aos quilômetros rodados e aos minutos que o táxi estiver parado.

b) A partir da expressão algébrica do item anterior, determine o valor a ser pago por uma corrida de 7 km na qual o táxi ficou parado por 3 min.

13. Geralmente, a unidade de medida de energia elétrica utilizada nas faturas é o kWh (lê-se quilowatt-hora). Para determinar o consumo de um aparelho elétrico em kWh, basta multiplicar a potência do aparelho, em W (lê-se watt), pela quantidade de horas utilizadas e dividir por mil. Escreva uma expressão algébrica que representa o consumo em kWh de um chuveiro cuja potência é 3 500 W que fica ligado durante t horas.

14. Beatriz pretende trocar o piso de sua casa e, ao realizar uma pesquisa, verificou que iria gastar, por metro quadrado, R$ 14,00 de argamassa, R$ 45,00 de piso e R$ 42,00 de mão de obra.

  a) Quantos reais Beatriz gastará caso troque:
  - 30 m² de piso?
  - 40,5 m² de piso?

  b) Escreva uma expressão algébrica que possibilite calcular o valor total em reais após Beatriz trocar x metros quadrados de piso de sua casa.

15. Simplifique as expressões algébricas.

  a) $a + 1 + 2a$
  b) $3b^3 - b^3 + 2b^3$
  c) $4(c - 1) - c$
  d) $\dfrac{2d + 4}{2}$

16. Nas fichas estão representados o sucessor de um número, o próprio número e o antecessor desse mesmo número.

$\boxed{k+1}\quad \boxed{k}\quad \boxed{k-1}$

  a) Adicione esses números e simplifique a expressão.

  b) De acordo com o resultado obtido no item anterior, o que você pode afirmar ao adicionar três números consecutivos?

17. Relacione as expressões algébricas equivalentes. Para isso, escreva a letra e o símbolo romano correspondentes.

  a) $2a^2b - 3a^2b$
  b) $4ab^2 - 3ab^2$
  c) $-2a^2b + 4a^2b$
  d) $3ab^2 + 2ab^2$

  I) $ab^2(4 - 3)$
  II) $ab^2(3 + 2)$
  III) $a^2b(2 - 3)$
  IV) $a^2b(4 - 2)$

18. Junte-se a um colega e observem algumas características da sequência construída com palitos do quadro abaixo. Depois, resolvam as questões.

Quantidade de quadrados (q)	Figura	Quantidade de palitos (p)
1	□	4
2	□□	7
3	□□□	10
4	□□□□	13
...	...	...

  a) Quantos palitos e quadrados tem a próxima figura da sequência?

  b) Escrevam uma expressão algébrica que permita calcular a quantidade de:
  - palitos de acordo com a quantidade de quadrados.
  - quadrados de acordo com a quantidade de palitos.

  c) Utilizando as expressões acima, determinem a quantidade de:
  - palitos da figura com 50 quadrados.
  - quadrados da figura com 76 palitos.

Fórmulas

Qual é o comprimento do seu pé? Qual é o número do seu calçado? Você sabe qual é a relação entre esses valores?

> [...] Por muito tempo, o calçado foi usado unicamente como proteção. Também já foi peça do vestuário com a função de mostrar a importância social das pessoas. Nestes tempos cada cliente era atendido de forma muito particular, com calçados sob medida.
>
> Com a evolução das relações comerciais [...], sentiu-se a necessidade de estabelecer padrões nas medidas das fôrmas e por consequência dos calçados.
> [...]
>
> Serviço Brasileiro de Respostas Técnicas. Disponível em: <www.sbrt.ibict.br/dossie-tecnico/downloadsDT/MTYy>. Acesso em: 3 fev. 2016.

Apenas no final do século XIX e início do século XX foram criados o Sistema Ponto Francês e o Sistema Ponto Inglês, padronizando a numeração dos calçados.

O padrão de numeração de calçado utilizado atualmente no Brasil é parecido com o francês, porém, dois pontos a menos. Nesse padrão, o ponto equivale a $\frac{2}{3}$ do centímetro, ou seja, aproximadamente 0,66 cm. Com a padronização da unidade de medida de calçado é possível estabelecer uma relação entre o número do calçado e o comprimento do pé, em centímetros. Veja a **fórmula** a seguir.

$$N = \frac{5p + 28}{4}$$

N: número do calçado
p: medida do pé, em centímetros

Utilizando essa fórmula, vamos determinar o número do calçado de um indivíduo cujo comprimento do pé é 25 cm, por exemplo. Para isso, basta substituirmos a letra *p* na fórmula pelo valor correspondente, nesse caso, 25.

$$N = \frac{5p + 28}{4} \Rightarrow N = \frac{5 \cdot 25 + 28}{4} = \frac{153}{4} = 38,25$$

Arredondando o resultado para o inteiro mais próximo, temos que alguém com um pé de comprimento 25 cm calça um sapato de número 38.

> As **fórmulas** são sentenças matemáticas que apresentam, resumidamente, os cálculos que devem ser realizados para se obter um resultado. Nas fórmulas, as letras utilizadas para representar números desconhecidos são chamadas **variáveis**.

1 Utilize uma régua e meça o comprimento do seu pé. Depois, substitua essa medida na fórmula apresentada e verifique se o valor obtido corresponde ao número do seu calçado.

Atualmente, o uso dos calçados extrapola a finalidade inicial de proteger os pés, pois também é utilizado como ornamento e acessório de moda.

Atividades

19. Considerando a fórmula $P = 2y + \dfrac{5}{3}$, calcule o valor de P para:

a) $y = 1$
b) $y = \dfrac{1}{6}$
c) $y = 0$
d) $y = \dfrac{3}{2}$

20. Observe abaixo a fórmula para o cálculo do perímetro de um triângulo equilátero cujos lados têm a medida x.

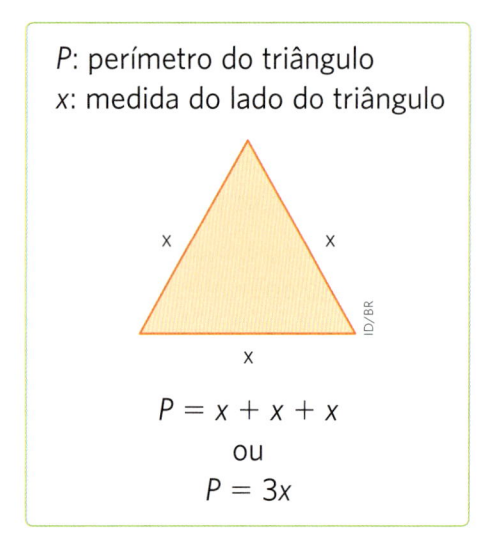

> P: perímetro do triângulo
> x: medida do lado do triângulo
>
> $P = x + x + x$
> ou
> $P = 3x$

Construa um quadrado no caderno e obtenha a fórmula para o cálculo de seu perímetro P de acordo com a medida y de seu lado.

21. Utilizando uma planilha eletrônica, construa um quadro, de modo que ao digitar o comprimento do pé (p) na célula **A3**, em centímetros, o programa forneça o número do calçado (N) correspondente na célula **B3** de acordo com a fórmula:

$$N = \dfrac{5p + 28}{4}$$

Siga o exemplo abaixo.

	A	B	C
1	Número do calçado de acordo com o comprimento do pé (cm)		
2	p	N	
3			
4			

22. Uma loja compra cosméticos de diversos preços. Para revender esses produtos, ela acrescenta ao preço de compra $\dfrac{1}{4}$ do seu valor, ou seja, 25%.

a) Qual o preço de venda de um cosmético que ela comprou por R$ 20,00?

b) Escreva uma fórmula que calcule o preço de venda a partir do preço de custo.

> **DICA!**
> Use **C** para o preço de custo e **V** para o preço de venda.

c) Usando a fórmula que você escreveu e considerando o preço de custo, calcule o preço de venda de cada cosmético.

R$ 12,00   R$ 28,00   R$ 56,00

23. Veja no quadro informações sobre alguns prismas.

Nome	Número de lados da base	Número de faces laterais	Total de faces
Prisma de base quadrada	4	4	6
Prisma de base pentagonal	5	5	7
Prisma de base hexagonal	6	6	8
Prisma de base octogonal	8	8	10

Escreva no caderno uma fórmula para calcular o total de faces (F) de um prisma em que a base tem n lados.

24. Observe a sequência sugerida pelas figuras.

figura 1

figura 2

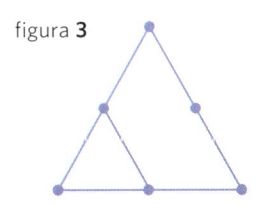

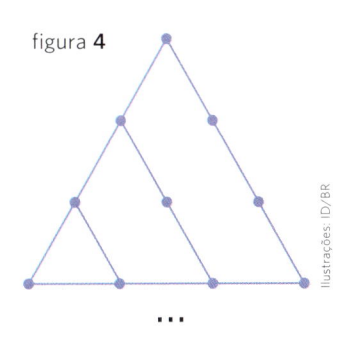

figura 3

figura 4

...

Os números correspondentes à quantidade de pontos das figuras dessa sequência são chamados **números triangulares**. Essa sequência prossegue mantendo o mesmo padrão.

a) Determine a quantidade de pontos das quatro primeiras figuras dessa sequência.

b) Copie no caderno a fórmula que fornece corretamente a quantidade de pontos T_n de uma figura de acordo com a posição n em que ela aparece na sequência.

- $T_n = 3n - 2$
- $T_n = \dfrac{n(n+1)}{2}$
- $T_n = 2n - 1$
- $T_n = \dfrac{3n^2 - 1}{2}$

c) Determine a quantidade de pontos correspondentes às figuras das posições **5** e **6** da sequência.

25. Herão foi um importante estudioso egípcio. Há controvérsias sobre a época em que ele viveu, mas as estimativas variam de 150 a.C. a 250 d.C.

Gravura de Herão.

Dentre os trabalhos geométricos de Herão, o mais importante foi *A métrica*, dividido em três livros. No Livro I está o método de Herão para aproximar a raiz quadrada de um número que não é quadrado perfeito. O método consiste neste procedimento:

> Seja n um número que não é quadrado perfeito; se $n = a \cdot b$, com a e b inteiros, temos que $\sqrt{n} \simeq \dfrac{a+b}{2}$.

Esse método ainda permite melhorar a aproximação sucessivamente. Veja:

Se $p_1 = \dfrac{a+b}{2}$ é a primeira aproximação para $\sqrt{n}$, então a segunda é

$p_2 = \dfrac{p_1 + \dfrac{n}{p_1}}{2}$, que é uma aproximação melhor.

Observe nos exemplos a seguir algumas aproximações para $\sqrt{30}$. Considerando a decomposição $30 = 6 \cdot 5$, temos:

- $p_1 = \dfrac{6+5}{2} = 5{,}5$
- $p_2 = \dfrac{5{,}5 + \dfrac{30}{5{,}5}}{2} \simeq 5{,}477$

Assim, $\sqrt{30} \simeq 5{,}477$.

Agora, de maneira semelhante, calcule a primeira e a segunda aproximações para as raízes a seguir, arredondando os resultados para até três casas decimais.

a) $\sqrt{60}$ b) $\sqrt{20}$ c) $\sqrt{45}$ d) $\sqrt{18}$

Igualdades

As balanças são instrumentos utilizados para medir a massa de pessoas, objetos, mercadorias, entre outros. Entre os vários tipos de balança podemos citar a balança de dois pratos. Você sabe como ela funciona?

Observe a balança representada abaixo. Nesse tipo de balança, o objeto cuja massa será medida é colocado em um dos pratos e as peças-padrão com suas massas já estabelecidas são colocadas no outro prato, até a balança ficar em equilíbrio. Quando isso ocorre dizemos que a massa do objeto é igual à soma das massas das peças-padrão. Observe na imagem uma balança de dois pratos em equilíbrio.

De acordo com a balança, podemos escrever a seguinte sentença:

$$\underbrace{5 + 1 + 1}_{7 \text{ kg}} = \underbrace{3 + 2 + 2}_{7 \text{ kg}}$$

Como nessa sentença temos um sinal de igual (=), dizemos que ela corresponde a uma **igualdade**. Em uma igualdade, a expressão que está à esquerda do sinal de igual é chamada **1º membro** e a expressão do lado direito, **2º membro**.

$$\underbrace{5 + 1 + 1}_{1^{\circ} \text{ membro}} = \underbrace{3 + 2 + 2}_{2^{\circ} \text{ membro}}$$

Para as igualdades, valem as propriedades a seguir.

- **Propriedade reflexiva**
  $x = x$, para qualquer número x.
  Exemplo: $1,3 = 1,3$.
- **Propriedade simétrica**
  Para números x e y, se $x = y$, então $y = x$.
  Exemplo: $5 + 3 = 8$, então $8 = 5 + 3$.

- **Propriedade transitiva**
  Para números x, y e z, se temos as igualdades $x = y$ e $y = z$, então $x = z$.
  Exemplo: $2 + 7 = 9$ e $9 = 3^2$, então $2 + 7 = 3^2$.

As **igualdades** são sentenças matemáticas que apresentam o sinal de igual (=). Em uma igualdade a expressão à esquerda do sinal de igual é chamada **1º membro** e a expressão à direita, **2º membro**. Para que a igualdade seja **verdadeira**, o valor da expressão do 1º membro deve ser igual ao da expressão do 2º membro. Caso isso não ocorra, dizemos que a sentença é **falsa**.

1 Se $p = 8$ e $p = q$, então $q = 8$? Justifique.

Equações

No tópico anterior estudamos as igualdades. As igualdades que apresentam ao menos uma letra são chamadas **equações**. Para estudar as equações, vamos considerar a seguinte balança de dois pratos em equilíbrio e duas caixas de massas iguais.

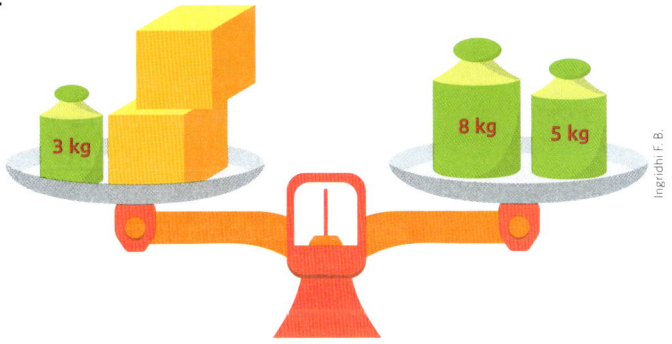

Sabendo que as caixas têm massas iguais, podemos escrever uma equação que permita calcular a massa de cada uma. Para isso, vamos chamar de x a massa da caixa.

$$x + x + 3 = 8 + 5$$
$$2x + 3 = 13$$

1 Como você faria para determinar a massa de cada caixa?

Também podemos resolver essa equação por meio do seguinte esquema.

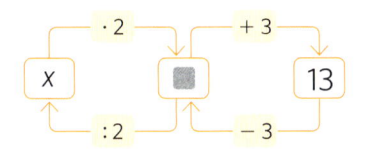

Para determinar o valor de x, devemos efetuar a operação inversa da adição (subtração) e a operação inversa da multiplicação (divisão), ou seja, efetuando $13 - 3$ obtemos 10, que é o valor do ■, e efetuando $10 : 2$ obtemos 5, que é o valor de x.

Assim, $x = 5$, pois $2 \cdot 5 + 3 = 13$.

Portanto, a massa de cada caixa é igual a 5 kg.

> Denomina-se **equação** a sentença matemática expressa por uma igualdade com uma ou mais letras, chamadas **incógnitas**, que representam números desconhecidos. Resolver uma equação é determinar os valores numéricos possíveis para a igualdade ser verdadeira, ou seja, determinar a **solução** ou a **raiz** da equação. Em uma equação, podemos destacar os seguintes elementos.

$$\underbrace{2\overset{\text{incógnita}}{x} + 3}_{1^\circ \text{ membro}} = \underbrace{13}_{2^\circ \text{ membro}}$$

Veja alguns exemplos de equações:

- $8x - 6 = -3x + 1$
- $10 - \dfrac{3x}{5} = 1$
- $x - 3 = \dfrac{2x}{3} + 1$

Para resolver uma equação utilizando operações inversas, aplicamos os **princípios aditivo e multiplicativo**. Vamos conhecer um pouco mais a respeito destes princípios.

Considere uma balança de dois pratos em equilíbrio, ou seja, as massas nos dois pratos são equivalentes. Assim, tirando ou acrescentando objetos de massas iguais em ambos os pratos, a balança continuará em equilíbrio. Observe.

1º Considerando m a massa de cada caixa, vamos escrever uma equação associada à balança.

$$4m + 6 = 2m + 10$$

2º Retiramos 6 kg de cada prato $(3 + 2 + 1 = 6$ e $5 + 1 = 6)$ e subtraímos 6 unidades de cada membro da equação.

$$4m + 6 - 6 = 2m + 10 - 6$$
$$4m = 2m + 4$$

3º Retiramos duas caixas de cada prato da balança e subtraímos $2m$ de cada membro da equação.

$$4m - 2m = 2m + 4 - 2m$$
$$2m = 4$$

4º Podemos observar que na balança ficaram de um lado duas caixas e do outro, 4 kg. Assim, para obtermos a massa de uma caixa, devemos dividir 4 kg por 2 e então dividimos os dois membros da equação por 2.

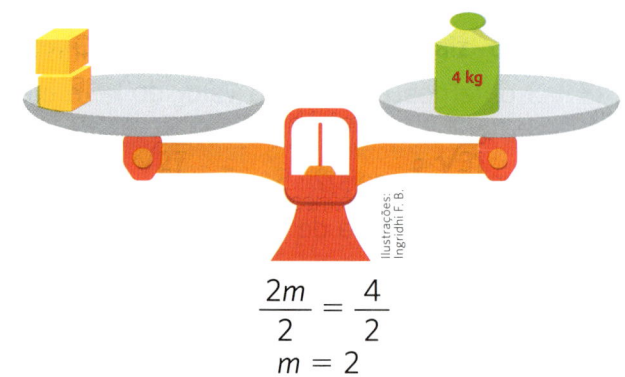

$$\frac{2m}{2} = \frac{4}{2}$$
$$m = 2$$

Assim, temos que a massa de cada caixa é igual a 2 kg.

> Ao adicionarmos ou subtrairmos um número de ambos os membros de uma equação, a igualdade se mantém. Esse é o **princípio aditivo da igualdade**. De maneira análoga, ao multiplicarmos ou dividirmos os dois membros de uma equação por um mesmo número, diferente de zero, essa igualdade também se mantém. Esse é o **princípio multiplicativo da igualdade**.

Atividades

26. Quais sentenças são verdadeiras?

a) $14 = 2 \cdot (4 + 3)$
b) $50^0 = 0$
c) $\dfrac{35}{15} = \dfrac{7}{3}$
d) $\dfrac{300}{25} = 12$
e) $(-6) \cdot (-1,2) = -7,2$

27. Escreva no caderno três igualdades em que o 1º membro é uma das expressões do quadro **A** e o 2º membro é uma das expressões do quadro **B**.

A
$5 \cdot 3^3 - 2$
$(15 - 7) \cdot (8 + 4)$
$452 - 13 \cdot 25$

B
$446 - 7 \cdot 50$
$2^7 - 1$
$5^2 + 4 \cdot 3^3$

Cada expressão deve ser utilizada apenas uma vez e as igualdades devem ser verdadeiras.

28. Qual das sentenças abaixo representam equações?

a) $85 - 15 = 70$
b) $5x - 1 = 9$
c) $(58 - 12x) \cdot 2$
d) $4m - 28 = 0$
e) $20 = 20$

29. Considere a equação de uma incógnita a seguir.

• $2x - 7 = 5$

Um número é solução ou raiz dessa equação se, ao substituir a incógnita x por esse número, obtemos uma igualdade. Veja:

6 é solução de
$2x - 7 = 5$, pois:
$2 \cdot 6 - 7 = 5$
$12 - 7 = 5$
$5 = 5$

7 não é solução de
$2x - 7 = 5$, pois:
$2 \cdot 7 - 7 \neq 5$
$14 - 7 \neq 5$
$7 \neq 5$

Agora, verifique qual dos números a seguir é solução da equação $\dfrac{3}{2}x - 2 = -\dfrac{5}{4}$.

a) 3
b) $-\dfrac{3}{2}$
c) $\dfrac{1}{2}$

30. Para cada item, escreva a equação correspondente e determine a massa de uma caixa.

▎DICA!
Em cada balança, as caixas possuem a mesma massa.

a)

b)

31. Sabendo que a balança está em equilíbrio, determine a massa do saco de arroz.

32. Determine o valor de x em cada uma das equações.

a) $x - 5 = 3$
b) $2x + 10 = 16$
c) $3x - 27 = 27$
d) $-39 + 2x = -25$
e) $-30 + 5x = -30$
f) $105 + x = 72$

33. Utilizando uma calculadora, resolva por tentativas as equações a seguir.

a) $5x + 23 = 98$
b) $8x - 50 = 102$
c) $12x - 51 = 309$
d) $64 + 4x = 148$

34. Qual equação tem como raiz o número 6?

a) $3x + 8 = 15$
b) $3x - 2 = 22 - x$
c) $10x - 27 = 1 + 6x$

35. Resolva mentalmente os problemas a seguir.

a) Determine o número que, somado a 7, é igual a 12.
b) De um número, subtrai-se 5 e obtém-se 3 como resultado. Qual é esse número?
c) O dobro de um número mais 4 é igual a 6. Qual é esse número?

Agora, escreva e resolva no caderno as equações correspondentes a cada problema.

36. A fórmula a seguir pode ser utilizada para converter uma medida F em graus Fahrenheit (°F) em uma medida C em graus Celsius (°C).

$$C = \frac{5}{9}(F - 32)$$

Para isso, basta substituir o valor de F na fórmula e calcular o valor da expressão $\frac{5}{9}(F - 32)$. Mas, se a medida estiver em graus Celsius, substituímos C por esse valor e obtemos uma equação com incógnita F. Ao resolvê-la, obtemos a medida em graus Fahrenheit correspondente.

a) Converta 50 °F em graus Celsius. Em um ambiente com essa temperatura, você sentirá frio ou calor?

b) Em determinadas condições, a água congela a 0 °C e ferve a 100 °C. Nessas mesmas condições, qual é a temperatura, em graus Fahrenheit, na qual a água congela? E em qual temperatura ela ferve?

37. Escreva no caderno um problema que possa ser resolvido com uma das equações a seguir.

a) $2x - 15 = 11$ b) $5x + 2 = 32$

Depois, peça a um colega que resolva o problema que você escreveu e verifique se ele resolveu corretamente.

38. Leia o problema abaixo e escreva uma equação.

> Pensei em um número que, ao ser multiplicado por 4 e ter 7 unidades subtraídas do resultado, obtém-se o quadrado de 5. Em qual número pensei?

39. Observe a seguir como Edilson resolveu a equação $3 \cdot (2x - 7) + 2x - 11 = 16$.

$3 \cdot (2x - 7) + 2x - 11 = 16$ ← Utilizou a propriedade distributiva da multiplicação em relação à subtração.

$6x - 21 + 2x - 11 = 16$ ← Realizou simplificações no 1º membro da equação.

$8x - 32 = 16$

$8x = 48$ ← Somou 32 aos dois membros.

$x = 6$ ← Dividiu os dois membros por 8.

Agora, simplifique e resolva as equações.

a) $5x - 2 \cdot (x - 7) - 6 = 17$
b) $8x + 4 - 5 \cdot (3 - 2x) = 25$
c) $(3x - 1) \cdot 4 - 2 \cdot (4x + 6) = 4$
d) $-(8x - 1) + 6 \cdot (3x - 10) = 31$

40. Célia comprou 4,3 m de fita para enfeitar três caixas de presente. Na segunda caixa, ela usou o dobro de fita usada na primeira, e na terceira, 30 cm a mais que na segunda. Sabendo que Célia usou toda a fita que comprou, quantos centímetros de fita ela usou para enfeitar cada caixa?

41. Na balança a seguir, as caixas possuem massas iguais.

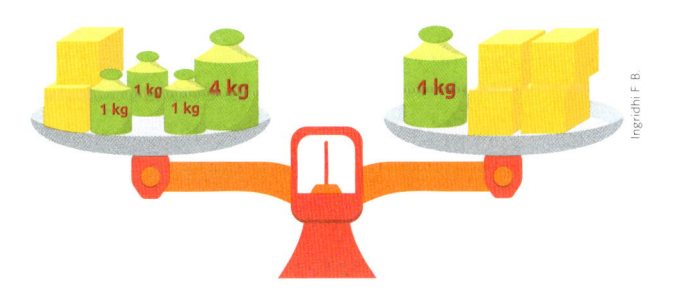

Qual equação pode ser utilizada para determinar a massa de uma dessas caixas? Determine essa massa.

a) $x + 4 = x - 7$
b) $4x + 4 = 2x + 7$
c) $6x + 4 = 7$

42. Associe cada equação às frases que a descrevem.

I) Um número é igual ao seu triplo menos 4.
II) O dobro da soma de um número com 5 é igual a 22.
III) O produto entre um número e 7 é igual a 84.
IV) O antecessor de um número natural é igual ao quociente desse número por 2.

a) $2 \cdot (x + 5) = 22$
b) $x - 1 = \dfrac{x}{2}$
c) $7x = 84$
d) $x = 3x - 4$

43. Uma camiseta custa x reais e uma calça custa R$ 50,00 a mais que a camiseta. Sabendo que seis camisetas custam o mesmo que duas calças:

a) escreva uma equação que represente esse problema.
b) calcule o preço da camiseta e o preço da calça.

44. Ivan comprou três cadernos que custaram o mesmo preço cada um. Ele também comprou três livros de mesmo preço cada um, mas que custa R$ 12,00 a mais que o preço de um caderno.

Sabendo que a compra toda custou R$ 291,00, determine:

a) o preço de cada caderno;
b) o preço de cada livro.

45. Sabendo que o perímetro de um quadrilátero ABCD é 45 cm, determine a medida de cada um de seus lados, sabendo que:

- $\overline{BC}$ tem 5 cm a mais que $\overline{AB}$;
- $\overline{CD}$ tem 3 cm a menos que $\overline{AB}$;
- $\overline{DA}$ tem 6 cm a mais que $\overline{CD}$.

46. As equações a seguir, exceto uma, têm a mesma solução. Descubra qual equação tem solução diferente.

a) $8x + 12 = 36$
b) $4(x + 2) = 20$
c) $15x - 5 = 10(x + 1)$
d) $9x + 3 = 6$
e) $9(x - 2) = 4x - 3$
f) $5(x + 3) = 30$

47. Elabore uma equação com as características abaixo:
- possua apenas uma incógnita;
- tenha o número 14 como solução;
- tenha o 2º membro igual a $x + 21$.

48. Em uma reunião, oito pessoas se serviram de um suco que estava em uma jarra com capacidade de 2,5 L. A jarra estava cheia, mas sobraram 260 mL de suco. Sabendo que essas pessoas encheram seus copos e que todos os copos tinham capacidades iguais, resolva os itens a seguir.

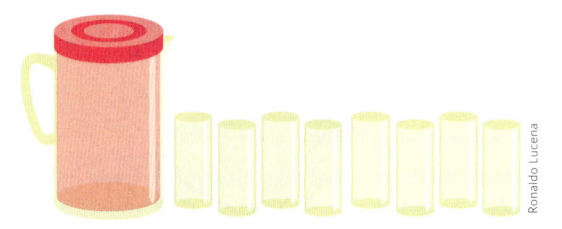

a) Escreva uma equação para determinar a capacidade x de cada copo, em mL.

b) Resolva a equação que você escreveu e determine a capacidade de cada copo.

49. Um artesão estima que, para cada dia de trabalho, consegue obter um lucro de R$ 140,00, e para cada dia que não trabalha, sofre um prejuízo de R$ 25,00. Considerando que um mês tem 30 dias, resolva.

a) Se o artesão trabalhar 12 dias em um mês, ele terá lucro ou prejuízo nesse mês? De quantos reais?

b) Copie no caderno a expressão algébrica que corresponde ao lucro ou ao prejuízo do artesão em um mês de acordo com a quantidade x de dias que ele trabalhou nesse mês.
- $140 + 25 \cdot (x - 30)$
- $140x - 25 \cdot (30 - x)$
- $140 \cdot 30 + 25x$

c) Quantos dias o artesão trabalhou no mês em que ele teve um lucro de R$ 2 715,00?

50. Para assistir a uma sessão, entraram no cinema 280 pessoas e foram arrecadados R$ 5 160,00. Para essa sessão, uma entrada inteira custava R$ 24,00 e meia-entrada, R$ 12,00.

a) Sendo x a quantidade de pessoas que pagaram a entrada inteira, qual das equações a seguir permite calcular o valor de x?
- $12x + 24x = 5160$
- $12x + 24 \cdot (x - 280) = 5160$
- $24x + 12 \cdot (280 - x) = 5160$
- $12 + 24 \cdot (x - 280) = 5160$

b) Quantas pessoas pagaram entrada inteira?

c) Quantas pessoas pagaram meia-entrada?

51. Após organizar a turma em grupos, o professor de Lisandro distribuiu a cada grupo as fichas a seguir.

| 14 | 5 | 3 | 8 | 17 |
| 2 | y | + | − | = |

Os grupos deveriam utilizar as fichas para elaborar três equações com incógnita y, e a solução de cada equação deveria ser um número natural que atendesse a um dos itens a seguir.

I) Menor que 6.
II) Maior que 6 e menor que 10.
III) Maior que 10.

Uma das equações que Lisandro e seu grupo elaboraram foi a seguinte:

| 3 | y | + | 5 | = | 8 |

a) A solução da equação elaborada pelo grupo de Lisandro atende a qual item: **I, II** ou **III**?

b) Elabore equações utilizando as fichas para atender aos outros dois itens.

Inequações

Míriam comprou um par de meias e um par de tênis e gastou mais de R$ 70,00. O par de meias custou R$ 25,00.

1 É possível determinar exatamente quantos reais Míriam pagou pelo par de tênis? Por quê?

Representando por x o valor do par de tênis, podemos escrever a sentença matemática a seguir, chamada de **inequação**.

$$\underbrace{x + 25}_{1º\ membro} > \underbrace{70}_{2º\ membro}$$

Lê-se: x mais 25 é maior que 70.

Inequação é uma sentença matemática com uma ou mais incógnitas expressa por uma das seguintes desigualdades: $<$ (menor que), $>$ (maior que), $\leq$ (menor que ou igual a) $\geq$ (maior que ou igual a).

Veja alguns exemplos de inequação:

- $7x < 45$ (lê-se: $7x$ é **menor que** 45)
- $x - 4 > 6$ (lê-se: x menos 4 é **maior que** 6)
- $2x + 3 \leq x - 5$ (lê-se: $2x$ mais 3 é **menor que ou igual a** x menos 5)
- $4x \geq 12 - x$ (lê-se: $4x$ é **maior que ou igual a** 12 menos x)

Resolvendo a inequação $x + 25 > 70$, descobriremos quanto Míriam pagou pelo par de tênis. Para isso, isolamos a incógnita x em um dos membros da inequação.

$$x + 25 > 70$$
$$x + 25 - 25 > 70 - 25$$
$$x > 45$$

Para isolar a incógnita x no 1º membro, subtraímos 25 de ambos os membros.

Portanto, Míriam pagou mais de R$ 45,00 pelo par de tênis.

Como em uma equação, podemos verificar se um número é solução de uma inequação. Para a inequação anterior, vamos atribuir a x valores menor, igual e maior que 45.

- Para $x = 44$
  $x + 25 > 70$
  $44 + 25 > 70$
  $69 > 70$

  Desigualdade falsa, ou seja, $x = 44$ não é uma solução da inequação.

- Para $x = 45$
  $x + 25 > 70$
  $45 + 25 > 70$
  $70 > 70$

  Desigualdade falsa, ou seja, $x = 45$ não é uma solução da inequação.

- Para $x = 46$
  $x + 25 > 70$
  $46 + 25 > 70$
  $71 > 70$

  Desigualdade verdadeira, ou seja, $x = 46$ é uma solução da inequação.

Atribuindo a x qualquer outro valor maior que 45, podemos verificar que a inequação é verdadeira.

2 Essa inequação é verdadeira para $x = 50$? Cite outros três valores de x para os quais essa inequação é verdadeira.

Observe, por exemplo, a resolução da inequação $6x - 2 \leqslant 3x + 10$.

$$6x - 2 \leqslant 3x + 10$$
$$6x - 2 + 2 \leqslant 3x + 10 + 2 \longrightarrow \text{Para isolar } x, \text{ adicionamos 2 a ambos os membros da inequação.}$$
$$6x \leqslant 3x + 12$$
$$6x - 3x \leqslant 3x + 12 - 3x \longrightarrow \text{Subtraímos } 3x \text{ de ambos os membros.}$$
$$3x \leqslant 12$$
$$\frac{3x}{3} \leqslant \frac{12}{3} \longrightarrow \text{Dividimos por 3 ambos os membros da inequação.}$$
$$x \leqslant 4$$

> Em uma inequação, a desigualdade não se altera quando:
> - adicionamos ou subtraímos um mesmo número de ambos os membros;
> - multiplicamos ou dividimos ambos os membros por um mesmo número positivo.

Agora, veja o que ocorre com uma desigualdade quando multiplicamos ou dividimos ambos os membros por um mesmo número negativo.

$$-8 < -5$$
$$(-8) \cdot (-1) > (-5) \cdot (-1)$$
$$8 > 5$$

Ao multiplicar por um mesmo número negativo, a desigualdade precisa ser invertida para permanecer verdadeira. Caso contrário, teríamos $8 < 5$, que é falso.

$$24 > -18$$
$$\frac{24}{-2} < \frac{-18}{-2}$$
$$-12 < 9$$

Ao dividir por um mesmo número negativo, a desigualdade precisa ser invertida para permanecer verdadeira. Caso contrário, teríamos $-12 > 9$, que é falso.

Ao resolver uma inequação, também invertemos as desigualdades ao realizar multiplicações ou divisões por números negativos. Observe, por exemplo, a resolução das inequações $-4x \leqslant 6 - 3x$ e $-5x + 12 < -3$.

$$-4x \leqslant 6 - 3x$$
$$-4x + 3x \leqslant 6 - 3x + 3x$$
$$-x \leqslant 6$$
$$-x \cdot (-1) \geqslant 6 \cdot (-1)$$
$$x \geqslant -6$$

Neste caso, multiplicamos a inequação por (-1) para isolar x no primeiro membro.

$$-5x + 12 < -3$$
$$-5x + 12 - 12 < -3 - 12$$
$$-5x < -15$$
$$\frac{-5x}{-5} > \frac{-15}{-5}$$
$$x > 3$$

Neste outro caso, dividimos a inequação por (-5) para isolar o x no primeiro membro.

> Em uma inequação, ao multiplicar ou dividir ambos os membros por um mesmo número negativo, a desigualdade precisa ser invertida para que permaneça verdadeira.

Atividades

52. Entre as sentenças abaixo, identifique e copie no caderno apenas as inequações.

a) $36y - 4 > 61$
b) $\dfrac{x}{4} - 74 = 5$
c) $105 - 6y + 4$
d) $54a \leq \dfrac{18}{5} + 2a$
e) $-33x - 14 < 14y$
f) $6 - 8 \geq 8a$

53. Escreva no caderno como se lê cada inequação.

a) $10x > 110$
b) $5y \leq 15$
c) $8x - 10 \geq 78$
d) $2y + 33 < 12y - 7$

54. Associe no caderno cada inequação à sua escrita por extenso.

I) Oito mais o sêxtuplo de um número x é maior que onze menos o dobro de x.
II) A metade de um número x, mais cinco, é menor que ou igual a x.
III) Quinze é menor que o quíntuplo de um número x.
IV) O quádruplo de um número x menos seis é maior que ou igual a dois.

a) $15 < 5x$
b) $4x - 6 \geq 2$
c) $8 + 6x > 11 - 2x$
d) $\dfrac{x}{2} + 5 \leq x$

55. Entre os números indicados nas fichas, determine quais são solução da inequação $4x - 6 \leq -30$.

$\boxed{0}$ $\boxed{-9}$ $\boxed{7}$ $\boxed{-8}$ $\boxed{-3}$

$\boxed{-2}$ $\boxed{-10}$ $\boxed{1}$ $\boxed{-6}$

56. Resolva as inequações.

a) $5 + 3x \geq -31$
b) $14x + 28 \leq 0$
c) $7 - 2x < 9$
d) $\dfrac{1}{2} + \dfrac{2}{3}x > \dfrac{3}{2}$

57. Observe as imagens e responda.

I) *O triplo de certo número deve ser maior que ou igual a 53.*

II) *Duas canetas iguais não custam mais que R$ 5,00.*

a) Escreva uma inequação para cada imagem.
b) Conforme a imagem I, o número 21 é uma possível solução da inequação? E o número 12?
c) Conforme a imagem II, uma caneta pode custar R$ 2,30? Qual é o valor máximo que uma caneta pode custar?

58. Mateus reservou R$ 484,00 para comprar dois pneus para seu carro. Sabendo que na loja há pneus de diversas marcas e com vários preços, responda.

a) Mateus poderá comprar os dois pneus se cada um custar R$ 230,00?
b) O pneu que mais interessou Mateus custa R$ 245,00. O dinheiro que ele tem é suficiente para comprá-los?
c) Qual é o maior preço que ele pode pagar em cada pneu?

59. A tarifa mensal de um plano de telefonia celular é R$ 49,00, que inclui ligações e mensagens ilimitadas para telefones da mesma operadora. Em ligações para outras operadoras ou telefone fixo é cobrado o valor de R$ 1,50 por minuto.

Quantos minutos uma pessoa pode utilizar durante um mês para falar nos telefones de outras operadoras e telefone fixo sem que a fatura mensal ultrapasse R$ 79,00?

60. Camila pretende imprimir algumas fotografias e comprar um álbum que custa R$ 29,00. Ela tem R$ 63,00 e cada impressão custa R$ 0,95. Escreva uma inequação que represente essa situação e responda:

a) Com o dinheiro que possui, Camila poderá comprar o álbum e imprimir 25 fotografias?

b) Comprando o álbum, qual o número máximo de fotografias que Camila poderá imprimir?

61. Responda.

a) Qual é o maior número inteiro que é solução da inequação $-6x + 9 \geq 39$?

b) Os números naturais maiores que 1 são soluções da inequação $16y > y - 5$?

62. Veja as notas que Roberta obteve nos três primeiros bimestres na disciplina de Ciências.

Bimestre	Notas
1º bimestre	46
2º bimestre	74
3º bimestre	75

Sabendo que a média mínima para aprovação na escola de Roberta é 60 e que no total são quatro bimestres, qual é a nota mínima que ela precisa obter no 4º bimestre para ser aprovada?

63. As balanças a seguir não estão em equilíbrio. Para cada uma delas, escreva e resolva uma inequação correspondente.

a)

b)

O que podemos afirmar a respeito da massa de cada uma das caixas x e y?

64. O perímetro do retângulo abaixo é maior que ou igual ao perímetro do trapézio.

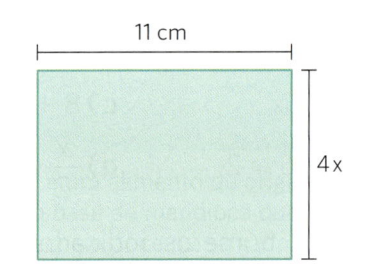

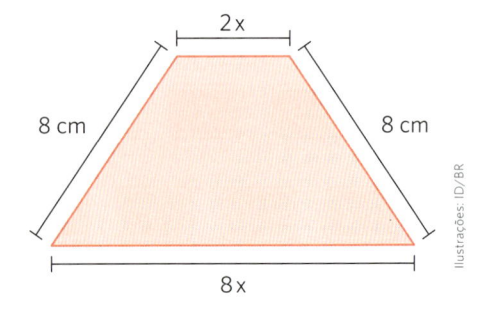

a) Escreva no caderno uma inequação que representa a relação entre os perímetros das imagens apresentadas.

b) Qual é o maior valor inteiro que x pode assumir? Qual é o perímetro do retângulo e do trapézio de acordo com esse valor?

65. Observe a promoção de uma concessionária de motocicletas.

Superpromoção de QUEIMA DE ESTOQUE.
ENTRE A PÉ E SAIA RODANDO com sua moto zero quilômetro.
Para qualquer moto a partir de
R$ 18 000,00
dê uma entrada de
R$ 1 500,00
e pague o restante em 12 prestações iguais e sem juros.

De acordo com a promoção, escreva e resolva uma inequação por meio da qual seja possível calcular o valor mínimo de cada prestação.

66. Veja abaixo anúncios de uma imobiliária que aluga imóveis para temporada em uma cidade no litoral brasileiro.

Casa para quatro pessoas, com garagem
Diária de R$ 320,00, mais taxa única de limpeza de R$ 100,00.

Apartamento para quatro pessoas
Diária de R$ 290,00, mais taxa única de limpeza de R$ 100,00.
Observação: Se necessitar de garagem, será incluída uma taxa única de R$ 100,00.

a) Sabrina deseja alugar a casa, mas pretende gastar, no máximo, R$ 1700,00. Considerando x a quantidade de dias de aluguel, escreva uma inequação para representar essa situação.

b) Qual é a maior quantidade de dias que Sabrina poderia alugar a casa de acordo com o item **a**?

c) Fernando deseja alugar o apartamento por cinco dias, com uma vaga de garagem. Qual é o valor que Fernando pagará pelo aluguel?

d) Até quantos dias é mais vantajoso economicamente alugar a casa em vez do apartamento com uma vaga de garagem?

67. Elabore uma situação que possa ser representada por uma inequação envolvendo algumas das imagens a seguir. Depois, troque-a com um colega e peça a ele que a resolva. Em seguida, verifiquem se as respostas estão corretas.

68. Jonas e Zeca trabalham com animação de festa infantil. Jonas cobra uma taxa fixa de R$ 115,00 mais R$ 25,00 por hora, e Zeca cobra uma taxa fixa de R$ 70,00 mais R$ 40,00 por hora.
Qual é o tempo máximo de duração de uma festa para que a contratação de Zeca não fique mais cara que a de Jonas?

69. Jovilson vende queijo na feira. Em certo dia ele vendeu n queijos e no dia seguinte, $2n$ queijos. Se o preço de cada queijo é R$ 18,00 e o valor arrecadado com as vendas nesses dois dias foi maior que R$ 432,00, quais os possíveis valores de n?

Educação financeira

Consumo consciente em casa

Em sua opinião, o consumo está relacionado apenas ao hábito de comprar em lojas e supermercados? Nossa relação com o consumo ocorre o tempo todo e em vários locais, principalmente dentro de casa. A falta de um controle orçamentário doméstico pode levar a dívidas desnecessárias e ao comprometimento de serviços essenciais como água e energia elétrica.

Há muitos aparelhos ligados, desligue os que você não estiver utilizando. Nosso consumo de energia elétrica está muito alto.

Nossa, nem percebi que havia tantos aparelhos ligados! Vou desligá-los e abrir a cortina para aproveitar a luz natural.

Ser um consumidor consciente dentro de casa faz bem para o ambiente, para a sociedade e para você!

Ser um consumidor consciente com atitudes sustentáveis é pensar no consumo de pouco impacto ambiental, socialmente justo e economicamente possível. Em casa, abrir as cortinas para aproveitar a luz do Sol em vez de acender uma lâmpada, reduzir o tempo do banho, fechar a torneira ao escovar os dentes e apagar as luzes quando não estiver em um cômodo, parecem atitudes óbvias, mas ainda pouco praticadas. Assim, além da economia, estaremos preservando recursos naturais (no caso, a água para consumo e geração de energia) e contribuindo socialmente para que não haja falta do recurso a outras pessoas.

Todos nós precisamos adotar hábitos em busca de um consumo consciente para causar menos impacto ambiental, como consertar os aparelhos que quebram antes de comprar um novo, aproveitar resíduos orgânicos para adubo, verificar as datas de vencimento dos produtos para certificarmos que consumiremos antes, descongelar alimentos à temperatura ambiente sem a necessidade do micro-ondas, não descartar óleo no ralo da pia, reciclar, entre outros. Faça a sua parte!

1. Considere que um banho de chuveiro de 15 minutos, em potência máxima, gasta cerca de 135 litros de água e 1 500 watts. Qual o consumo total de um mês de 30 dias, em litros e em watt, se uma pessoa tomar um banho por dia nessas condições?

> **Watt:** unidade de medida de energia mecânica ou elétrica usualmente utilizada para medir o consumo de energia elétrica residencial ou comercial.

Calcule novamente esse consumo total, dessa vez considerando que a pessoa fecha o registro ao se ensaboar, reduzindo o tempo de uso do chuveiro em um banho para 5 minutos.

2. Considerando a tarifa de R$ 3,80 a cada metro cúbico de água, e de R$ 0,79 a cada 1 000 watts consumido, calcule o valor relativo ao consumo mensal descrito no item anterior, considerando os banhos de 15 e de 5 minutos.

3. Junto aos colegas e ao professor listem atitudes de consumo consciente. Depois, converse com as pessoas que moram com você, a fim de que as adotem no cotidiano.

4. A região onde você mora adota o horário de verão em determinada época do ano? Você sabe por que ele é adotado? Converse com o(a) professor(a) e os colegas a respeito.

Vamos relembrar

70. Observe o que Jardel está pensando.

> Pensei em um número n e multipliquei-o por 4. Dividi o resultado por 2 e adicionei 3 ao resultado.

a) Escreva uma expressão algébrica para representar o que Jardel está pensando.

b) Determine o valor numérico da expressão caso o número escolhido por Jardel seja:
- 0
- 1
- 2
- -3

71. Nos itens a seguir, descreva o que indica cada uma das expressões algébricas, conforme o exemplo abaixo.

$$3x - 12$$

> Escolhi um número, multipliquei-o por 3 e subtraí 12 do resultado.

a) $2x - 16 + 8$
b) $(x + 8) \cdot 5 - 9$
c) $x^2 + 15 - 7$
d) $(4x - 2)^2$

72. Escreva no caderno uma expressão algébrica que represente o perímetro de cada um dos polígonos.

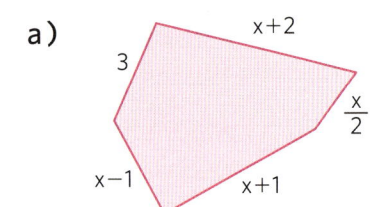

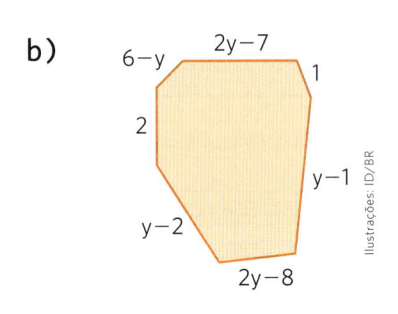

a) lados: 3, $x+2$, $\frac{x}{2}$, $x+1$, $x-1$

b) lados: $6-y$, $2y-7$, 1, $y-1$, $2y-8$, $y-2$, 2

73. Mariano recebeu por e-mail um cupom de desconto no valor de R$ 50,00 para utilizar em uma loja na internet. Ao visitar o site, ele observou que os celulares estavam em promoção, com desconto de 10%. Sabendo que Mariano deve calcular o desconto de 10% e depois considerar o valor do cupom para obter o valor a ser pago, responda.

a) Quantos reais ele irá pagar se escolher um celular que, sem o desconto, custa:
- R$ 550,00?
- R$ 1 200,00?
- R$ 1 350,00?
- R$ 955,00?

b) Escreva uma expressão algébrica que represente o desconto total que ele irá receber de acordo com o preço x do celular.

c) Escreva outra expressão que represente o valor que Mariano irá pagar de acordo com o preço do celular que ele escolher.

74. Escreva uma expressão algébrica que, ao ser simplificada, resulte em:

a) $3p$
b) $-2q$
c) $r + 1$
d) $4 - \dfrac{s}{3}$

75. O valor cobrado por uma companhia de energia elétrica na fatura mensal varia conforme os quilowatt-hora consumidos e pode ser calculado pela expressão $0,49k + 14,1$, sendo k a quantidade de quilowatt-hora consumida.

Calcule o valor, em reais, de uma fatura cuja quantidade de quilowatt-hora consumida foi:

a) 15,4
b) 38,9
c) 12
d) 60,8
e) 16,5
f) 49,2

76. O pediatra britânico James Mourilyan Tanner criou nos anos 1960 uma fórmula para estimar até que altura uma criança vai crescer, tomando como parâmetros a altura dos pais. Essa fórmula, que recebeu o nome de seu criador, Fórmula de Tanner, varia para o cálculo da altura de meninos em relação ao cálculo da altura de meninas. Observe.

Para meninos	$A_{meninos} = \dfrac{m + p}{2} + 6,5$
Para meninas	$A_{meninas} = \dfrac{m + p}{2} - 6,5$

Considere em centímetros:

$A_{meninos}$: altura dos meninos

$A_{meninas}$: altura das meninas

m: altura da mãe

p: altura do pai

a) De acordo com a fórmula, até que altura estima-se que um menino vai crescer, sabendo que seu pai tem 1,70 m e sua mãe, 1,55 m?

b) Considerando as alturas de seus pais, calcule até que altura você cresceria, de acordo com a fórmula.

77. Leonhard Euler (1707-1783) foi um matemático suíço nascido na Basileia. As contribuições de Euler na Matemática são tão numerosas que não há ramo dessa ciência em que seu nome não apareça. Dentre os muitos trabalhos de Euler, podemos destacar uma igualdade que leva seu nome, a Relação de Euler, dada por $V + F = A + 2$. Essa igualdade é válida para qualquer poliedro convexo, e por ela temos que a quantidade de vértices (V) mais a quantidade de faces (F) é igual à quantidade de arestas (A) mais 2.

Considerando que a Relação de Euler vale para os poliedros convexos descritos nos itens a seguir, calcule a quantidade de:

a) arestas de um poliedro com 6 vértices e 6 faces.

b) vértices de um poliedro com 6 faces e 12 arestas.

c) arestas de um poliedro com 12 vértices e 8 faces.

d) faces de um poliedro com 30 arestas e 12 vértices.

e) vértices de um poliedro com 6 arestas e 4 faces.

78. Gabriela comprou, em uma promoção, 4 camisetas e pagou com 3 cédulas de R$ 20,00. Ela recebeu R$ 2,00 de troco. Considerando x o preço de cada camiseta, qual equação corresponde à resolução dessa situação?

a) $4 + x = 60 - 2$

b) $4x + 2 = 60$

c) $4x = 60 + 2$

Agora, resolva a equação e encontre o preço de cada camiseta.

79. Todos os dias um atleta realiza um percurso para treinamento. Em certo dia, ele correu $\dfrac{3}{5}$ do percurso, caminhou $\dfrac{1}{8}$ e parou para amarrar os tênis. Nessa parada ele verificou que ainda faltava 0,88 km para ser percorrido.

a) Qual é o comprimento total do percurso?

b) Quantos metros esse atleta correu? E quantos metros ele caminhou?

80. A média aritmética entre três números consecutivos é 5. Quais são esses números?

• Escolha três números naturais consecutivos quaisquer e calcule a média aritmética entre eles. Depois, compare com os resultados dos colegas. O que vocês observaram?

81. (UFG-GO) Uma agência de turismo vende pacotes familiares de passeios turísticos, cobrando para crianças o equivalente a $\frac{2}{3}$ do valor para adultos. Uma família de cinco pessoas, sendo três adultos e duas crianças, comprou um pacote turístico e pagou o valor total de R$ 8 125,00.
Com base nessas informações, calcule o valor que a agência cobrou de um adulto e de uma criança para realizar esse passeio.

82. Considere um copo cheio de água cuja massa total é 450 g. Calcule a massa do copo sabendo que, ao beber a metade da água, a massa total passa a ser 325 g.

83. (OBM) Wagner tem 15 moedas, algumas de 25 centavos e outras de 10 centavos, no valor total de 2 reais e 70 centavos. Se x é o número de moedas de 25 centavos que ele tem, qual das equações abaixo permite obter esse número?

a) $5x + 10(15 - x) = 27$
b) $25x + 10(15 - x) = 270$
c) $x + (15 - x) = 27$
d) $5x + 10(15 - x) = 54$
e) $5x + 2(15 - x) = 135$

84. O carro de Ananias percorre 9 km com 1 L de combustível e o carro de Armando, 12 km com 1 L. Na saída para uma viagem que fizeram juntos, eles completaram o tanque de seus carros, que têm capacidades iguais. Ao chegar ao destino, completaram o tanque novamente, de maneira que foram necessários, para o carro de Ananias, 7,5 L de combustível a mais que para o carro de Armando.

a) Quantos litros de combustível cada um deles gastou?
b) Quantos quilômetros eles percorreram na viagem?

85. (Enem/Inep) O Salto Triplo é uma modalidade do atletismo em que o atleta dá um salto em um só pé, uma passada e um salto, nessa ordem. O salto com impulsão em um só pé será feito de modo que o atleta caia primeiro sobre o mesmo pé que deu a impulsão; na passada ele cairá com o outro pé, por meio do qual o salto é realizado.

Disponível em: <www.cbat.org.br> (adaptado).

Um atleta da modalidade Salto Triplo, depois de estudar seus movimentos, percebeu que, do segundo para o primeiro salto, o alcance diminuía 1,2 m, e, do terceiro para o segundo salto, o alcance diminuía 1,5 m.
Querendo atingir a meta de 17,4 m nessa prova e considerando os seus estudos, a distância alcançada no primeiro salto teria de estar entre:

a) 4,0 m e 5,0 m
b) 5,0 m e 6,0 m
c) 6,0 m e 7,0 m
d) 7,0 m e 8,0 m
e) 8,0 m e 9,0 m

86. Em certo time de futebol, Sérgio, Orlando e Fabiano são os três jogadores que mais fizeram gols pelo clube. Já aposentados, Sérgio e Orlando possuem, juntos, 475 gols, mas Sérgio fez 9 gols a mais que Orlando. Fabiano, ainda jogador do time, fez 197 gols e pode aumentar essa marca até o final de sua carreira.

a) Escreva uma equação na incógnita x que permita calcular a quantidade de gols marcados por Orlando nesse time.
b) Quantos gols Orlando marcou pelo clube? E quantos gols marcou Sérgio?
c) Quantos gols Fabiano ainda precisa marcar para passar Sérgio e se tornar o maior artilheiro da história desse time de futebol?

87. O quadrado abaixo é mágico, ou seja, a soma em cada uma das linhas, colunas e diagonais é a mesma. Encontre o valor de x e copie o quadrado no caderno, substituindo cada ■ pelo número adequado.

x + 2	■	x + 4
■	x + 1	3
■	■	x

88. Entre os números apresentados no quadro, determine quais são soluções da inequação $15 - 3x \leq -3$.

$$\sqrt[3]{216} \quad 7,5 \quad 6\frac{1}{6}$$
$$-7,9 \quad 5,99$$

89. As balanças a seguir estão em desequilíbrio. Nelas, as caixas de mesma cor têm massas iguais.

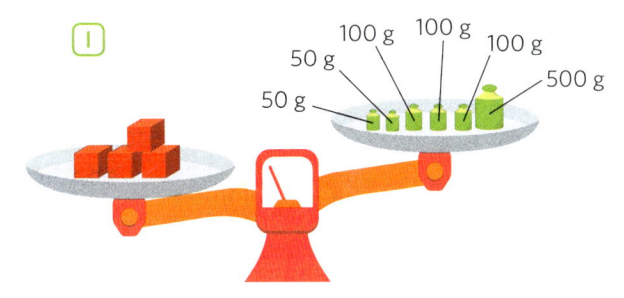

Ⅰ

Ⅱ

a) Escreva uma inequação que represente a situação de cada balança acima. Para isso, nomeie a caixa vermelha de v e a caixa amarela de a.

b) De acordo com as inequações que você escreveu no item **a**, responda às seguintes questões.
- É possível que uma caixa vermelha tenha 230 g? Por quê?
- É possível que uma caixa amarela tenha 210 g? Por quê?

90. Agenor está procurando um emprego cujo salário seja suficiente para que ele possa utilizar:
- $\frac{1}{5}$ com moradia;
- $\frac{1}{6}$ com alimentação;
- $\frac{1}{6}$ com transporte;
- R$ 500,00 com roupas e lazer.

E ainda sobrem R$ 200,00, no mínimo, para depositar em uma poupança. Para atender às pretensões de Agenor, ele deve procurar um emprego cujo salário seja de, no mínimo, quantos reais?

91. Tamires tem uma loja de sapatos. O lucro ou prejuízo mensal dessa loja varia de acordo com a quantidade de pares de sapato vendidos e pode ser calculado pela fórmula $V = \frac{175}{2}s - 8\,800$, em que V é o lucro (valor positivo) ou prejuízo (valor negativo) e s é a quantidade de pares de sapato vendidos no mês.

a) A loja de Tamires terá lucro ou prejuízo em um mês que vender:
- 60 pares de sapato?
- 180 pares de sapato?
- 200 pares de sapato?
- 100 pares de sapato?

b) No mínimo, quantos pares de sapato precisam ser vendidos no mês para que a loja tenha lucro?

CAPÍTULO 7

Razão e proporção

Neste capítulo, você vai estudar as ideias de razão e de proporção que estão envolvidas em diferentes situações do nosso dia a dia.

Razão

Mateus vai realizar uma viagem de automóvel até Natal, capital do estado do Rio Grande do Norte. Para isso, ele completou o tanque de combustível de seu automóvel, que percorre cerca de 12 km com 1 L de gasolina. Com essas informações, podemos construir o quadro abaixo.

Quantidade de combustível (L)	Distância percorrida (km)
1	12
2	24
3	36
4	48
...	...

Praia de Ponta Negra, em Natal (RN), 2015.

A grandeza "quantidade de combustível" varia de acordo com a grandeza "distância percorrida". Representando as informações por meio de razões, temos:

1 L para 12 km	$\dfrac{1}{12}$
2 L para 24 km	$\dfrac{2}{24} = \dfrac{1}{12}$ (÷2)
3 L para 36 km	$\dfrac{3}{36} = \dfrac{1}{12}$ (÷3)
4 L para 48 km	$\dfrac{4}{48} = \dfrac{1}{12}$ (÷4)

1 Qual é a distância que esse automóvel percorre com 10 L de gasolina?

Chamamos de **grandeza** tudo o que pode ser medido ou contado.

Nessa situação, a quantidade de combustível e a distância percorrida mudam, mas a razão entre essas grandezas é sempre $\dfrac{1}{12}$, ou 1 : 12. Lemos: 1 L de combustível está para 12 km, ou, simplesmente, 1 está para 12.

A **razão** entre os números x e y, com $y \neq 0$, é dada por $\dfrac{x}{y}$ ou por $x : y$.

Agora, vamos estudar algumas razões que recebem nomes especiais.

Velocidade média

Em sua viagem até Natal, Mateus partiu do município de Mossoró (RN), e percorreu 280 km em quatro horas. Com essas informações, podemos determinar a velocidade média com que Mateus realizou a viagem.

Vista aérea da cidade de Mossoró (RN).

Velocidade média (v_m) é a razão entre a distância percorrida e o tempo gasto nesse percurso. Na viagem realizada por Mateus, temos:

- distância percorrida: 280 km
- tempo gasto: 4 h

$$v_m = \frac{280}{4} = 70$$

Portanto, a velocidade média (v_m) nesse percurso foi 70 km/h (lê-se: setenta quilômetros por hora), ou seja, a cada 1 hora o automóvel deslocou-se, em média, 70 km.

2 Suponha que em um dos trajetos realizados por Mateus a distância percorrida com o automóvel tenha sido 156 km em três horas. Qual foi a velocidade média do automóvel nesse percurso?

Densidade demográfica

O estado do Rio Grande do Norte possui área de aproximadamente 52 811 km² e, em 2015 tinha uma população de 3 442 175 habitantes. Com essas informações, podemos determinar a densidade demográfica estimada desse estado.

Densidade demográfica é a razão entre a quantidade de habitantes e a área de certa região. No caso do Rio Grande do Norte, em 2015, temos:

- quantidade estimada de habitantes: 3 442 175 hab.
- área: 52 811 km²

$$d_m = \frac{3\,442\,175}{52\,811} \simeq 65{,}18$$

Portanto, a densidade demográfica (d_m) estimada do Rio Grande do Norte, no ano 2015, era aproximadamente 65,18 hab./km² (lê-se: sessenta e cinco vírgula dezoito habitantes por quilômetro quadrado), ou seja, a cada 1 km² havia, em média, 65 habitantes.

3 Qual é a densidade demográfica de um município cuja área é aproximadamente 520 km² e cuja população é de cerca 40 000 habitantes?

Escala

A distância em linha reta entre os municípios de Natal e Mossoró é aproximadamente 245 km, e no mapa a seguir essa distância corresponde a 5 cm. Com essas informações, podemos determinar a **escala** do mapa.

Escala (e) é a razão entre o comprimento do que está na reprodução e o comprimento correspondente ao objeto real, na mesma unidade de medida.

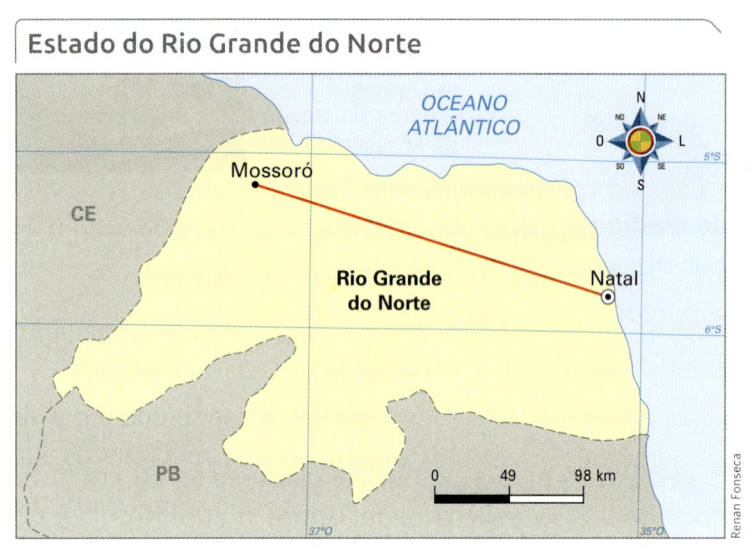

Estado do Rio Grande do Norte

Fonte de pesquisa: *Atlas geográfico escolar*. 6. ed. Rio de Janeiro: IBGE, 2012.

No caso desse mapa, temos:
- distância entre as cidades no mapa: 5 cm
- distância real aproximada: 245 km, ou seja, 24 500 000 cm

$$e = \frac{5 \text{ cm}}{245 \text{ km}} = \frac{5 \text{ cm}}{24\,500\,000 \text{ cm}} = \frac{1}{4\,900\,000}$$

(: 5)

Portanto, a escala desse mapa é $\frac{1}{4\,900\,000}$, ou seja, cada 1 cm do mapa corresponde a 4 900 000 cm ou 49 km na realidade.

> Em alguns mapas, como no mapa acima, a escala é indicada por um segmento de 1 cm com uma cota equivalente à distância real. Nesse caso, indica-se que cada centímetro corresponde a 49 km, ou seja, a escala é 1 : 4 900 000.

4 Em certo mapa a distância em linha reta entre duas cidades é 3,5 cm. Sabendo que a distância real entre essas cidades é 420 km, determine a escala desse mapa.

Densidade de um objeto

Certo cubo de madeira possui massa 70 g e volume 100 cm³. Com essas informações, podemos determinar a **densidade** desse cubo.

A **densidade** (*d*) de um objeto é a razão entre as grandezas massa e volume, em certas condições de temperatura. No caso desse cubo de madeira, temos:

- massa: 70 g
- volume: 100 cm³

$$d_c = \frac{70}{100} = 0{,}7$$

Portanto, a densidade desse cubo de madeira (d_c) é 0,7 g/cm³ (lê-se: zero vírgula sete gramas por centímetro cúbico), ou seja, cada 1 cm³ desse cubo tem massa de 0,7 g.

5 Uma peça de metal tem 300 g de massa e 0,125 dm³ de volume. Qual é a densidade dessa peça, em g/cm³?

> Lembre-se:
> 1 dm³ corresponde a 1 000 cm³.

Porcentagem

Dos 25 alunos de uma sala de aula do 7º ano, 14 são meninas. Com essas informações, podemos determinar a **porcentagem** de meninas em relação ao total de alunos dessa sala.

Sala de aula.

Porcentagem é uma razão que compara grandezas de mesma natureza e representa a parte considerada em um total de 100 partes iguais. Nesse caso, temos:

- quantidade de meninas: 14
- quantidade total de alunos: 25

$$p = \frac{14}{25} = 0{,}56 = \frac{56}{100} = 56\%$$

Portanto, a porcentagem (*p*) de meninas dessa turma de 7º ano é 56%.

6 Qual é a porcentagem de meninos dessa turma de 7º ano?

Atividades

1. Escreva uma razão para representar cada situação.

   a) Para preparar um suco são necessários 100 mL de suco concentrado para 1 000 mL de água.

   b) Durante um torneio de futebol, determinada equipe venceu 5 das 11 partidas disputadas.

   c) Na loja de roupas onde Marcelina trabalha, cada vendedor recebe R$ 4,00 de comissão para cada R$ 120,00 em produtos vendidos.

   d) A motocicleta de Florisvaldo consome cerca de 1 L de gasolina para percorrer 25 km.

2. Determine a altura de Paula sabendo que:
   - a razão entre as alturas de Paula e Marcelo é $\frac{4}{5}$;
   - Marcelo tem 1,75 m.

3. Qual foi a velocidade média de um automóvel que percorreu 255 km em três horas?

4. Todos os anos, durante as férias, Eduardo viaja de automóvel com sua família para um hotel localizado a 320 km de sua casa. Sabendo que na viagem de ida ele leva quatro horas para chegar lá, resolva.

   a) Se Eduardo sair de casa às 6 h 30 min da manhã, a que horas ele chegará com sua família a esse hotel fazenda?

   b) Calcule a velocidade média do automóvel de Eduardo em uma viagem até o hotel fazenda.

5. A Bahia é uma das 27 unidades federativas do Brasil. Ela possui 417 municípios e sua capital é Salvador. Veja na tabela informações acerca de alguns municípios desse estado.

Alguns municípios do estado da Bahia			
Município	População estimada (2015)	Área (km²)	Densidade demográfica (hab./km²)
Salvador	2 921 087	692,820	4 216,22
Feira de Santana	617 528	1 337,993	461,53
Vitória da Conquista	343 230	3 704,018	92,66
Juazeiro	218 324	6 500,691	33,58
Ilhéus	180 213	1 584,693	113,72

Fonte de pesquisa: IBGE. Disponível em: <www.cidades.ibge.gov.br/xtras/perfil.php?lang=&codmun=292740&search=bahia>. Acesso em: 04 fev. 2016.

   a) Dos municípios citados na tabela, qual deles tem a maior:
   - quantidade estimada de habitantes?
   - área territorial?
   - densidade demográfica?

   b) A população estimada de Vitória da Conquista é maior que a de Ilhéus. O mesmo não ocorre com a densidade demográfica. Por quê?

6. Em um mapa, a distância em linha reta entre duas cidades é 15 cm, o que corresponde a 450 km. Nesse mesmo mapa a distância entre outras duas cidades é 5 cm. Qual é a distância real, em quilômetros, entre elas?

7. Observe a seguir a planta baixa de uma casa na qual foi utilizada uma escala de 1:120.

a) Nessa planta baixa, 8 cm correspondem a quantos metros da casa?
b) Um comprimento de 6 m na casa corresponde a quantos centímetros na planta baixa?
c) Quais são, em metros, o comprimento e a largura em tamanho real dessa casa?

8. (Enem/Inep) Um biólogo mediu a altura de cinco árvores distintas e representou-as em uma mesma malha quadriculada, utilizando escalas diferentes, conforme indicações na figura a seguir.

I — 1:100
II — 2:100
III — 2:300
IV — 1:300
V — 2:300

Qual é a árvore que apresenta a maior altura real?

a) I   b) II   c) III   d) IV   e) V

9. Um objeto possui massa de 5 000 g e volume de 5 L. Qual é a densidade desse objeto?

10. Qual é a massa de um objeto com volume igual a 35 cm³ e densidade igual a 20 g/cm³?

11. O mercúrio (Hg) é um metal naturalmente encontrado na crosta terrestre, ocorrendo no ar, no solo e na água. Ele é prateado e brilhante e permanece em estado líquido na temperatura ambiente. Uma porção de mercúrio de massa de 2 720 g tem volume de 200 cm³. Qual é a densidade desse metal?

O mercúrio é um elemento tóxico e pode ocasionar a morte do indivíduo que o ingere.

12. A água do mar possui uma densidade maior que a água doce, pois nela estão dissolvidas diversas substâncias, como o cloreto de sódio (sal de cozinha). Veja no quadro abaixo as densidades, em certas condições, de uma amostra de água doce (retirada de um rio) e de uma amostra de água salgada (retirada do mar).

Água	Densidade
Doce	1,00 g/cm³
Salgada	1,03 g/cm³

Veja a seguir o experimento que Vítor fez em sua casa.

1º momento

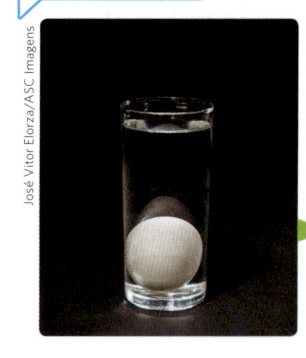

Coloca-se um ovo dentro de um copo com água doce (retirada do rio).

2º momento

Adiciona-se sal na água.

3º momento

O ovo, que estava no fundo, subiu e ficou na superfície.

a) O ovo afunda na água porque a sua densidade é maior que a densidade da água. Por que o ovo subiu quando Vítor colocou sal na água?

b) Como vimos anteriormente, a densidade de um objeto é a razão entre as grandezas massa e volume em certas condições de temperatura. Considerando dois objetos de mesma massa, o que tiver maior volume terá maior ou menor densidade?

13. Ao conferir uma prova de conclusão de curso, Mateus verificou que acertou 90% de todas as 90 questões. Sabendo que ele acertou 80% das 50 questões de Português, que percentual das questões de Matemática ele acertou?

14. Cristiano comprou um televisor pelo qual pagará, ao todo, R$ 1 275,00. Desse valor, 20% corresponde à entrada e o restante será pago em 3 prestações mensais iguais.

Para saber qual é o valor da entrada, podemos realizar o seguinte cálculo:

$$20\% \text{ de } 1\,275 \rightarrow \frac{20}{100} \cdot 1\,275 = \frac{25\,500}{100} = 255$$

Portanto, a entrada será de R$ 255,00.

Outra maneira é calcular mentalmente 10% de R$ 1 275,00, obtendo R$ 127,50. Depois, multiplicar o resultado por 2, obtendo R$ 255,00, que corresponde ao valor da entrada.

a) Quantos reais Cristiano vai pagar em cada prestação?

b) O valor de cada prestação corresponde a que porcentagem do total que será pago?

15. Geísa deseja comprar um caderno que custa R$ 9,00, porém possui apenas R$ 6,30.

a) Que quantia falta para Geísa pode comprar esse caderno?

b) A quantia que ela já possui corresponde a que porcentagem do preço do caderno?

16. Na caixa ao lado foram colocadas várias bolas. Uma pessoa deve retirar uma bola dessa caixa ao acaso e sem vê-la.

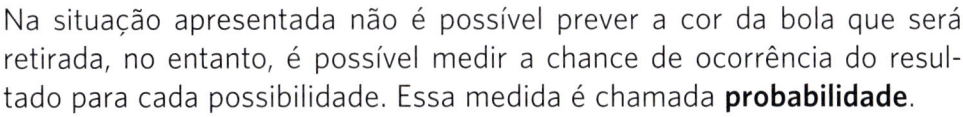

Na situação apresentada não é possível prever a cor da bola que será retirada, no entanto, é possível medir a chance de ocorrência do resultado para cada possibilidade. Essa medida é chamada **probabilidade**.

A probabilidade de a pessoa retirar uma bola azul, por exemplo, é calculada da seguinte maneira:

$$\text{Probabilidade} = \frac{\text{quantidade de possibilidades favoráveis}}{\text{quantidade total de possibilidades}}$$

Como a quantidade de possibilidades favoráveis é 3, pois há 3 bolas azuis, e a de resultados possíveis é 14, pois há 14 bolas no total, temos o seguinte resultado:

$$\text{Probabilidade} = \frac{3}{14} \begin{array}{l} \rightarrow \text{possibilidades favoráveis} \\ \rightarrow \text{total de possibilidades} \end{array}$$

Nesse caso, dizemos que a probabilidade de se retirar uma bola azul da caixa é 3 em 14 ou $\frac{3}{14}$.

De maneira semelhante, calcule a probabilidade de se retirar dessa caixa, sem olhar, uma bola:

a) preta
b) amarela
c) vermelha

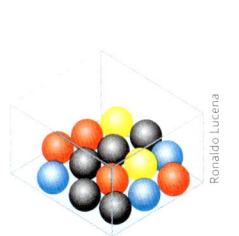

Valores em ação

Prudência no trânsito

Algumas pessoas idosas guardam ditados populares que trazem grandes ensinamentos. Você já ouviu um ditado afirmando que "a pressa é inimiga da perfeição"? Ele poderia ser muito bem aplicado quando o assunto é o excesso de velocidade, praticado por motoristas nas rodovias, estradas, avenidas e ruas de todo o Brasil. Infelizmente essa imprudência no trânsito causa muitos acidentes fatais ou com graves sequelas aos envolvidos, sejam motoristas, passageiros ou pedestres.

Apesar de haver uma legislação rígida contra essa infração de trânsito, com multas que custam caro ao condutor, a quantidade de acidentes decorrentes desse comportamento ainda é muito grande e poderia ser evitada se todos tivessem **prudência** no trânsito. No estado do Paraná, no primeiro semestre de 2015, por exemplo, foram emitidas cerca de 665 000 multas para motoristas que dirigiam acima da velocidade máxima permitida. Nesse total estão incluídas três infrações previstas no artigo 218 do Código de Trânsito Brasileiro (CTB). Veja na tabela a seguir.

Multas por exceder a velocidade máxima permitida, no Paraná, em 2014		
Enquadramento da velocidade	Classificação da infração	Valor da multa (R$)
em até 20%	média	85,13
em mais de 20% e até 50%	grave	127,69
em mais de 50%	gravíssima	574,60

Fonte de pesquisa: Departamento de Trânsito do Paraná. Disponível em: <http://www.detran.pr.gov.br/modules/noticias/article.php?storyid=1694&tit=Multas-por-excesso-de-velocidade-aumentam-43-no-primeiro-semestre>. Acesso em: 5 fev. 2016.

Dirigir o veículo dentro dos padrões estabelecidos evita o pagamento de multas, porém, mais importante do que isso é evitar acidentes, que podem causar mortes. De acordo com levantamentos feitos em 2014 pelo Departamento de Trânsito do Paraná (Detran/PR), cerca de um terço dos acidentes poderia ser evitado se os motoristas respeitassem os limites de velocidade.

Placa indicando a velocidade máxima permitida em um trecho da rodovia BR-153, cidade de Goiatuba, Goiás.

1. Em sua opinião, por que é importante conduzir um veículo dentro dos limites de velocidade?

2. Um motorista foi flagrado dirigindo a uma velocidade de 100 km/h onde a velocidade máxima permitida era 80 km/h. De acordo com o Código Brasileiro de Trânsito, qual é a classificação dessa infração e qual será o valor da multa que ele deverá pagar?

3. Que relação você faz entre o ditado "a pressa é inimiga da perfeição" e o texto apresentado nesta página?

Grandezas diretamente proporcionais

No início do capítulo, vimos que o automóvel de Mateus percorre 12 km com 1 L de combustível.

Quantidade de combustível (L)	Distância percorrida (km)
1	12
2	24
3	36
4	48
...	...

Observe novamente, no quadro ao lado, as relações estabelecidas pelo carro de Mateus. Podemos verificar que as grandezas "quantidade de combustível" e "distância percorrida" estão relacionadas da seguinte maneira: se a quantidade de combustível aumentar 2 vezes, a distância percorrida aumentará 2 vezes; se a quantidade de combustível aumentar 3 vezes, a distância percorrida também aumentará 3 vezes; se a quantidade de combustível for reduzida pela metade, a distância percorrida também será reduzida pela metade.

Nesse caso, dizemos que as grandezas "quantidade de combustível" e "distância percorrida" são **grandezas diretamente proporcionais**.

Assim, para determinar a distância percorrida com 10 L de combustível, podemos construir o quadro a seguir.

Quantidade de combustível (L)	Distância percorrida (km)
1	12
10	?

·10 → ← ·10

Como a quantidade de combustível aumentou 10 vezes, a distância percorrida também aumentará 10 vezes.

$$12 \cdot 10 = 120$$

Portanto, o automóvel de Mateus percorre 120 km com 10 L de combustível.

Podemos construir um gráfico para representar essa situação. Observe que no gráfico abaixo os pontos que indicam a distância percorrida de acordo com a quantidade de combustível formam uma linha reta, e a quantidade de 0 L de combustível corresponde a uma distância percorrida de 0 km.

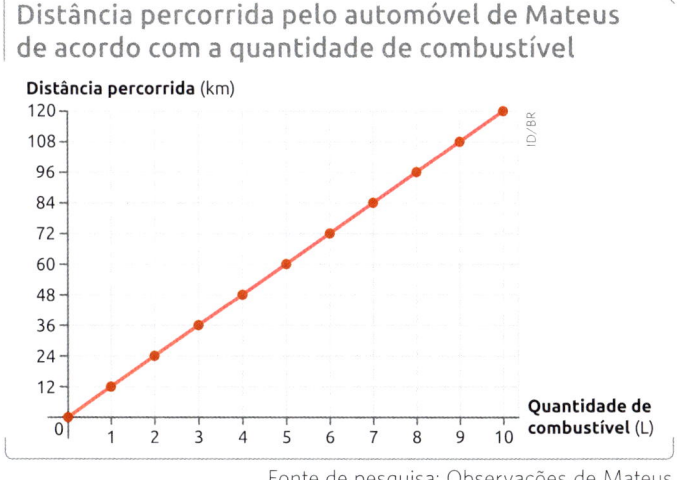

Distância percorrida pelo automóvel de Mateus de acordo com a quantidade de combustível

Fonte de pesquisa: Observações de Mateus.

Grandezas inversamente proporcionais

Pedro contratou dois pintores para pintar sua casa. Eles estimaram um prazo de seis dias para realizar o serviço. Considerando esse mesmo ritmo de trabalho, em quantos dias quatro pintores realizariam a pintura dessa casa?

Podemos organizar essas informações no quadro a seguir:

Quantidade de pintores	Quantidade de dias
2	6
4	?

·2 →   :2 ←

Nessa situação, temos as grandezas "quantidade de pintores" e "quantidade de dias". Vamos considerar que, se a quantidade de pintores aumentasse 2 vezes, então a quantidade de dias de trabalho seria reduzida à metade.

Assim, para determinar a quantidade de dias de trabalho, caso fossem contratados quatro pintores, basta calcular:

$$6 : 2 = 3$$

Portanto, quatro pintores realizariam a pintura da casa em 3 dias.

Nesse caso, dizemos que as grandezas "quantidade de pintores" e "quantidade de dias" são **grandezas inversamente proporcionais**.

1 E se Pedro contratasse apenas um pintor, em quantos dias ele realizaria a pintura?

Grandezas não proporcionais

Nem sempre duas grandezas relacionadas entre si são proporcionais, por exemplo, a idade e a massa de uma criança. Veja a seguinte situação.

Idade (anos)	Massa (kg)
1	10
4	?

·4 →   ·? ←

Com 1 ano de idade, a massa de Ana era 10 kg. Considerando apenas essa informação, podemos determinar a massa dela aos 4 anos de idade?

Como não há uma relação de proporcionalidade entre a idade e a massa de uma criança, não podemos concluir que a massa de Ana será 4 vezes maior que sua massa quando tinha 1 ano de idade.

No gráfico ao lado está representada a massa de Ana nos cinco primeiros anos de vida. Observe que os pontos que indicam a sua massa não formam uma linha reta.

Massa de Ana de acordo com a idade (0 a 5 anos)

Massa (kg): 3,5 (0); 10 (1); 12 (2); 15 (3); 17,5 (4); 19 (5)

Fonte de pesquisa: Pediatra de Ana.

Atividades

17. Quais das situações a seguir apresentam grandezas inversamente proporcionais?

a) Comprimento e idade de um cão.

b) Quantidade de funcionários e tempo estimado para cumprir certa tarefa.

c) Velocidade média de um automóvel e tempo gasto para percorrer determinada distância.

d) Idade e massa corporal.

e) A quantia a ser paga e quantidade de pães comprados.

18. Em cada item, verifique se as grandezas A e B podem ser proporcionais ou não. Em caso afirmativo, classifique-as em diretamente ou inversamente proporcionais.

a)
A	B
10	20
12	24

b)
A	B
3	27
4	64

c)
A	B
36	10
20	18

d)
A	B
15	60
40	52

19. Determine o valor de cada incógnita nos itens a seguir.

a) A e B são grandezas diretamente proporcionais.

A	B
x	2
30	5

A	B
6	y
8	40

b) C e D são grandezas inversamente proporcionais.

C	D
4	36
z	16

C	D
11	24
6	w

20. Em cada item abaixo, as grandezas são proporcionais. Identifique-as e classifique essas grandezas em diretamente ou inversamente proporcionais.

a) Uma medida de suco concentrado prepara 1 litro de suco; duas medidas preparam 2 litros.

b)
Quantidade de pessoas por grupo	Quantidade de grupos
5	8
10	4

c) Uma impressora imprime 300 páginas em 20 minutos; duas impressoras com velocidades iguais imprimem 300 páginas em 10 minutos.

d) Valor pago pelo quilograma da laranja

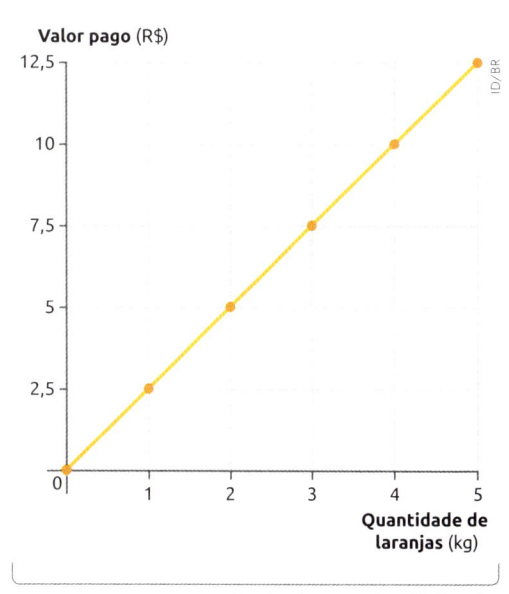

Fonte de pesquisa: Quitanda.

e)
Quantidade de peças produzidas	horas
5 000	4 h
10 000	8 h

21. Determinada loja oferece diferentes opções de parcelamento em uma compra. Em todas as opções, o valor total a ser pago é sempre o mesmo. O quadro a seguir apresenta algumas dessas opções.

Quantidade de parcelas	Valor das parcelas (R$)
2	750,00
3	500,00
4	375,00
...	...

a) Qual seria o valor de cada parcela se a compra fosse paga em 10 parcelas? E se fosse paga em 12 parcelas?

b) Aumentando a quantidade de parcelas, o valor de cada uma das parcelas aumenta ou diminui?

c) A quantidade de parcelas e o valor delas são grandezas diretamente ou inversamente proporcionais?

22. A área de um quadrado de lado ℓ é dada por $A = \ell^2$.

a) Copie e complete o quadro com a área de cada quadrado.

Lado do quadrado (cm)	Área do quadrado (cm²)
1	
2	
3	
4	

b) Qual é a área de um quadrado cujo lado mede 10 cm?

c) A área do quadrado é proporcional à medida do seu lado? Justifique.

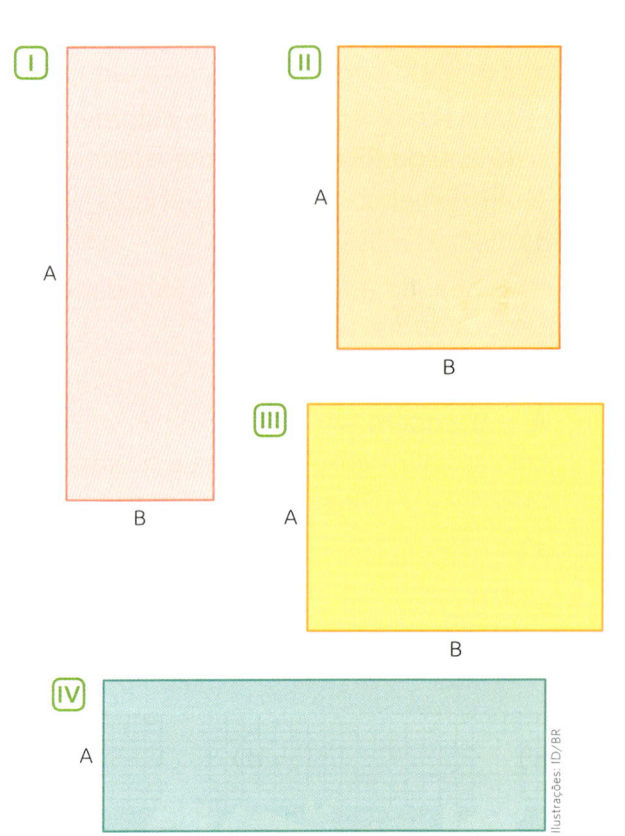

23. Junte-se a um colega e, com uma régua, meçam os lados A e B dos retângulos a seguir.

a) Copiem o quadro e completem-no com as medidas que vocês obtiveram.

Retângulo	Medida do lado A	Medida do lado B
I		
II		
III		
IV		

b) Determinem a área desses retângulos. O que vocês podem perceber em relação aos valores obtidos?

c) Se diminuirmos a medida do lado A, sem que o valor da área seja alterado, a medida lado B aumenta ou diminui?

Proporção

O quadro a seguir mostra funcionários das empresas **A**, **B** e **C** que possuem ou não possuem automóvel.

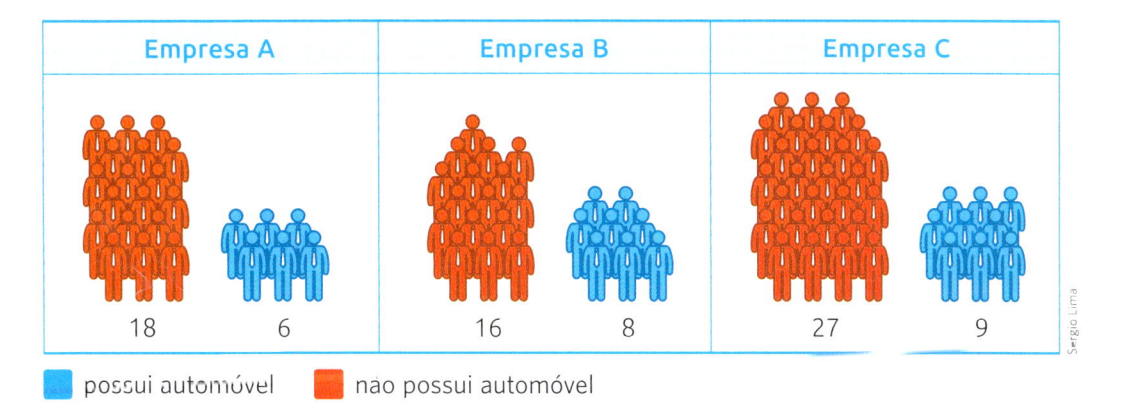

Empresa A	Empresa B	Empresa C
18 6	16 8	27 9

■ possui automóvel   ■ não possui automóvel

Com base nesse quadro, percebemos a razão entre a quantidade de funcionários que possuem automóvel e a quantidade total de funcionários das empresas, conforme abaixo.

- Empresa **A**

$$\frac{6}{18+6} = \frac{6}{24} = \frac{1}{4}$$

Um em cada quatro funcionários da empresa **A** possui automóvel.

- Empresa **B**

$$\frac{8}{16+8} = \frac{8}{24} = \frac{1}{3}$$

Um em cada três funcionários da empresa **B** possui automóvel.

- Empresa **C**

$$\frac{9}{27+9} = \frac{9}{36} = \frac{1}{4}$$

Um em cada quatro funcionários da empresa **C** possui automóvel.

Note que a razão entre a quantidade de funcionários que possuem automóvel e a quantidade total de funcionários das empresas **A** e **C** é igual, por isso dizemos que essas duas razões formam uma **proporção**.

Podemos indicar essa proporção por $\frac{6}{24} = \frac{9}{36}$ (lê-se: seis está para vinte e quatro assim como nove está para trinta e seis).

> Quando a razão entre os números não nulos a e b é igual à **razão** entre os números não nulos c e d, dizemos que $\frac{a}{b} = \frac{c}{d}$ é uma **proporção**.

Calculando os produtos entre o numerador de uma fração e o denominador de outra na proporção $\frac{6}{24} = \frac{9}{36}$, temos:

$$\frac{6}{24} = \frac{9}{36}$$
$$9 \cdot 24 = 6 \cdot 36$$
$$216 = 216$$

Nesse caso ambos apresentam os mesmos produtos, e isso ocorre sempre que a razão for uma proporção.

Em toda proporção $\frac{a}{b} = \frac{c}{d}$, com os números não nulos a, b, c, d, temos $a \cdot d = b \cdot c$. Temos também que, se a, b, c, d são números não nulos, tais que $a \cdot d = b \cdot c$, então $\frac{a}{b} = \frac{c}{d}$ é uma proporção. Essa propriedade é conhecida como **propriedade fundamental das proporções**.

Regra de três simples

Agora vamos estudar a **regra de três simples**, um método utilizado para resolver problemas que envolvem grandezas proporcionais.

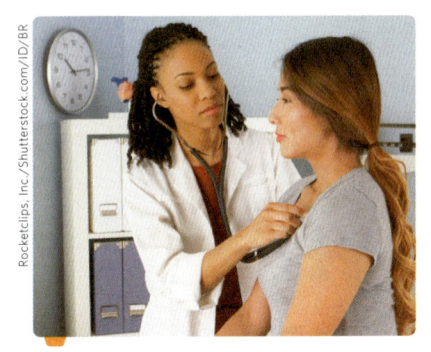

Regra de três simples com grandezas diretamente proporcionais

Na bula do medicamento receitado pela médica de Patrícia consta que a dosagem diária recomendada é 4 gotas para cada 10 kg de massa corporal do paciente. Se a massa corporal de Patrícia é 65 kg, quantas gotas desse medicamento ela deve tomar por dia?

Consultar periodicamente seu médico contribui para a manutenção de sua saúde, pois muitas doenças podem ser evitadas seguindo-se as orientações médicas. Há ainda doenças que podem ser facilmente tratadas quando diagnosticadas em fase inicial pelo médico.

Massa (kg)	Quantidade de medicamento (gota)
10	4
65	?

> Não tome medicamentos sem a orientação de seu médico ou dentista.

Nessa situação, a dose do medicamento e a massa da paciente são **grandezas diretamente proporcionais**, pois, se a massa do paciente dobra, a quantidade de medicamento também deve dobrar; se a massa do paciente triplica, a quantidade de medicamento também deve triplicar; e assim por diante.

Utilizando x para representar a quantidade de gotas do medicamento, podemos escrever e resolver a seguinte proporção:

$$\frac{10}{65} = \frac{4}{x}$$
$$10 \cdot x = 4 \cdot 65$$
$$10x = 260$$
$$\frac{10x}{10} = \frac{260}{10}$$
$$x = 26$$

Portanto, Patrícia deve tomar 26 gotas do medicamento.

1 Quantas gotas desse medicamento Patrícia deveria tomar se sua massa fosse 55 kg?

Veja agora uma situação envolvendo porcentagem que pode ser resolvida por meio de uma regra de três.

A reforma da casa de Juvenal custou R$ 13 750,00. Desse valor, R$ 4 675,00 foram gastos com a pintura da casa. Que porcentagem do custo total gasto na reforma corresponde aos gastos com a pintura?

Nessa situação, podemos verificar que o valor gasto com a pintura é diretamente proporcional ao valor total gasto na reforma.

Considerando o total gasto, ou seja 100%, podemos construir o quadro ao lado.

Valor gasto (R$)	Porcentagem (%)
13 750	100
4 675	?

Utilizando x para representar a porcentagem correspondente aos gastos com a pintura, podemos escrever e resolver a seguinte proporção:

$$\frac{13\,750}{4\,675} = \frac{100}{x}$$
$$13\,750 \cdot x = 4\,675 \cdot 100$$
$$13\,750x = 467\,500$$
$$\frac{13\,750x}{13\,750} = \frac{467\,500}{13\,750}$$
$$x = 34$$

Portanto, o gasto com a pintura corresponde a 34% do valor total da reforma.

Regra de três simples com grandezas inversamente proporcionais

Ao estudar grandezas inversamente proporcionais, analisamos uma situação em que Pedro havia contratado dois pintores para pintar sua casa em 6 dias. Daí concluímos que, caso Pedro contratasse 4 pintores, esse mesmo trabalho seria realizado em 3 dias. Observe o quadro ao lado.

Quantidade de pintores	Quantidade de dias
2	6
4	3

Nessa situação, se a quantidade de pintores aumentar 2 vezes, a quantidade de dias de trabalho será reduzida à metade. Reduzindo à metade a quantidade de pintores, a quantidade de dias de trabalho será duplicada, e assim por diante, uma vez que essas **grandezas são inversamente proporcionais**.

De acordo com as informações apresentadas nesse quadro, escrevemos as razões:

$$\frac{2}{4} = 0{,}5 \text{ e } \frac{6}{3} = 2$$

Observe que os resultados são diferentes, ou seja, $\frac{2}{4} \neq \frac{6}{3}$. Logo, não temos uma proporção.

Porém, caso uma dessas razões seja invertida, teremos uma proporção.

- Invertendo a razão $\frac{2}{4}$, temos:

$\frac{4}{2} = 2$ e $\frac{6}{3} = 2$. Logo, $\frac{4}{2} = \frac{6}{3}$ é uma proporção.

- Invertendo a razão $\frac{6}{3}$, temos:

$\frac{2}{4} = 0{,}5$ e $\frac{3}{6} = 0{,}5$. Logo, $\frac{2}{4} = \frac{3}{6}$ é uma proporção.

Considerando a pintura da casa de Pedro, e o mesmo ritmo de trabalho, em quantos dias 3 pintores realizariam essa tarefa?

Quantidade de pintores	Quantidade de dias
2	6
3	?

Utilizando x para representar a quantidade de dias e, sabendo que as grandezas são inversamente proporcionais, invertemos uma das razões e escrevemos as seguintes proporções:

$$\frac{3}{2} = \frac{6}{x} \text{ ou } \frac{2}{3} = \frac{x}{6}$$

> Em cada uma dessas proporções, uma das razões foi invertida.

Resolvendo uma dessas proporções:

$$\frac{3}{2} = \frac{6}{x}$$
$$3 \cdot x = 2 \cdot 6$$
$$3x = 12$$
$$\frac{3x}{3} = \frac{12}{3}$$
$$x = 4$$

Portanto, 3 pintores realizariam a pintura da casa em 4 dias.

2 Resolva a proporção $\frac{2}{3} = \frac{x}{6}$ e verifique que o resultado obtido será o mesmo.

Veja outra situação que pode ser resolvida por meio de uma regra de três.

Certo reservatório é abastecido por 5 torneiras, todas com a mesma vazão. Elas, quando abertas, enchem o reservatório em 3 horas. Caso houvesse apenas 2 dessas torneiras em funcionamento, em quantas horas o reservatório ficaria cheio?

Nesse caso, a quantidade de torneiras e o tempo para encher o reservatório são grandezas inversamente proporcionais, pois se a quantidade de torneiras diminui, o tempo aumenta proporcionalmente.

Quantidade de torneiras	Tempo (horas)
5	3
2	?

Utilizando x para representar a quantidade de horas para encher o reservatório, escrevemos as proporções:

$$\frac{2}{5} = \frac{3}{x} \text{ ou } \frac{5}{2} = \frac{x}{3}$$

> Em cada uma dessas proporções, uma das razões foi invertida.

Resolvendo qualquer uma dessas proporções:

$$\frac{2}{5} = \frac{3}{x}$$
$$2 \cdot x = 5 \cdot 3$$
$$2x = 15$$
$$\frac{2x}{2} = \frac{15}{2}$$
$$x = 7,5$$

Portanto, duas torneiras encherão o reservatório em 7,5 h, ou seja, 7 h 30 min.

Atividades

24. Determine quais razões a seguir formam uma proporção.

a) $\dfrac{3}{5}$ e $\dfrac{9}{15}$

b) $\dfrac{2}{30}$ e $\dfrac{1}{15}$

c) $\dfrac{8}{10}$ e $\dfrac{10}{12}$

d) $\dfrac{4}{12}$ e $\dfrac{6}{16}$

25. Consideremos que os números a e b sejam diretamente proporcionais aos números c e d, respectivamente, se $\dfrac{a}{c} = \dfrac{b}{d}$. Assim, os números 2 e 5, por exemplo, são diretamente proporcionais aos números 6 e 15, respectivamente, pois $\dfrac{2}{6} = \dfrac{5}{15}$.

a) Verifique se os números:
- 3 e 7 são diretamente proporcionais aos números 15 e 35, respectivamente;
- 9 e 4 são diretamente proporcionais aos números 27 e 16, respectivamente.

b) Sabendo que os números 2 e 5 são diretamente proporcionais a x e 20, respectivamente, determine o valor de x.

26. Observe como Bernardo determinou 40% de R$ 15,00.

$\dfrac{40}{100} = \dfrac{x}{15}$

$100x = 40 \cdot 15$

$100x = 600$

$x = \dfrac{600}{100}$

$x = 6$

Portanto, 40% de R$ 15,00 é igual a R$ 6,00.

Agora, de maneira semelhante, determine:

a) 15% de R$ 60,00
b) 80% de R$ 55,00
c) 24% de R$ 50,00

27. Leia os itens a seguir e copie apenas as informações verdadeiras.

a) A massa de uma pessoa é diretamente proporcional à sua idade.

b) A população de um país é diretamente proporcional à sua extensão territorial.

c) Uma pessoa vai cobrir o piso de uma garagem com lajotas. A quantidade de lajotas a ser usada é diretamente proporcional à superfície do piso da garagem.

d) Uma pessoa que toma, em média, 2 L de água por dia, em trinta dias tomará, em média, 60 L.

e) Se 3 m de um tecido custam R$ 45,00, 12 m desse mesmo tecido custam R$ 180,00.

f) Se 5 dólares equivalem a R$ 8,10, 25 dólares equivalem a R$ 40,50.

28. Alguns amigos viajaram juntos no fim do ano. Buscando economia e conforto, eles fretaram um micro-ônibus com capacidade para 25 passageiros. O grupo irá pagar esse serviço em dez parcelas fixas de R$ 350,00, independentemente da quantidade de pessoas que realizarem a viagem. Eles combinaram que o total gasto com o frete do micro-ônibus será igualmente dividido entre as pessoas que realizarem a viagem.

a) Considere as grandezas "quantidade de pessoas" e "valor pago por pessoa". Essas grandezas são diretamente proporcionais ou inversamente proporcionais?

b) Calcule o valor pago por pessoa supondo que eles viajem em:
- 10 pessoas.
- 20 pessoas.
- 14 pessoas.
- 8 pessoas.

c) Qual é o valor mínimo que poderá ser pago por pessoa?

29. Uma torneira gotejando chega a desperdiçar 23 L de água em 12 horas. Quantos litros de água uma torneira gotejando chega a desperdiçar em um dia?

Litros de água desperdiçados	Tempo (horas)
23	12
x	24

30. Em uma feira livre a dúzia de bananas está sendo vendida por R$ 3,00. Caso um consumidor queira comprar apenas oito bananas, quanto ele vai pagar?

Quantidade de bananas	Valor (R$)
12	3
8	x

31. A receita de um bolo pede 4 ovos a cada 3 xícaras de farinha de trigo, entre outros ingredientes. Qual é a quantidade de farinha de trigo caso sejam utilizados 6 ovos nessa receita?

32. Observe o esquema e determine a altura de Luan sabendo que Gisele tem 1,70 m de altura.

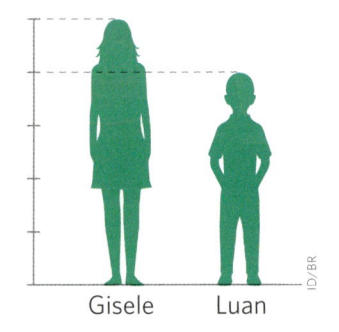

33. Sabendo que 25% de certa quantidade é equivale a 8 unidades, responda:
a) Quantas unidades correspondem a 100%?
b) Quantos por cento correspondem a 24 unidades?

34. Cláudia comprou um protetor solar e obteve R$ 8,40 de desconto, que correspondem a 20% do valor do produto.
a) Qual era o valor desse protetor solar?
b) Quantos reais Cláudia pagou pelo produto?

35. Das 28 camisetas que Saulo possui, 25% são brancas. Caso ele compre mais 2 camisetas brancas, que porcentagem representará a quantidade de camisetas brancas em relação ao total?

36. Uma cantina fez uma promoção para incentivar o consumo de sanduíche natural entre os estudantes. Para isso, cada estudante recebeu um desconto de 30% sobre o preço do sanduíche e pagou R$ 3,50. Qual era o valor do sanduíche sem o desconto?

37. Um serralheiro cortou uma barra metálica em cinco partes de 60 cm de comprimento cada uma. Se em vez de cinco partes ele tivesse dividido a mesma barra em quatro partes, qual seria a medida de cada parte?

38. A água de um tanque foi totalmente escoada por três bombas iguais em 48 minutos. Caso fosse utilizada mais uma bomba igual a essas, quantos minutos seriam necessários para escoar a água desse tanque?

39. Com 250 mL de suco concentrado é possível preparar 2 L de suco pronto para o consumo.
a) Quantos mililitros (mL) de concentrado são necessários para preparar 5 L de suco?
b) Com certa quantidade de suco é possível encher 6 copos de 300 mL. Quantos copos de 200 mL é possível encher com essa mesma quantidade de suco?

40. Podemos resolver geometricamente uma situação que envolva regra de três simples com grandezas diretamente proporcionais. Por exemplo, se uma máquina produz quatro peças em três minutos, quantas peças ela produzirá em seis minutos?
Inicialmente determinamos a proporção:

Tempo (minutos)	Quantidade de peças
3	4
6	x

$$\frac{3}{6} = \frac{4}{x}$$

Em seguida, construímos um par de eixos perpendiculares entre si em uma malha quadriculada, nomeamos cada eixo com uma grandeza e determinamos a escala. Então, indicamos nos eixos os três valores fornecidos no problema e traçamos uma reta sobre os pontos correspondentes às grandezas relacionadas (3 está para 4).

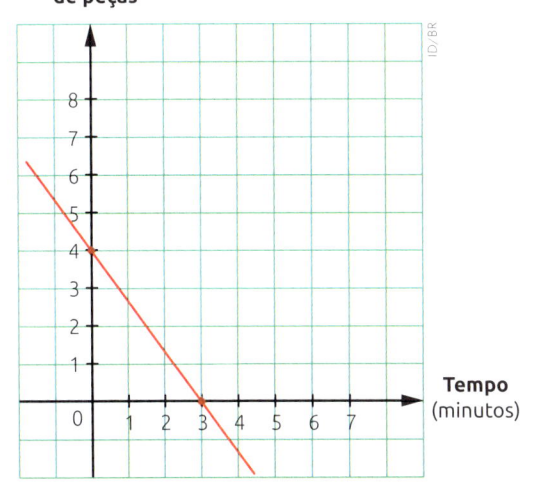

Em seguida, traçamos outra reta, paralela à reta já traçada, sobre o ponto correspondente ao terceiro valor conhecido, ou seja, 6 minutos. O ponto onde a nova reta cruza o eixo "quantidade de peças" indica a quantidade de peças produzidas em seis minutos.

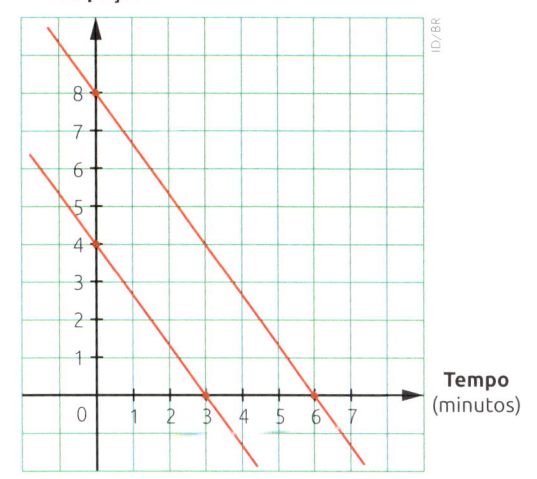

Portanto, conforme o gráfico acima, a máquina produz oito peças em 6 minutos.
Utilizando um par de esquadros e uma régua, resolva geometricamente os itens abaixo em uma malha quadriculada.

a) Uma empresa de lavagem de carros realiza a limpeza de oito carros a cada quatro horas. Mantendo a mesma proporção, quantos carros são lavados em três horas?

b) Em uma prova, cada 2 acertos vale 3 pontos. Quantos acertos teve uma pessoa que marcou 12 pontos nessa prova?

41. Observe um modo de converter 0,5 hora em minutos.

Hora	Minutos
0,5	x
1	60

$$\frac{0,5}{1} = \frac{x}{60}$$
$$0,5 \cdot 60 = 1 \cdot x$$
$$30 = x$$

Portanto, 0,5 hora corresponde a 30 minutos.
Adotando a mesma estratégia, determine os minutos correspondentes em cada item.

a) 0,15 h
b) 0,4 h
c) 0,9 h
d) 1,25 h

Regra de três composta

Estudamos anteriormente a regra de três simples, relacionando duas grandezas direta ou inversamente proporcionais. A partir de agora vamos aprofundar o estudo desse tema, porém relacionando mais de duas grandezas, diretamente proporcionais ou inversamente proporcionais. Para esses casos, utilizaremos a **regra de três composta**.

Regra de três composta com grandezas diretamente proporcionais

Aline é microempresária do ramo alimentício e seus principais produtos são panquecas salgadas e doces. Trabalhando sozinha, ela produz 16 panquecas em duas horas. Para ampliar a produção e atender aos pedidos que tem recebido, Aline contratou duas pessoas, que vão trabalhar com ela seis horas por dia. Com o objetivo de estimar a produção diária de panquecas com as novas contratações, Aline construiu o quadro a seguir.

Quantidade de pessoas	Tempo (h)	Quantidade de panquecas
1	2	16
3	6	x

No quadro, x representa a quantidade de panquecas produzidas por três pessoas em seis horas de trabalho.

Considerando um ritmo de produção constante e analisando as grandezas duas a duas, chegamos a algumas conclusões.

- Mantendo fixa a grandeza "tempo".

    Quanto mais pessoas trabalharem, mais panquecas serão produzidas. Duplicando a quantidade de pessoas, a quantidade de panquecas também duplicará; triplicando a quantidade de pessoas, a quantidade de panquecas também triplicará; reduzindo a quantidade de pessoas à metade, a quantidade de panquecas também será reduzida à metade; e assim por diante. Ou seja, as grandezas "quantidade de pessoas" e "quantidade de panquecas" são diretamente proporcionais.

- Mantendo fixa a grandeza "quantidade de pessoas".

    Quanto maior o tempo de trabalho dessas pessoas, maior será a quantidade de panquecas produzidas. Duplicando a quantidade de horas, a quantidade de panquecas também duplicará; triplicando a quantidade de horas, a quantidade de panquecas também triplicará; reduzindo a quantidade de horas à metade, a quantidade de panquecas também será reduzida à metade; e assim por diante. Portanto, as grandezas "tempo" e "quantidade" de panquecas são diretamente proporcionais.

Nessa análise verificamos que a grandeza "quantidade de panquecas" é **diretamente proporcional** às outras duas grandezas.

Em uma regra de três composta, se uma grandeza é diretamente proporcional a outras duas grandezas, então ela é proporcional ao produto dessas duas grandezas.

Desse modo, escrevemos:

$$\frac{1}{3} \cdot \frac{2}{6} = \frac{16}{x}$$

$$\frac{2}{18} = \frac{16}{x}$$

$$2 \cdot x = 18 \cdot 16$$

$$2x = 288$$

$$x = \frac{288}{2}$$

$$x = 144$$

Portanto, 3 pessoas trabalhando durante 6 horas produzirão 144 panquecas.

Regra de três composta com grandezas inversamente proporcionais

Marcilene é gerente de produção em uma confecção e recebeu um pedido para produzir 150 camisas. Ela já havia calculado que 4 funcionários produzem 100 camisas em 5 horas. Mantendo o mesmo ritmo de produção, em quanto tempo 5 funcionários produzem 150 camisas?

Veja no quadro abaixo as anotações de Marcilene.

Quantidade de funcionários	Quantidade de camisas	Tempo (h)
4	100	5
5	150	x

No quadro, x representa o tempo de produção de 150 camisas por 5 funcionários.

Considerando um ritmo de produção constante e analisando as grandezas duas a duas, chegamos a algumas conclusões.

- Mantendo fixa a grandeza "quantidade de camisas".

  Quanto maior a quantidade de funcionários, menor o tempo necessário para produzir essas camisas. Duplicando a quantidade de funcionários, a quantidade de tempo será reduzida à metade; triplicando a quantidade de funcionários, a quantidade de tempo será reduzida à terça parte; reduzindo à metade a quantidade de funcionários, a quantidade de tempo será duplicada; e assim por diante. Portanto, as grandezas "quantidade de funcionários" e "tempo" são inversamente proporcionais.

- Mantendo fixa a grandeza "quantidade de funcionários".

  Quanto maior o tempo de trabalho desses funcionários, maior a quantidade de camisas produzidas. Duplicando o tempo dos funcionários, a quantidade de camisas também duplicará; reduzindo o tempo dos funcionários à metade, a quantidade de camisas também será reduzida à metade; e assim por diante. Assim, as grandezas "quantidade de camisas" e "tempo" são diretamente proporcionais.

Como as grandezas "quantidade de funcionários" e "tempo" são inversamente proporcionais, representamos a proporção com o inverso da razão $\frac{4}{5}$.

$$\frac{5}{4} \cdot \frac{100}{150} = \frac{5}{x}$$

$$\frac{500}{600} = \frac{5}{x}$$

$$500 \cdot x = 600 \cdot 5$$

$$500x = 3\,000$$

$$x = \frac{3\,000}{500}$$

$$x = 6$$

Portanto, 5 funcionários produzirão 150 camisas em 6 horas de trabalho.

Atividades

42. Em certa empresa o ganho de um funcionário é proporcional à quantidade de horas trabalhadas. Para receber R$ 3 600,00, ele deve trabalhar seis horas por dia durante três meses.

   a) Se passasse a trabalhar sete horas por dia durante quatro meses, quantos reais esse funcionário receberá?

   b) Se passasse a trabalhar oito horas por dia durante cinco meses, quantos reais esse funcionário receberá?

43. (Enem/Inep) Uma indústria tem um reservatório de água com capacidade para 900 m³. Quando há necessidade de limpeza do reservatório, toda a água precisa ser escoada. O escoamento da água é feito por seis ralos, e dura 6 horas quando o reservatório está cheio. Essa indústria construirá um novo reservatório, com capacidade de 500 m³, cujo escoamento da água deverá ser realizado em 4 horas, quando o reservatório estiver cheio. Os ralos utilizados no novo reservatório deverão ser idênticos aos do já existente. A quantidade de ralos do novo reservatório deverá ser igual a

   a) 2   c) 5   e) 9
   b) 4   d) 8

44. Na casa de Gerusa há uma torneira com vazamento. Ela verificou que essa torneira desperdiçou 56 L de água durante 24 horas pingando 56 gotas por minuto.

Às vezes a torneira pode apresentar vazamento mesmo estando fechada, e nesse caso é preciso que ela seja reparada ou substituída.

   a) Quantos litros de água a torneira da casa de Gerusa desperdiçaria em 60 horas pingando 88 gotas por minuto?

   b) Um modo de evitar o desperdício de água é evitar que as torneiras fiquem pingando. Junte-se a um colega e citem três situações de desperdício de água em uma residência. Depois, escrevam quais atitudes devem ser tomadas a fim de evitá-lo.

45. No Brasil existem diversas ONGs formadas por pessoas dispostas a trabalhar um pouco mais a cada dia a fim de ajudar os mais necessitados. Essas pessoas são chamadas voluntárias e dedicam parte do seu tempo, sem remuneração, a realizar diversas atividades de bem-estar social. Entre essas atividades podemos citar os voluntários que preparam e distribuem sopa a moradores de rua. Certa ONG distribui, em 5 dias, 500 kg de sopa, servindo 200 pessoas por dia.

As ONGs fazem parte de movimentos sociais, cujo objetivo é o desenvolvimento humano e a ampliação da participação na cidadania. Existem diversas áreas temáticas das ONGs, como educação, meio ambiente, ecologia, direitos humanos, crianças e adolescentes, povos indígenas, negros, profissionalização, entre outras.

> **ONGs:** sigla para **Organizações não Governamentais**, instituições criadas sem ajuda do governo ou vínculo com ele, geralmente de propósito social e sem fins lucrativos.

a) Supondo que essa ONG passe a servir 300 pessoas por dia, quantos quilogramas de sopa serão distribuídos em 7 dias?

b) Em sua opinião, qual é a importância do trabalho voluntário? O que você acha da atitude tomada pelos voluntários?

46. Determine o valor de x em cada item, sabendo que as grandezas **A** e **B** são diretamente proporcionais e as grandezas **A** e **C** são inversamente proporcionais.

a)
A	B	C
8	10	65
x	35	20

b)
A	B	C
x	20	15
120	16	12

c)
A	B	C
x	24	16
15	15	82

d)
A	B	C
7	7	65
x	3	13

47. Para realizar uma pesquisa de opinião, são necessários 24 colaboradores que trabalhem 8 horas para aplicar 360 questionários. Quantos colaboradores serão necessários para aplicar 900 questionários em 6 horas?

48. Usando um computador, Raquel escreveu um texto com exatamente 5 páginas de 40 linhas cada uma. Cada linha tem 75 caracteres, entre letras e espaços. Para facilitar a leitura, Raquel reduziu para 30 a quantidade de linhas por página e para 50 a quantidade de caracteres por linha. Quantas páginas o texto passou a ocupar de acordo com essa nova formatação?

49. Durante uma viagem, Lúcio dirigiu o seu automóvel 6 horas por dia durante 5 dias a uma velocidade média de 81 km/h. Supondo que Lúcio precisasse fazer a mesma viagem em 3 dias, dirigindo 9 horas por dia, a que velocidade média ele teria de viajar?

Vamos relembrar

50. Para que fique adequada ao consumo humano, a água passa por diversas etapas de tratamento, sendo uma delas a desinfecção. O principal produto utilizado para isso é o cloro, cuja quantidade varia de acordo com a quantidade de água a ser tratada. Observe.

Quantidade de cloro de acordo com a quantidade de água para utilização 12 horas após o tratamento

Quantidade de água (L)	Quantidade de cloro (mg)
10	500
20	1 000
30	1 500
40	2 000

Fonte de pesquisa: UFCG. Disponível em: <www.dec.ufcg.edu.br/saneamento/A3.html>. Acesso em: 13 nov. 2014.

a) Escreva a razão entre a quantidade, em litros, de água a ser tratada e a quantidade, em miligramas, de cloro a ser utilizada para o tratamento.

b) Quantidade de água e quantidade de cloro são grandezas diretamente proporcionais ou inversamente proporcionais?

c) Qual é a quantidade de cloro, em gramas, necessária para tratar 500 L de água?

d) Em sua opinião, é importante tratar a água antes de consumí-la? Por quê?

51. Calcule a velocidade média de um automóvel que percorreu:

a) 195 km em 3 h

b) 360 km em 5 h

52. A distância real, em linha reta, da cidade **A** até a cidade **B** é de 2 000 km. No mapa essa distância corresponde a 8 cm. Determine a escala do mapa.

53. O engenheiro contratado por Viviane para projetar sua casa apresentou a seguinte planta baixa, cuja escala é 1:180.

1:180

Meça com uma régua o comprimento e a largura da casa na planta baixa. Depois, calcule, de acordo com a escala utilizada, as medidas reais correspondentes.

54. Na aula de Geografia, Pedro descobriu que a distância, em linha reta, entre Belém e Aracaju é 1 640,3 km; e a distância entre Belém e Rio Branco é 2 334,8 km. Com uma régua, Pedro mediu a distância entre Belém e Aracaju em um mapa e obteve 6 cm.

a) Calcule, aproximadamente, a escala do mapa utilizado por Pedro.

b) Se Pedro medir a distância entre Belém e Rio Branco nesse mapa, qual será a medida obtida?

55. Veja a escala e a medida do carro em miniatura.

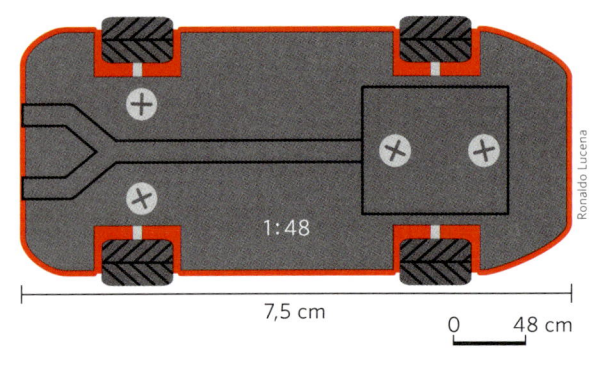

1:48

7,5 cm

0   48 cm

Se essa miniatura fosse construída na escala de 1:60, qual seria o seu comprimento?

56. Observe o mapa.

Região Norte do Brasil

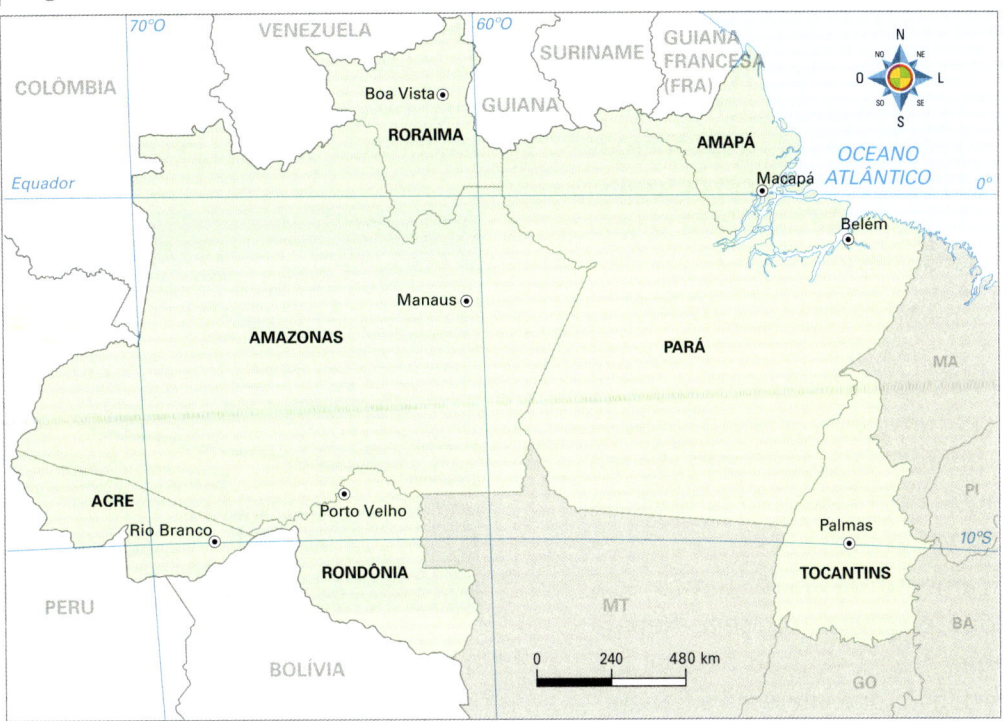

Fonte de pesquisa: *Atlas geográfico escolar.* 6. ed. Rio de Janeiro: IBGE, 2012.

Utilizando uma régua e a escala indicada no mapa, determine a distância real aproximada em linha reta entre Belém (PA) e Palmas (TO) e entre Belém (PA) e Macapá (AP).

57. Arquimedes de Siracusa foi um matemático grego que nasceu por volta de 287 a.C. e morreu por volta de 212 a.C., em Siracusa. Conta-se que Arquimedes ajudou o rei Hierão a desmascarar um ourives que havia substituído parte do ouro por prata em uma coroa feita para o rei. Para revelar a farsa desse ourives, Arquimedes comparou as densidades dos materiais, verificando a quantidade de água deslocada pela coroa mergulhada em um jarro; em seguida verificou a quantidade de água deslocada pela coroa e a mesma massa de ouro e de prata.

a) Hoje, sabemos que a densidade do ouro é 19,42 g/cm^3 e a densidade da prata é 10,54 g/cm^3. Sendo assim, em um experimento como o de Arquimedes, ao colocar em um jarro com água certa massa de ouro e posteriormente a mesma massa de prata, qual das massas desloca a maior quantidade de água? Justifique.

b) Classifique as grandezas como direta ou inversamente proporcionais.
- densidade e volume
- densidade e massa

c) Utilizando os valores das densidades apresentados no item **a**, calcule aproximadamente:
- o volume de 300 g de ouro.
- o volume de 1 kg de prata.
- a massa de 320 cm^3 de prata.
- a massa de 0,5 cm^3 de ouro.

58. (OBMEP) Rodrigo comprou três cadernos iguais em uma promoção na qual o segundo e o terceiro cadernos eram vendidos, respectivamente, com 20% e 40% de desconto sobre o preço do primeiro. No dia seguinte, terminada a promoção, Gustavo comprou três cadernos iguais aos de Rodrigo, todos sem desconto. Percentualmente, quanto Rodrigo pagou a menos que Gustavo?

a) 20%   c) 25%   e) 30%
b) 22%   d) 28%

59. Para vencer um jogo, Renata precisa marcar 2 pontos no lançamento de um dado comum, com faces numeradas de 1 a 6.

a) No lançamento do dado, temos seis resultados possíveis, ou seja, Renata pode obter 1, 2, 3, 4, 5 ou 6. Qual é o único resultado que interessa a Renata?

b) Qual é a probabilidade de Renata vencer o jogo nesse lançamento?

Dado.

60. Classifique as grandezas das situações a seguir em diretamente proporcionais, inversamente proporcionais ou não proporcionais.

a) Quantidade de ingressos e valor a pagar pelos ingressos.

b) Quantidade de gols marcados e tempo de uma partida de futebol.

c) Velocidade média de um corredor e tempo para ele dar uma volta em uma pista.

d) Quantidade de pedreiros trabalhando em uma construção e tempo para finalizar a construção.

e) Quantidade de farinha e quantidade de pães feitos.

61. Para aliar economia financeira à consciência socioambiental, muitas pessoas vêm instalando painéis solares em suas casas para gerar energia elétrica e ainda fornecer o excedente para a rede de distribuição. Essa prática é permitida e incentivada no Brasil desde 2012.

Os painéis solares, também chamados fotovoltaicos, geram energia elétrica oriunda da luz do Sol.

Veja no quadro abaixo a geração de energia elétrica em um dia ensolarado de acordo com a área total dos painéis solares instalados.

Área dos painéis (m²)	Quantidade de energia elétrica gerada (kWh)
3	2,1
12	8,4
30	21

a) Qual a quantidade de energia elétrica que pode ser gerada em cinco dias ensolarados com a instalação de 28 m² de painéis solares?

b) Serão necessários quantos dias ensolarados para que 20 m² de painéis solares gerem 210 kWh?

c) Em sua opinião, é importante a utilização de painéis solares para a geração de energia elétrica? Justifique.

62. (OBMEP) Os médicos recomendam, para um adulto, 800 mg de cálcio por dia. Sabe-se que 200 mL de leite contêm 296 mg de cálcio. Quando um adulto bebe 200 mL de leite, qual é o percentual da dose diária recomendada de cálcio que ele está ingerindo?

a) 17%
b) 27%
c) 37%
d) 47%
e) 57%

63. Uma empreiteira foi contratada para construir o muro de uma empresa. Se forem enviados 2 funcionários, eles terminarão a obra em 18 dias. Caso sejam enviados 6 funcionários, mantendo o mesmo ritmo de trabalho, eles terminarão a obra em quantos dias?

64. A ração em estoque de uma granja é suficiente para alimentar suas galinhas poedeiras durante 12 dias, e o fornecedor de ração avisou que só haverá uma nova entrega daqui a 17 dias. Considerando que a quantidade diária de ração para alimentar as galinhas é sempre a mesma, resolva.

a) Sabendo que, em virtude da falta de ração, esta deverá ser racionada reduzindo-se igualmente a quantidade diária fornecida às aves nos próximos 17 dias, determine a razão entre a quantidade de ração dada com o racionamento e a quantidade de ração dada normalmente.

b) Se em 30 dias são gastos nessa granja 810 kg de ração para o trato de 300 galinhas poedeiras, determine:

• quantos quilogramas de ração são necessários para tratar 150 galinhas em 15 dias?

• quantos dias duram 540 kg de ração para o trato de 500 galinhas?

65. Certo canil recebe cachorros vítimas de maus-tratos para que sejam tratados e destinados à adoção; os cachorros são levados por voluntários de um programa de defesa dos animais. Nesse canil havia 8 cachorros que comiam, em média, 14 kg de ração por semana. Sabendo que mais 4 cachorros chegaram ao canil, determine quantos quilogramas de ração serão gastos com esses cachorros em 30 dias, considerando que a quantidade média de ração dada a cada animal seja mantida.

66. Para bordar uma toalha como ilustrada a seguir, ou seja, com 10 letras, Denise trabalha 3 horas por dia durante 2 dias.

Tati e Lucas

Na última encomenda, ela levou 4 dias para bordar os nomes: *Samanta* e *Marcelo*. Considerando que o tempo gasto por Denise para bordar cada letra, qualquer que seja, é sempre o mesmo, determine quanto tempo, em média, ela trabalhou por dia.

67. Leonardo de Pisa foi um importante matemático italiano de sua época. Em 1202, publicou a obra *Liber abaci*, em que consta o seguinte problema:

> [...] Um certo rei envia 30 homens a seu pomar para plantar árvores. Se eles podem plantar 1 000 árvores em 9 dias, em quantos dias 36 homens plantariam 4 400 árvores? [...]

Howard Eves. *Introdução à história da matemática*. Trad. Hygino H. Domingues. 5. ed. Campinas: Editora da Unicamp, 2011. p. 316.

Gravura de Leonardo de Pisa (c. 1175-1250).

Resolva este problema do livro de Fibonacci.

Ampliando fronteiras

Número de ouro na natureza

Na atividade **67**, vimos algumas informações sobre o matemático italiano Leonardo de Pisa (c. 1175-1250), também conhecido como Fibonacci. Em seu livro *Liber abaci*, além de conter vários problemas, também é apresentada uma sequência composta de números naturais, conhecida como **sequência de Fibonacci**. Nela, os dois primeiros números são iguais a 1 e, a partir do terceiro, cada número é obtido pela soma dos dois anteriores, ou seja:

$$1 \to 1 \to \underbrace{2}_{1+1} \to \underbrace{3}_{1+2} \to \underbrace{5}_{2+3} \to \underbrace{8}_{3+5} \to \underbrace{13}_{5+8} \to \underbrace{21}_{8+13} \to \underbrace{34}_{13+21} \to \underbrace{55}_{21+34} \cdots$$

A partir do 2º número dessa sequência, ao calcularmos a razão de um número qualquer pelo imediatamente anterior a ele, obtemos valores que se aproximam cada vez mais do chamado **número de ouro**. Ele corresponde a $\dfrac{1+\sqrt{5}}{2}$, que pode ser representado por 1,61803398... Esse número possui infinitas casas decimais não periódicas, ou seja, não se trata de uma dízima periódica.

Quanto maior a posição dos números na sequência, mais próxima do número de ouro estará a razão entre eles. Observe a seguir a representação decimal de algumas dessas razões.

$$\frac{1}{1} = 1 \qquad \frac{2}{1} = 2 \qquad \frac{3}{2} = 1,5$$

$$\frac{5}{3} = 1,66666\ldots \qquad \frac{8}{5} = 1,6$$

$$\frac{13}{8} = 1,625 \qquad \frac{21}{13} = 1,61538\ldots$$

$$\frac{34}{21} = 1,61904\ldots \qquad \frac{55}{34} = 1,61764\ldots$$

Alguns elementos da natureza podem ser representados de maneira aproximada, por números da sequência de Fibonacci, como a quantidade de galhos no crescimento de algumas plantas, e a quantidade de espirais de sementes que formam o miolo de um girassol.

Considere, por exemplo, um casal de coelhos que, a partir do 2º mês de vida, dá cria a um novo casal todos os meses. Os novos casais que nascem se reproduzem da mesma forma. A sequência de Fibonacci é formada pela quantidade de casais de coelhos em cada mês. Observe a figura ao lado.

Mês	Casais
1º	🐰
2º	🐰🐰
3º	🐰🐰 🐰
4º	🐰🐰 🐰🐰 🐰
5º	🐰🐰 🐰🐰 🐰🐰 🐰 🐰
...	

Casal de coelhos adultos em período fértil.

Casal de coelhos jovens.

Afirma-se que diversas estruturas no corpo humano apresentam razões iguais ao número de ouro, e que este número está na base de tudo que é belo e agradável aos olhos. Hoje, esse número tão especial é chamado de seção áurea, razão áurea ou simplesmente número áureo.

1. Qual é a ideia principal do texto?

2. Qual é a relação entre a sequência de Fibonacci e o número de ouro?

3. Considere a sequência de Fibonacci até o número 55.
   - Escreva os três próximos números dessa sequência.
   - Agora, escreva a razão entre cada um dos números que você escreveu e o número da sequência de Fibonacci imediatamente anterior.
   - Com o auxílio de uma calculadora, verifique qual dessas razões mais se aproxima do número de ouro.

4. Realize uma pesquisa e descreva outras situações na natureza em que seja possível observar, de maneira aproximada, a sequência de Fibonacci.

Verificando rota

Capítulo 6 Expressões algébricas, equações e inequações

1. O que são expressões algébricas? Como obtemos seu valor numérico?

2. Considere uma expressão algébrica e a expressão obtida após a sua simplificação. Ao substituirmos as variáveis dessas expressões por determinado número, obteremos valores numéricos iguais? Justifique sua resposta.

3. Em sua opinião, qual é a importância das fórmulas?

4. O que são equações?

5. Escreva um exemplo de equação, nomeando seus elementos.

6. Enuncie o princípio aditivo da igualdade e em seguida dê um exemplo de sua aplicação.

7. Explique o que representam os sinais de $>$ e $\geq$ nas inequações a seguir.
   a) $x - 2 > 0$
   b) $x - 2 \geq 0$

8. Observe a cena abaixo.

   Minha carreira de cantora é uma incógnita.

   a) Em sua opinião, o que a moça quis dizer ao falar que sua carreira de cantora é uma incógnita?
   b) Pesquise em um dicionário de Língua Portuguesa o significado da palavra **incógnita**. Depois, converse com os colegas a respeito dos possíveis significados dessa palavra.

Capítulo 7 — Razão e proporção

9. Escolha uma das razões estudadas nas páginas **152** a **155** (velocidade média, densidade demográfica, escala, densidade de um objeto e porcentagem) e escreva com suas palavras o que você compreendeu a respeito dela.

10. O que são grandezas?

11. Cite uma situação que envolva grandezas relacionadas de maneira diretamente proporcional. Cite também uma situação em que as grandezas envolvidas sejam inversamente proporcionais.

12. Escreva alguns exemplos de situações do dia a dia que envolvam grandezas não proporcionais.

13. Veja o que Bruno está dizendo.

> Meu time fez 3 gols no primeiro jogo do campeonato, então nos próximos três jogos vamos fazer 9 gols.

Você concorda com a afirmação de Bruno? Por quê?

14. Em sua opinião, qual é a importância da regra de três simples?

15. Quantos valores precisamos conhecer para determinarmos um valor desconhecido por meio da regra de três simples?

16. A regra de três composta é utilizada em situações que envolvem quantas grandezas? Cite uma situação que possa ser resolvida por meio desse método.

Autoavaliação

- Realizei todas as tarefas propostas?
- Pedi auxílio para os colegas ou para o(a) professor(a) em tarefas em que tive dificuldades?
- Participei das aulas com atenção e interesse?
- Em relação aos conteúdos matemáticos desta unidade, minha aprendizagem foi satisfatória? Por quê?
- Quais foram minhas maiores dificuldades nesta unidade? Por quê?

Atividades complementares

Capítulo 6 — Expressões algébricas, equações e inequações

1. Observe a sequência.

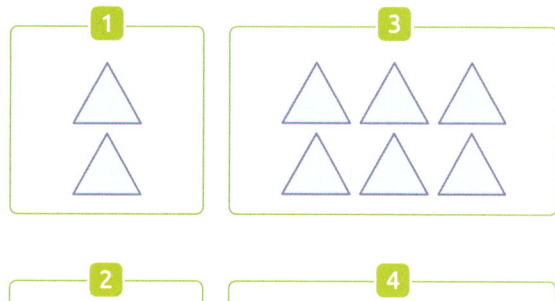

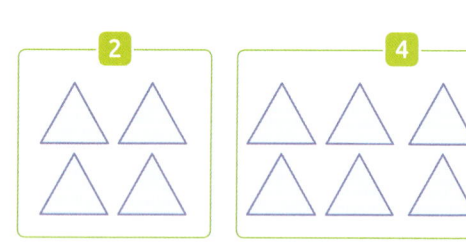

a) Quantos triângulos terá o quadro 5 dessa sequência? E o 8? E o 10? E o 20?

b) Observando a sequência, escreva uma expressão que represente o número de triângulos em uma posição n qualquer.

2. Relacione as expressões com as sentenças, escrevendo o símbolo romano e a letra correspondentes.

- I) $\dfrac{n}{2} + 8$
- II) $\dfrac{14}{2} - \dfrac{n+1}{3}$
- III) $\dfrac{n}{4} - 12$
- IV) $3 \cdot 14 - \dfrac{n}{2}$
- V) $2 \cdot (n - 1)$
- VI) $2n + 6$

a) Duas vezes o antecessor de n.
b) A metade de n, mais 8.
c) O dobro de n, mais o antecessor de 7.
d) A diferença entre a quarta parte de n e o número 12.
e) O triplo de 14, menos a metade de n.
f) A diferença entre a metade de 14 e a terça parte de $n + 1$.

3. O preço de uma calça, em reais, é y.

A expressão que representa o preço da calça com um desconto de R$ 3,00 é $y - 3$.

Escreva uma expressão para representar cada um destes itens.

a) O preço de duas calças.
b) O preço de uma calça que custa R$ 13,00 a mais.
c) O preço de três calças com R$ 10,00 de desconto no valor total.
d) O preço de duas calças dividido em 7 prestações iguais.

Agora, para cada expressão a seguir, escreva uma frase considerando x o preço, em reais, de uma camisa.

$3x \qquad x + 6 \qquad 5x - 2 \qquad 4x + 25$

$\dfrac{x}{2} + 10 \qquad \dfrac{x}{4} + 5x$

4. Sabendo que y é um número inteiro, escreva:

a) o sucessor de y
b) o antecessor de y

Verifique se o que você escreveu está correto, substituindo y por um número inteiro de quatro algarismos.

5. O dono de uma loja resolveu fazer uma promoção para vender alguns produtos. Esses produtos tiveram um desconto de $\dfrac{1}{5}$ do valor, ou seja, $\dfrac{20}{100} = 20\%$.

a) Calcule o valor, com desconto, dos produtos com preço original de:
- R$ 20,00
- R$ 15,00
- R$ 12,00
- R$ 18,00
- R$ 23,00
- R$ 36,00

b) Escreva uma expressão por meio da qual seja possível obter o preço com desconto em relação ao preço original.

6. (Saresp) Considere a sequência:

$$3;\ 7;\ 11;\ 15;\ 19;\ 23;\ \ldots;\ n;\ \ldots$$

O número que vem imediatamente depois de n pode ser representado por:

a) $n + 1$ b) $n + 4$ c) 24   d) $4 \cdot n$

7. Escreva as expressões a seguir de maneira simplificada.
a) $6y + 4y$
b) $5y - 2y$
c) $15y - 5y + 7$
d) $6 \cdot (y + 2) - 2$
e) $1 + 3 \cdot (y - 7)$
f) $2 \cdot (y + 5) - 4y$

Substitua y por um número inteiro e determine o resultado de cada uma das expressões.

8. Escreva uma expressão que represente o perímetro do menor retângulo da figura.

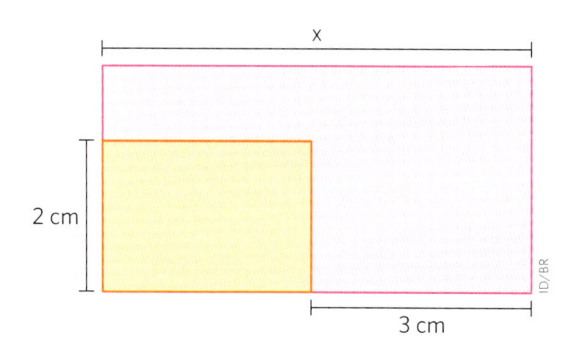

9. Celso, Danilo e Eliane possuem, cada um, certa quantia em dinheiro. A diferença entre as quantias de Celso e Danilo é R$ 5,00 e de Danilo e Eliane também é R$ 5,00. Celso é quem possui a maior quantia e Eliane, a menor. Sendo x a quantia em dinheiro que Danilo tem, relacione cada frase a uma expressão, escrevendo a letra e o símbolo romano correspondentes.

A Quantia de Celso.
B Quantia de Danilo.
C Quantia de Eliane.
D Soma das três quantias.
E Dobro da quantia de Celso.
F Dobro da quantia de Eliane.

I) $x - 5$ III) $2x - 10$ V) $x + 5$
II) x IV) $2x + 10$ VI) $3x$

10. Os polígonos a seguir são regulares. Escreva uma fórmula para calcular o perímetro de cada um deles, considerando a medida de seus lados.

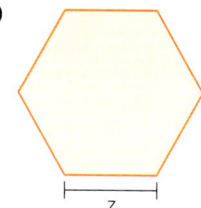

a) x
b) y
c) z
d) w

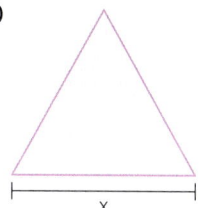

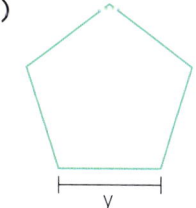

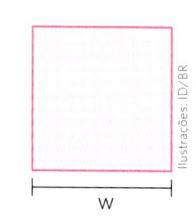

11. Escreva uma fórmula para calcular o perímetro do retângulo a seguir, sabendo que um dos lados mede L e o outro mede o triplo do primeiro, ou seja, $3L$.

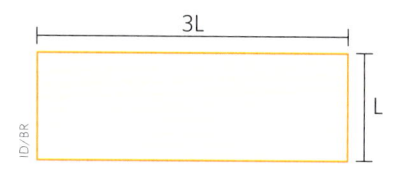

12. Para realizar uma viagem de férias à praia, Henrique gastará R$ 120,00 de passagens e cerca de R$ 55,00 por dia com outras despesas, como hospedagem e alimentação.
a) Cerca de quantos reais Henrique gastará se ficar sete dias na praia? E se ficar dez dias?
b) Escreva uma fórmula que permita calcular o custo C da viagem de Henrique de acordo com o número x de dias que ele permanecer na praia.

13. Resolva as seguintes equações.
a) $x \cdot 3 + 4 = 16$
b) $x \cdot 5 - 10 = 45$
c) $x \cdot 8 = 24$
d) $x + 15 = 49$
e) $8x + 26 = 10$
f) $7x - 12 = -54$

14. Observe o que diz Gustavo e responda à questão:

> Pensei em um número. Multipliquei-o por 5. Subtraí 13 do resultado e obtive 87.

▎**DICA!**
Represente o número pensado por x e escreva uma equação para representar o que Gustavo está dizendo.

Em que número Gustavo pensou?

15. A balança está em equilíbrio.

Sabendo que cada lata de leite em pó tem 300 g e cada pote de geleia, 200 g, escreva uma equação que represente o equilíbrio da balança e calcule a massa de um pote de margarina.

Leite em pó. Geleia. Margarina.

16. Gabriela comprou, em uma promoção, quatro camisetas de preço único e pagou com quatro cédulas de R$ 20,00. O funcionário do caixa deu-lhe R$ 2,00 de troco.
Considerando x o preço de cada camiseta, qual das equações corresponde à resolução desse problema?
a) $4 + x = 80 - 2$ c) $4x = 80 + 2$
b) $4x + 2 = 80$
Agora, resolva a equação e determine o preço de cada camiseta.

17. Responda às questões.
a) Adicionando um número a 3 e multiplicando o resultado por 4, obtém-se 32. Que número é esse?
b) Adicionando um número a 8 e multiplicando o resultado por 5, obtém-se 55. Que número é esse?

18. Marta tem x anos e Artur é sete anos mais velho que Marta.
a) Usando x, expresse a idade de cada um.
b) Escreva uma expressão que represente a soma das idades de Marta e Artur.
c) Sabendo que a soma das idades dos dois é 27, calcule a idade de cada um.

19. Miguel cria em seu sítio porcos e galinhas, totalizando 128 animais. Há 32 galinhas a mais que porcos.
Escreva uma equação para representar a situação descrita e responda às questões a seguir.
a) Quantos porcos há no sítio?
b) E há quantas galinhas?

20. Em um campeonato de futebol, José e Caio marcaram juntos 18 gols. Caio marcou o dobro do número de gols que José marcou. Quantos gols cada um marcou?

21. Uma caixa contém fichas verdes, vermelhas e azuis, num total de 126. O número de fichas vermelhas é o triplo do número de verdes e o número de fichas azuis é igual a 5 vezes o de verdes. Quantas fichas de cada cor há na caixa?

22. Silas fez uma viagem de 1 680 km em três dias. No segundo dia, ele percorreu 92 km a mais que no primeiro e, no terceiro dia, percorreu 50 km a menos que no primeiro. Qual foi a distância percorrida em cada um dos dias de viagem?

23. Em uma partida de basquete, os pontos feitos por três jogadores são números consecutivos. Sabendo que os três jogadores juntos marcaram 105 pontos, quantos pontos marcou o jogador com maior pontuação?

24. Cristina comprou um terreno retangular cujo perímetro é 2 km.

Sabendo que de comprimento ele tem 200 m a mais que de largura, calcule as dimensões do terreno.

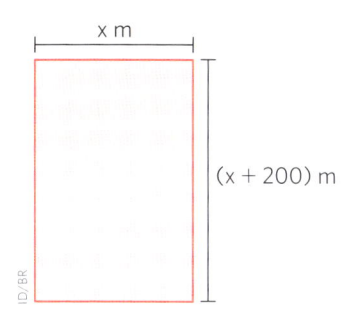

25. Determine o valor de x em cada equação.

a) $3x + 5 = 11$

b) $2x + 9 = 17$

c) $4x - 5 = 19$

d) $5x + 8 + 9 = 2x + 47$

e) $2x + 3x + 4 = x + 56$

f) $12x - 8x - 5 = 3x + 28$

26. A balança está em equilíbrio.

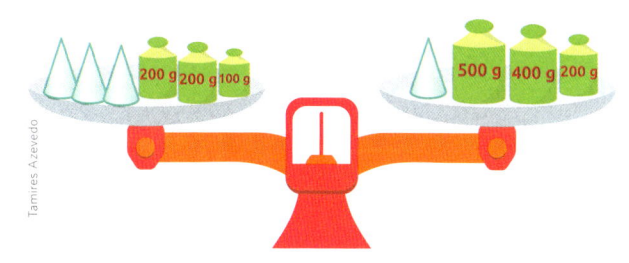

Sabendo que os cones têm massas iguais, escreva uma equação que represente o equilíbrio da balança. Em seguida, calcule a massa de cada cone.

27. Escreva uma equação correspondente a cada frase. Depois, determine o valor de x.

a) O quíntuplo de um número x adicionado a 10 é igual ao produto de 9 por 5.

b) O quádruplo de um número x somado com o triplo de seu antecessor é igual a 39.

c) O dobro de um número x adicionado ao quádruplo do seu sucessor é igual a 52.

d) Subtrair 50 do dobro de um número x é o mesmo que adicionar 22 a esse número.

28. Alguns amigos foram a uma lanchonete.

Ao pagar a conta eles verificaram que, se cada um desse R$ 20,00, receberiam R$ 8,00 de troco e, se cada um pagasse R$ 18,00, faltariam R$ 6,00.

a) Quantas pessoas foram à lanchonete?

b) Qual o valor total da conta?

29. Suzana tem R$ 34,00 e sua amiga Denise, R$ 12,00.

a) Qual será a quantia de cada uma se elas receberem x reais?

b) Quantos reais cada uma deverá receber para que Suzana fique com o dobro da quantia de Denise?

30. Calcule a área do retângulo, sabendo que seu perímetro é 78 cm.

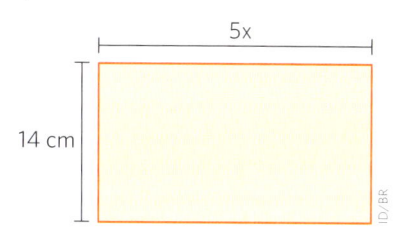

31. Aline foi a uma loja comprar, para seu aquário, alguns peixes Aristocratas que custam R$ 4,00 cada um e um peixe Agulhinha que custa R$ 8,00. Sabendo que Aline tem de gastar menos de R$ 40,00 na compra dos peixes, quantos peixes Aristocratas ela poderá comprar?

32. Cada uma das figuras a seguir deve ter área menor do que ou igual a 25 m². Para cada figura, escreva uma inequação que represente essa condição.

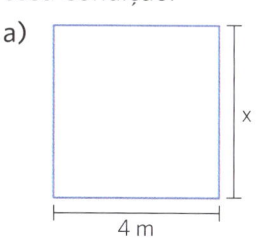

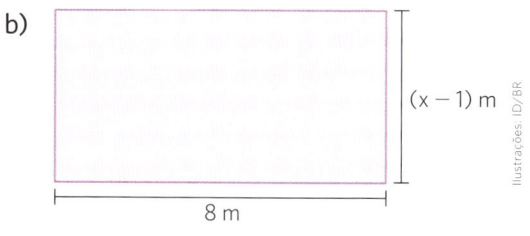

a)

b)

33. Copie apenas as inequações.

a) $x - 1 \geqslant 7$
b) $3y = 4$
c) $x^2 - 2{,}5x - 3$
d) $2y + 2 = 7$
e) $3y + 4x \leqslant 2x + 1$
f) $a^3 + b^2 - c$
g) $-9x = 7$
h) $\dfrac{2b+2}{2+b}$
i) $4y - \dfrac{2}{3} < 4{,}5 + x$
j) $4a - 2{,}5 < -3$
k) $3b - 8 = 19$

34. Associe cada frase a uma das inequações. Para isso, escreva a letra e o símbolo romano correspondentes.

A O dobro de minha altura mais 3 metros é menor do que 8 metros.

B A quarta parte de um número, menos 5, é maior do que ou igual a 10.

C O triplo de um número é maior do que seu quíntuplo, menos 3.

D A metade de um número, mais 5, é menor do que ou igual a -12.

E A terça parte de minha idade mais o dobro de minha idade é maior do que ou igual a 30.

I $\dfrac{x}{4} - 5 \geqslant 10$

II $\dfrac{x}{2} + 5 \leqslant -12$

III $2x + 3 < 8$

IV $\dfrac{x}{3} + 2x \geqslant 30$

V $3x > 5x - 3$

35. Para quais valores naturais de x a expressão $2x + 1$ tem valor numérico maior ou igual a $4x - 1$?

36. Resolva as inequações abaixo.

A $2x + 10 > 3 + x$
B $3x - 3 \leqslant -5x + 2$
C $4x + 8 \geqslant 3x + 5$
D $7x + 2 < -6 + 3x$

a) Para cada inequação, indique três números inteiros que sejam soluções.
b) Qual número inteiro é solução de todas as inequações do quadro?

37. Resolva as inequações.

a) $-2x + 7 > 3x - 2$
b) $3x - 1 < 14x + 3 + x$
c) $10 + x - 3 \leqslant 2x - 1 + x$
d) $-15x - 24 + 7x \leqslant x - 10 + 4$
e) $26 + x \leqslant \dfrac{5}{4}x + 2$
f) $\dfrac{1}{2} + \dfrac{2x}{3} \geqslant 2x - \dfrac{5}{2}$

38. Escreva uma inequação que represente cada uma das situações a seguir. Depois, resolva as inequações que você escreveu.

a) O triplo de um número adicionado à sua metade é menor do que a diferença entre 25 e 18.

b) A diferença entre a metade de um número e o seu dobro é maior do que esse mesmo número adicionado a 5.

c) Um número adicionado ao dobro de seu valor, menos 5, é maior do que ou igual à diferença entre a metade desse número e o triplo dele.

39. Para quais valores naturais de x o perímetro deste triângulo é menor do que ou igual a 35 m?

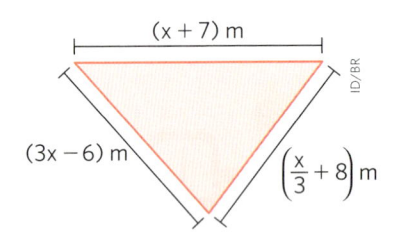

Lados do triângulo: $(x+7)$ m, $(3x-6)$ m, $\left(\dfrac{x}{3}+8\right)$ m

40. Márcia precisa fazer uma viagem. Para pagar a estadia de 5 dias em um hotel, ela poderá gastar até R$ 620,00. Antes de viajar, ela fez uma pesquisa e encontrou os seguintes hotéis e preços de diárias:

Hotel A	Hotel B	Hotel C
R$ 121,00 a diária	R$ 145,00 a diária	R$ 110,00 a diária

a) Escreva uma inequação que represente essa situação.
b) Qual valor máximo, em reais, Márcia poderá pagar por uma diária?
c) Em quais hotéis ela poderá se hospedar?

Capítulo 7 — Razão e proporção

41. Um automóvel percorre, em média, 320 km em quatro horas.

Mantendo a velocidade, quanto tempo esse automóvel levará para percorrer 480 km?

42. (ENEM) Cerca de 20 milhões de brasileiros vivem na região coberta pela caatinga, em quase 800 mil km² de área. Quando não chove, o homem do sertão e sua família precisam caminhar quilômetros em busca da água dos açudes. A irregularidade climática é um dos fatores que mais interferem na vida do sertanejo.

Disponível em: <http://www.wwf.org.br>.
Acesso em: 23 abr. 2010.

Segundo este levantamento, a densidade demográfica da região coberta pela caatinga, em habitantes por km², é de:

a) 250
b) 25
c) 2,5
d) 0,25
e) 0,025

43. O desenho abaixo representa o terreno que Mário comprou.

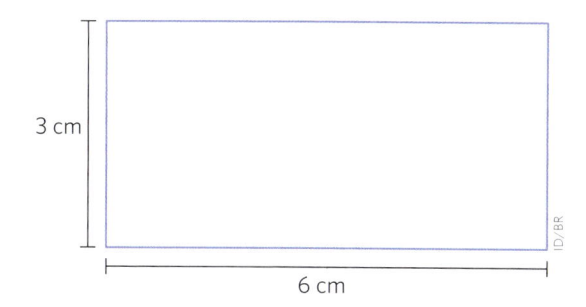

3 cm
6 cm

Esse desenho está na escala 1:500, isto é, 1 cm no desenho corresponde a 500 cm na realidade.

Quais são, em metros, as dimensões reais desse terreno?

44. O irídio é um metal extremamente denso encontrado na natureza em forma sólida. Sabe-se que 10 cm³ desse material têm massa aproximada de 227 gramas.

Determine a densidade aproximada do irídio, em g/cm³.

45. Escreva a porcentagem que a parte azul de cada uma das figuras representa em relação à figura toda.

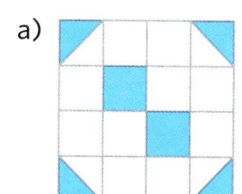

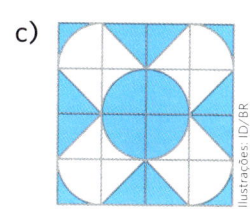

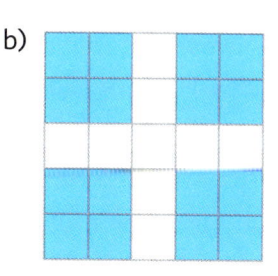

a)

b)

c)

46. Escreva o desconto recebido em cada compra na forma de porcentagem.

a) R$ 180,00 de desconto sobre uma compra de R$ 600,00.

b) R$ 29,00 de desconto sobre uma compra de R$ 145,00.

c) R$ 9,00 de desconto sobre uma compra de R$ 75,00.

47. Leia o que está escrito em cada item e identifique os itens que contêm informações verdadeiras.

a) Se 1 kg de carne custa R$ 9,90, por 3 kg dessa carne seriam pagos R$ 29,70.

b) A altura de uma pessoa é diretamente proporcional à sua idade.

c) O perímetro de um quadrado é diretamente proporcional à medida do seu lado.

48. As pilhas Duramais são vendidas em embalagens iguais à apresentada. Construa um quadro e, nele, indique quantas pilhas há em 2, 4, 5, 7, 10, 12 e 14 dessas embalagens.

49. Em uma granja, os ovos são vendidos em bandejas com 24 unidades cada uma.

Quantidade de bandejas	1	2	3	4	5
Quantidade de ovos	24	48	72	96	120

a) Se forem vendidas 12 bandejas, qual será a quantidade de ovos?
b) Essa granja vendeu 1 008 ovos no último sábado. Quantas bandejas foram usadas para embalar esses ovos?

50. Raul trabalha como vendedor e utiliza seu carro em viagens que faz a trabalho. Seu carro consome, em média, 8 L de combustível a cada 100 km rodados.
a) Sabendo que Raul irá fazer uma viagem de 300 km, quantos litros de combustível seu carro gastará?
b) Se Raul fizer uma viagem de 500 km, quantos litros de combustível seu carro consumirá?
c) Suponha que Raul more na cidade de Belém (PA) e queira ir, em seu carro, até Tucuruí (PA), a 350 km de distância. Quanto Raul gastará com combustível nessa viagem, se o preço do litro de gasolina custar R$ 3,45?

51. Para regar um jardim, um jardineiro adiciona 5 mL de um produto contra pragas a cada 10 litros de água. Calcule quantos litros de água são necessários para misturar as seguintes quantidades desse produto:

a) 10 mL   b) 25 mL   c) 100 mL

Se em um recipiente há 300 mL do produto contra pragas, quantos litros de água o jardineiro utilizará para misturar todo o conteúdo do recipiente?

52. Em uma pesquisa, verificou-se que, em certa cidade, havia 5 mulheres para cada 4 homens.
a) Sabendo que nessa cidade há 125 000 mulheres, qual a quantidade de homens?
b) Qual a quantidade total de habitantes dessa cidade?

53. (Cefet-RN) Na confecção de 40 uniformes de um mesmo tipo e tamanho foram gastos 72 metros de tecido. A metragem de pano necessária para alguém fazer 125 uniformes com as mesmas condições será:
a) 225,0 m   c) 228,2 m
b) 226,5 m   d) 230,4 m

54. Observe as medidas dos lados do triângulo.

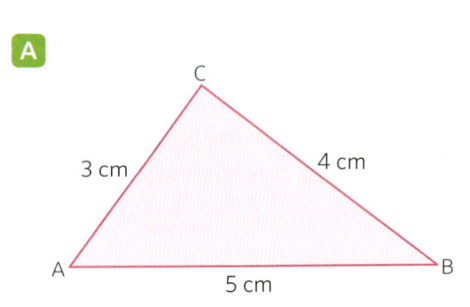

A
Triângulo ABC: AC = 3 cm, CB = 4 cm, AB = 5 cm.

Qual triângulo a seguir apresenta dimensões proporcionais às do triângulo **A**?

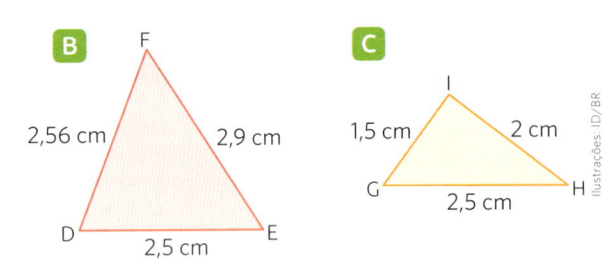

B
Triângulo DFE: DF = 2,56 cm, FE = 2,9 cm, DE = 2,5 cm.

C
Triângulo GIH: GI = 1,5 cm, IH = 2 cm, GH = 2,5 cm.

55. Escreva se as grandezas de cada item são diretamente ou inversamente proporcionais.
a) A velocidade de um carro e o tempo gasto para percorrer um trajeto.
b) A quantidade de máquinas e a de peças produzidas.
c) A quantidade de pessoas trabalhando e a de dias de trabalho para realizar um serviço.
d) A velocidade de um carro e a distância percorrida.
e) A distância percorrida e o tempo gasto no percurso.

56. Os escoteiros prepararam suprimento para alimentar 36 pessoas durante 9 dias em um acampamento.
a) Se a quantidade de pessoas no acampamento aumentar, o suprimento acabará em mais ou menos dias?
b) Quantos dias esse suprimento duraria se houvesse 54 pessoas nesse acampamento?

57. Em qual item as grandezas expressas não são inversamente proporcionais?

I)
A	8	12	16	20	24
B	60	40	30	24	20

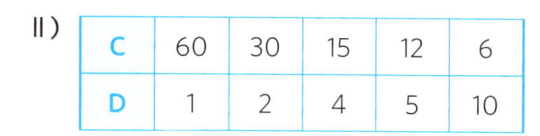

II)
C	60	30	15	12	6
D	1	2	4	5	10

III)
E	0,5	1	2	4	8
F	15	30	60	120	240

IV)
G	3	6	9	12	15
H	9	4,5	3	2,25	1,8

58. Três máquinas realizam um trabalho em 28 dias. Calcule quantas máquinas serão necessárias para realizar esse mesmo trabalho em 7 dias.

59. Para que as grandezas sejam inversamente proporcionais, qual deve ser o valor de x no quadro?

Velocidade média (em km/h)	60	80
Tempo de viagem (em horas)	12	x

60. Trabalhando cinco horas por dia, um pedreiro levou seis dias para concluir uma reforma. Se ele tivesse trabalhado dez horas por dia, quantos dias teria levado para concluir essa reforma?

61. Para realizar melhorias em seu sítio, Márcio alugou três tratores. Com eles, o trabalho foi concluído em nove dias. Se ele tivesse alugado apenas um trator, em quantos dias ele concluiria o trabalho?

62. Em uma fábrica, 3 operários levam 40 horas para empacotar determinada quantidade de produtos. Em quantas horas 12 operários, mantendo o mesmo ritmo de trabalho, empacotariam a mesma quantidade de produtos?

63. Se duas costureiras levam seis horas para fabricar uma quantidade de peças de roupa, quantas costureiras seriam necessárias para realizar o mesmo serviço em quatro horas?

64. Observe a capacidade do reservatório.

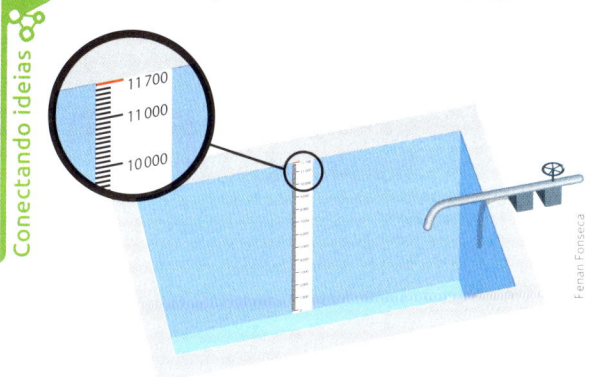

Para enchê-lo, um encanamento despejará, em média, 25 L de água a cada 10 segundos. Sabendo que o reservatório está vazio, quantos minutos serão necessários para que a água atinja a metade de sua capacidade total?

65. Patrícia trabalha como costureira. Para fazer cinco camisas do mesmo modelo ela utiliza 6,5 m de tecido.
a) Quantos metros de tecido ela utilizará para fazer oito camisas desse modelo?
b) Quantas dessas camisas ela poderá fazer com 28,6 m de tecido?

66. O quadro apresenta a distância que alguns automóveis percorreram com 10 L de combustível, mantendo a mesma média de velocidade.

Modelo	Distância percorrida (em km)	Quantidade de combustível (em L)
Gama	120	10
Rodan	130	10
Antares	130	10
Orfeu	110	10

a) De acordo com o quadro, quais são os carros mais econômicos? Por quê?
b) Calcule a quantidade aproximada de combustível que cada automóvel do quadro gasta para percorrer 150 km, mantendo a mesma média de velocidade.

67. Em um supermercado, os pacotes de 5 kg e 2 kg de uma mesma marca de açúcar estavam sendo vendidos com os seguintes preços:

A Açúcar — R$ 9,59 — 5 kg

B Açúcar — R$ 4,49 — 2 kg

a) De acordo com os preços indicados, em qual das embalagens o kg de açúcar está mais barato?

b) Nesse caso, os preços são diretamente proporcionais às quantidades de açúcar em cada embalagem?

68. De acordo com as informações da embalagem, responda às questões.

GADOMICINA — Novilho: aplicar 1 mL a cada 10 kg — Contém 50 mL

a) Qual quantidade de medicamento deve ser aplicada em um novilho de 180 kg?

b) Quantas embalagens como essa são necessárias para aplicar em 38 novilhos com aproximadamente 210 kg cada?

69. Rafaela comprou 500 g de carne e pagou R$ 12,64. Quanto Rafaela pagaria se tivesse comprado 800 g dessa mesma carne?

70. (OBM) Um pequeno caminhão pode carregar 50 sacos de areia ou 400 tijolos. Se foram colocados no caminhão 32 sacos de areia, quantos tijolos pode ainda ele carregar?

a) 132   c) 146   e) 152
b) 144   d) 148

71. Dois caminhões precisam fazer 18 viagens para transportar até uma obra todos os tijolos comprados por uma construtora. Quantas viagens seriam necessárias se nove caminhões fizessem esse transporte?

Quantidade de caminhões	Quantidade de viagens
2	18
9	x

72. Em uma fábrica de calçados, 15 operários produzem, em 7 dias, 960 pares de sapatos. Quantos operários seriam necessários para executar esse mesmo serviço em 3 dias?

Quantidade de operários	Quantidade de dias
15	7
x	3

73. Determine o valor de x em cada quadro de modo que as grandezas expressas na coluna **A** sejam inversamente proporcionais às expressas na coluna **B**.

I)

A	B
3	9
24	x

II)

A	B
4	x
15	1,6

III)

A	B
7	18
12	x

IV)

A	B
40	7
70	x

V)

A	B
120	6
x	40

74. Três telefonistas juntas atendem, em média, a 1 440 ligações em 12 dias.
   a) Quantas telefonistas atenderiam a essa mesma quantidade de ligações em 9 dias?
   b) Quantas ligações, em média, cada uma das três telefonistas atende por dia?
   c) Quantas ligações por dia, em média, cada telefonista atenderá, se a quantidade de telefonistas aumentar para 5 e a quantidade de ligações se mantiver inalterada nestes 12 dias?

75. Para fazer o calçamento de uma avenida, 5 operários levam 60 dias trabalhando a mesma quantidade de horas por dia.
   a) Quantos operários seriam necessários para fazer o mesmo serviço em 25 dias?
   b) Em quantos dias esse serviço ficaria pronto se houvesse 20 operários trabalhando?

76. Todos os dias, André caminha de sua casa até o clube para se exercitar. Caminhando 2 km a cada 25 minutos, ele leva 75 minutos para chegar ao clube. Quantos quilômetros, a cada 25 minutos, ele deveria caminhar para percorrer esse mesmo trajeto em 50 minutos?

Grupo de pessoas em caminhada.

77. Em uma fábrica de peças para computador, 24 funcionários fazem 1 512 peças por dia trabalhando 7 horas.
Se o dono dessa fábrica contratasse mais 8 funcionários, quantas peças do mesmo tipo seriam fabricadas se todos eles trabalhassem 8 horas por dia?

78. Determine o valor de x no quadro de modo que os números que aparecem na coluna **A** sejam diretamente proporcionais aos números que aparecem nas colunas **B** e **C**.

A	B	C
4	1	1
x	3	2

79. Fátima faz salgados para festas. Ela e mais duas funcionárias, trabalhando 5 horas por dia, conseguem fazer 1 200 salgados.
Quantos salgados Fátima e quatro funcionárias, trabalhando 7 horas por dia, conseguirão fazer, mantendo o mesmo ritmo de trabalho?

80. Jonas é dono de uma fábrica de bolsas. Nessa fábrica, 26 funcionários juntos produzem, em média, 234 bolsas por dia, trabalhando 6 horas.
Devido a um aumento na encomenda das bolsas, Jonas contratou mais 7 funcionários. Se todos os funcionários trabalharem 8 horas por dia, quantas bolsas a mais serão produzidas diariamente?

81. Geraldo tinha 15 "cabeças de gado" e dispunha de 540 kg de ração, suficientes para alimentar o gado durante 6 dias.
Ele comprou mais 9 "cabeças de gado" e mais 180 kg de ração. Durante quantos dias os 720 kg de ração serão suficientes para alimentar as 24 "cabeças de gado"?

82. Márcio contratou 5 operários para construir sua casa. Esses operários, trabalhando 8 horas por dia, levarão 150 dias para terminar a construção.
Mantendo o mesmo ritmo de trabalho, quantos dias seriam necessários para que 8 operários, trabalhando 10 horas por dia, terminassem a mesma construção?

83. Uma empresa contratou, temporariamente, 26 pessoas que, para terminar um serviço, trabalharão 5 horas por dia, durante 21 dias.
Se essa empresa tivesse contratado 15 pessoas para fazer esse mesmo serviço, trabalhando 7 horas por dia, quantos dias seriam necessários para terminar o serviço?

84. Em uma viagem, Orlando dirige 6 horas por dia a uma velocidade média de 80 km/h. Nesse ritmo, ele demora 3 dias para chegar ao seu destino.
Se ele viajasse a uma velocidade média de 90 km/h, durante 8 horas por dia, quantos dias seriam necessários para completar a viagem?

UNIDADE

4

Ângulos, polígonos e probabilidade

Agora vamos estudar...
- algumas ideias associadas aos ângulos;
- operações de adição, subtração, multiplicação e divisão com ângulos;
- propriedades relacionadas aos polígonos;
- conceitos relacionados à simetria de reflexão, simetria de rotação e de translação;
- alguns conceitos relacionados aos gráficos de colunas e de linhas;
- gráficos de setores e de barras múltiplas;
- ideias relacionadas à probabilidade.

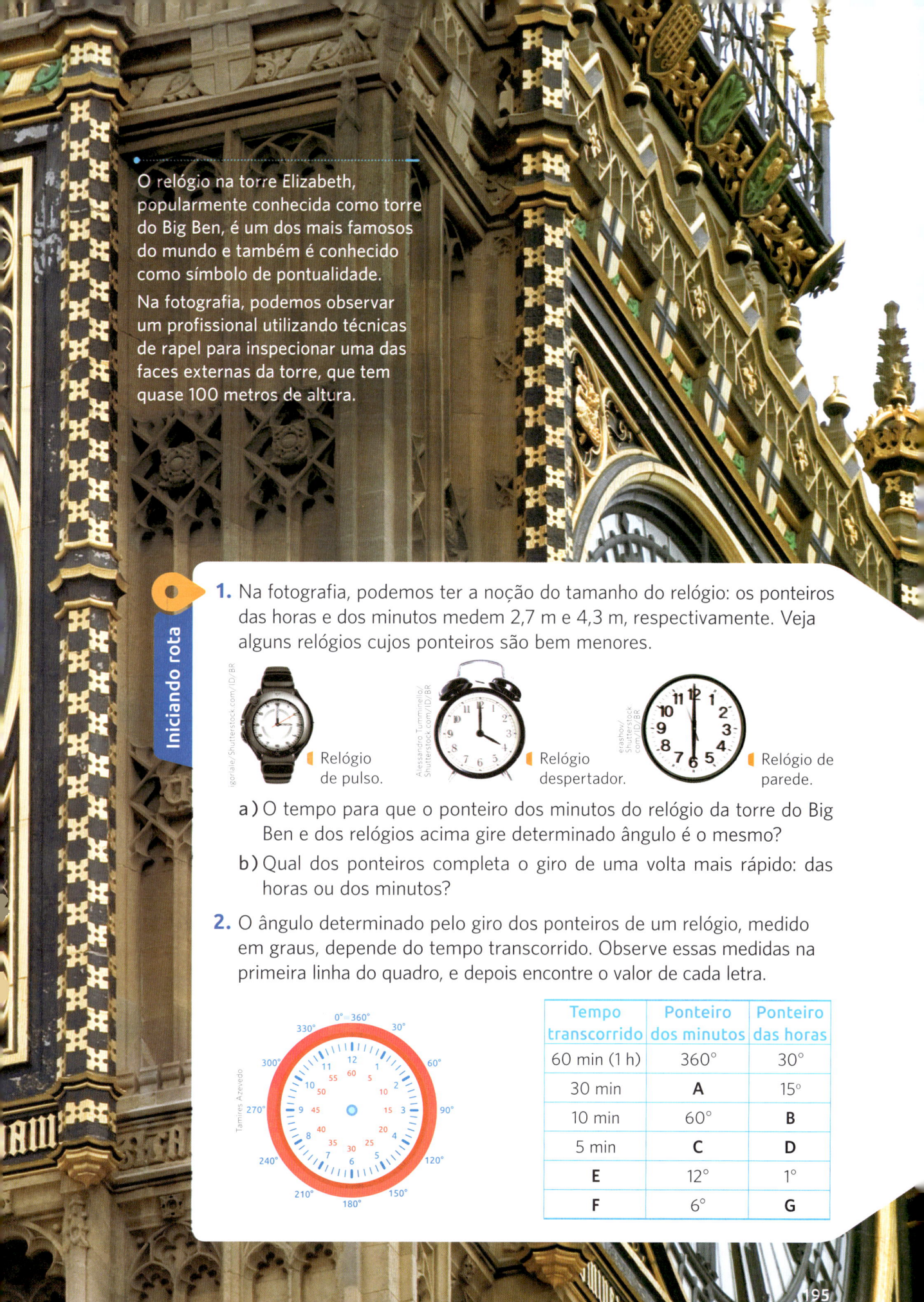

O relógio na torre Elizabeth, popularmente conhecida como torre do Big Ben, é um dos mais famosos do mundo e também é conhecido como símbolo de pontualidade.

Na fotografia, podemos observar um profissional utilizando técnicas de rapel para inspecionar uma das faces externas da torre, que tem quase 100 metros de altura.

Iniciando rota

1. Na fotografia, podemos ter a noção do tamanho do relógio: os ponteiros das horas e dos minutos medem 2,7 m e 4,3 m, respectivamente. Veja alguns relógios cujos ponteiros são bem menores.

   Relógio de pulso.   Relógio despertador.   Relógio de parede.

   a) O tempo para que o ponteiro dos minutos do relógio da torre do Big Ben e dos relógios acima gire determinado ângulo é o mesmo?

   b) Qual dos ponteiros completa o giro de uma volta mais rápido: das horas ou dos minutos?

2. O ângulo determinado pelo giro dos ponteiros de um relógio, medido em graus, depende do tempo transcorrido. Observe essas medidas na primeira linha do quadro, e depois encontre o valor de cada letra.

Tempo transcorrido	Ponteiro dos minutos	Ponteiro das horas
60 min (1 h)	360°	30°
30 min	A	15°
10 min	60°	B
5 min	C	D
E	12°	1°
F	6°	G

CAPÍTULO 8

Ângulos

Os ângulos podem ser identificados em várias situações do cotidiano, como nos ponteiros de um relógio. Podemos representar o menor ângulo entre os ponteiros do relógio abaixo da seguinte maneira:

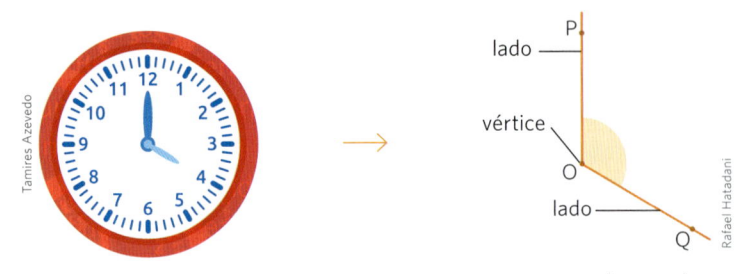

- Os **lados** desse ângulo correspondem às semirretas $\overrightarrow{OP}$ e $\overrightarrow{OQ}$, cuja origem é o ponto O.
- O **vértice** desse ângulo é o ponto O.
- Esse ângulo pode ser indicado por $\hat{O}$, $P\hat{O}Q$ ou $Q\hat{O}P$.

O **grau** é uma unidade de medida utilizada para medir ângulos. A partir da divisão de um círculo em 360 partes iguais, podemos ter a ideia da medida de um grau. Cada uma das partes em que o círculo foi dividido determina um ângulo de 1 grau, que indicamos por 1°.

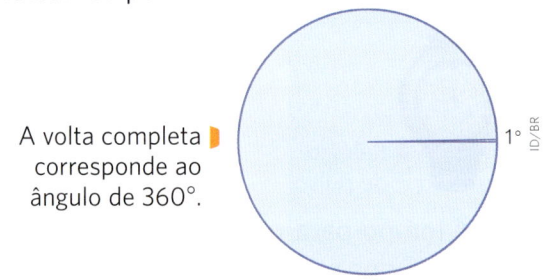

A volta completa corresponde ao ângulo de 360°.

Com essa unidade de medida e um transferidor, podemos medir o ângulo formado pelos ponteiros do relógio apresentado anteriormente, como indicado abaixo.

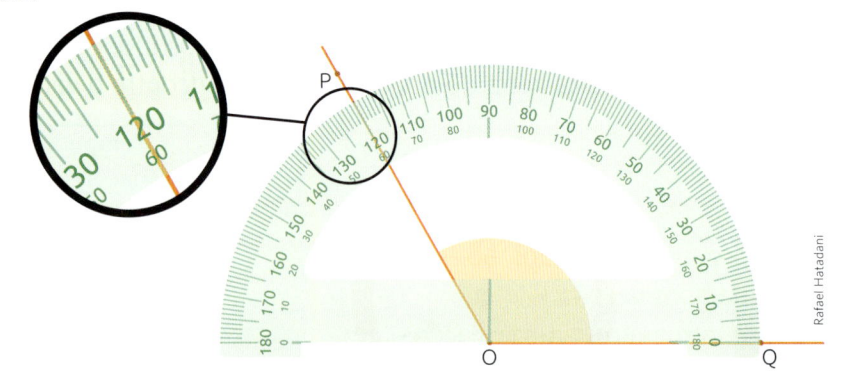

Portanto, a medida do menor ângulo formado pelos ponteiros do relógio às 4 horas é 120°.

1 Em que outro horário o menor ângulo entre os ponteiros do relógio é 120°?

Classificação dos ângulos

Um ângulo com medida maior que 0° e menor ou igual a 180° pode ser classificado em **agudo**, **reto**, **obtuso** ou **raso**, de acordo com sua medida.

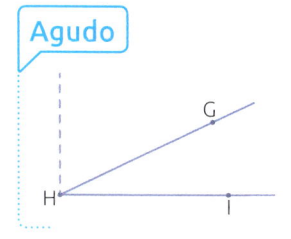

Agudo

$0° < \text{med}(G\hat{H}I) < 90°$
Ângulo cuja medida é maior que 0° e menor que 90°.

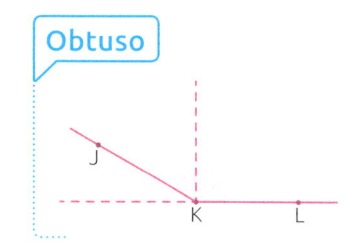

Obtuso

$90° < \text{med}(J\hat{K}L) < 180°$
Ângulo cuja medida é maior que 90° e menor que 180°.

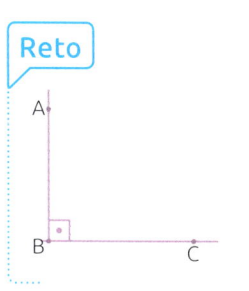

Reto

$\text{med}(A\hat{B}C) = 90°$
Ângulo cuja medida é igual a 90°. Pode ser indicado pelo símbolo ⌐.

Raso

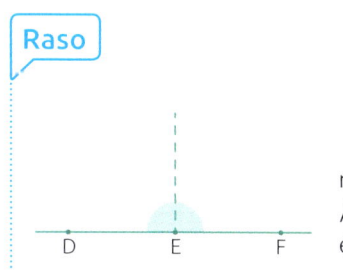

$\text{med}(D\hat{E}F) = 180°$
Ângulo cuja medida é igual a 180°.

Ângulos congruentes

Os ângulos $N\hat{O}P$ e $Q\hat{R}S$, representados ao lado, possuem medidas iguais.

Quando isso ocorre, dizemos que os ângulos são **congruentes**.

Nesse caso, temos que os ângulos $N\hat{O}P$ e $Q\hat{R}S$ são congruentes e escrevemos $N\hat{O}P \equiv Q\hat{R}S$.

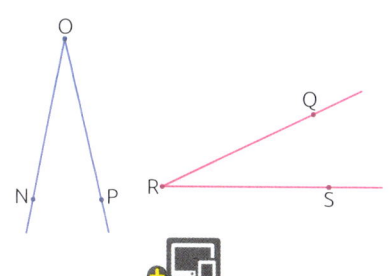

| Dois ângulos são congruentes quando possuem medidas iguais.

1 Utilizando um transferidor, meça os ângulos $N\hat{O}P$ e $Q\hat{R}S$ e verifique se eles são congruentes.

Ângulos adjacentes

Os ângulos $T\hat{X}U$ e $U\hat{X}V$ possuem um lado em comum e as regiões determinadas por eles não possuem pontos em comum. Quando isso ocorre, dizemos que os ângulos são **adjacentes**.

Neste caso, $\overrightarrow{XU}$ é o lado comum entre os ângulos $T\hat{X}U$ e $U\hat{X}V$.

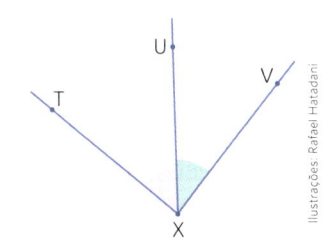

| Dois ângulos são adjacentes quando possuem um lado em comum e as regiões determinadas por eles não possuem pontos em comum.

1 O ângulo $T\hat{X}V$ possui um lado em comum ao ângulo $T\hat{X}U$, mas $T\hat{X}V$ não é adjacente a $T\hat{X}U$. Explique por que esses ângulos não são adjacentes.

Atividades

1. Escreva no caderno o nome de quatro objetos de seu cotidiano nos quais é possível identificar ângulos. Depois, compare sua resposta com a de um colega.

2. Na imagem é possível identificar o ângulo BÔC. Escreva no caderno outros três ângulos que podem ser identificados.

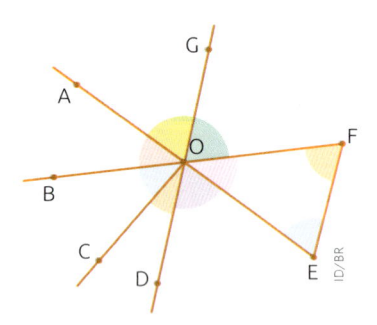

3. Com o auxílio de um transferidor, meça os ângulos indicados a seguir.

   I 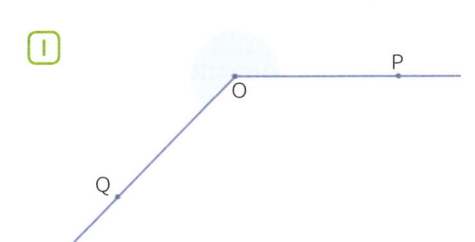

   II 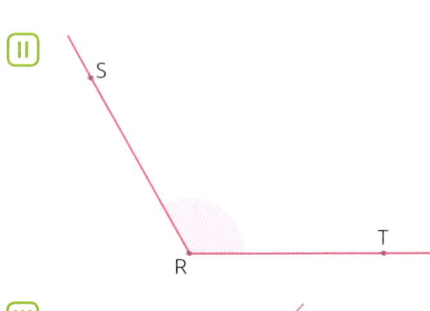

   III

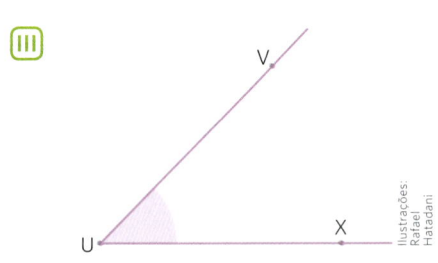

   Agora, com uma régua e um transferidor, represente no caderno os ângulos indicados:
   a) 270°
   b) 105°
   c) 75°
   d) 180°

4. Classifique cada ângulo representado no transferidor em reto, agudo, obtuso ou raso.

   a) 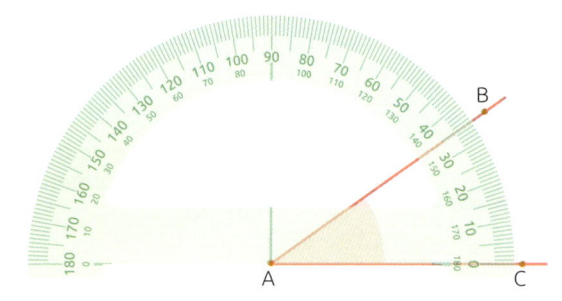

   b) 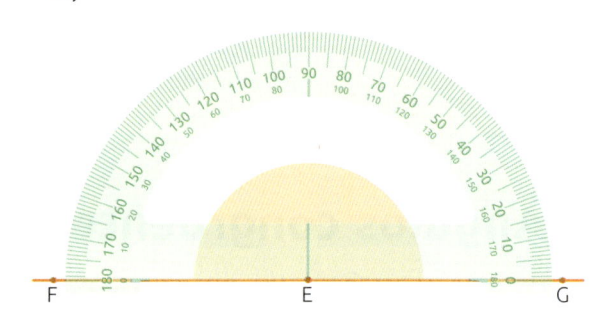

   c) 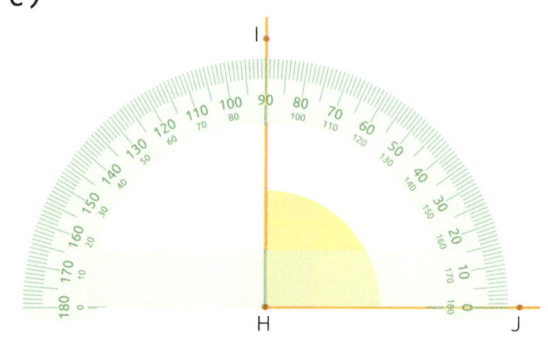

   d)

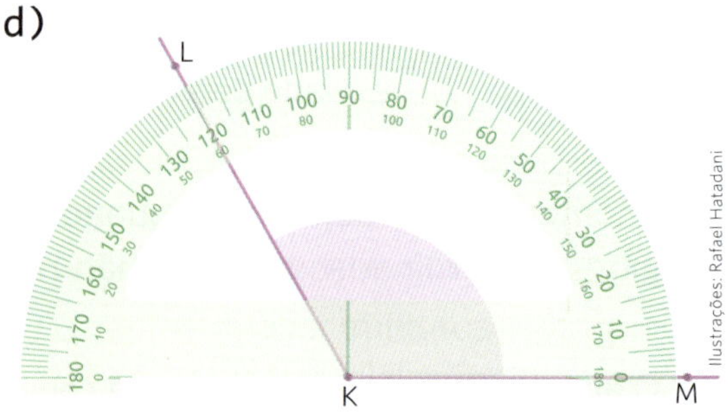

5. (Saresp) Observe os desenhos abaixo, feitos no computador, para indicar caminhos percorridos por um robozinho. O desenho que indica que o robozinho mudou somente duas vezes de direção e em ângulo reto é:

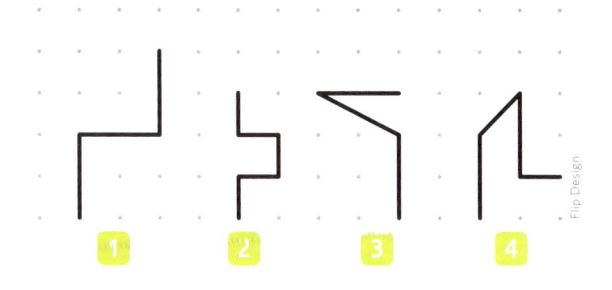

a) figura **1**
b) figura **2**
c) figura **3**
d) figura **4**

6. Observe os ângulos abaixo e estime a medida de cada um deles.

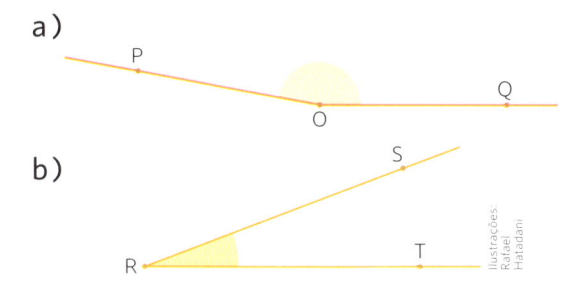

a)

b)

Agora, utilize um transferidor e verifique se sua estimativa está correta.

7. Utilize um transferidor e verifique quais dos ângulos a seguir são congruentes.

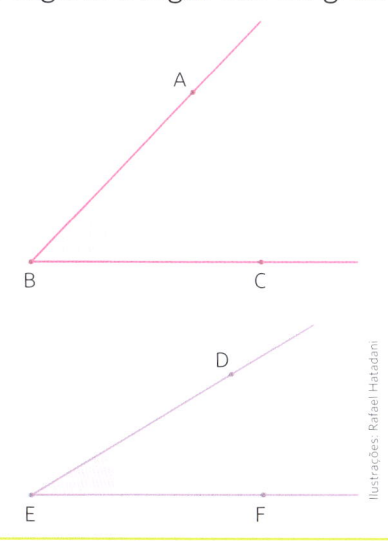

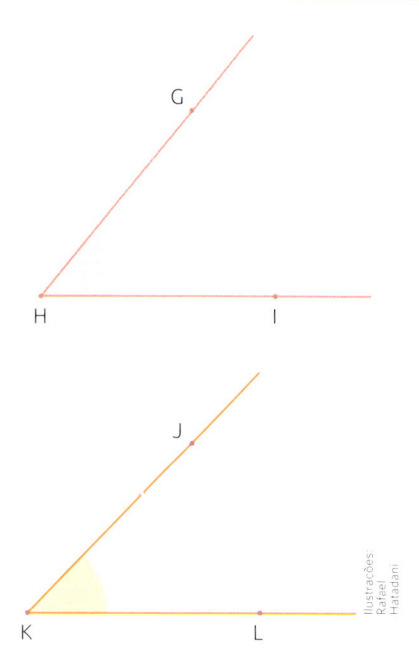

8. Desenhe no caderno um ângulo qualquer. Depois, utilizando régua e compasso, construa outro ângulo congruente ao que você desenhou.

9. Observe os ângulos a seguir.

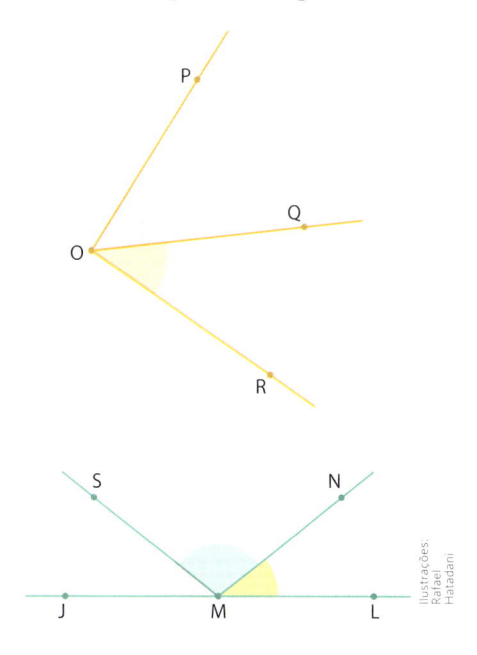

Agora, responda no caderno se os pares de ângulos indicados em cada item são ou não adjacentes.

a) $R\hat{O}Q$ e $Q\hat{O}P$
b) $J\hat{M}S$ e $L\hat{M}N$
c) $S\hat{M}N$ e $L\hat{M}N$
d) $J\hat{M}S$ e $S\hat{M}N$

Grau, minuto e segundo

Algumas medidas de ângulos não correspondem a medidas inteiras de graus. Um exemplo disso é a medida 2,36°, correspondente à inclinação do edifício Núncio Malzoni em relação ao solo, localizado na orla de Santos (SP), antes da obra que o recolocou em sua posição original, em 2001.

Edifício Núncio Malzoni, localizado na orla de Santos (SP), quando ainda estava inclinado.

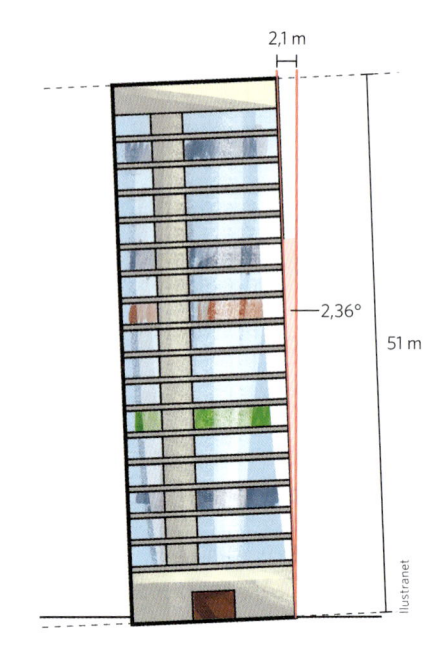

Podemos representar a medida 2,36° utilizando graus e os **submúltiplos do grau**, isto é, **minutos** (') e **segundos** ("). Para isso, é necessário saber que:

1 grau corresponde a 60 minutos	1 minuto corresponde a 60 segundos
1° = 60'	1' = 60"

1 Quantos segundos correspondem a um grau?

Veja a relação entre essas unidades de medida.

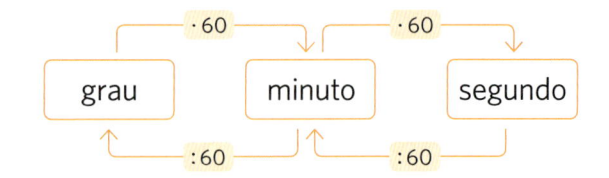

grau $\xrightarrow{\cdot 60}$ minuto $\xrightarrow{\cdot 60}$ segundo

grau $\xleftarrow{:60}$ minuto $\xleftarrow{:60}$ segundo

Transformação de unidades

Veja como podemos transformar a medida 2,36° em graus, minutos e segundos:

$$2,36° = 2° + \overbrace{0,36°}^{\cdot 60} = 2° + 21,6' = 2° + 21' + \overbrace{0,6'}^{\cdot 60} = 2° + 21' + 36''$$

Portanto, $2,36° = 2° \, 21' \, 36''$.

Agora, veja os procedimentos para realizar outras transformações.

- Transformar 9° 42' 37" em uma medida em segundos

1º Transformamos os graus em minutos e adicionamos os minutos.

$$9° \, 42' \, 37" \xrightarrow{\cdot 60} 540' \, 42' \, 37" = \underset{540' + 42'}{582' \, 7"}$$

2º Transformamos os minutos em segundos e adicionamos os segundos.

$$582' \, 37" \xrightarrow{\cdot 60} 34\,920" \, 37" = \underset{34\,920" + 37"}{34\,957"}$$

Portanto, 9° 42' 37" = 34 957".

- Transformar 4 952" em uma medida em graus, minutos e segundos

1º Transformamos os segundos em minutos. Para isso, dividimos 4 952" por 60, pois 1' = 60".

```
 4 9 5 2 | 6 0
-4 8 0   | 8 2 → minutos
 0 1 5 2
-  1 2 0
     3 2 → segundos
```

2º Transformamos os minutos em graus. Neste caso, dividimos 82' por 60, pois 1° = 60'.

```
 8 2 | 6 0
-6 0 | 1 → grau
 2 2 → minutos
```

Assim, temos que:

$$4\,952" \xrightarrow{:60} 82' \, 32" \xrightarrow{:60} 1° \, 22' \, 32"$$

Portanto, 4 952" = 1° 22' 32".

Atividades

10. Escreva as medidas em minutos.
   a) 24°
   b) 125°
   c) 75,4°
   d) 118°
   e) 349,4°
   f) 180°

11. Escreva as medidas em segundos.
   a) 4° 63'
   b) 1° 23' 46"
   c) 34° 43' 12"
   d) 2° 35' 20"
   e) 14° 23' 9"
   f) 3° 51' 39"

12. Escreva as medidas em graus, minutos e segundos.
   a) 6 520"
   b) 27 856"
   c) 126 560"
   d) 386 122"
   e) 14 320"
   f) 462 915"

13. (Enem/Inep) Em 20 de fevereiro de 2011 ocorreu a grande erupção do vulcão Bulusan, nas Filipinas. A sua localização geográfica no globo terrestre é dada pelo GPS (sigla em inglês para Sistema de Posicionamento Global) com longitude 124° 3' 0" a leste do Meridiano de Greenwich.
Dado: 1° equivale a 60' e 1' equivale a 60".

G. Pavarin, *Galileu*. fev. 2012 (adaptado).

A representação angular da localização do vulcão com relação a sua longitude na forma decimal é:
   a) 124,02°
   b) 124,05°
   c) 124,20°
   d) 124,30°
   e) 124,50°

Lendo

Reportagem

É um gênero jornalístico que tem por objetivo divulgar aos leitores informações que são obtidas a partir de pesquisa e levantamento de dados. A reportagem pode circular em jornais e revistas impressos ou em telejornais.

O trecho a seguir é uma reportagem, que apresenta informações sobre um projeto de construção civil. O objetivo dessa leitura é reconhecer a importância do conhecimento sobre ângulos para corrigir a inclinação de um edifício, sem precisar demolir a estrutura construída.

Antes da leitura

1. Você já ouviu falar sobre a Torre de Pisa? Sabe por que ela é conhecida mundialmente?

2. Em sua opinião, no Brasil há construções como a Torre de Pisa?

3. Com base no título da reportagem, sobre o que você imagina que ela trata?

LEMBRE-SE!
Na questão **3** você levantou hipóteses que serão confirmadas ou reelaboradas depois da leitura.

Durante a leitura

1. À medida que for lendo:
   a) sublinhe o parágrafo que resume o assunto da reportagem;
   b) identifique o subtítulo da reportagem e a função dele no texto;
   c) identifique os aspectos diferentes e os semelhantes em relação à Torre de Pisa e ao Edifício Núncio Malzoni, Bloco A;
   d) verifique a relação entre o esquema e o assunto apresentado na reportagem;
   e) note a importância do conceito de ângulo para que o edifício de Santos fosse reaprumado.

Edifício Núncio Malzoni, Bloco A: a Torre de Pisa Santista

Há onze anos, em Santos, pela primeira vez no mundo um prédio inclinado foi reaprumado.

O Edifício Núncio Malzoni – Bloco A com 55 m de altura e 17 andares voltou ao eixo sem cortar os pilares por meio de 14 macacos hidráulicos.

Um projeto inovador para época que despertou a curiosidade de profissionais de outras nacionalidades, inclusive um dos responsáveis pela solução adotada na Torre de Pisa, na Itália, quando esteve no Brasil participando de um congresso, visitou a construção. [...]

Os prédios tortos da orla da praia de Santos já são considerados cartão-postal da cidade, muitos já se tornaram até pontos turísticos, como o Bar do Torto, conhecido por estar em um dos edifícios mais tortos da região, e os "Beijoqueiros", edifícios apelidados pelos moradores por ficarem inclinados um em direção ao outro. Há indícios de que seja o único município no Brasil com um número tão significativo de construções nessa situação. Santos têm em média 100 edifícios construídos entre as décadas de 50 e 60 que apresentam inclinações que podem chegar a um valor superior a dois graus, revela o professor Carlos Maffei, consultor de interação solo-estrutura.

Na Itália, a Torre de Pisa começou a entortar quando três dos oito andares já estavam prontos. A construção foi finalizada em 1350 e no início da década de 90 já apresentava uma inclinação de 4,5 metros, com previsão de um aumento anual de 1,2 mm. Para evitar que a estrutura desabasse definitivamente, foi constituída uma comissão de especialistas, e em dezembro de 2001 a torre, que por razões de segurança havia sido fechada à visitação pública, foi reaberta.

Tanto em Santos quanto na Itália as construções eram rasas e apoiadas em uma camada de areia compacta sobreposta a uma espessa camada de argila mole. Em Santos o edifício tinha uma fundação composta por sapatas apoiadas entre 1,5 m e 2 m de profundidade. [...]

O reforço, a demolição e a reconstrução eram soluções cogitadas. Porém, após avaliar o grau de segurança do edifício, o custo-benefício e analisá-lo estruturalmente, optou-se por reaprumá-lo.

Colocando o prédio no eixo

O Bloco A apresentava inclinação de 2,2° em direção ao Condomínio Jardim Europa e 0,6° em direção ao Bloco B (fundo do edifício). Os recalques diferenciais tinham 45 cm na direção transversal e 25 cm na longitudinal, totalizando uma diferença de 70 cm na diagonal do prédio.

O projeto tinha como premissa transferir as cargas do edifício para novas fundações, utilizando vigas de transição sem cortar os pilares, por meio de 14 macacos hidráulicos apoiados nos blocos das fundações. Isso sem comprometer a rotina dos moradores que permaneceram no local utilizando normalmente as redes de água, esgoto, telefonia, energia elétrica.

[...]

Para corrigir a inclinação do edifício foram utilizados 14 macacos hidráulicos com capacidade entre 5 000 kN e 9 000 kN. Cada um deles foi colocado entre a viga e o bloco da fundação correspondente. Nos dois lados de cada macaco foram construídos pilares para a colocação dos calços. Após os macacos terem sido colocados em carga, foi realizada a escavação do terreno, permitindo que as sapatas ficassem totalmente livres, sem contato com o terreno e evitando sucção da areia. Finalmente o edifício foi reaprumado erguendo-se o prédio. Durante a elevação do prédio, as operações foram acompanhadas por instrumentação adequada nas vigas e nos blocos das fundações. Ainda alguns pilares foram removidos entre os banzos superiores e inferiores para permitir uma mudança na arquitetura do prédio.

[...]

Associação de Engenharia, Arquitetura e Agronomia de Ribeirão Preto (AEAARP). Santos é a cidade dos prédios sinuosos e valiosos. Painel, Ribeirão Preto, Texto & Cia Comunicação, ano XV, n. 207, p. 15-6, jun. 2012. Disponível em: <www.aeaarp.org.br/images/revista/20120927_171140_painel-207.pdf>. Acesso em: 30 mar. 2016.

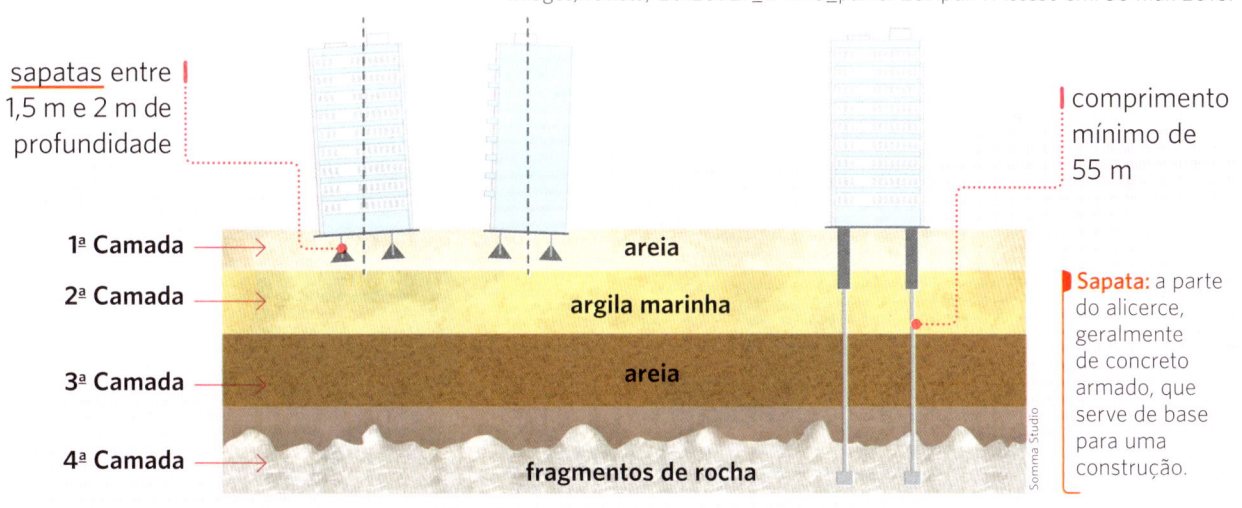

- sapatas entre 1,5 m e 2 m de profundidade
- 1ª Camada → areia
- 2ª Camada → argila marinha
- 3ª Camada → areia
- 4ª Camada → fragmentos de rocha
- comprimento mínimo de 55 m
- **Sapata:** a parte do alicerce, geralmente de concreto armado, que serve de base para uma construção.

Depois da leitura

1. O texto tratou sobre o assunto que você havia imaginado antes da leitura?
2. Ao ler a reportagem, o que você entendeu sobre as informações 2,2° e 0,6°?
3. De acordo com o que foi lido, o que foi feito para corrigir a inclinação do edifício?
4. Converse com os colegas sobre a importância do conceito de ângulo em diversas atividades profissionais e esportivas. Identifiquem situações em que esse conceito está presente.

Adição e subtração de medidas de ângulos

Observe a cena.

Qual é a medida do ângulo $A\hat{D}C$?

Para responder a essa pergunta, adicionamos as medidas dos ângulos $A\hat{D}B$ e $B\hat{D}C$. Nesse caso, adicionamos segundos com segundos, minutos com minutos e graus com graus.

$$\begin{array}{r} 15° \ 42' \ 57'' \\ +\ 18° \ 29' \ 35'' \\ \hline 33° \ 71' \ 92'' \end{array}$$

Portanto, $15° \ 42' \ 57'' + 18° \ 29' \ 35'' = 33° \ 71' \ 92''$.

No entanto, podemos escrever essa soma de maneira mais simplificada.

- Como $\underbrace{92''}_{60'' + 32''} = 1' \ 32''$, realizamos a seguinte substituição:

  $33° \ \underbrace{71'}_{1'32''} \ \underbrace{92''}_{71' + 1'} = 33° \ 72' \ 32''$

- Note que $\underbrace{72'}_{60' + 12'} = 1° \ 12'$. Assim, realizamos outra substituição:

  $33° \ \underbrace{72'}_{1°12'} \ 32'' = \underbrace{34°}_{33° + 1°} \ 12' \ 32''$

Desse modo, $33° \ 71' \ 92'' = 34° \ 12' \ 32''$, isto é, med$(A\hat{D}C) = 34° \ 12' \ 32''$.

Também é possível determinar quantos graus, minutos e segundos a medida do ângulo $B\hat{D}C$ tem a mais que a medida do ângulo $A\hat{D}B$. Para isso, calculamos $18° \ 29' \ 35'' - 15° \ 42' \ 57''$.

- Inicialmente, temos de subtrair 57'' de 35''. Como isso não é possível, trocamos, no minuendo, 1' por 60'' e adicionamos aos 35''. Assim, subtraímos 57'' de 95'':

$$\begin{array}{r} 18° \ 29' \ 35'' \\ -\ 15° \ 42' \ 57'' \\ \hline \end{array} \longrightarrow \begin{array}{r} 28'\ 95'' \\ 18° \ \cancel{29}' \ \cancel{35}'' \\ -\ 15° \ 42' \ 57'' \\ \hline 38'' \end{array}$$

$1' = 60''$

- Depois, temos que subtrair 42' de 28'. Como isso não é possível, trocamos, no minuendo, 1° por 60' e adicionamos aos 28'. Desse modo, subtraímos 42' de 88':

$$\begin{array}{r} 1° = 60' \\ \;\;88' \\ 17°\;\;\cancel{28}'\;\;95'' \\ \cancel{18}°\;\;\cancel{29}'\;\;35'' \\ -\;\;15°\;\;42'\;\;57'' \\ \hline \;46'\;\;38'' \end{array}$$

- Por fim, terminamos o cálculo subtraindo os graus.

$$\begin{array}{r} \;\;88' \\ 17°\;\;\cancel{28}'\;\;95'' \\ \cancel{18}°\;\;\cancel{29}'\;\;35'' \\ -\;\;15°\;\;42'\;\;57'' \\ \hline 2°\;\;46'\;\;38'' \end{array}$$

Portanto, 18° 29' 35" − 15° 42' 57" = 2° 46' 38", ou seja, a medida do ângulo $B\hat{D}C$ tem 2° 46' 38" a mais que a medida do ângulo $A\hat{D}B$.

Quando adicionamos duas medidas de ângulos, adicionam-se segundos com segundos, minutos com minutos e graus com graus e realizam-se as trocas, quando necessário. De maneira semelhante realizamos a subtração.

Ângulos complementares e ângulos suplementares

Dois ângulos são chamados complementares se a soma de suas medidas for igual a 90°. Por exemplo, os ângulos $E\hat{H}F$ e $F\hat{H}G$ são complementares.

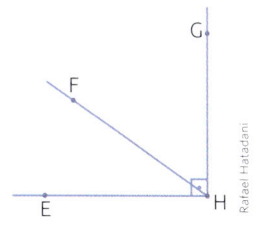

Veja os procedimentos utilizados por Yuri e Giovana para verificar se os ângulos com medidas 27° 41' e 62° 19' são complementares.

Yuri

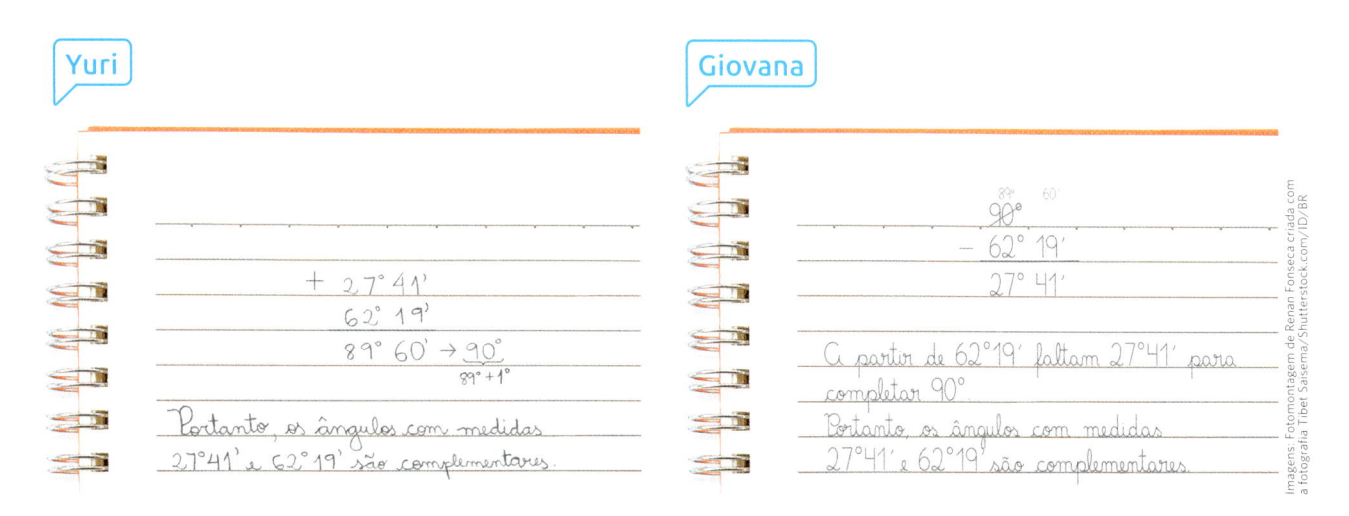

$$\begin{array}{r} +\;\;27°\;41' \\ 62°\;19' \\ \hline 89°\;60' \rightarrow 90° \\ 89° + 1° \end{array}$$

Portanto, os ângulos com medidas 27°41' e 62°19' são complementares.

Giovana

$$\begin{array}{r} 89°\;\;60' \\ 90° \\ -\;\;62°\;19' \\ \hline 27°\;41' \end{array}$$

A partir de 62°19' faltam 27°41' para completar 90°. Portanto, os ângulos com medidas 27°41' e 62°19' são complementares.

1 Escreva no caderno outra subtração que pode ser utilizada para verificar que os ângulos com medidas 27° 41' e 62° 19' são complementares.

Dois ângulos são chamados **suplementares** se a soma de suas medidas for igual a 180°. Por exemplo, os ângulos $I\hat{L}J$ e $J\hat{L}K$ são suplementares.

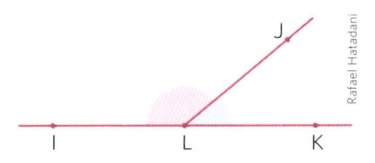

Veja os procedimentos utilizados por Yuri e Giovana para verificar se os ângulos com medidas 107°53' e 72°7' são suplementares.

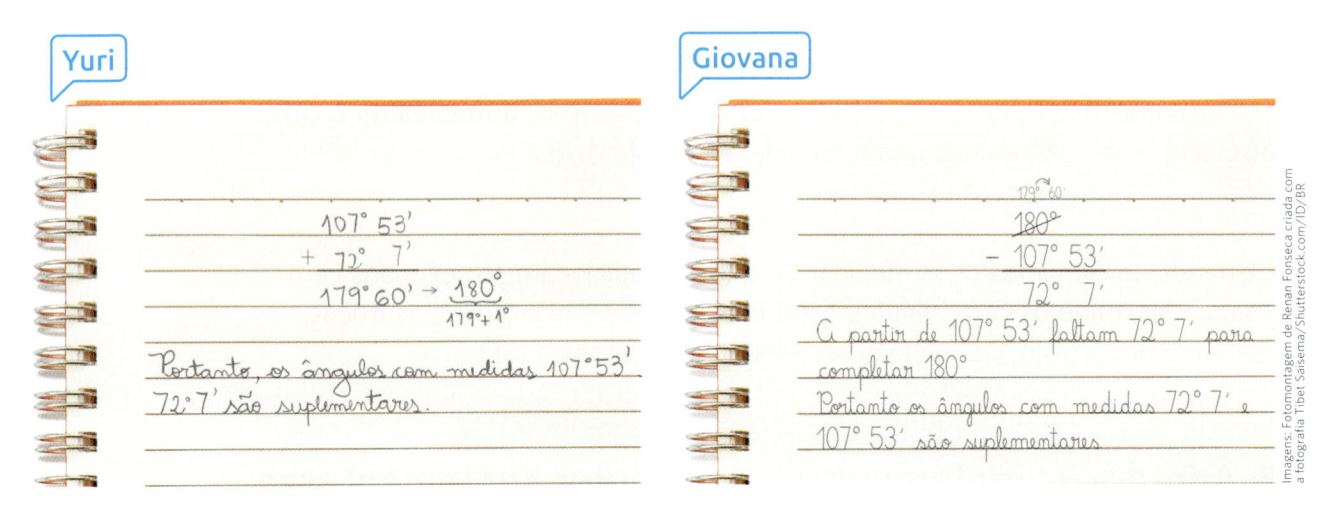

Yuri

```
   107° 53'
+   72°  7'
   179° 60'  →  180°
                179° + 1°
```

Portanto, os ângulos com medidas 107°53' 72°7' são suplementares.

Giovana

```
   179° 60'
   180°
-  107° 53'
    72°  7'
```

A partir de 107° 53' faltam 72° 7' para completar 180°.
Portanto os ângulos com medidas 72° 7' e 107° 53' são suplementares.

2 Escreva no caderno outra subtração que pode ser utilizada para verificar se os ângulos com medidas 107° 53' e 72° 7' são suplementares.

Atividades

14. Escreva no caderno a medida do ângulo $A\hat{O}C$ indicado em cada figura abaixo.

a) 32°23'57"; 27°49'16"

b) 49°36'42"; 61°45'51"; 46°13'46"

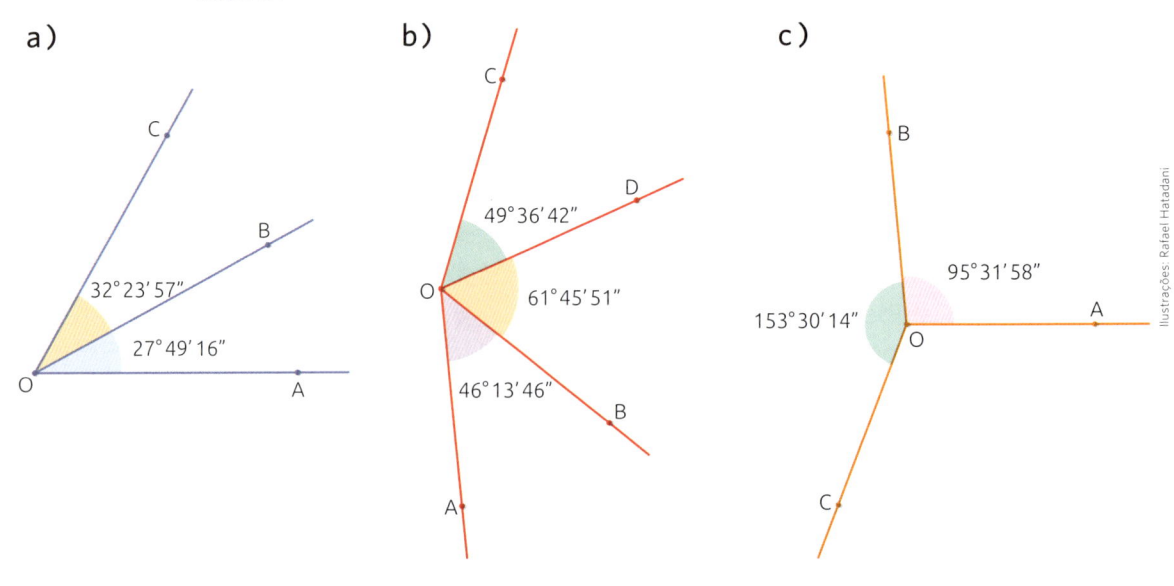

c) 95°31'58"; 153°30'14"

15. Resolva:
a) $2°10' + 68°10'$
b) $15°50' + 72°12''$
c) $23°46'8'' + 83° + 4°12'56''$
d) $270°27'29'' - 92°37'30''$
e) $120° - 15°2'41''$
f) $322° - 153°24''$

16. Observe a figura e, em seguida, com uma calculadora, realize os cálculos indicados em cada item.

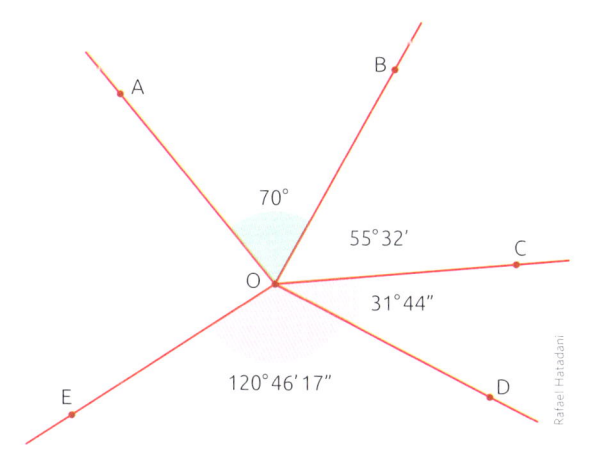

a) $\text{med}(A\hat{O}B) + \text{med}(B\hat{O}C)$
b) $\text{med}(C\hat{O}D) + \text{med}(D\hat{O}E)$
c) $\text{med}(D\hat{O}E) - \text{med}(B\hat{O}C)$
d) $\text{med}(A\hat{O}B) - \text{med}(C\hat{O}D)$
e) $\text{med}(B\hat{O}C) + \text{med}(C\hat{O}D) + \text{med}(D\hat{O}E)$
f) $\text{med}(A\hat{O}B) - \text{med}(B\hat{O}C)$

17. Determine a medida de $B\hat{O}C$ sabendo que $\text{med}(A\hat{O}D) = 136°4'37''$.

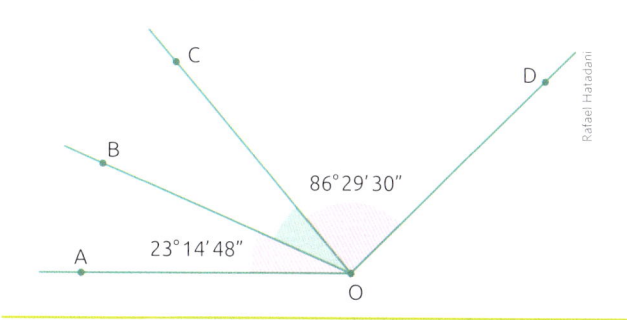

18. Indique no caderno se a informação de cada item a seguir é verdadeira ou falsa. Depois, reescreva as afirmações falsas tornando-as verdadeiras.
a) Os ângulos de medidas 45° e 35° são complementares.
b) Os ângulos de medidas $38°49'13''$ e $51°10'47''$ são complementares.
c) Um ângulo de medida 12° é suplementar a um de medida 168°.
d) Um ângulo de medida 66° é complementar a um de medida 24°.
e) Os ângulos de medidas $86°25'$ e $3°75'$ são suplementares.
f) Os ângulos de medidas $80°58'26''$ e $59°1'34''$ são suplementares.

19. Determine a medida do ângulo complementar ao ângulo de medida:
a) 50°
b) 16°
c) $14°6'$
d) $39°45'5''$
e) $81°10'1''$
f) $63°24''$

20. Copie os ângulos abaixo no caderno, substituindo as letras pelos números adequados, sabendo que os ângulos $\hat{f}$ e $\hat{g}$ são suplementares.

$\hat{f}$	91°	B	C	159°	E	64°	176°
$\hat{g}$	A	49°	108°	D	114°	F	G

21. No caderno, relacione os pares de ângulos que são suplementares escrevendo a letra e o símbolo romano correspondentes.

A) 78°
B) 168°
C) $17°48'$
D) $96°01'25''$
E) $70°21''$
F) $44°14'10''$

I) $162°12'$
II) $109°59'39''$
III) 102°
IV) $135°45'50''$
V) $83°58'35''$
VI) 12°

Multiplicação e divisão de medidas de ângulos

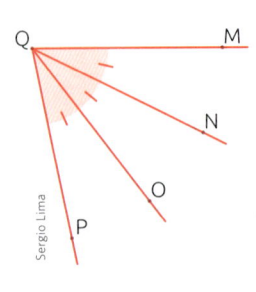

Lincon desenhou o ângulo $M\widehat{Q}P$ e o dividiu em três ângulos de medidas iguais. Sabendo que med$(M\widehat{Q}N) = 26°\,37'\,42''$, qual é a medida do ângulo $M\widehat{Q}P$?

Para responder a essa pergunta, calculamos $3 \cdot 26°\,37'\,42''$, multiplicando por 3 os segundos, os minutos e os graus. Depois, simplificamos o resultado obtido.

```
   26°    37'    42"
 ×               3
  ────────────────
   78°   111'   126"
  3·26°  3·37'  3·42"
```

> Na multiplicação da medida de um ângulo por um número natural, multiplicam-se segundos, minutos e graus por esse número e realizam-se as trocas necessárias.

$$78°\,111'\,\underbrace{126''}_{2'6''} = 78°\,\overbrace{113'}^{111'+2'}\,6'' = 78°\,\underbrace{113'}_{1°53'}\,6'' = \overbrace{79°}^{78°+1°}\,53'\,6''$$

Portanto, med$(M\widehat{Q}P) = 79°\,53'\,6''$.

Se Lincon dividisse o ângulo $M\widehat{Q}P$ ao meio, qual seria a medida de cada ângulo?

Para responder a essa pergunta, calculamos $79°\,53'\,6'' : 2$ da seguinte maneira:

- Dividimos os graus.

```
  79°   53'   6"  | 2
 -78°                39°
  ───
   1°
```

- Trocamos 1° por 60', adicionamos aos 53' do dividendo e dividimos o resultado obtido.

```
  79°    53'   6"  | 2
 -78°     ↓+          39° 56'
  ───
   1° → 60'
       ────
        113'
       -112'
       ────
          1'
```

- Trocamos 1' por 60", adicionamos aos 6" do dividendo e dividimos o resultado obtido.

```
  79°    53'    6"  | 2
 -78°     ↓+           39° 56' 33"
  ───          +
   1° → 60'
       ────    ↓
        113'
       -112'
       ────
          1' → 60"
              ────
               66"
              -66"
              ────
                0"
```

> Na divisão da medida de um ângulo por um número natural, dividem-se graus, minutos e segundos por esse número e realizam-se as trocas necessárias.

Portanto, a metade da medida de $M\widehat{Q}P$ é igual a $39°\,56'\,33''$.

1 Supondo que Lincon dividisse a medida de $M\widehat{Q}P$ em 6 ângulos de medidas iguais, qual seria a medida de cada ângulo?

Bissetriz de um ângulo

Para realizar um trabalho escolar, Bruna construiu um ângulo de 70° em uma cartolina. Depois recortou, dobrou ao meio e por fim desdobrou, porque na marca formada pela dobra ela pretende colar uma fita colorida. Observe.

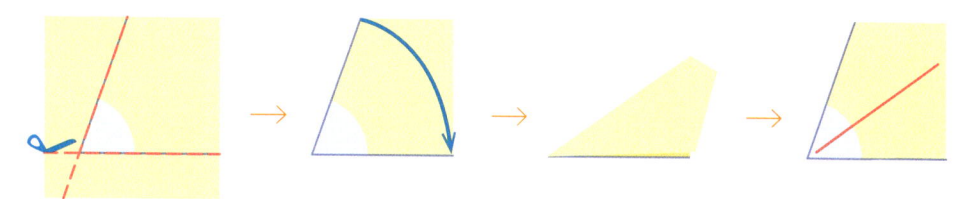

Note que, ao desdobrar a cartolina, a marca formada pela dobra dividiu o ângulo ao meio e cada um dos ângulos obtidos possui 35° (70° : 2). Nesse caso, a marca formada pela dobra corresponde à **bissetriz** desse ângulo.

A bissetriz de um ângulo é uma semirreta de origem no vértice que o divide em dois outros ângulos com medidas iguais. No caso abaixo, $\overrightarrow{OM}$ é a bissetriz do ângulo $P\hat{O}T$.

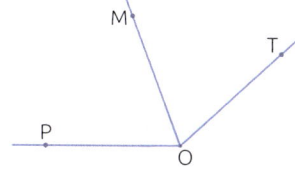

Sabendo que $\overrightarrow{DB}$ é a bissetriz de $A\hat{D}C$ e que med$(A\hat{D}B) = 71°\,8'\,46''$, podemos determinar a medida de $A\hat{D}C$ por meio de uma multiplicação.

$$\begin{array}{r} 71°\ 8'\ 46'' \\ \times \qquad\quad 2 \\ \hline 142°\,16'\,\underline{92''} \\ 1'32'' \end{array}$$

Logo, med$(A\hat{D}C) = 142°\,17'\,32''$.

2 De que outra maneira seria possível determinar med$(A\hat{D}C)$?

Sabendo que $\overrightarrow{WY}$ é a bissetriz de $X\hat{W}Z$ e que med$(X\hat{W}Z) = 63°\,24'\,38''$, podemos determinar a medida de $X\hat{W}Y$ e $Y\hat{W}Z$ por meio de uma divisão.

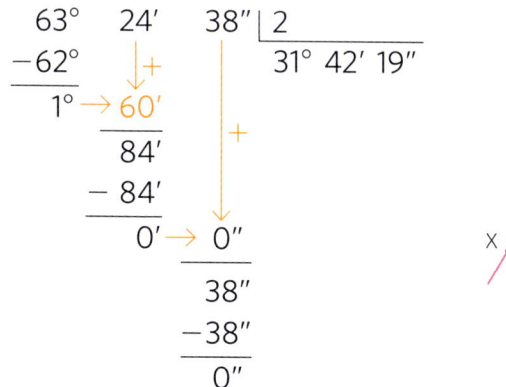

$$\begin{array}{r} 63°\quad 24'\quad 38'' \;|\underline{2} \\ -62° \qquad\qquad\qquad 31°\ 42'\ 19'' \\ \hline 1° \to 60' \\ \hline 84' \\ -84' \\ \hline 0' \to 0'' \\ \hline 38'' \\ -38'' \\ \hline 0'' \end{array}$$

Logo, med$(X\hat{W}Y)$ = med$(Y\hat{W}Z) = 31°\,42'\,19''$.

Atividades

22. Realize os cálculos com as informações da figura abaixo.

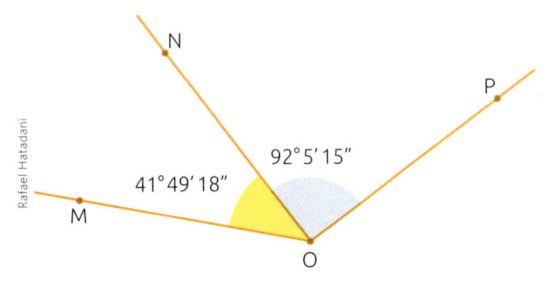

(Figura: ângulo MÔN = 41°49'18", ângulo NÔP = 92°5'15")

a) 6 · med(MÔN)
b) 3 · med(NÔP)
c) med(MÔN) : 6
d) med(NÔP) : 5
e) med(MÔP) · 2
f) med(MÔP) : 3

23. Com o auxílio de uma calculadora, realize os cálculos abaixo.

a) 12°56'17" · 7
b) 26°8'18" · 9
c) 352°16'56" : 8
d) 260°36'40" : 5
e) 85°14'50" : 2
f) 17°38'41" · 6

24. Um polígono é regular quando todos os lados têm o mesmo comprimento e todos os ângulos internos são congruentes. A imagem abaixo representa um eneágono regular e a soma das medidas de todos os ângulos internos desse polígono é 1260°. Calcule a medida do ângulo Â indicado.

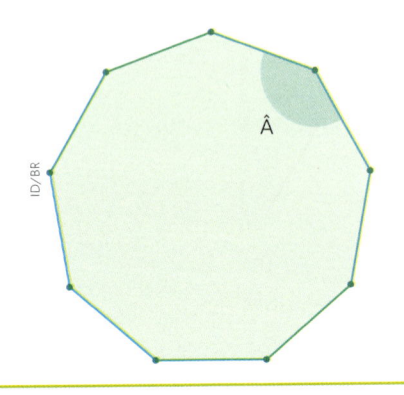

25. Responda:

a) Qual é o dobro de 106°17'48"?
b) Qual é o triplo de 97°34"?
c) Qual é o quádruplo de 50°45'57"?
d) Qual é a metade de 35°28'?
e) Qual é a terça parte de 7°47'15"?

26. Reinaldo calculou a quarta parte da medida de um ângulo e obteve 48°30'4". Determine a medida desse ângulo.

27. Com um transferidor, meça o ângulo abaixo.

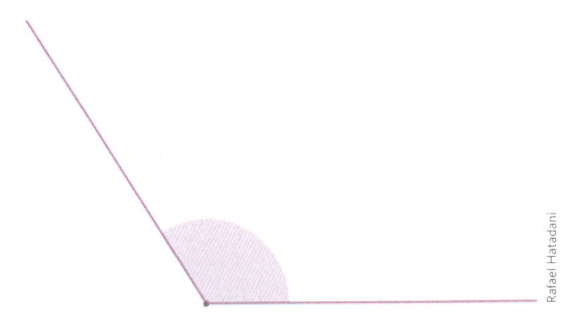

Agora, construa no caderno um ângulo cuja medida seja:

a) o dobro da medida do ângulo acima;
b) a terça parte da medida do ângulo acima.

28. Manuela multiplicou a medida de um ângulo por 6 e obteve 135°45'54". Qual é a medida desse ângulo?

29. Na figura abaixo, $\vec{OB}$ é a bissetriz do ângulo AÔC. Qual é a medida do ângulo AÔC?

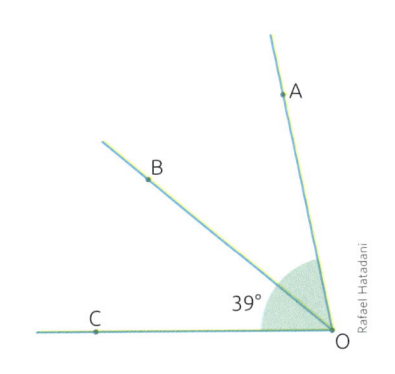

30. Calcule a medida dos ângulos TÔU e RÔU indicados abaixo, sabendo que:
- $\overrightarrow{OT}$ é a bissetriz de SÔU
- $\overrightarrow{OS}$ é a bissetriz de RÔT

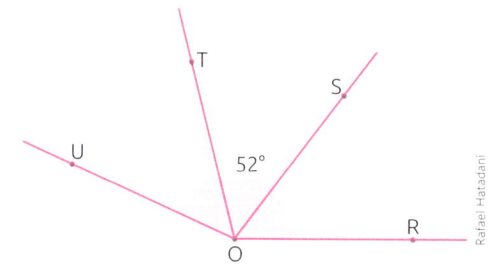

31. Na imagem a seguir, $\overrightarrow{OC}$ é bissetriz do ângulo BÔD e a medida do ângulo AÔE é 202°. De acordo com essas informações, calcule a medida dos ângulos BÔC e DÔE.

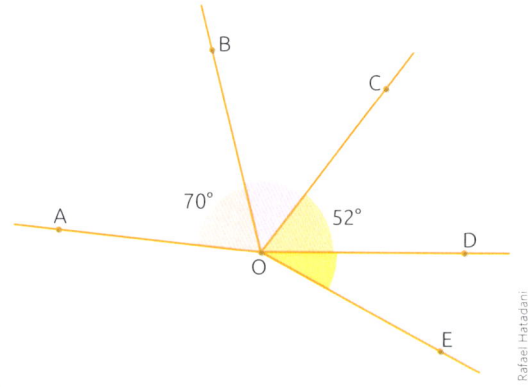

32. Construa no caderno os ângulos indicados abaixo e, em seguida, trace a bissetriz de cada um deles.
a) 30°
b) 65°
c) 140°
d) 284°

33. O triângulo ABC a seguir é retângulo, e $\overrightarrow{AD}$ é a bissetriz do ângulo BÂC.

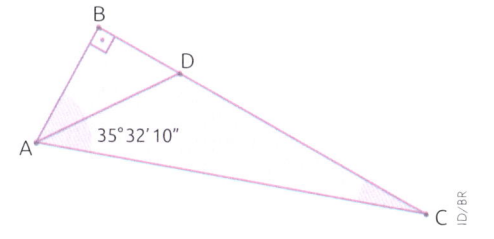

Sabendo que os ângulos BÂC e AĈB são complementares, determine as medidas dos ângulos internos do triângulo ABC.

34. Jorge é carpinteiro e construiu a estrutura de um telhado. Para isso, ele posicionou e encaixou várias vigas de madeira.

Estrutura de um telhado com pendural e escoras.

Veja no esquema abaixo a vista frontal da estrutura do telhado na qual podemos observar o pendural, que corresponde à bissetriz do ângulo de medida 118° 36′ 20″, formado pelo lado esquerdo e direito do telhado.

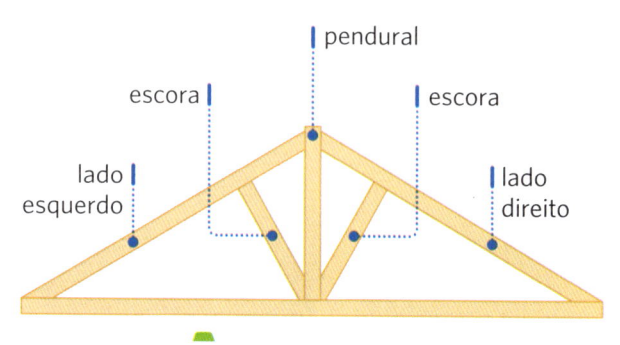

Esquema da estrutura.

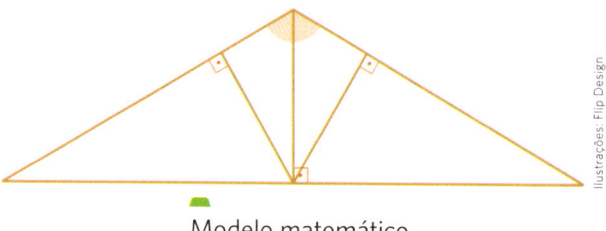

Modelo matemático.

a) Qual é a medida do ângulo formado por uma escora e o lado correspondente do telhado?
b) Determine a medida do ângulo formado pelo pendural e por um lado do telhado.

211

Vamos relembrar

35. Em cada relógio, calcule o menor ângulo formado pelos ponteiros.

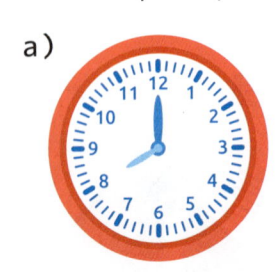

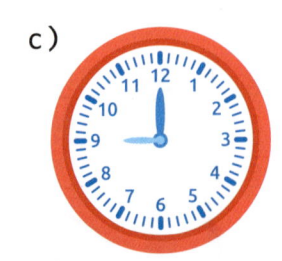

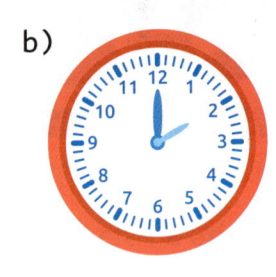

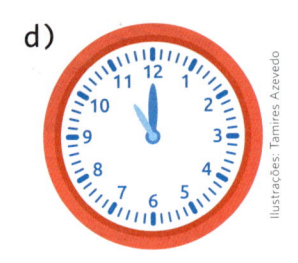

a)
b)
c)
d)

36. Para abrir um cofre é necessário inserir um "segredo" girando o botão no sentido horário ou anti-horário. Observe o modelo do botão do cofre e as anotações com o segredo.

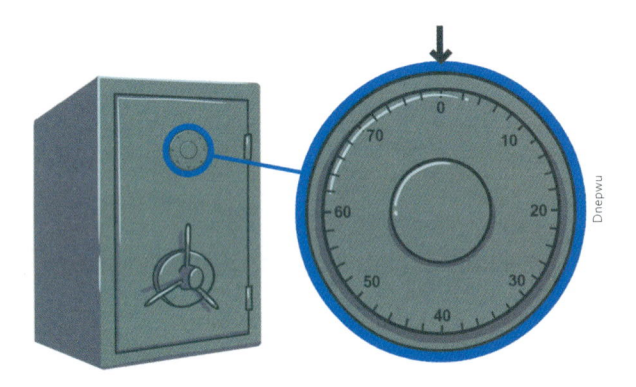

- Posicione a seta na marcação 0.
- Gire meia-volta no sentido anti-horário.
- Gire $\frac{3}{4}$ de volta no sentido horário.
- Gire meia-volta no sentido anti-horário.
- Gire uma volta no sentido horário.
- Gire $\frac{1}{4}$ de volta no sentido anti-horário.

a) Quais são os números apontados ao final de cada etapa até que o cofre seja aberto?

b) Qual é o ângulo do giro realizado pelo botão em cada movimento?

37. Em 2011, na cidade de Abu Dhabi, nos Emirados Árabes, foi construído o edifício Capital Gate Tower, um complexo hoteleiro e comercial com 160 m de altura, 35 andares e uma inclinação de 18° em relação ao solo. Pela mistura da beleza das ondas com a arquitetura moderna, esse edifício apresenta uma aparência diferente a cada ângulo.

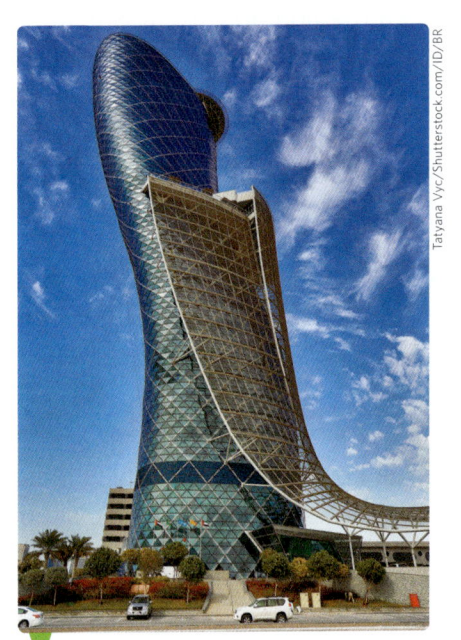

Edifício Capital Gate Tower, Abu Dhabi, Emirados Árabes.

a) Desenhe no caderno o ângulo correspondente à inclinação desse edifício em relação ao solo.

b) Escreva na forma de minutos o ângulo de inclinação desse edifício. Depois, converta essa medida em segundos.

c) Junte-se a um colega e pesquisem outras construções que apresentam inclinação. Depois, comparem os ângulos de inclinação presentes em cada uma delas.

38. A soma das medidas dos ângulos internos de um triângulo é igual a 180° e a soma das medidas dos ângulos internos de um quadrilátero é igual a 360°.

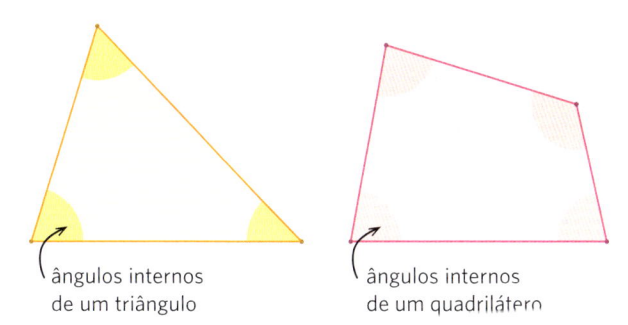

ângulos internos de um triângulo

ângulos internos de um quadrilátero

Calcule, em cada imagem, a medida do ângulo que falta.

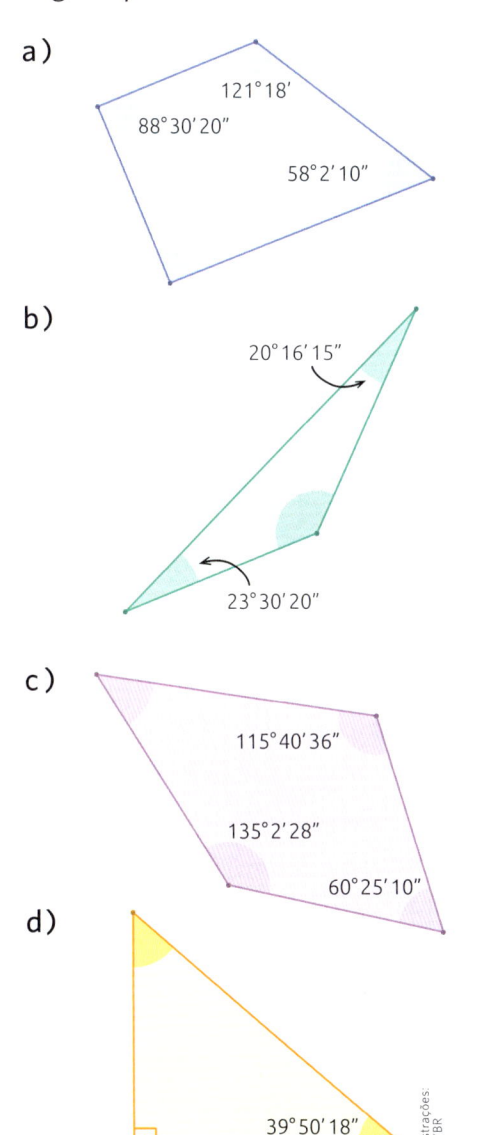

a) 121° 18'
88° 30' 20"
58° 2' 10"

b) 20° 16' 15"
23° 30' 20"

c) 115° 40' 36"
135° 2' 28"
60° 25' 10"

d) 39° 50' 18"

39. Elivelton cortou um pedaço de cartolina, traçou um segmento de reta e identificou os ângulos formados. Em seguida, ele recortou essa cartolina ao longo do segmento traçado. Observe abaixo.

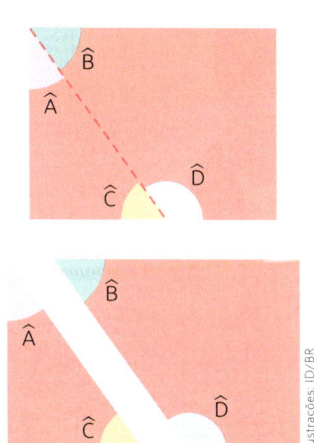

Os ângulos $\hat{A}$ e $\hat{B}$ são complementares ou suplementares? Justifique.

40. Na imagem está representada parte do mapa do bairro de uma cidade.

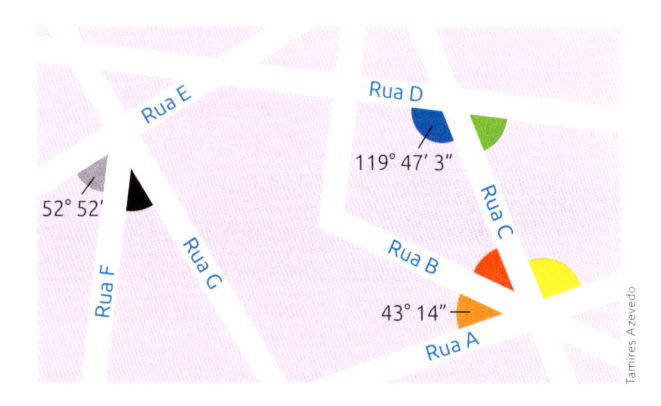

119° 47' 3"
52° 52'
43° 14"

a) Sabendo que os ângulos indicados em verde e azul são suplementares, determine a medida do ângulo em verde.

b) Sabendo que as medidas dos ângulos indicados em vermelho e em laranja são iguais e suplementares ao ângulo indicado em amarelo, determine a medida do ângulo indicado em amarelo.

c) Sabendo que os ângulos indicados em preto e cinza são complementares, determine a medida do ângulo indicado em preto.

41. Para facilitar o acesso a cadeirantes, o ângulo de inclinação de uma rampa foi reduzido pela metade, ficando com 4° 42'. Qual era a medida do ângulo de inclinação da rampa antes da modificação?

42. Duas engrenagens trabalham em contato para o funcionamento de uma máquina. Considere as engrenagens na posição indicada a seguir.

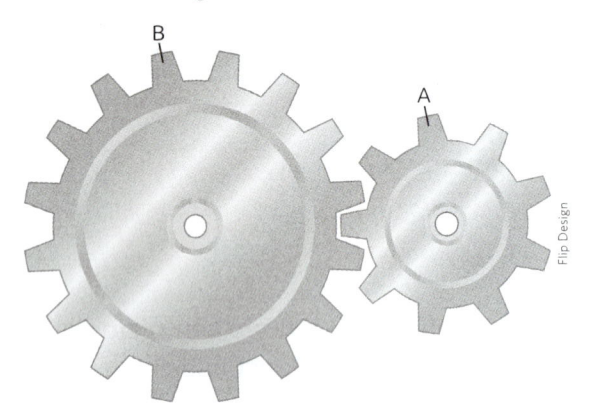

a) Se a engrenagem menor girar no sentido anti-horário, em qual sentido irá girar a engrenagem maior?

b) Depois de a engrenagem menor dar uma volta completa, quantos graus, minutos e segundos o ponto **B** na engrenagem maior terá se deslocado?

c) Depois de a engrenagem maior dar uma volta completa, quantos graus o ponto **A** na engrenagem menor terá se deslocado?

43. A figura abaixo representa parte de um polígono regular de 25 lados. Sabendo que cada ângulo interno desse polígono mede 165°36', determine a soma das medidas de todos os seus ângulos internos, utilizando uma calculadora.

44. Para construir um móvel, o marceneiro Manuel divide placas de madeira em três partes iguais, como mostra a imagem abaixo. Desconsiderando o desgaste ao ser feito o corte, qual é a medida do ângulo indicado em verde em cada peça?

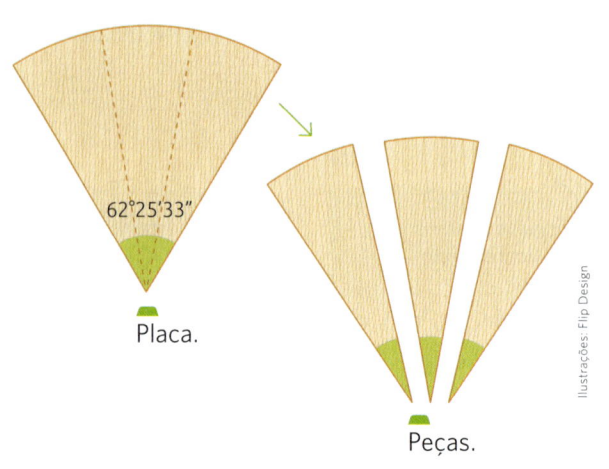

62°25'33"

Placa.

Peças.

45. Rafaela e Pâmela foram andar em uma roda-gigante que tem 25 cabines. Rafaela entrou na cabine que estava no ponto mais baixo e a roda-gigante começou a girar. Ainda na primeira volta, após Rafaela ter entrado, a roda parou e Pâmela entrou na cabine, que era a décima segunda cabine depois da de Rafaela.

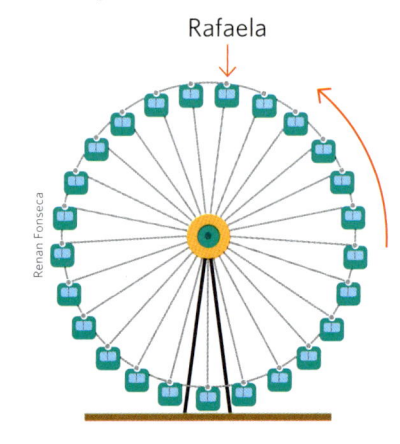

a) O giro da roda-gigante do ponto de onde Rafaela partiu até o ponto em que ela estava no momento em que a roda-gigante parou corresponde a quantos graus, minutos e segundos?

b) Quantos graus, minutos e segundos faltam para Rafaela completar a volta na roda-gigante?

46. Dar três giros completos no ar com um *skate* parecia uma manobra impossível mesmo para esqueitistas experientes, como o brasileiro Bob Burnquist e o norte-americano Tony Hawk, até que, em março de 2012, o norte-americano Tom Schaar, de apenas 12 anos, encarou uma megarrampa de 21 m e conseguiu o feito marcando seu nome na história do *skate*. Tom já havia chamado a atenção no mundo do *skate* um ano antes quando conseguiu realizar o "900" em uma megarrampa, manobra em que o esqueitista gira 900° no ar com o *skate*.

Tom Schaar, primeiro a dar três giros completos no ar com o *skate*, em Los Angeles, na Califórnia, em 2012.

a) Quantos graus Tom Schaar girou no ar ao completar a manobra de três giros?

b) Quantas voltas um esqueitista deve dar no ar para realizar o "900"?

47. A figura abaixo é um polígono regular de 16 lados. Sabendo que o ponto O é o centro desta figura, determine a medida do ângulo indicado em verde em graus, minutos e segundos.

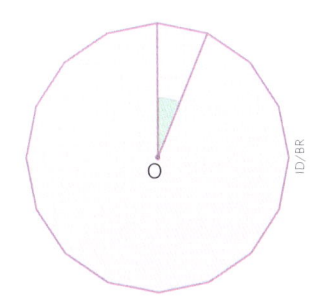

48. Quando um raio de luz incide sobre um espelho ele é refletido com o mesmo ângulo em que incidiu, conforme indicado na imagem abaixo.

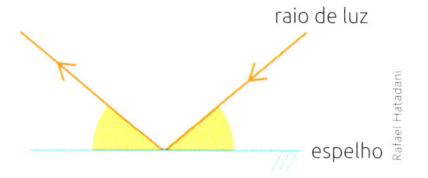

Considere dois espelhos, **A** e **B**, posicionados como indicado na imagem, e um raio de luz projetado sobre o espelho **B** paralelamente ao espelho **A**.

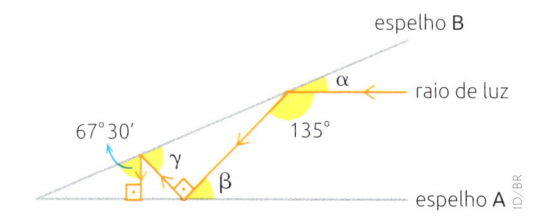

Calcule a medida, em graus, minutos e segundos, dos ângulos α, β e γ, indicados na imagem, sabendo que eles correspondem aos ângulos de incidência do raio de luz em cada espelho.

49. Na imagem a seguir, as semirretas $\overrightarrow{OM}$, $\overrightarrow{ON}$ e $\overrightarrow{OP}$ são bissetrizes dos ângulos $A\hat{O}B$, $B\hat{O}C$ e $C\hat{O}D$, respectivamente. Os pontos A, O e D estão alinhados e formam um ângulo de 180°.

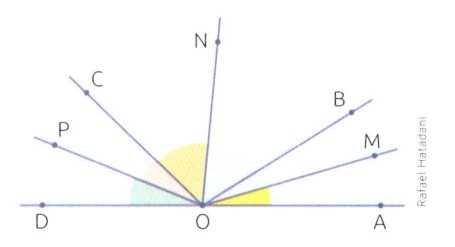

Sabendo que med$(A\hat{O}M) = 15°\,30'\,12''$ e med$(M\hat{O}N) = 68°\,27'\,40''$, calcule a medida do ângulo:

a) $M\hat{O}C$

b) $A\hat{O}C$

c) $B\hat{O}P$

d) $N\hat{O}D$

215

CAPÍTULO 9

Polígonos e simetria

Neste capítulo, iremos estudar os polígonos, suas classificações e características, como côncavos ou convexos, ângulos internos e a soma destes. Estudaremos também a semelhança e suas propriedades, como eixos de simetria, rotação, translação e reflexão de um padrão.

Polígonos

No 6º ano você já estudou que uma **linha poligonal** é uma sequência de segmentos de reta contida em um mesmo plano, em que dois segmentos consecutivos não são partes de uma mesma reta e a extremidade final de um segmento coincide com a extremidade inicial do próximo segmento.

Segmento de reta.

Linha poligonal.

Dizemos que uma **linha poligonal** é **fechada** quando a extremidade final do último segmento coincide com a extremidade inicial do primeiro. Caso isso não ocorra, dizemos que a linha poligonal é **aberta**. Além disso, uma linha poligonal pode ser **simples**, quando não há segmentos que se cruzam, ou **não simples**, quando há segmentos que se cruzam.

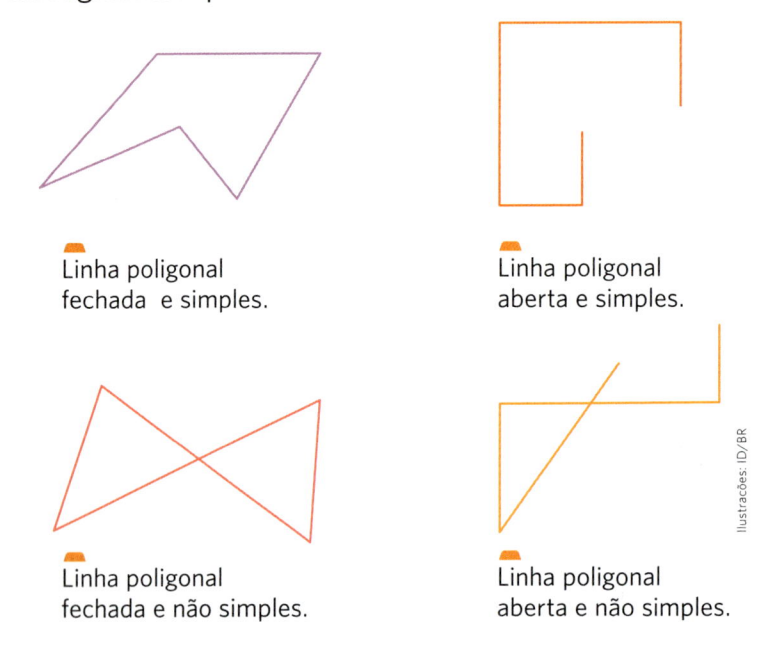

Linha poligonal fechada e simples.

Linha poligonal aberta e simples.

Linha poligonal fechada e não simples.

Linha poligonal aberta e não simples.

Toda linha poligonal fechada e simples é um **polígono**. Cada segmento de reta corresponde a um dos **lados** do polígono.

No polígono a seguir podemos destacar os seguintes elementos:

- 3 lados: $\overline{AB}$, $\overline{BC}$ e $\overline{AC}$
- 3 vértices: A, B e C
- 3 ângulos internos: $\hat{A}$, $\hat{B}$ e $\hat{C}$

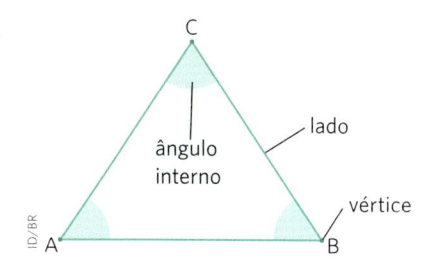

Usamos a palavra polígono, tanto para nos referirmos à figura formada apenas pelos seus lados (contorno), quanto à figura formada pelos seus lados mais a região interior determinada no plano.

Atividades

1. Identifique, entre as figuras planas abaixo, quais são polígonos.

a)

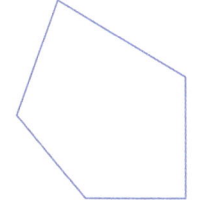

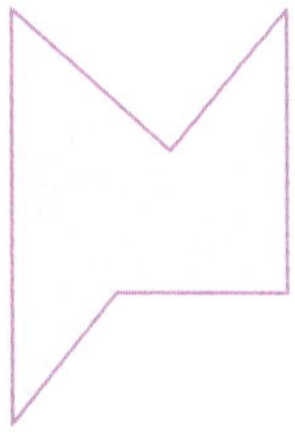

b)

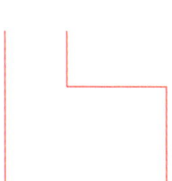

c)

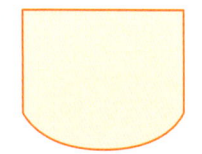

d)

e)

f)

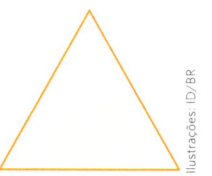

2. Nomeie no polígono abaixo, os vértices, os lados e os ângulos internos.

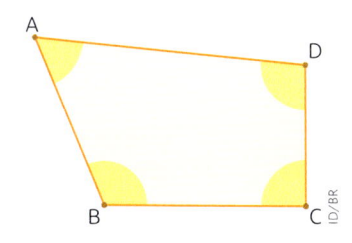

3. Os polígonos podem ser classificados em **convexos** ou **não convexos**.

Em um polígono **convexo**, qualquer reta que passa pelo seu interior cortará a linha poligonal em **dois pontos apenas**.

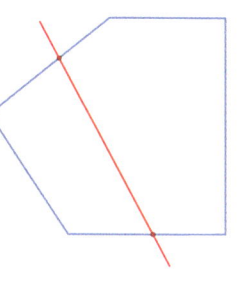

Em um polígono **não convexo**, existe pelo menos uma reta que passa pelo seu interior cortando a linha poligonal em **mais de dois pontos**.

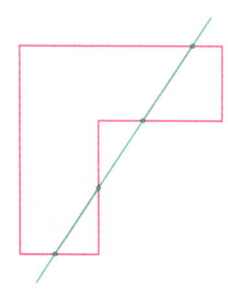

Agora, classifique os polígonos a seguir em convexos ou não convexos.

a)

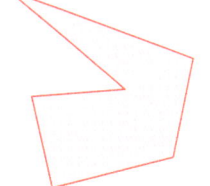

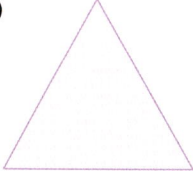

b)

c)

d)

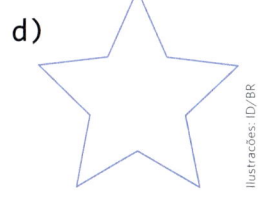

4. Sabendo que os polígonos são nomeados de acordo com a quantidade de vértices, lados e ângulos internos, copie o quadro a seguir no caderno substituindo cada letra em destaque pelo número adequado.

Polígono	Quantidade de vértices	Quantidade de lados	Quantidade de ângulos internos
Triângulo	3	3	3
Quadrilátero	A	B	4
Pentágono	5	5	C
Hexágono	D	6	E
Heptágono	7	F	7
Octógono	G	8	H
Eneágono	9	I	J
Decágono	K	L	M

- De acordo com o quadro, o que podemos observar em relação à quantidade de vértices, lados e ângulos internos de um polígono?

5. Os polígonos abaixo foram colocados uns sobre os outros de acordo com certa ordem.

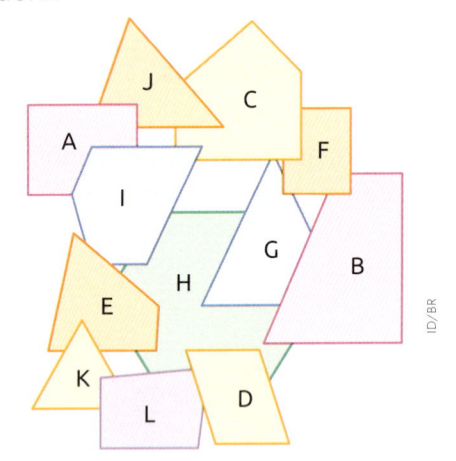

a) Em que ordem esses polígonos foram organizados?

b) Dentre essas figuras, quais aparentam ter a forma de quadrilátero?

6. Conforme o número de vértices, lados e ângulos, classifique os polígonos que formam as faces das formas espaciais a seguir.

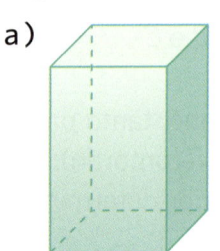

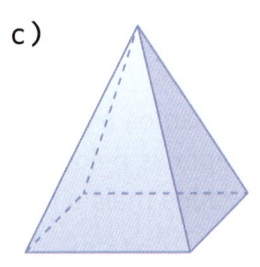

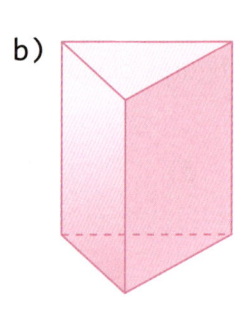

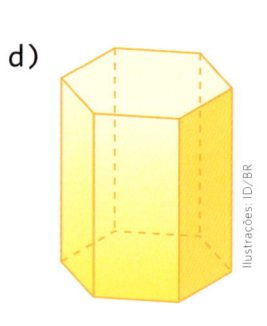

a)

b)

c)

d)

7. Classifique quanto ao número de lados os polígonos que formam os mosaicos a seguir.

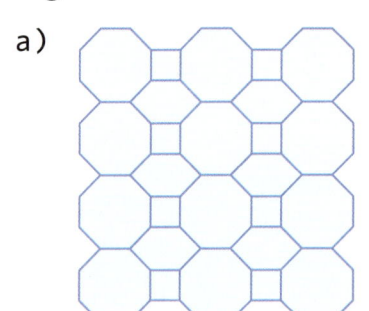

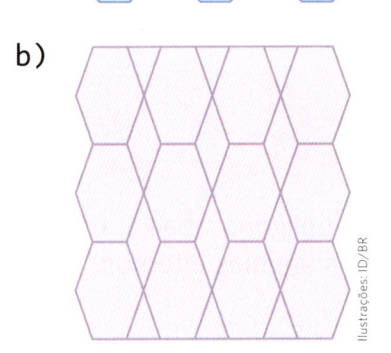

a)

b)

8. Oscar desenhou um polígono e nomeou seus vértices de A, B, C, D, E, F e G. Qual é o nome do polígono que Oscar desenhou e quantos lados e vértices ele tem?

Soma das medidas dos ângulos internos de um polígono

Veja o experimento que Marcela realizou.

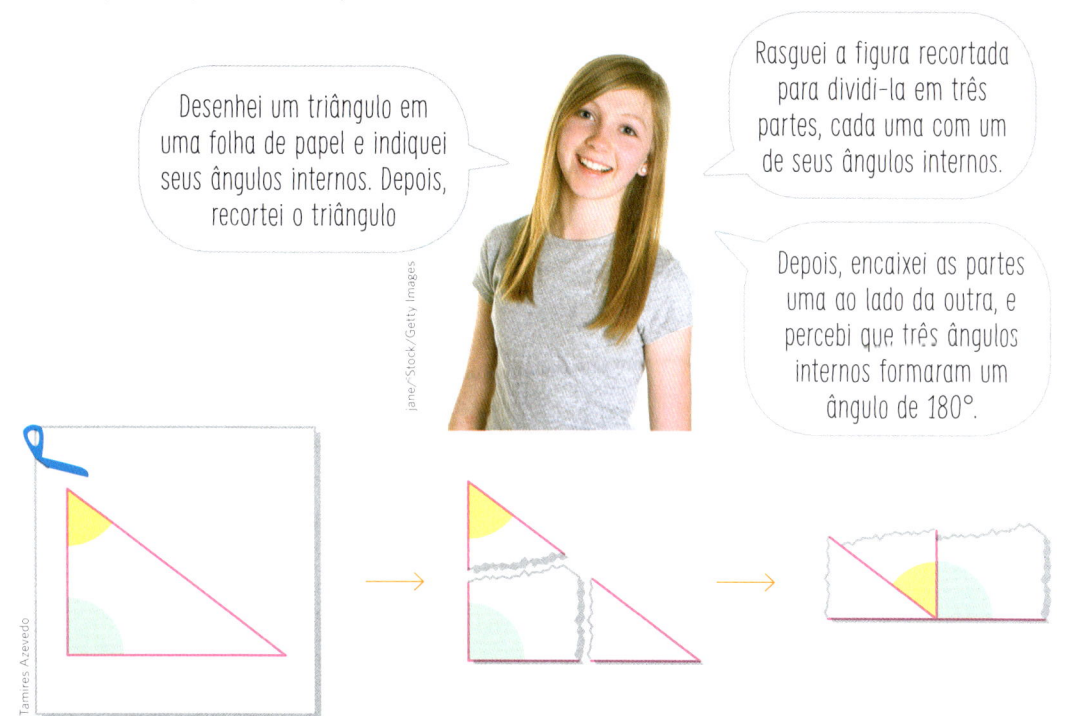

Desenhei um triângulo em uma folha de papel e indiquei seus ângulos internos. Depois, recortei o triângulo

Rasguei a figura recortada para dividi-la em três partes, cada uma com um de seus ângulos internos.

Depois, encaixei as partes uma ao lado da outra, e percebi que três ângulos internos formaram um ângulo de 180°.

Durante a realização desse experimento, Marcela verificou, na prática, que a soma das medidas dos ângulos internos de um triângulo é igual a 180°. Outra maneira de verificar esse resultado é medir os ângulos internos de um triângulo e adicionar os valores obtidos:

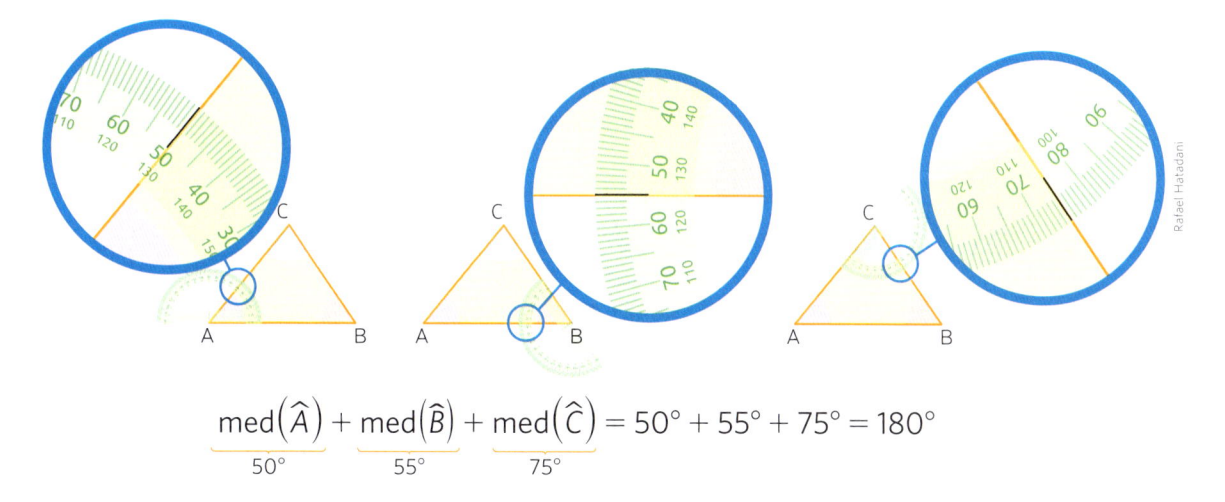

$$\underbrace{med(\hat{A})}_{50°} + \underbrace{med(\hat{B})}_{55°} + \underbrace{med(\hat{C})}_{75°} = 50° + 55° + 75° = 180°$$

| A soma das medidas dos ângulos internos de um triângulo qualquer é igual a 180°.

1 A soma das medidas de dois dos ângulos internos de certo triângulo é 92°. Qual é a medida do outro ângulo interno desse triângulo?

Com essa informação e utilizando a ideia de decomposição, determinamos a soma das medidas dos ângulos internos de um polígono qualquer. Para isso, decompomos o polígono em triângulos e multiplicamos a quantidade de triângulos obtidos por 180°.

Veja, por exemplo, como obter a soma das medidas dos ângulos internos de um quadrilátero, um pentágono e um hexágono convexo por meio da decomposição em triângulos.

Quadrilátero

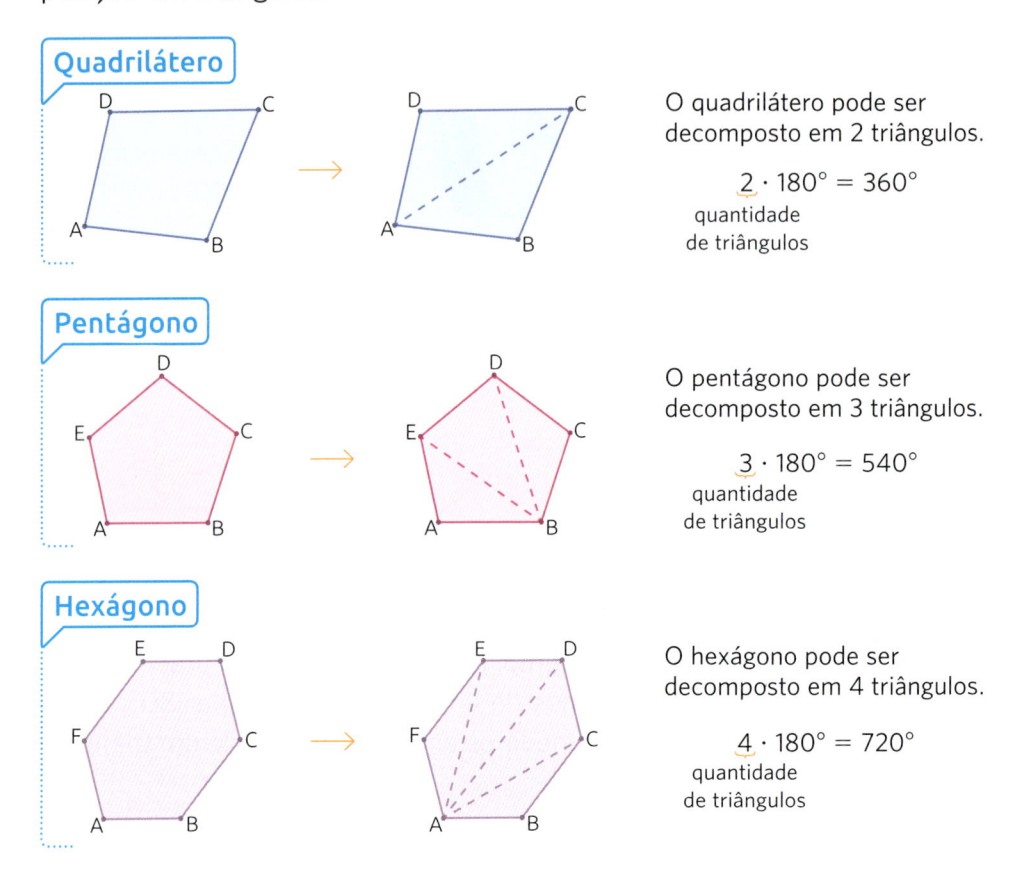

O quadrilátero pode ser decomposto em 2 triângulos.

$$\underbrace{2}_{\text{quantidade de triângulos}} \cdot 180° = 360°$$

Pentágono

O pentágono pode ser decomposto em 3 triângulos.

$$\underbrace{3}_{\text{quantidade de triângulos}} \cdot 180° = 540°$$

Hexágono

O hexágono pode ser decomposto em 4 triângulos.

$$\underbrace{4}_{\text{quantidade de triângulos}} \cdot 180° = 720°$$

Perceba que, em cada um desses polígonos, a quantidade de triângulos obtidos é duas unidades a menos que a quantidade de lados do polígono.

> Um polígono de n lados pode ser decomposto em $(n-2)$ triângulos, e a soma das medidas de seus ângulos internos é dada por $(n-2) \cdot 180°$.

Na decomposição de um polígono em triângulos, os vértices dos triângulos devem coincidir com vértices do polígono.

Decomposição correta

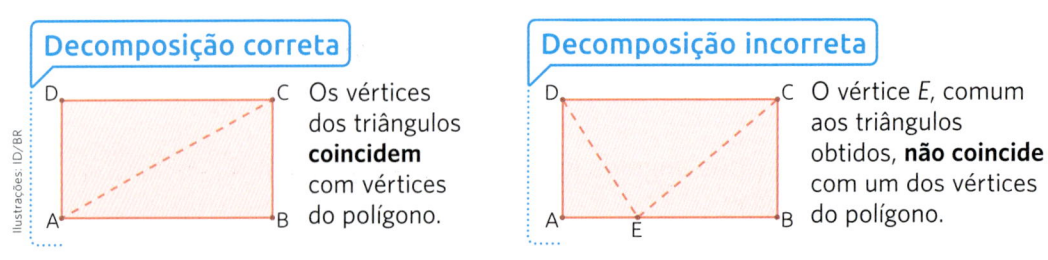

Os vértices dos triângulos **coincidem** com vértices do polígono.

Decomposição incorreta

O vértice E, comum aos triângulos obtidos, **não coincide** com um dos vértices do polígono.

2 Em quantos triângulos um polígono de 16 lados pode ser decomposto?

3 Qual a soma das medidas dos ângulos internos de um polígono de 16 lados?

Atividades

9. Utilizando régua e transferidor, meça os lados e os ângulos internos dos polígonos e identifique quais são regulares.

a)

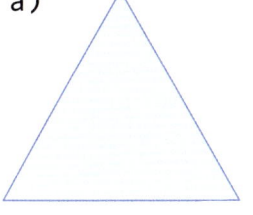

b)

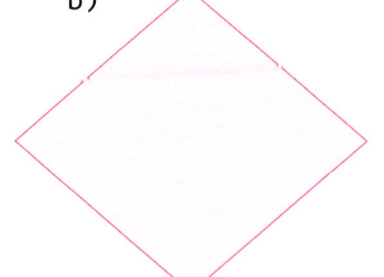

c)

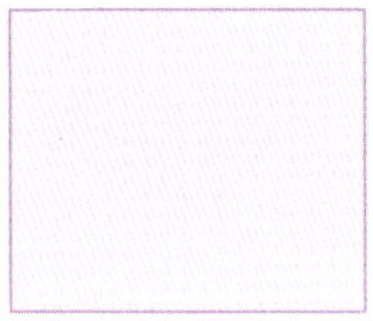

d)

10. Em cada item, determine a medida x, em graus.

a)

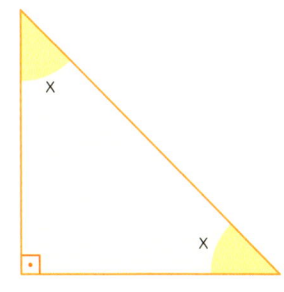

b) 40°, x, 30°

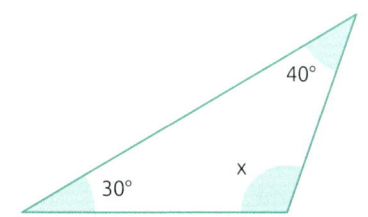

c) x, 60°, 70°

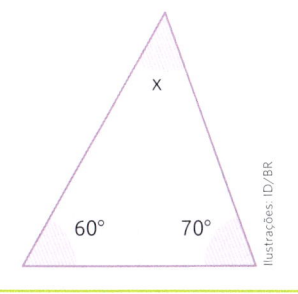

11. Por meio da decomposição de triângulos, obtenha a soma das medidas dos ângulos internos dos polígonos a seguir.

a) Heptágono.

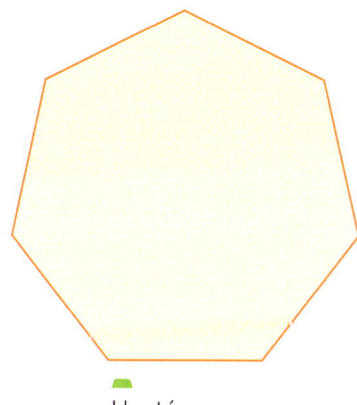

b) Eneágono.

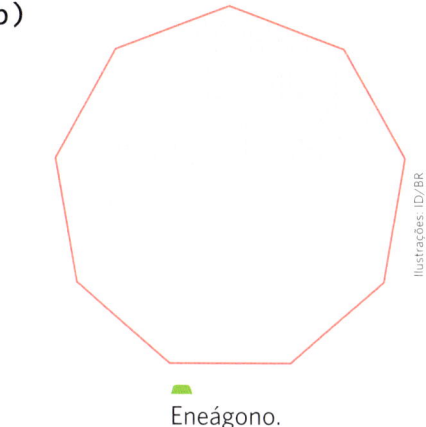

12. A figura a seguir é um octógono regular.

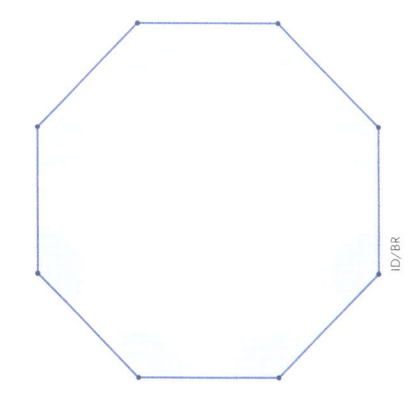

a) Qual é a soma das medidas dos ângulos internos do octógono?

b) Qual é a medida de cada ângulo interno desse octógono?

13. Rui desenhou no caderno um polígono regular cuja soma das medidas dos ângulos internos era 1440°.

a) Quantos lados tem o polígono que Rui desenhou? Que nome ele recebe?

b) O polígono que Rui desenhou tem as medidas de todos os ângulos internos iguais? Se sim, qual a medida de cada ângulo interno?

c) Escreva quantos lados tem um polígono cuja soma da medida dos ângulos internos é igual a:
- 900°
- 1800°
- 2340°

14. (OBMEP) Na figura, os pontos A, B e C estão alinhados. Qual é a soma dos ângulos marcados em cinza?

a) 120°
b) 180°
c) 270°
d) 360°
e) 540°

15. Utilizados como revestimento de pisos, paredes e fachadas, os mosaicos são compostos de pequenas peças fixadas sobre uma superfície, e as peças não se sobrepõem uma à outra. Um exemplo de piso em que podemos notar a presença de mosaicos é o calçadão da praia de Copacabana, localizado na cidade do Rio de Janeiro.

Calçadão de Copacabana, no Rio de Janeiro (RJ), em 2015.

Alguns mosaicos possuem a característica de serem compostos apenas de um tipo de polígono regular, como os casos a seguir:

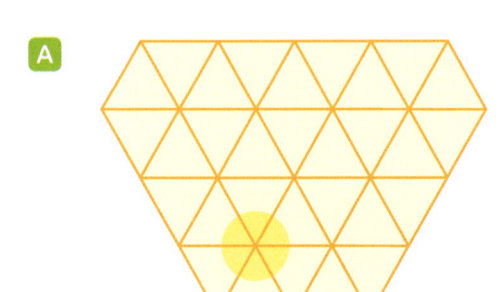

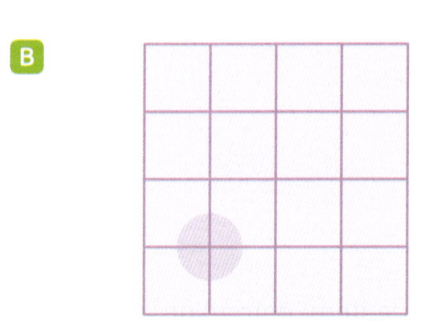

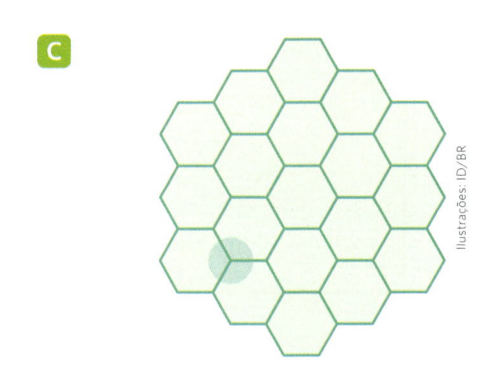

A

B

C

a) Identifique quais polígonos regulares foram utilizados para compor cada um dos mosaicos.

b) Determine a soma das medidas dos ângulos destacados em cada mosaico.

c) Determine a medida de cada ângulo interno do polígono regular que compõe o mosaico:
- **A**.
- **B**.
- **C**.

d) É possível construir um mosaico utilizando apenas pentágonos regulares? Por quê?

Simetria: reflexão, rotação e translação

Desde os tempos mais remotos, a sociedade humana vem se interessando por objetos, construções e elementos da natureza que apresentam padrões simétricos. A ideia de simetria está ligada à arte e à estética, por isso artistas das diversas linguagens vêm buscando essa harmonia em suas obras.

Padrões simétricos são utilizados, por exemplo, em azulejos decorativos, como os que cobrem a fachada de alguns prédios em São Luís, capital do estado do Maranhão.

Fachada coberta por azulejos decorativos. A cidade de São Luís (MA) recebeu em 1997 o título de Patrimônio Mundial. Faz parte desse patrimônio o centro histórico da capital maranhense, com suas construções e arquitetura com forte influência portuguesa.

Abaixo, podemos observar um exemplo de padrões de simetria em uma faixa de azulejos decorativos. Note que essa faixa decorativa é composta de azulejos com o mesmo desenho.

Considerando apenas a imagem de um dos azulejos dessa faixa, podemos observar também que se trata de uma figura refletida em relação ao eixo **e**. Nesse caso, ocorre uma **simetria de reflexão** ou **simetria axial**.

Agora, tomando a imagem de um dos azulejos dessa faixa como referência, podemos girá-la em torno do ponto O, obtendo os padrões simétricos que compõem essa faixa decorativa.

Nesse caso, ocorrerá a **simetria de rotação**, que é uma transformação geométrica plana na qual uma figura é rotacionada, ou girada, ao redor de um ponto (**ponto de rotação**), de acordo com certo ângulo (**ângulo de rotação**). A forma e o tamanho da figura são mantidos após a rotação.

Rotação em relação ao ponto O de 90°, no sentido anti-horário.

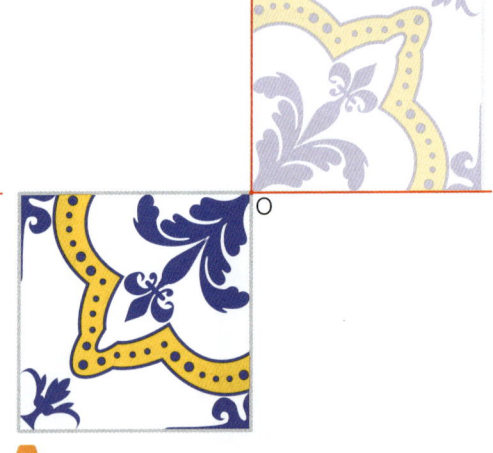

Rotação de 180° em relação ao ponto O, no sentido horário ou anti-horário.

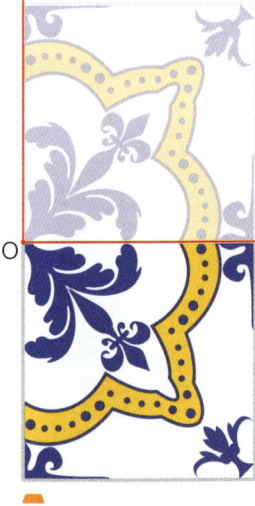

Rotação de 90° no sentido horário em relação ao ponto O.

1 Um giro de 90° no sentido horário equivale a um giro de quantos graus no sentido anti-horário?

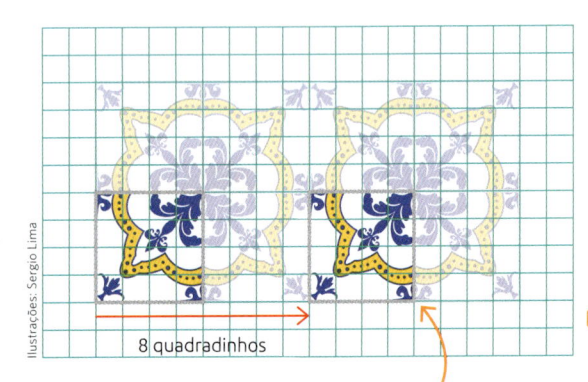

Outra transformação geométrica plana que uma figura pode sofrer é a **simetria de translação**. Nesse tipo de simetria, uma figura é deslocada considerando três aspectos: **distância**, **direção** e **sentido**. Após o deslocamento, a forma e o tamanho da figura são mantidos.

Deslocamento de 8 quadradinhos (distância) na horizontal (direção) para a direita (sentido).

Atividades

16. Em algumas letras do alfabeto podemos traçar eixos de simetria e, em outras não. Veja alguns exemplos:

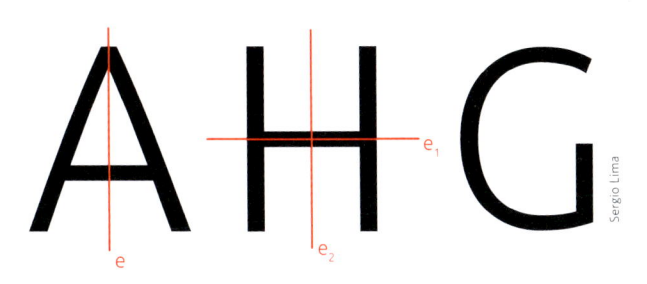

- Figura simétrica com um eixo de simetria.
- Figura simétrica com mais de um eixo de simetria.
- Figura assimétrica, ou seja, sem eixo de simetria.

Agora, considere as letras que compõem o seu nome. Quais delas:
- possuem apenas um eixo de simetria?
- possuem mais de um eixo de simetria?
- não possuem eixo de simetria?

17. Quais das figuras abaixo são simétricas em relação ao eixo traçado?

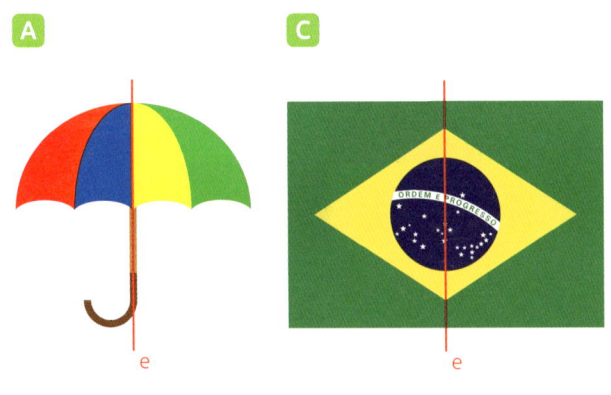

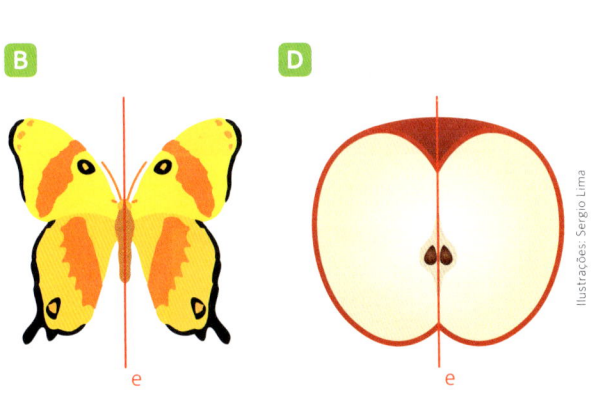

A
B
C
D

18. Determine a quantidade de eixos de simetria de cada polígono regular.

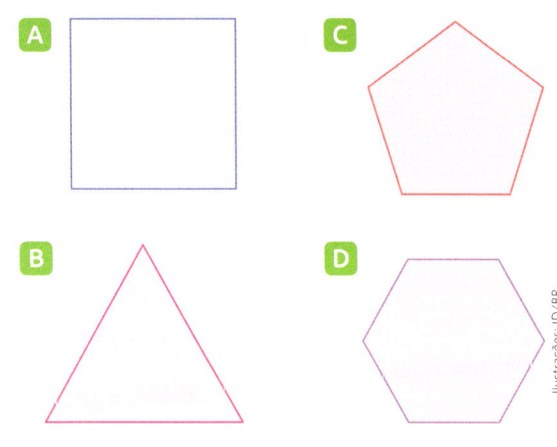

A
B
C
D

- Nesses polígonos regulares, o que se pode perceber em relação à quantidade de lados e à quantidade de eixos de simetria?

19. Observe uma figura e sua simétrica em relação ao eixo e. Os pontos A e A' estão à mesma distância do eixo e, assim como os demais pontos correspondentes entre si.

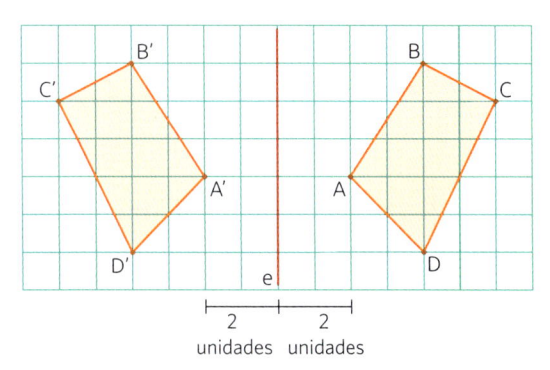

Reproduza as figuras a seguir em uma malha quadriculada. Em seguida, desenhe a figura simétrica de cada uma em relação ao eixo **e**.

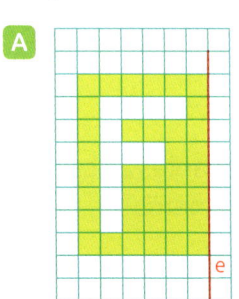

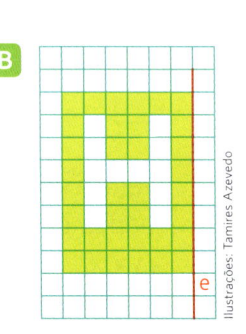

A
B

20. (OBMEP) As duas figuras a seguir são formadas por cinco quadrados iguais.

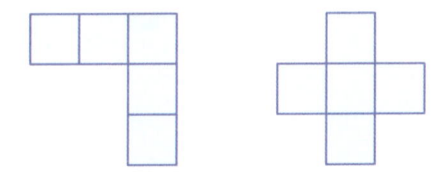

Note que elas possuem eixos de simetria, conforme assinalado a seguir.

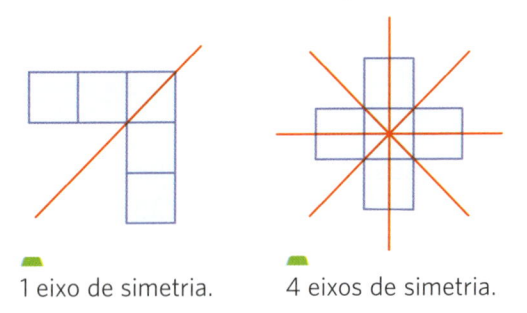

1 eixo de simetria.   4 eixos de simetria.

As figuras abaixo também são formadas por cinco quadrados iguais.

Dentre as figuras, quantas possuem pelo menos um eixo de simetria?

a) 3
b) 4
c) 5
d) 6
e) 7

21. O símbolo do direito é representado por uma balança, que remete ao tema da justiça e do equilíbrio. Na balança representada a seguir, é possível traçar quantos eixos de simetria?

Desenhe no caderno outro símbolo no qual seja possível traçar apenas um eixo de simetria.

22. Cada figura a seguir foi obtida a partir da figura ao lado por meio de apenas uma transformação de simetria. Qual é o tipo de simetria utilizado em cada caso?

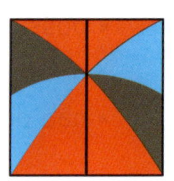

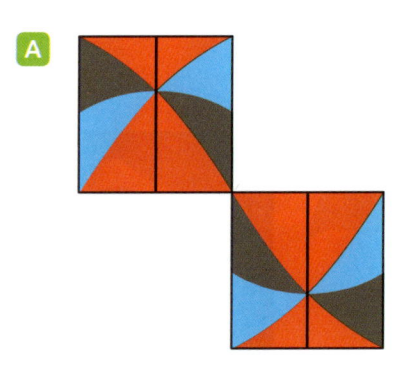

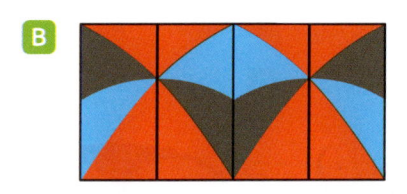

A

B

C

23. Observe a figura.

Em cada item a seguir, está representada a figura acima após sofrer uma rotação de até 360° em torno do ponto O no sentido horário. Determine o ângulo de rotação para cada item.

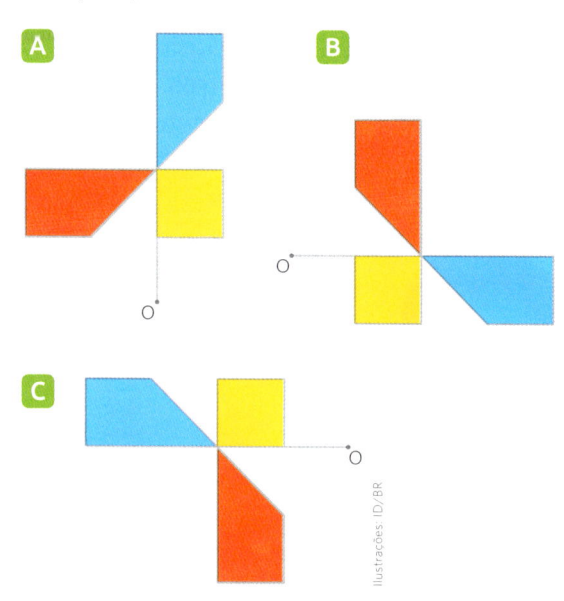

A **B**

C

24. Reproduza a figura a seguir em uma malha quadriculada e obtenha a figura simétrica a ela em relação ao ponto O com um ângulo de rotação de 180°.

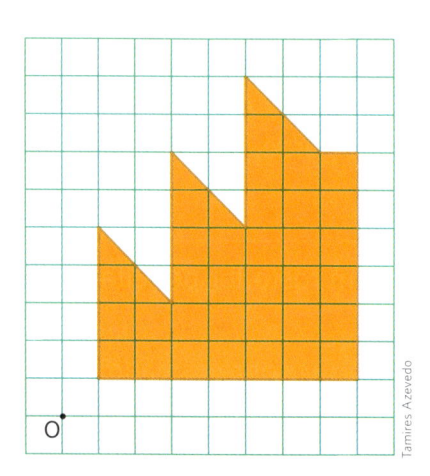

25. Maurits Cornelis Escher nasceu em 17 de junho de 1898 em Leeuwarden, Holanda. Ainda jovem aprendeu algumas artes ligadas à carpintaria e acabou tomando gosto por trabalhos com madeira, aprendendo a técnica de xilogravura. Depois de terminar seus estudos, viajou por países como Itália e Espanha e se interessou pela arte das figuras geométricas que se repetem e se refletem. Sua genialidade é reconhecida nas áreas da Matemática e das Artes Gráficas.

> **Xilogravura:** gravura em madeira; técnica na qual o artista entalha um desenho em um pedaço de madeira, passa tinta com um rolo sobre o relevo da madeira, para depois ser colocado em uma prensa para que as imagens sejam reveladas em papel ou em outro suporte.

Serpentes, 1969. Maurits Cornelis Escher. Xilogravura. Coleção particular.

Limite circular I, 1958. Maurits Cornelis Escher. Xilogravura. Coleção particular.

a) Que tipo de simetria a xilogravura *Serpentes* sugere?

b) Quais tipos de simetria a xilogravura *Limite circular I* sugere?

c) Junte-se a um colega e façam uma pesquisa sobre outras obras de Escher que apresentam simetria.

Valores em ação

A coerência da beleza

O conceito de beleza é difícil de definir, uma vez que depende de vários fatores, como a época em que se vive, a sociedade, a cultura e o gosto de cada um.

Uma das teorias que tentam definir o conceito de beleza das pessoas refere-se à aproximação a uma perfeita simetria bilateral do rosto. Nós, da espécie humana, desconsiderando algumas diferenças, temos um rosto simétrico. Segundo essa teoria, quanto menores forem essas diferenças, mais belo será o rosto de um indivíduo. O fotógrafo americano Alex John Beck realizou um trabalho em 2013 no qual fotografou o rosto de diversas pessoas e os dividiu em dois lados, refletindo cada um deles a partir de um eixo de simetria, formando assim outros dois retratos de rostos perfeitamente simétricos. Os resultados revelaram dois outros personagens a partir da face original e nos fazem refletir se, a perfeita simetria bilateral é a principal característica de um rosto belo.

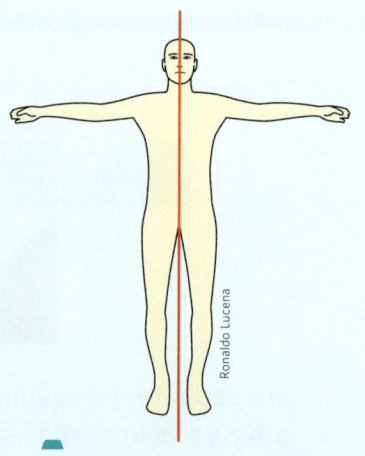

Simetria bilateral humana.

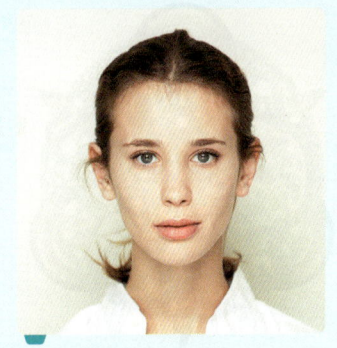

Fotografia original.

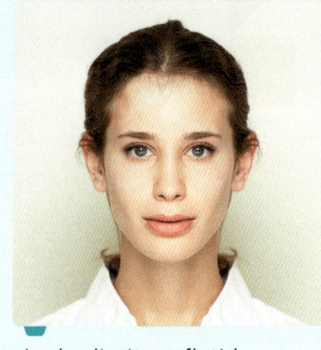

Lado direito refletido.

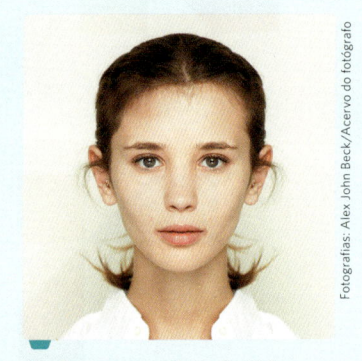

Lado esquerdo refletido.

De qualquer forma, essa teoria não é a única para definir a beleza do ser humano. De modo geral, os padrões estabelecidos socialmente exercem forte poder sobre essa definição, precisamos ter **coerência** ao analisar o significado da beleza.

Mas será que vale a pena se sacrificar em busca da beleza padronizada? Talvez fosse melhor pensarmos em ficar bem com nosso corpo e rosto, pois somos diferentes, e cada um apresenta estruturas e características próprias. Mais baixo ou mais alto, mais magro ou mais gordo, nariz pequeno ou grande: cada um deve ser belo como é!

1. Você concorda com a teoria de que se um rosto for perfeitamente simétrico, será mais belo? Por quê?
2. Converse com os colegas e o(a) professor(a) sobre os padrões de beleza estabelecidos pela sociedade atual. Em sua opinião, existe coerência nesses padrões, é necessário tentar se adequar a eles? Por quê?

Vamos relembrar

26. Classifique cada polígono a seguir em convexo ou não convexo e nomeie seus vértices, lados e ângulos internos.

a) 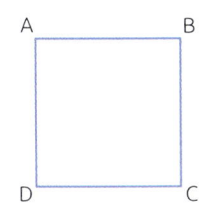 [quadrilátero ABCD]

b) 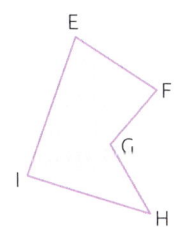 [polígono EFGHI com G côncavo]

c) 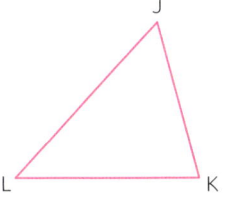 [triângulo JKL]

d) 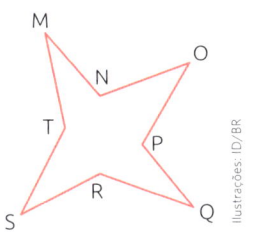 [estrela MNOPQRST... com vértices M, N, O, P, Q, R, S, T]

27. Quantos lados, no mínimo, pode ter um polígono? Como esse polígono é chamado?

28. Qual é a soma das medidas dos ângulos internos de cada polígono?

a) 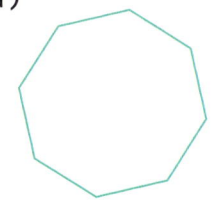 [octógono]

b)  [hexágono]

c) 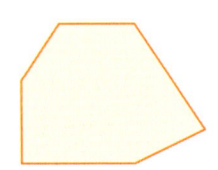 [pentágono]

d)  [pentágono]

29. Classifique os polígonos da atividade **28** de acordo com o número de lados.

30. Observe o que Camila está dizendo.

> Eu tracei um segmento AB de 3,6 cm, um segmento BC de 4,4 cm e um segmento CA de 1,3 cm.

De acordo com esses dados, meça os lados dos triângulos abaixo e descubra qual deles Camila desenhou.

a) 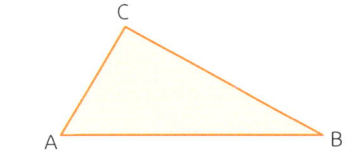 [triângulo ABC]

b) 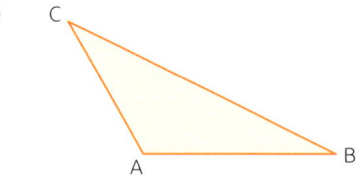 [triângulo ABC]

c) 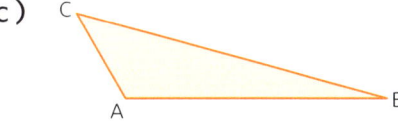 [triângulo ABC]

d) 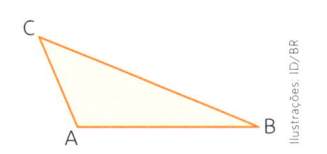 [triângulo ABC]

31. Qual é a medida do ângulo interno $C\hat{D}E$ no polígono a seguir?

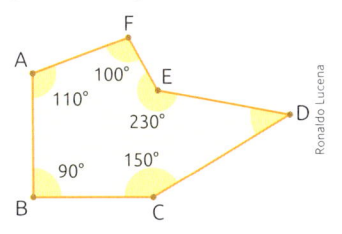

[polígono ABCDEF com ângulos: A = 110°, F = 100°, E = 230°, C = 150°, B = 90°]

32. A soma das medidas dos ângulos internos de um polígono regular é igual a 1 800°. Qual é a medida de cada ângulo interno desse polígono?

33. Calcule as medidas dos ângulos internos do triângulo abaixo, sabendo-se que:
- med$(\hat{A})$ + med$(\hat{B})$ = 110°
- med$(\hat{A})$ = med$(\hat{B})$

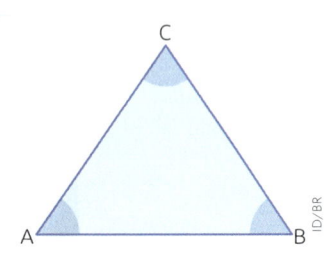

34. A soma das medidas de dois ângulos internos de um triângulo é 120°. Quais são as possíveis medidas dos ângulos internos desse triângulo.

35. Encontre em cada polígono a medida do ângulo desconhecido.

a) 111°, 60°, $\hat{A}$, 54°

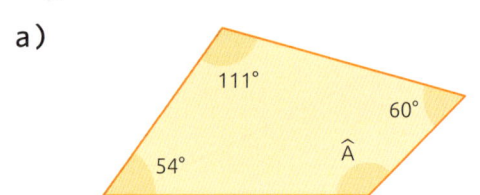

b) 124°, $\hat{B}$, 135°, 78°, 100°, 152°

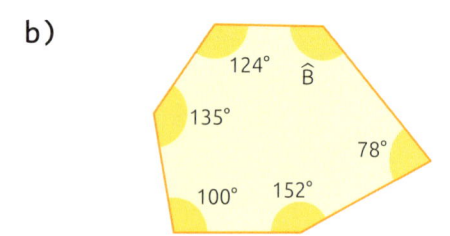

c) 111°, 121°, $\hat{C}$, 98°, 133°

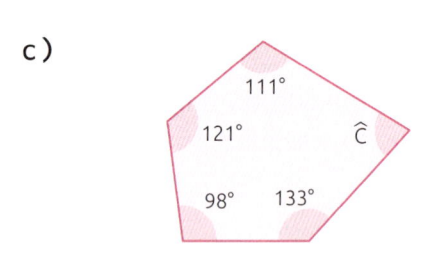

d) 100°, $\hat{D}$, 112°, 108°, 108°

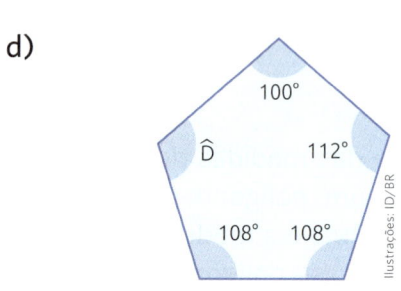

36. Em qual das imagens as letras **ES** são simétricas em relação ao eixo **e**?

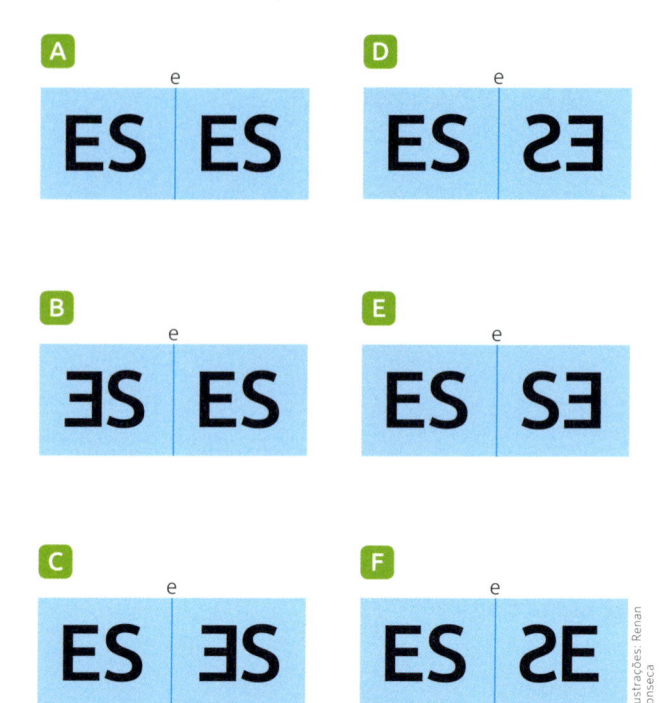

A) ES | ES
B) ƎS | ES
C) ES | ƎS
D) ES | SƎ
E) ES | SƎ
F) ES | SE

37. Ricardo, utilizando uma malha quadriculada, desenhou um polígono e traçou um eixo de simetria. Em seguida, recortou a malha ao longo desse eixo e obteve a figura a seguir.

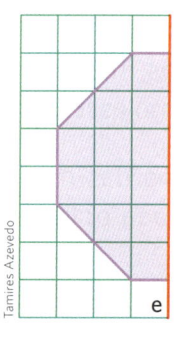

a) Quantos lados possui o polígono que Ricardo desenhou?

b) Determine a soma das medidas dos ângulos internos desse polígono.

c) Além do indicado por Ricardo, esse polígono possui outros eixos de simetria? Caso possua, desenhe o polígono em uma malha e trace-os.

38. Utilizando papel quadriculado, reproduza a figura abaixo. Depois, desenhe essa mesma figura como se ela tivesse sofrido uma rotação no sentido anti-horário em torno do ponto **O** de:

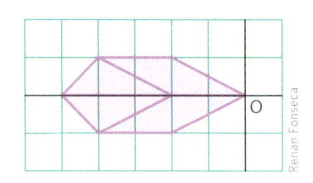

a) 90°   b) 180°   c) 270°

39. Associe as figuras de maneira que uma possa ser obtida por meio de transformações de simetria de rotação da outra. Para isso, escreva a letra e o símbolo romano correspondentes.

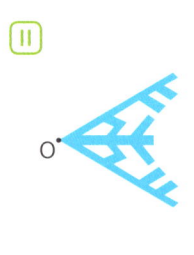

40. Qual dos mosaicos a seguir pode ser obtido utilizando apenas transformações de simetria de translação da figura ao lado?

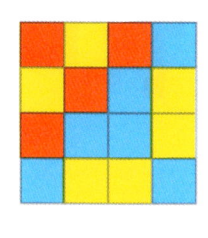

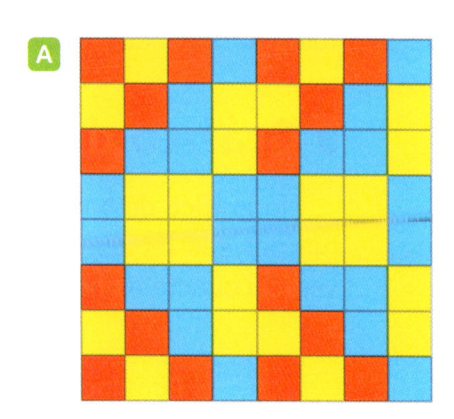

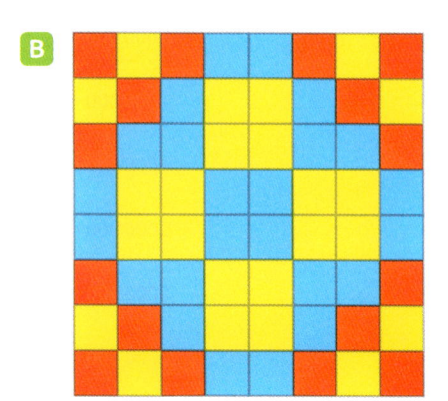

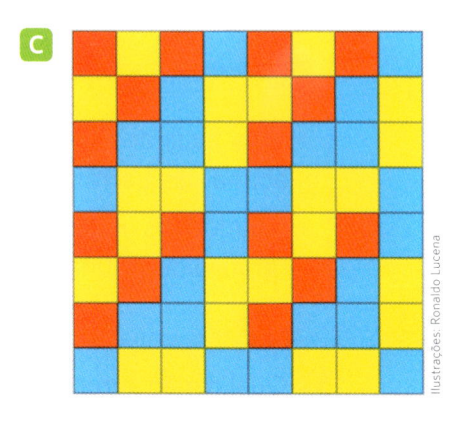

- Quais tipos de simetria podem ser identificados em cada mosaico?

231

CAPÍTULO 10

Gráficos e probabilidade

Os gráficos são recursos visuais utilizados para apresentar dados visando facilitar sua leitura e compreensão. Eles apresentam dados que envolvem diferentes grandezas, possuem um título indicando o assunto abordado e uma fonte fornecendo a origem das informações.

Gráfico de barras

No **gráfico de barras**, também conhecido como gráfico de colunas, as informações são representadas por retângulos que podem estar dispostos tanto na vertical quanto na horizontal.

População residente do Brasil declarada negra por região, em 2010

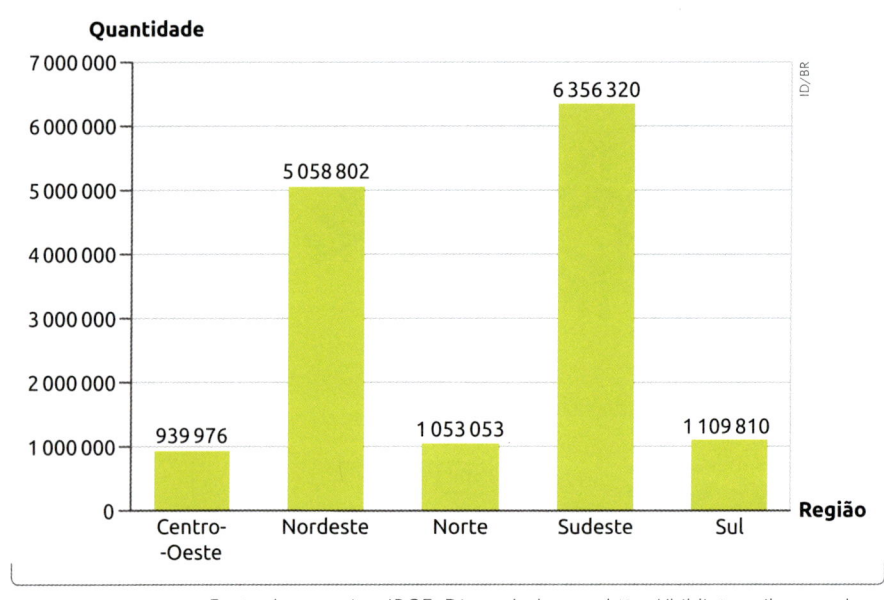

- Centro-Oeste: 939 976
- Nordeste: 5 058 802
- Norte: 1 053 053
- Sudeste: 6 356 320
- Sul: 1 109 810

Fonte de pesquisa: IBGE. Disponível em: <http://biblioteca.ibge.gov.br>. Acesso em: 27 jun. 2016.

- Para facilitar a leitura do gráfico, os dados numéricos podem ser indicados acima das barras correspondentes.
- Quando os retângulos estão dispostos na vertical, o gráfico é chamado "gráfico de colunas" e quando estão na horizontal, "gráfico de barras".

1 Qual região apresenta a menor quantidade de pessoas declaradas negras em 2010? Quantas pessoas se declararam negras nessa região?

2 A quantidade de pessoas que se declararam negras na Região Nordeste é maior ou menor que na Região Sudeste?

Gráfico de barras múltiplas

Assim como no gráfico de barras simples, no **gráfico de barras múltiplas** os dados são representados por retângulos que também podem estar dispostos na vertical ou na horizontal. Esse tipo de gráfico geralmente é utilizado quando queremos comparar diferentes categorias em um mesmo gráfico.

Medalhas brasileiras nos Jogos Olímpicos (2000-2012)

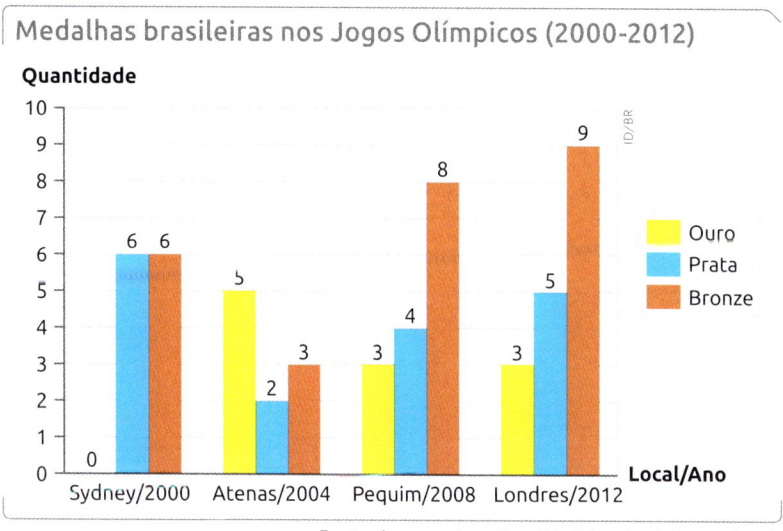

Sydney/2000: Ouro 0, Prata 6, Bronze 6
Atenas/2004: Ouro 5, Prata 2, Bronze 3
Pequim/2008: Ouro 3, Prata 4, Bronze 8
Londres/2012: Ouro 3, Prata 5, Bronze 9

Fonte de pesquisa: Comitê Olímpico Internacional. Disponível em: <www.olympic.org/brazil>. Acesso em: 16 fev. 2016.

> Nesse caso, as categorias comparadas são os diferentes tipos de medalhas: ouro, prata e bronze.

1 Das edições dos Jogos Olímpicos apresentadas, em qual o Brasil obteve a maior quantidade de medalhas? Quantas medalhas?

Gráfico de linhas

O **gráfico de linhas** é utilizado, de maneira geral, para representar a variação de uma grandeza em certo período de tempo, apresentando informações em ordem cronológica. Nesses gráficos o período cronológico é indicado no eixo horizontal e os valores observados, no eixo vertical. É importante lembrar que nesse tipo de gráfico as linhas indicam uma tendência entre dois pontos consecutivos, mostrando de maneira aproximada como os dados evoluíram entre esses pontos.

1 De 1960 até 2010, o percentual da população brasileira urbana aumentou ou diminuiu?

Percentual da população brasileira urbana e rural (1960-2010)

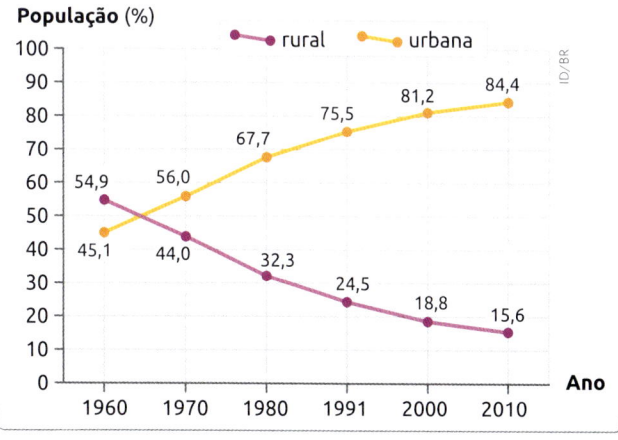

Rural: 1960: 54,9; 1970: 44,0; 1980: 32,3; 1991: 24,5; 2000: 18,8; 2010: 15,6
Urbana: 1960: 45,1; 1970: 56,0; 1980: 67,7; 1991: 75,5; 2000: 81,2; 2010: 84,4

Fonte de pesquisa: IBGE. Disponível em: <www.censo2010.ibge.gov.br/sinopse/index.php?dados=9&uf=00>. Acesso em: 16 fev. 2016.

Atividades

1. Observe o faturamento de determinada loja, por trimestre, no ano 2016.

Trimestre	1º	2º	3º	4º
Faturamento (em mil reais)	15,3	21,6	16,9	26,4

Qual dos gráficos a seguir melhor representa o faturamento dessa loja no ano 2016?

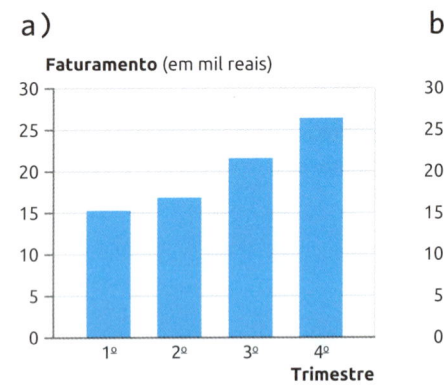

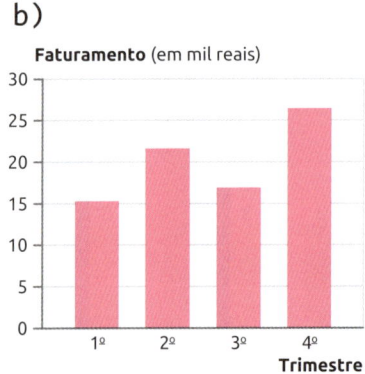

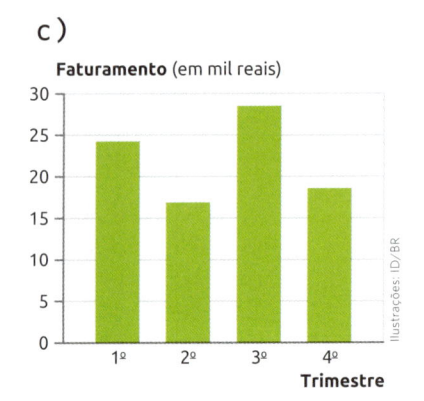

a) Faturamento (em mil reais) — Trimestre

b) Faturamento (em mil reais) — Trimestre

c) Faturamento (em mil reais) — Trimestre

2. Observe o gráfico e responda às questões.

Distribuição de alunos do Ensino Fundamental por rede de ensino e região, no Brasil, em 2012

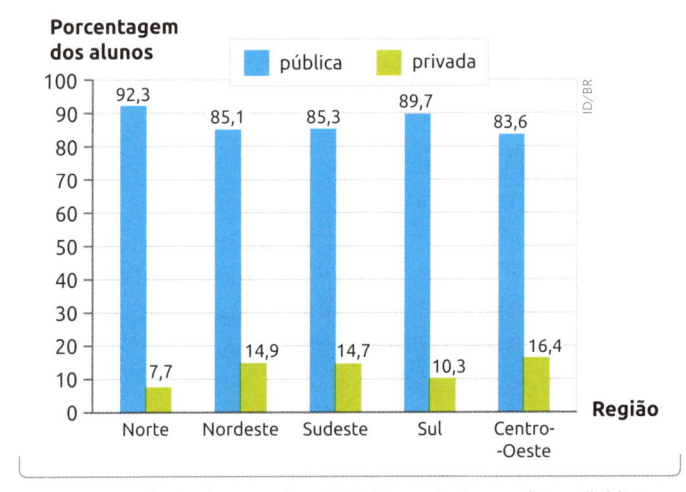

Porcentagem dos alunos — pública / privada

- Norte: 92,3 / 7,7
- Nordeste: 85,1 / 14,9
- Sudeste: 85,3 / 14,7
- Sul: 89,7 / 10,3
- Centro-Oeste: 83,6 / 16,4

Fonte de pesquisa: IBGE. Disponível em: <http://biblioteca.ibge.gov.br/visualizacao/periodicos/2/bn_2014_v22.pdf>. Acesso em: 17 fev. 2016.

a) Em qual região do Brasil a porcentagem de alunos do Ensino Fundamental matriculados na rede privada é maior do que na rede pública?

b) Qual das regiões do Brasil apresentava maior porcentagem de estudantes do Ensino Fundamental no ensino privado?

3. A direção de uma escola fez uma pesquisa com os alunos do 7º ano para saber o meio de deslocamento que eles utilizam para ir de casa até a escola. Veja os resultados dessa pesquisa no gráfico ao lado.

   a) Qual é o meio de deslocamento mais utilizado pelos alunos entrevistados?
   b) Quantos alunos utilizam esse meio de deslocamento?
   c) Quantos alunos foram entrevistados em cada turma?
   d) Quantos alunos não vão a pé ou de bicicleta para a escola?
   e) Qual meio de deslocamento que você utiliza para ir de casa até a escola onde estuda? Quanto tempo leva nesse trajeto?

   Meio de deslocamento utilizado pelos alunos do 7º ano para ir da residência até a escola, em 2017

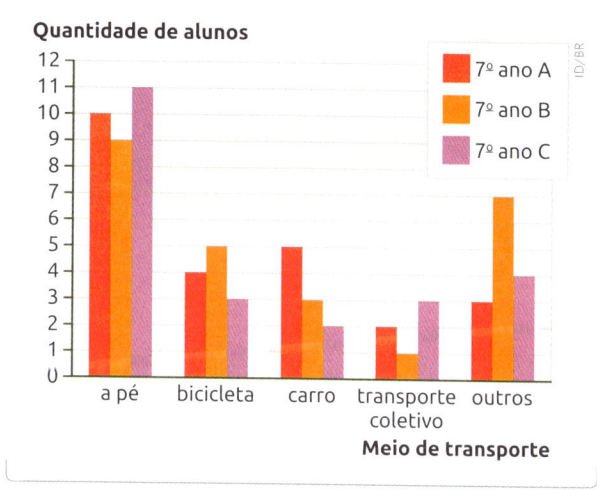

   Fonte de pesquisa: Direção da escola.

4. O Rali Dakar é uma das provas de automobilismo mais extensas do mundo. Veja a seguir informações da edição 2015 do rali que aconteceu em território sul-americano. Os setores especiais indicam as partes do percurso com tempo de conclusão cronometrado, e os setores de deslocamentos são partes do percurso com tempo de conclusão não cronometrado.

   Distância, em quilômetros, do Rali Dakar por categoria e setor, em 2015

Categoria	Setor deslocamento (km)	especial (km)
Moto	4 543	4 752
Carros	4 533	4 578
Caminhões	4 400	3 759
Quadriciclo	4 543	4 752

   Fonte de pesquisa: Jornal *L'équipe*. Disponível em: <http://netstorage.lequipe.fr/ASO/dakar/2015/parcours/parcours-km-FR.pdf>. Acesso em: 30 jun. 2016.

   Percurso do Rali Dakar, na América do Sul, em 2015

   Fonte de pesquisa: *Atlas geográfico escolar*. 6. ed. Rio de Janeiro: IBGE, 2012. Rali Dakar. Disponível em: <www.dakar.com/dakar/2015/fr/parcours.html>. Acesso em: 30 jun. 2016.

   a) Em qual categoria é percorrida a menor distância?
   b) Quais são as categorias que percorrem a mesma distância?
   c) Quantos quilômetros são percorridos no total em cada categoria?
   d) Construa um gráfico de barras múltiplas para apresentar as informações da tabela.

5. Observe na tabela abaixo o aumento de massa, em quilogramas, entre meninos e meninas dos 9 aos 18 anos de idade.

Aumento médio de massa em relação à idade (meninos e meninas)										
Idade (em anos)	9	10	11	12	13	14	15	16	17	18
Aumento da massa de meninos (em kg)	3,0	3,0	4,0	4,5	5,5	6,0	6,0	5,0	3,5	3,0
Aumento da massa de meninas (em kg)	3,5	4,0	4,5	4,5	4,5	4,0	3,5	2,0	1,0	0

Fonte de pesquisa: Maria L. B. Atenas e Márcia R. Vitolo. *Crescendo com saúde*: o guia do crescimento da criança. São Paulo: C2 Editora e Consultoria em Nutrição, 1999.

De acordo com os dados da tabela, represente em um mesmo gráfico de linhas a quantidade de quilogramas, em média, que a massa de meninos e de meninas aumenta a cada ano, entre os 9 e os 18 anos de idade.

6. De acordo com o gráfico que você construiu na atividade anterior, responda às questões.

a) Em que idade o aumento médio de massa é o mesmo para meninos e meninas?

b) A partir de que idade o aumento médio de massa das meninas passa a ser menor a cada ano? E dos meninos?

c) Escreva qual será, em média, a massa de um menino de 9 anos com 28,5 kg e de uma menina de 9 anos com 27,5 kg quando estiverem com as seguintes idades.

- 11 anos
- 15 anos
- 18 anos

7. Observe o gráfico sobre as eleições para governador de uma cidade. Com base nas informações apresentadas, elabore algumas questões. Entregue suas questões para um colega responder e pegue as dele para você responder. Em seguida, cada um confere se as respostas estão corretas.

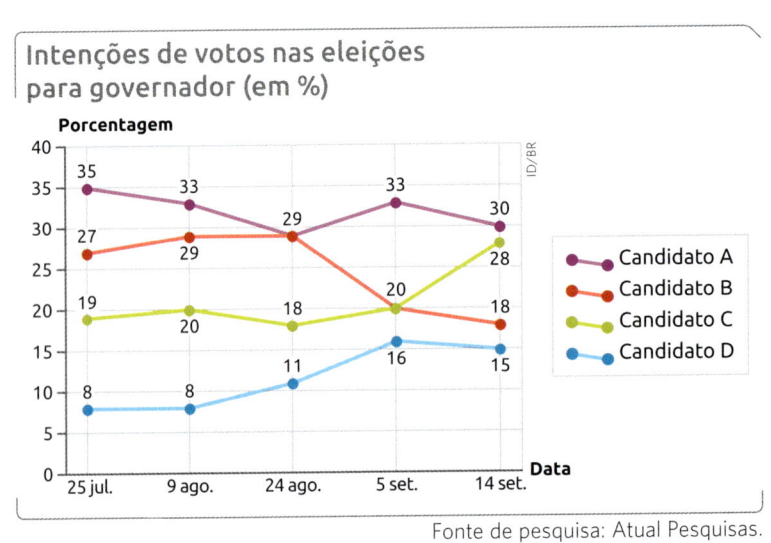

Intenções de votos nas eleições para governador (em %)

Porcentagem

Candidato A: 35 (25 jul.), 33 (9 ago.), 29 (24 ago.), 33 (5 set.), 30 (14 set.)
Candidato B: 27 (25 jul.), 29 (9 ago.), 29 (24 ago.), 20 (5 set.), 18 (14 set.)
Candidato C: 19 (25 jul.), 20 (9 ago.), 18 (24 ago.), 20 (5 set.), 28 (14 set.)
Candidato D: 8 (25 jul.), 8 (9 ago.), 11 (24 ago.), 16 (5 set.), 15 (14 set.)

Data

Fonte de pesquisa: Atual Pesquisas.

Gráfico de setores

O **gráfico de setores**, também conhecido como gráfico de *pizza*, é representado por um círculo dividido em partes denominadas setores circulares. Esse tipo de gráfico é utilizado para apresentar a relação entre as partes e o todo.

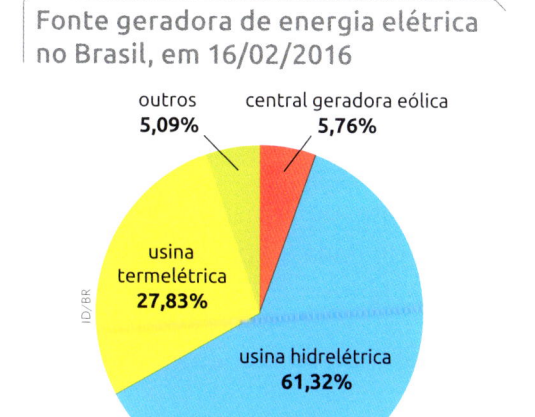

Fonte geradora de energia elétrica no Brasil, em 16/02/2016

- outros 5,09%
- central geradora eólica 5,76%
- usina termelétrica 27,83%
- usina hidrelétrica 61,32%

Nesse caso, o "todo" corresponde à capacidade total de geração de energia elétrica, e cada uma das fontes geradoras corresponde às partes desse todo.

Fonte de pesquisa: Agência Nacional de Energia Elétrica. Disponível em: <www.aneel.gov.br>. Acesso em: 27 jun. 2016.

1 De acordo com o gráfico acima, qual das fontes gera a maior parte da energia elétrica no Brasil? Essa fonte é responsável por qual porcentagem de toda a energia elétrica gerada?

Construção de gráfico de setores

No Brasil, até setembro de 2014, apenas quatro estados possuíam centro de transplantes de pulmão. Observe na tabela abaixo a quantidade de transplantes de pulmão realizados em cada um desses estados entre janeiro e setembro de 2014.

Transplantes de pulmão realizados no Brasil entre janeiro e setembro de 2014

Estado	Quantidade
Ceará	8
Minas Gerais	1
Rio Grande do Sul	11
São Paulo	23

Fonte de pesquisa: Associação Brasileira de Transplante de Órgãos. Disponível em: <www.abto.org.br/abtov03/Upload/file/RBT/2014/rbt3-trim-parc.pdf>. Acesso em: 16 fev. 2016.

Essas informações podem ser representadas por um gráfico de setores. Para construir esse gráfico, inicialmente determinamos a quantidade total de transplantes realizados.

$$8 + 1 + 11 + 23 = 43$$

Portanto, foram realizados nesse período, ao todo, 43 transplantes de pulmão.

Em seguida, calculamos a porcentagem de transplantes correspondente a cada estado.

- Ceará:

$$\frac{8}{43} \simeq 0{,}186 = 18{,}6\%$$

- Minas Gerais:

$$\frac{1}{43} \simeq 0{,}023 = 2{,}3\%$$

- Rio Grande do Sul:

$$\frac{11}{43} \simeq 0{,}256 = 25{,}6\%$$

- São Paulo:

$$\frac{23}{43} \simeq 0{,}535 = 53{,}5\%$$

O círculo todo possui 360° e corresponde ao total de transplantes, ou seja, a 100%. Calculando a medida do ângulo central de cada setor circular correspondente às porcentagens obtidas anteriormente, temos:

- Ceará: 18,6% de 360°

$$\frac{18{,}6}{100} \cdot 360 = 66{,}96 \simeq 67$$

Portanto, 67°.

- Minas Gerais: 2,3% de 360°

$$\frac{2{,}3}{100} \cdot 360 = 8{,}28 \simeq 8 = 8°$$

Portanto, 8°.

- Rio Grande do Sul: 25,6% de 360°

$$\frac{25{,}6}{100} \cdot 360 = 92{,}16 \simeq 92$$

Portanto, 92°.

- São Paulo: 53,5% de 360°

$$\frac{53{,}5}{100} \cdot 360 = 192{,}6 \simeq 193$$

Portanto, 193°.

Arredondamos as medidas dos ângulos para a unidade mais próxima, facilitando a indicação no gráfico. Observe que 67° + 8° + 92° + 193° = 360°.

Utilizando compasso, transferidor e régua, desenhamos o gráfico.

Veja, por exemplo, como construir o setor circular de 67°.

1º Construímos uma circunferência com o compasso. Em seguida, traçamos com o auxílio de uma régua um dos lados do ângulo de 67°, de maneira que o vértice do ângulo coincida com o centro da circunferência.

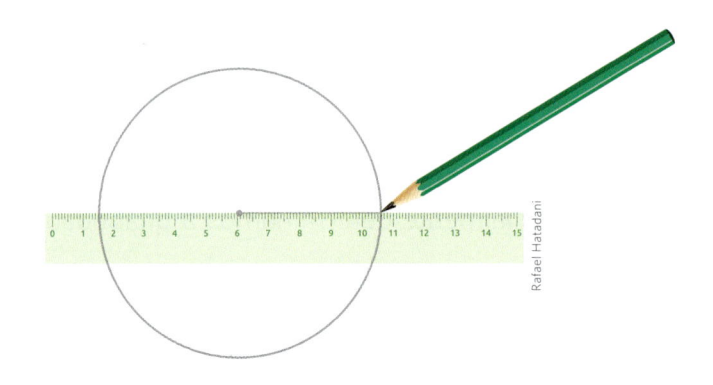

2ª Posicionamos o centro do transferidor sobre o centro da circunferência e a linha de fé sobre o segmento de reta traçado anteriormente. Depois, indicamos o ângulo de 67°.

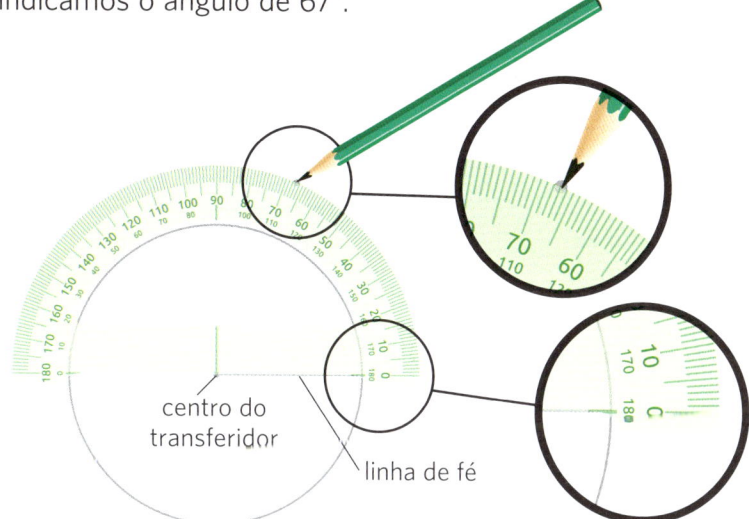

3ª Traçamos o outro lado do ângulo de 67°.

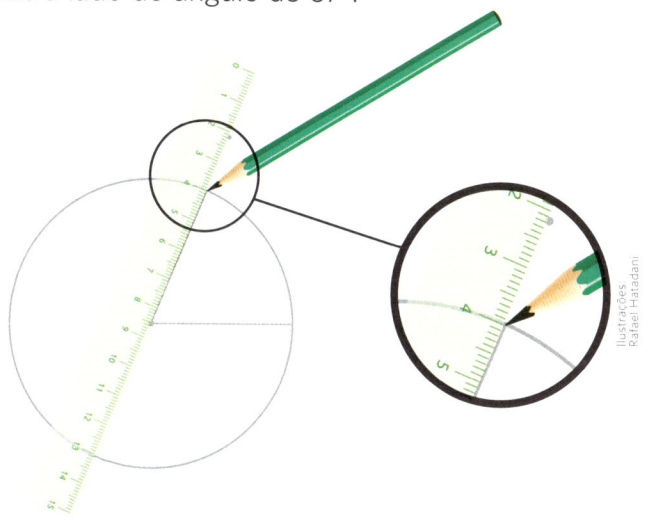

De maneira semelhante, traçamos os demais setores do gráfico e finalizamos a construção do gráfico de setores, indicando um título, a fonte e uma legenda.

Transplantes de pulmão realizados no Brasil entre janeiro e setembro de 2014

- Ceará: 2,3%
- Minas Gerais: 18,6%
- Rio Grande do Sul: 25,6%
- São Paulo: 53,5%

Fonte de pesquisa: Associação Brasileira de Transplante de Órgãos. Disponível em: <www.abto.org.br/abtov03/Upload/file/RBT/2014/rbt3-trim-parc.pdf>. Acesso em: 16 fev. 2016.

Atividades

8. No gráfico a seguir está indicada, de modo aproximado, a porcentagem do território nacional que a área de cada uma das regiões brasileiras representa.

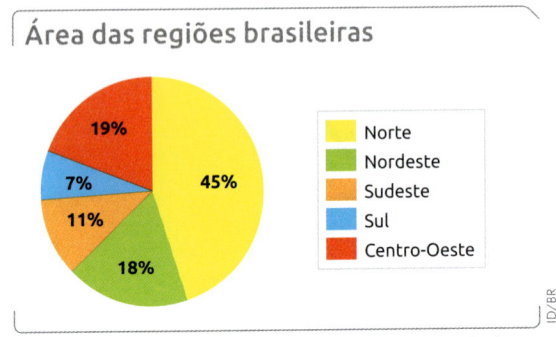

Área das regiões brasileiras

- Norte: 45%
- Nordeste: 18%
- Sudeste: 11%
- Sul: 7%
- Centro-Oeste: 19%

Fonte de pesquisa: IBGE. Disponível em: <www.ibge.gov.br/home/geociencias/cartografia/default_territ_area.shtm>. Acesso em: 18 fev. 2016.

a) De acordo com esse gráfico, qual é a região de maior área? E a de menor área?

b) Sabendo que a área da Região Norte tem, aproximadamente, 3 854 700 km², calcule a área aproximada das demais regiões brasileiras.

c) Qual é, em quilômetros quadrados, a área aproximada do território brasileiro?

9. A esperança de vida (ou expectativa de vida) ao nascer representa a média de anos que um indivíduo nascido de certa população pode viver, mantidas as taxas de mortalidade dessa população por um período de tempo. Na tabela a seguir é apresentada a esperança de vida ao nascer dos brasileiros.

Esperança de vida ao nascer dos brasileiros – ambos os sexos (1980-2009)

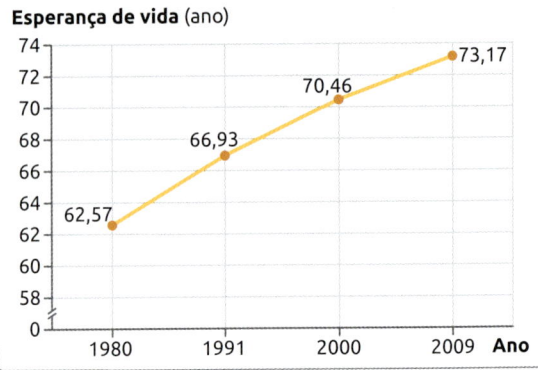

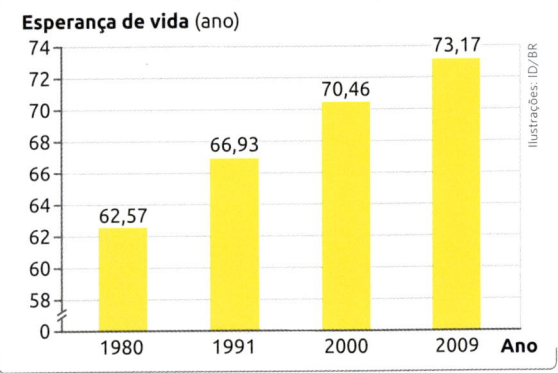

Ano	Esperança de vida (ano)
1980	62,57
1991	66,93
2000	70,46
2009	73,17

Fonte de pesquisa: IBGE. Disponível em: <www.ibge.gov.br/home/estatistica/populacao/tabuadevida/2009/notastecnicas.pdf>. Acesso em: 17 fev. 2016.

Quais dos gráficos a seguir podem ser utilizados para representar corretamente as informações apresentadas na tabela?

A Esperança de vida ao nascer dos brasileiros – ambos os sexos (1980-2009)

Gráfico de linhas: 1980: 62,57; 1991: 66,93; 2000: 70,46; 2009: 73,17.

Fonte de pesquisa: IBGE. Disponível em: <www.ibge.gov.br/home/estatistica/populacao/tabuadevida/2009/notastecnicas.pdf>. Acesso em: 17 fev. 2016.

B Esperança de vida ao nascer dos brasileiros – ambos os sexos (1980-2009)

Gráfico de setores: 1980: 62,57 anos; 1991: 65 anos; 2000: 70,46 anos; 2009: 72 anos.

Fonte de pesquisa: IBGE. Disponível em: <www.ibge.gov.br/home/estatistica/populacao/tabuadevida/2009/notastecnicas.pdf>. Acesso em: 17 fev. 2016.

C Esperança de vida ao nascer dos brasileiros – ambos os sexos (1980-2009)

Gráfico de colunas: 1980: 62,57; 1991: 66,93; 2000: 70,46; 2009: 73,17.

Fonte de pesquisa: IBGE. Disponível em: <www.ibge.gov.br/home/estatistica/populacao/tabuadevida/2009/notastecnicas.pdf>. Acesso em: 17 fev. 2016.

10. Uma família composta de quatro pessoas tem renda familiar mensal de R$ 2 500,00. A seguir é apresentado um gráfico com a distribuição dos gastos dessa família no mês de abril de 2016.

Despesas de uma família com quatro pessoas no mês de abril de 2016

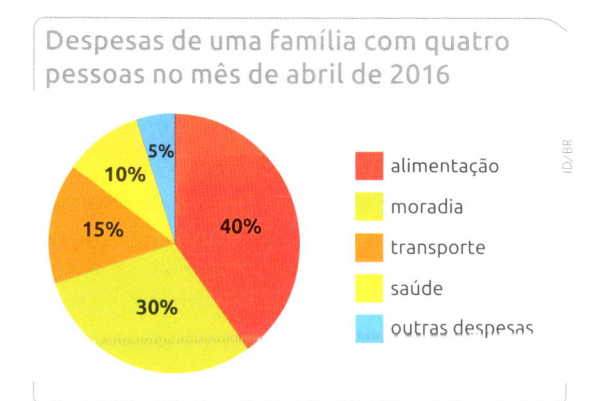

- alimentação: 40%
- moradia: 30%
- transporte: 15%
- saúde: 10%
- outras despesas: 5%

Fonte de pesquisa: Anotações da família.

a) Qual foi o valor da despesa dessa família com:
- moradia?
- transporte?
- alimentação?
- outras despesas?
- saúde?

b) Qual é a medida do ângulo central correspondente a cada setor desse gráfico?

11. A professora de Gabriele fez uma pesquisa com os 36 alunos da sala para saber qual era o gênero de filme preferido de cada um, e anotou o resultado na lousa.

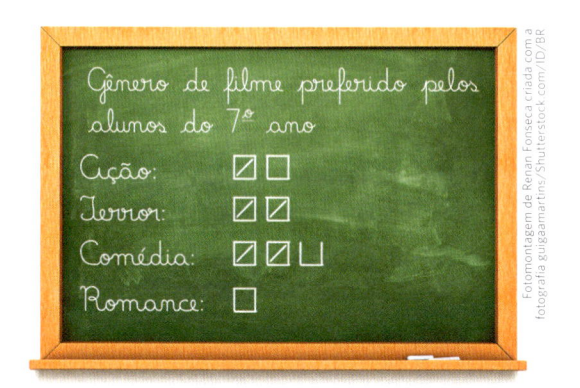

Podemos representar essas informações em um gráfico de setores. Já construímos um gráfico de setores utilizando a ideia de porcentagem, agora vamos construí-lo por meio da regra de três.

Veja a seguir como calcular, por exemplo, o ângulo central do setor referente ao gênero ação.

Sabemos que os 36 alunos representam toda a sala e que, dentre eles, 9 preferem o gênero ação. Assim, podemos dizer que os 36 alunos representam todo o gráfico, ou seja, correspondem a 360°. Logo, podemos escrever:

Quantidade de alunos	Ângulo (°)
36	360
9	x

$$\frac{36}{9} = \frac{360}{x}$$
$$36x = 3\,240$$
$$x = \frac{3\,240}{36}$$
$$x = 90$$

Portanto, a medida do ângulo central do setor referente aos alunos que preferem filme de ação é igual a 90°.

a) De maneira semelhante, calcule o ângulo central do setor referente à quantidade de alunos que preferem filmes de terror, comédia e romance.

b) Construa o gráfico de setores que expressa a quantidade de alunos que preferem cada gênero de filme.

12. Observe no gráfico a distribuição dos domicílios particulares permanentes no Brasil, em 2012.

Distribuição dos domicílios particulares permanentes, por condição de ocupação no Brasil, em 2012

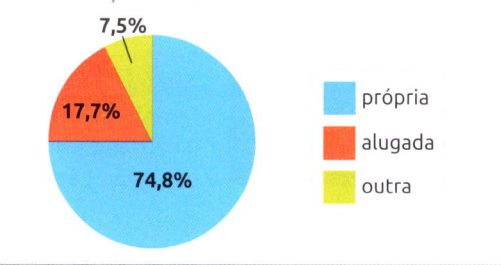

- própria: 74,8%
- alugada: 17,7%
- outra: 7,5%

Fonte de pesquisa: IBGE. Disponível em: <http://biblioteca.ibge.gov.br/visualizacao/periodicos/2/bn_2014_v22.pdf>. Acesso em: 16 fev. 2016.

Realize uma pesquisa entre os colegas de sala e construa um gráfico de setores com as mesmas categorias do gráfico acima.

13. O território brasileiro é composto de seis biomas continentais: Amazônia, Cerrado, Mata Atlântica, Caatinga, Pampa e Pantanal.

Bioma: conceito criado por biólogos e geógrafos para descrever grandes sistemas ecológicos definidos, principalmente, pelo clima.

Amazônia
Ocupa 49,3% do território nacional e em sua vegetação predominam florestas densas.

Caatinga
Único bioma continental exclusivamente brasileiro, ocupando 9,9% da extensão territorial do país.

Pantanal
Menor entre os biomas continentais, com 1,8% do território brasileiro, está presente nos estados do Mato Grosso e Mato Grosso do Sul.

Mata Atlântica
A maior parte da população brasileira vive neste bioma continental, que ocupa 13% do território do Brasil.

Ocupação dos biomas continentais em relação ao território brasileiro, em 2014

Fonte de pesquisa: *Atlas geográfico escolar.* 6. ed. Rio de Janeiro: IBGE, 2012. IBGE. Disponível em: <http://brasilemsintese.ibge.gov.br/territorio>. Acesso em: 30 jun. 2016.

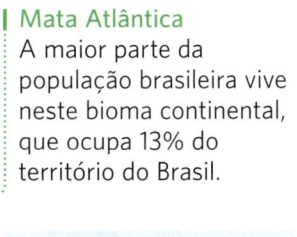

Cerrado
Abrange 23,9% do território do país e está localizado principalmente na região central.

Pampa
Encontrado apenas no estado do Rio Grande do Sul, ocupa 2,1% do território do Brasil.

a) A parte do território nacional ocupada pelo bioma Amazônia é maior, menor ou igual à parte ocupada pelos outros biomas juntos?

b) Qual é o menor dos biomas continentais encontrados no Brasil? Esse bioma está em quais estados?

c) Construa um gráfico de setores para representar a porcentagem ocupada pelos biomas continentais em relação ao território do Brasil.

Possibilidades e probabilidade

O time de basquete da escola está escolhendo a camiseta e a bermuda de seu novo uniforme, e para isso eles têm as seguintes opções:

Duas opções de camiseta.

Quatro opções de bermuda.

Cada uniforme é composto de uma opção de camiseta e uma opção de bermuda.

1 Quantos uniformes diferentes podem ser compostos com essas opções?

Veja duas estratégias para obter o total de possibilidades para compor o uniforme:

- 1ª estratégia: construir um **diagrama de árvore** (ou **diagrama de possibilidades**) com todas as possibilidades.

- 2ª estratégia: representar as possibilidades em uma tabela de dupla entrada.

Analisando essas estratégias, percebemos que o total de possibilidades é dado pela seguinte multiplicação:

$$2 \cdot 4 = 8 \leftarrow \text{possibilidades}$$

opções de camiseta — opções de bermuda

Portanto, existem 8 possibilidades diferentes para compor o uniforme.

2 Se em vez de 2 opções de camiseta fossem 3 opções, quantos uniformes diferentes poderiam ser compostos?

> Chamamos **possibilidades** os resultados que podem ocorrer em determinada situação.

Após a escolha da camiseta, os integrantes do time decidiram por meio de um sorteio qual bermuda irá compor o uniforme.

Para esse sorteio, sabemos que existem quatro resultados possíveis, ou seja, 4 possibilidades. São elas:

Não podemos afirmar qual das bermudas será a sorteada. No entanto, podemos calcular a chance de determinada bermuda ser sorteada.

> Chamamos **probabilidade** a medida da chance que um possível resultado tem de ocorrer. Ela é dada pela seguinte razão:
>
> $$\text{Probabilidade} = \frac{\text{quantidade de possibilidades favoráveis}}{\text{quantidade total de possibilidades}}$$

Vamos calcular, por exemplo, a probabilidade de a bermuda sorteada ser a amarela. Dentre o total de quatro possibilidades, há apenas uma bermuda amarela, ou seja, apenas uma possibilidade favorável.

1 em 4 $\rightarrow \dfrac{1}{4}$ ← quantidade de possibilidades favoráveis
← quantidade total de possibilidades

A probabilidade também pode ser indicada na forma de porcentagem. Nesse caso, temos:

$$\frac{1}{4} = \frac{25}{100} = 25\%$$

(· 25)

Portanto, a probabilidade de a bermuda amarela ser sorteada é **1 em 4**, $\dfrac{1}{4}$, ou **25%**.

3 Qual é a probabilidade de a bermuda sorteada não ser a amarela?

Atividades

14. Joana comprou um telefone celular e quer protegê-lo com uma película na parte frontal e uma capa para cobrir as partes traseira e laterais do aparelho. Uma loja oferece as seguintes opções para o modelo do telefone dela:

Película fosca.
Película transparente.

Capa transparente.
Capa amarela.
Capa azul.

Capa listrada.
Capa xadrez.

De quantos modos diferentes Joana poderá escolher entre uma película e uma capa para proteger o seu telefone celular?

15. Marilda quer comprar uma tigela para ração e uma casinha para o cachorro que adotou. Em uma loja há modelos diversos de tigelas e casinhas. Observe.

De acordo com as opções acima, de quantas maneiras Marilda pode compor uma casinha e uma tigela nessa loja?

16. Observe parte do cardápio de uma casa de massas.

CARDÁPIO

MACARRÃO	MOLHO	COMPLEMENTO
ESPAGUETE	BRANCO	AZEITONA
TALHARIM		TOMATE
GRAVATA	VERMELHO	FRANGO DESFIADO
PARAFUSO		LINGUIÇA CALABRESA

Quantos tipos de pratos distintos podem ser formados com:
- um tipo de macarrão e um tipo de molho?
- um tipo de macarrão, um tipo de molho e um tipo de complemento?

17. Rudson recortou três fichas de cartolina e em cada uma escreveu um número, como indicado ao lado.

3   4   8

Utilizando todas as fichas, construa no caderno um diagrama de árvore e obtenha todos os números de três algarismos que Rudson pode formar.

18. (OBMEP) Carolina tem três cartões brancos numerados de 1 a 3 e três cartões pretos, também numerados de 1 a 3. Ela escolheu, ao acaso, um cartão branco e um preto. Qual é a probabilidade de a soma dos números dos cartões escolhidos ser par?

a) $\dfrac{3}{5}$ b) $\dfrac{5}{9}$ c) $\dfrac{1}{2}$ d) $\dfrac{2}{3}$ e) $\dfrac{3}{4}$

19. Leia a tira.

Willian Raphael Silva. Bugio, o otimista. Humor com ciência. Disponível em: <www.humorcomciencia.com/?s=otimista>. Acesso em: 1 jul. 2016.

Você concorda com a afirmação do personagem: "A chance de sair 13 é igual pra qualquer outro número do dado."? Por quê?

20. Manu e Ítalo estão brincando com um jogo. Nele, cada participante recebe 10 fichas com números, que devem ser embaralhadas e sorteadas durante cinco rodadas. Após o sorteio, a ficha sorteada volta para o monte para participar da próxima rodada.

Os participantes marcam 1 ponto se sortear um número:

- **par** na 1ª rodada;
- **ímpar** na 2ª rodada;
- **que contém o algarismo 9** na 3ª rodada;
- **que termina com o algarismo 1** na 4ª rodada;
- **cuja soma dos algarismos seja igual a 17** na 5ª rodada.

Veja a seguir as fichas que cada participante recebe:

239   111   321   2   98   73   66   12   35   197

Qual é a probabilidade de um participante fazer um ponto em cada rodada?

21. Em uma caixa foram colocados dados coloridos, como mostra a figura.

Ao retirar um dado dessa caixa sem olhar, qual é a probabilidade de ser:
- azul?
- vermelho?
- verde?
- amarelo?

22. Na empresa de turismo em que Renata trabalha, há 22 mulheres e 18 homens. A direção dessa empresa decidiu sortear uma viagem para uma dessas pessoas, com todas as despesas pagas. Qual é a probabilidade de:
- Renata ser sorteada?
- uma mulher ser sorteada?
- um homem ser sorteado?

23. Em uma urna foram colocadas 20 fichas pretas, 12 vermelhas, 26 amarelas e 22 azuis. Haverá três sorteios, e cada ficha sorteada não voltará mais para a urna. De acordo com essas informações, responda.

a) Quantas fichas há no total?

b) Qual é a probabilidade de se sortear uma ficha preta no primeiro sorteio?

c) Qual é a probabilidade de no segundo sorteio sair uma ficha azul, sabendo que no primeiro sorteio saiu uma ficha amarela?

d) Qual é a probabilidade de no terceiro sorteio sair uma ficha vermelha, sabendo que no primeiro sorteio saiu uma ficha amarela e no segundo, uma vermelha?

24. Um restaurante fez a seguinte promoção: a cada refeição, os clientes participam de um sorteio para ganhar um brinde. Veja os brindes e as quantidades que restam no último dia da promoção.

8 chaveiros.

18 canetas.

4 bonés.

2 agendas.

Qual a probabilidade de o cliente contemplado ganhar:
- um chaveiro?
- um boné?
- uma caneta?
- uma agenda?

25. (OBM) Jade escreveu todos os números de 3 algarismos em cartões amarelos, um por cartão, e escreveu todos os números de 4 algarismos em cartões azuis, um por cartão. Os cartões são todos do mesmo tamanho.

a) Ao todo, quantos cartões foram utilizados? Lembre-se de que, por exemplo, 037 é um número de dois algarismos, bem como 0853 é um número de três algarismos.

b) Todos os cartões são então colocados numa urna e embaralhados. Depois Jade retira os cartões, um a um, sem olhar o que está pegando. Quantos cartões Jade deverá retirar para ter certeza de que há dois cartões azuis entre os retirados?

Vamos relembrar

26. O analfabetismo é um problema social que atinge parte da população brasileira. Observe o gráfico de barras que mostra a quantidade de pessoas com 5 anos ou mais de idade não alfabetizadas nas cinco regiões do Brasil.

Pessoas não alfabetizadas no Brasil, com 5 anos ou mais de idade, em 2014

Pessoas não alfabetizadas:
- Norte: 1 817 445
- Nordeste: 8 949 187
- Sudeste: 4 613 556
- Sul: 1 521 832
- Centro-Oeste: 1 104 967

Fonte de pesquisa: IBGE. Banco de Dados Agregados. Tabela 2858. Disponível em: <www.sidra.ibge.gov.br>. Acesso em: 27 jun. 2016.

a) Quantas pessoas não alfabetizadas havia em todo o Brasil em 2014?

b) Qual região tem mais pessoas não alfabetizadas? E qual tem menos?

c) Calcule a diferença entre a quantidade de pessoas não alfabetizadas nas regiões citadas no item anterior.

d) Atualmente a quantidade de pessoas não alfabetizadas aumentou ou diminuiu? Realize uma pesquisa e verifique se sua opinião e a opinião dos colegas de sala está correta.

27. O corpo humano atinge seu ápice de produtividade por volta dos 25 anos, e, a partir daí, a habilidade de realizar algumas tarefas começa a diminuir. Observe no gráfico o efeito da idade em algumas funções do corpo e depois responda às questões.

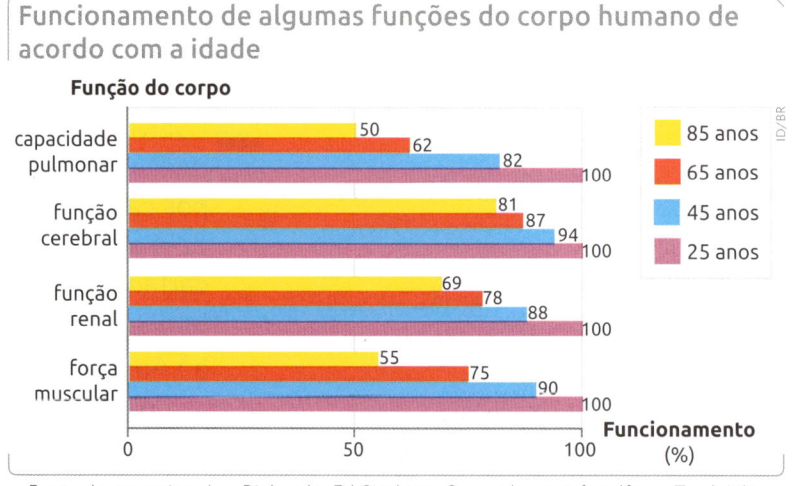

Funcionamento de algumas funções do corpo humano de acordo com a idade

Função do corpo	85 anos	65 anos	45 anos	25 anos
capacidade pulmonar	50	62	82	100
função cerebral	81	87	94	100
função renal	69	78	88	100
força muscular	55	75	90	100

Fonte de pesquisa: Jon Richards; Ed Simkins. *O mundo em infográficos*. Trad. Liliana Negrello; Orlei Negrello Filho. Rio de Janeiro: Sextante, 2013.

a) De acordo com o gráfico, em que idade as funções do corpo humano atingem o ápice?

b) Qual das funções do nosso corpo apresenta a maior queda percentual com o passar dos anos?

c) Em relação à força muscular, ela diminui de maneira mais acentuada de 45 para 65 anos ou de 65 para 85 anos?

d) Dos 25 aos 85 anos, qual a porcentagem de perda da função cerebral?

28. Observe o gráfico ao lado e depois responda às questões.

    a) A quantidade de homens no Brasil foi superior à de mulheres em algum dos anos indicados?

    b) Qual é a diferença entre a quantidade de homens e mulheres em 2009? E qual é a diferença em 2013?

    c) Qual era a população total do Brasil em 2013?

    População de homens e mulheres no Brasil (2005-2013)

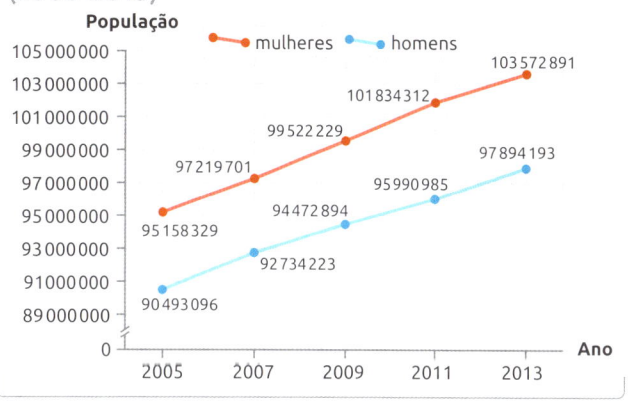

    Mulheres: 95 158 329 (2005); 97 219 701 (2007); 99 522 229 (2009); 101 834 312 (2011); 103 572 891 (2013)

    Homens: 90 493 096 (2005); 92 734 223 (2007); 94 472 894 (2009); 95 990 985 (2011); 97 894 193 (2013)

    Fonte de pesquisa: IBGE. Disponível em: <www.sidra.ibge.gov.br>; tabela 261. Acesso em: 1 jul. 2016.

29. Leia a tira a seguir.

    TUDO ACABA EM PIZZA — POR WILLIAN RAPHAEL SILVA E CIÇA SILVA

    — PAI, COLOQUEI MINHAS NOTAS EM DOIS GRÁFICOS.
    — HUM...
    — COMO ELES TÊM A MESMA ALTURA, MEU DESEMPENHO FOI IGUAL. ACHO QUE MEREÇO UM TABLET NOVINHO, PAI.
    — EU TAMBÉM FIZ UM GRÁFICO PRA VOCÊ.
    — A PARTE ROXA REPRESENTA QUANTOS TABLETS VOCÊ VAI GANHAR, FILHO.
    — MAS NÃO TEM PARTE ROXA, PAI.
    — POIS É, FILHO!

    Willian Raphael Silva; Ciça Silva. Tudo acaba em pizza. Humor com ciência. Disponível em: <www.humorcomciencia.com/?s=pizza>. Acesso em: 1 jul. 2016.

    a) Quais tipos de gráficos aparecem na tira?

    b) No segundo quadrinho da tira, temos dois gráficos que apresentam as notas do personagem, um para Educação Física e outro para Matemática. A afirmação do personagem sobre a altura das barras e o desempenho nas disciplinas está correta? Justifique.

    c) No último quadrinho, o que significa o fato de não haver nenhuma parte roxa no gráfico?

30. Uma escola fez uma pesquisa para saber qual é o esporte preferido dentre seus 300 alunos. O gráfico de setores ao lado representa os resultados dessa pesquisa.

    Esporte preferido: Futebol 66%, ? (Basquete), Vôlei 20%

    a) Qual a porcentagem que representa os alunos que preferem basquete?

    b) Qual a quantidade de alunos que prefere cada esporte?

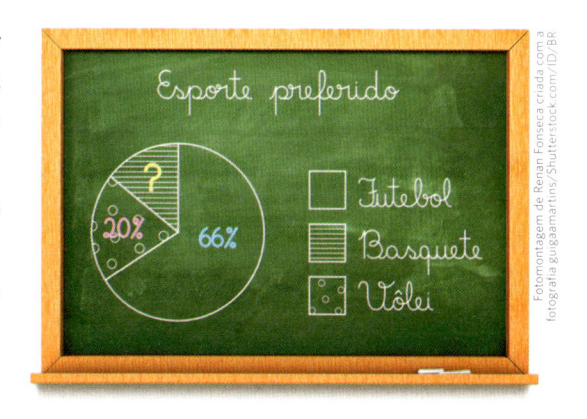

31. De acordo com os dados do censo do IBGE realizado em 2010, a população indígena brasileira era 817 963 pessoas, representando 305 etnias e 274 línguas indígenas. Observe no gráfico a seguir a distribuição da população indígena no Brasil por região.

Distribuição da população indígena brasileira, por região, em 2010

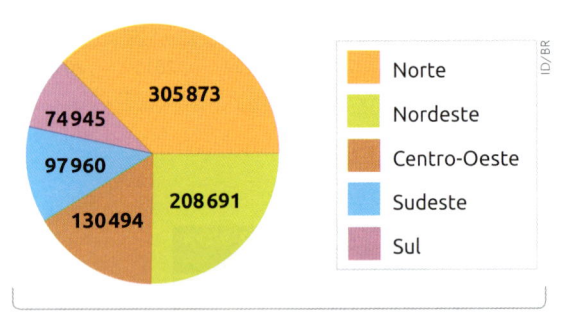

- Norte: 305 873
- Nordeste: 208 691
- Centro-Oeste: 130 494
- Sudeste: 97 960
- Sul: 74 945

Fonte de pesquisa: Funai. Disponível em: <www.funai.gov.br/index.php/indios-no-brasil/quem-sao>. Acesso em: 1 jul. 2016.

Crianças indígenas jogando futebol na aldeia Aiha, Parque Indígena do Xingu (MT), em 2011.

a) Em relação à população indígena brasileira, quantos por cento é da Região Norte?

b) As populações de indígenas do Norte e Sudeste somadas correspondem a mais da metade da população indígena no Brasil?

c) Sem realizar cálculos e, de acordo com o que você respondeu no item **b**, é possível afirmar que no gráfico de setores o ângulo correspondente às populações indígenas do Norte e Sudeste juntas é menor que 180°? Justifique.

32. No Brasil há uma incidência de cerca de 50 milhões de raios por ano. Entre 2000 e 2014 houve 1 789 mortes causadas por raio no Brasil. Observe na tabela a seguir a faixa etária das vítimas dos raios no Brasil.

O raio é uma descarga elétrica muito intensa que pode ocorrer em certos tipos de nuvens.

Faixa etária das vítimas fatais de raio no Brasil (2000-2014)

Faixa etária	Vítimas (porcentagem)
Entre 0 e 14 anos	25
Entre 15 e 24 anos	43
Entre 25 e 59 anos	24
60 anos ou mais	8

Fonte de pesquisa: Inpe. Disponível em: <www.inpe.br/webelat/homepage/menu/infor/infografico.-.mortes.por.raios.php>. Acesso em: 30 jun. 2016.

a) Quantas pessoas com menos de 25 anos foram vítimas fatais de raio no Brasil entre 2000 e 2014?

b) Construa um gráfico de setores que apresente as informações da tabela.

33. Maicon vai comprar um carro e já optou por um modelo que é oferecido em quatro cores diferentes e em versões de duas e quatro portas. Determine a quantidade de possibilidades de carros que Maicon tem para comprar.

34. A senha para acessar a biblioteca *on-line* de uma escola deve ser composta de uma letra e um algarismo, nessa ordem, como indicado abaixo.

Letras

a b c d e f g h i
j k l m n o p q r
s t u v w x y z

Algarismos

0 1 2 3 4
5 6 7 8 9

a) Quantas possibilidades de senhas é possível obter?

b) Supondo que uma pessoa esqueceu a parte numérica da senha, quantas tentativas, no máximo, ela precisará fazer para acertar a senha?

c) Supondo que uma pessoa esqueceu a sua senha, qual a probabilidade de ela acertar na primeira tentativa?

35. Observe as fichas apresentadas a seguir.

[8] [5] [1] [,]

Com essas fichas, por exemplo, é possível formar o número

[5] [,] [1] [8]

mas não composições do tipo

[,] [1] [8] [5] ou [1] [8] [5] [,].

De acordo com essa informação, responda.

a) Quantos números é possível formar utilizando todas essas fichas?

b) Qual é o menor número formado? E qual é o maior número?

36. Em um jogo de tabuleiro cada participante deve percorrer um caminho. Para isso, o jogador coloca a sua peça na primeira casa do tabuleiro e avança as casas de acordo com a quantidade de pontos obtidos ao lançar dois dados. Segundo as regras do jogo, quando a soma dos pontos dos dados for par, o jogador avança duas casas, e quando for ímpar, avança uma casa. Vence o jogo quem chegar à última casa do tabuleiro ou ultrapassá-la. Veja a seguir as possibilidades de pontuação que um participante pode obter.

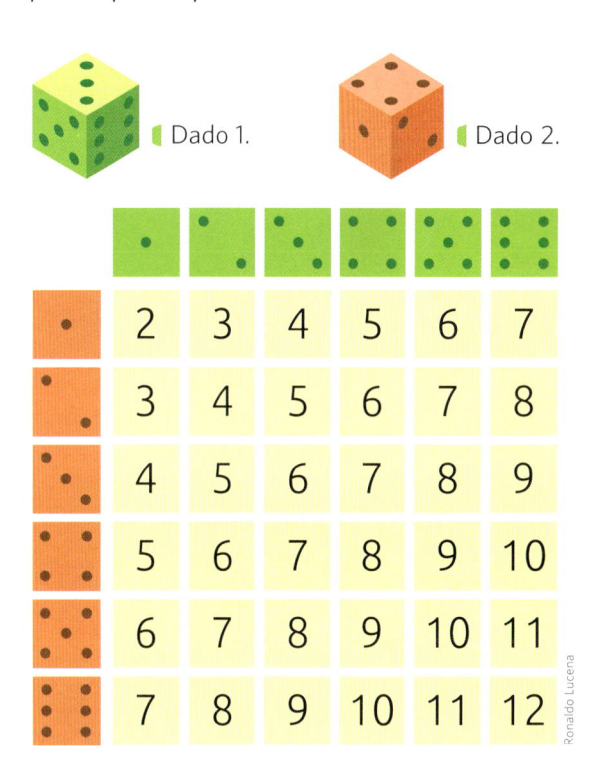

Dado 1. Dado 2.

	1	2	3	4	5	6
1	2	3	4	5	6	7
2	3	4	5	6	7	8
3	4	5	6	7	8	9
4	5	6	7	8	9	10
5	6	7	8	9	10	11
6	7	8	9	10	11	12

a) Ao lançar os dados, quantas possibilidades um participante tem para avançar duas casas?

b) Qual é a probabilidade de um participante avançar uma casa em sua vez de jogar?

c) Em certo momento da partida, faltam seis casas para um dos participantes chegar à última casa do tabuleiro. Sabendo que ele venceu a partida em mais três jogadas, escreva três possibilidades de pontuação nessas jogadas.

Ampliando fronteiras

Ângulos na ortodontia

Alguns problemas associados à estrutura da mordida, face e arcos dentários podem ser tratados pelo ortodontista, um especialista em ortodontia (um dos ramos da Odontologia). O desenvolvimento desses problemas pode estar relacionado a uma série de fatores e um deles pode ser a hereditariedade. Chupar chupeta ou o dedo, morder objetos como tampa de caneta, lápis, entre outros, assim como a colocação de *piercings* na região bucal podem também causar consequências sérias na arcada dentária.

Observe alguns tipos de mordida que podem ser corrigidos por meio de tratamento ortodôntico:

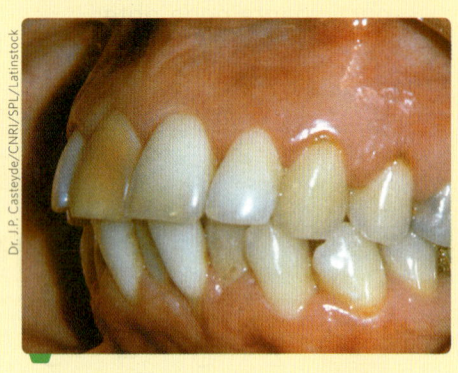

Normalmente os dentes superiores devem estar de fato mais avançados que os inferiores, mas quando isso ocorre de forma exagerada, o paciente sofre de um problema chamado "sobremordida".

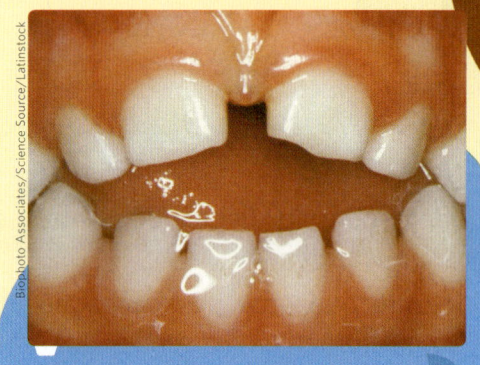

O hábito de chupar o dedo ou chupeta pode provocar uma mordedura irregular, como uma abertura acentuada dos dentes superiores sobre os inferiores.

Representação sem proporção de tamanho. Cores-fantasia.

O especialista precisa examinar o paciente de forma criteriosa. Na maioria das vezes, ele solicita uma radiografia do local como recurso de imagem para a sua avaliação. Ao analisá-la, ele precisa ter conhecimento sobre ângulos para avaliar o problema corretamente e verificar as possibilidades de tratamento.

São considerados alguns pontos chamados craniométricos (destacados nas radiografias). Nas radiografias, são observados diversos ângulos formados entre retas determinadas por esses pontos. A medida dos ângulos formados deve se aproximar de alguns valores recomendados, para ser considerada dentro da normalidade.

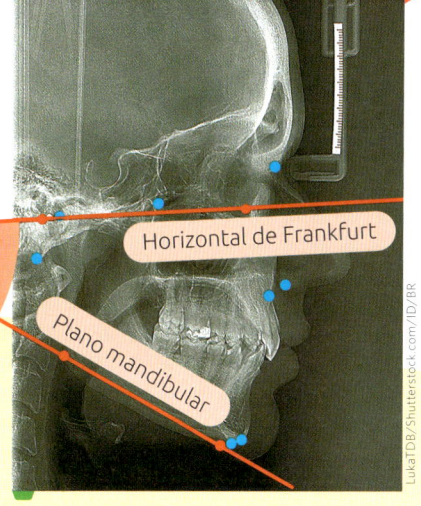

Ângulo do plano mandibular: formado pela horizontal de Frankfurt e pelo plano mandibular. Em adultos, o padrão de normalidade é 32°.

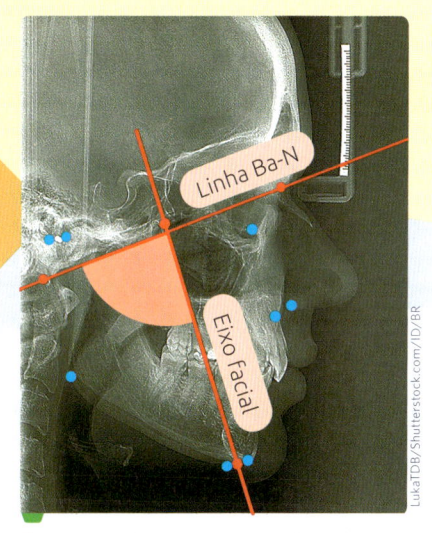

Ângulo do eixo facial: ângulo formado entre a linha Ba-N e o eixo facial. O padrão de normalidade é 90°.

1. De que forma os ângulos são utilizados pelos especialistas de ortodontia?

2. Com o auxílio de um transferidor, meça os ângulos indicados nas situações apresentadas nesta página. As medidas obtidas são próximas (ou iguais) às medidas consideradas dentro da normalidade?

3. Você julga importante visitar um dentista regularmente? Converse com os colegas a respeito desse assunto.

Verificando rota

Capítulo 8 — Ângulos

1. A ideia de ângulo está presente em diversas situações do cotidiano, e uma delas pode ser observada nos ponteiros de um relógio, como visto no início do capítulo. Escreva outros exemplos de situações em que a ideia de ângulo está presente.

2. Podemos ter quais classificações em relação à medida dos ângulos?

3. Escreva uma estratégia para transformar em minutos uma medida dada em graus.

4. É possível que dois ângulos agudos sejam suplementares? Justifique sua resposta.

5. Além da adição, quais outras operações foram realizadas com as medidas de ângulos?

6. Explique com suas palavras o que é a bissetriz de um ângulo.

7. Os ângulos $A\hat{O}E$ e $B\hat{O}C$ são congruentes? Por quê?

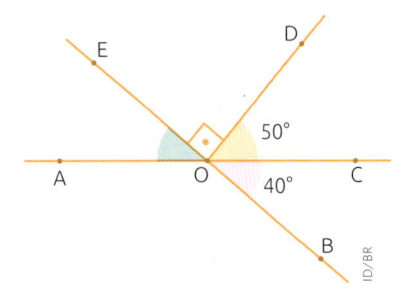

8. Você concorda com a afirmação de Michele? Justifique sua resposta.

> Dois ângulos são chamados adjacentes quando possuem dois lados em comum e as regiões determinadas por eles possuem pontos em comum.

Capítulo 9 — Polígonos e simetria

9. Explique com suas palavras por que a expressão $(n - 2) \cdot 180°$ é válida para determinar a soma das medidas dos ângulos internos de um polígono de n lados.

10. Observe como um heptágono convexo foi decomposto em triângulos.

a) A maneira pela qual o heptágono foi decomposto está de acordo com a maneira estudada no capítulo **9**? Por quê?

b) Escreva uma estratégia para determinar a soma das medidas dos ângulos internos do heptágono utilizando a decomposição apresentada.

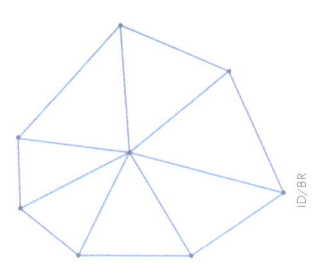

11. Cite alguns objetos do seu cotidiano cujas vistas lembrem uma imagem simétrica.

12. Observe a maneira como ela é escrita na parte da frente nos caminhões do Corpo de Bombeiros. Em sua opinião, por que essa palavra é escrita dessa maneira na parte da frente desses caminhões?

Caminhão do Corpo de Bombeiros.

Capítulo 10 — Gráficos e probabilidade

13. Qual é a importância do uso de gráficos na apresentação de informações?

14. Em quais situações geralmente o gráfico de barras múltiplas é utilizado? E o gráfico de setores? E o de linhas?

15. Explique com suas palavras qual é a diferença entre possibilidade e probabilidade.

Autoavaliação

- Respeitei o(a) professor(a), os colegas e as pessoas que trabalham na escola?
- Estive presente em todas as aulas?
- Esforcei-me ao máximo para compreender as explicações apresentadas?
- Esforcei-me ao máximo para resolver as tarefas propostas?
- Realizei todas as tarefas propostas para casa?

Atividades complementares

Capítulo 8 — Ângulos

1. Escreva o nome, o vértice e os lados de cada ângulo.

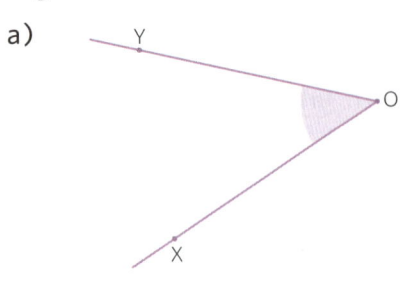

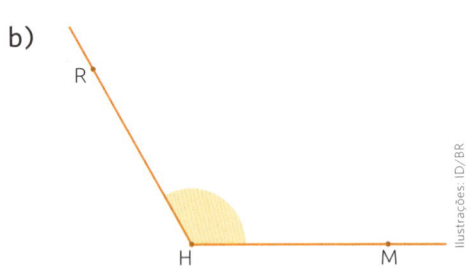

a)

b)

2. Acompanhe a construção que Andressa realizou.

1º Andressa desenhou e recortou um círculo de papel. Em seguida, dobrou-o ao meio e marcou bem o vinco.

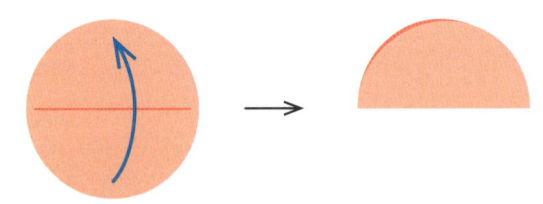

2º Novamente, ela o dobrou ao meio, conforme a figura, marcando bem o vinco. Depois, desdobrou-o e observou as marcas das dobras.

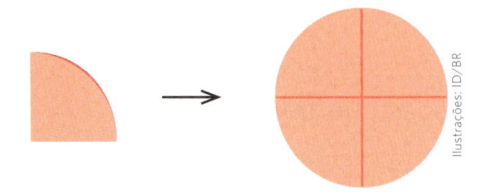

a) Em quantas partes iguais o círculo foi dividido?

b) Se um círculo inteiro tem 360°, quantos graus tem o ângulo formado em cada uma dessas partes?

3. Um dos instrumentos usados para medir e construir ângulos é o esquadro. Observe dois tipos de esquadro.

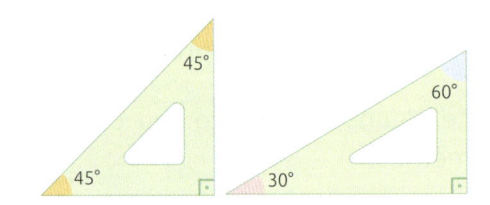

Agora, determine a medida de cada ângulo.

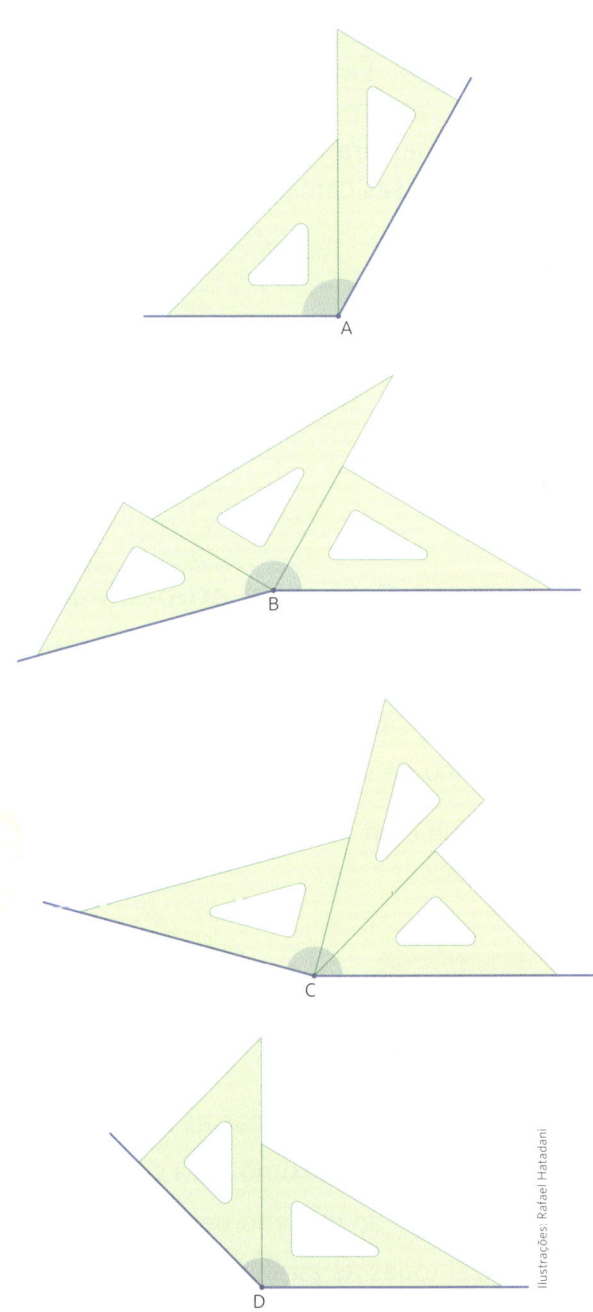

A

B

C

D

4. Observe os relógios.

Ⅰ Ⅱ

a) Determine, sem usar o transferidor, a medida do maior ângulo formado pelos ponteiros em cada um dos relógios.

b) Em qual dos relógios o menor ângulo formado pelos ponteiros é obtuso?

5. Classifique cada um dos ângulos a seguir em reto, agudo ou obtuso.

a) 84°

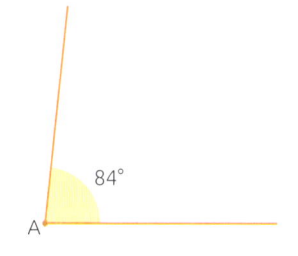

b) 108°

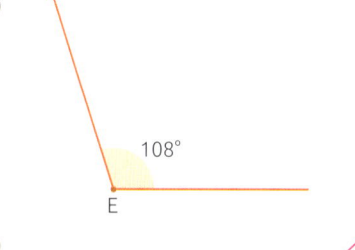

c) 137°

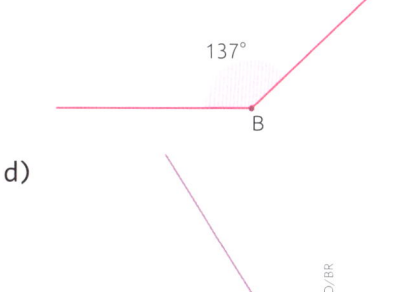

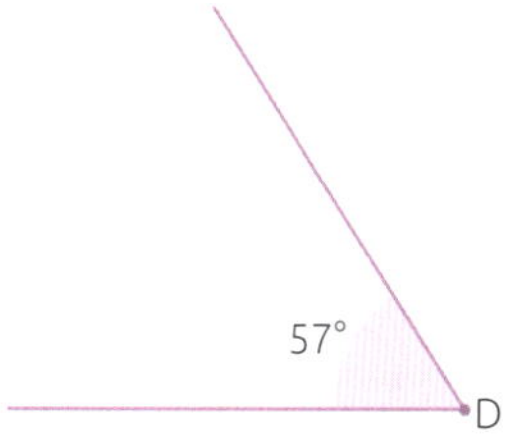

d) 57°

6. Escreva as medidas, utilizando os símbolos de grau, minuto e segundo.

a) 46 graus.

b) 115 graus e 29 minutos.

c) 26 graus, 10 minutos e 2 segundos.

7. Quantos segundos há em:

a) 51° 6'? c) 16°? e) 27°?

b) 28' 53"? d) 123'? f) 15° 24'?

8. Calcule quantos minutos há em:

a) 300" c) 1980" e) 25° 18'

b) 1 020" d) 13° f) 44° 24'

9. Converta as medidas dos ângulos indicados em graus, minutos e segundos.

a) 3 300'

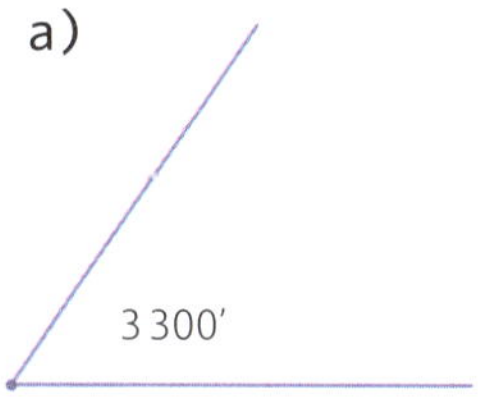

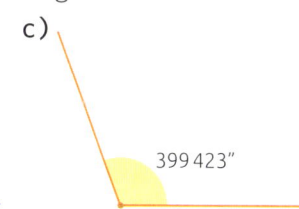

b) 130 449"

c) 399 423"

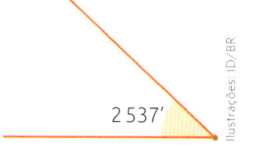

d) 2 537'

10. Observe a medida dos ângulos.

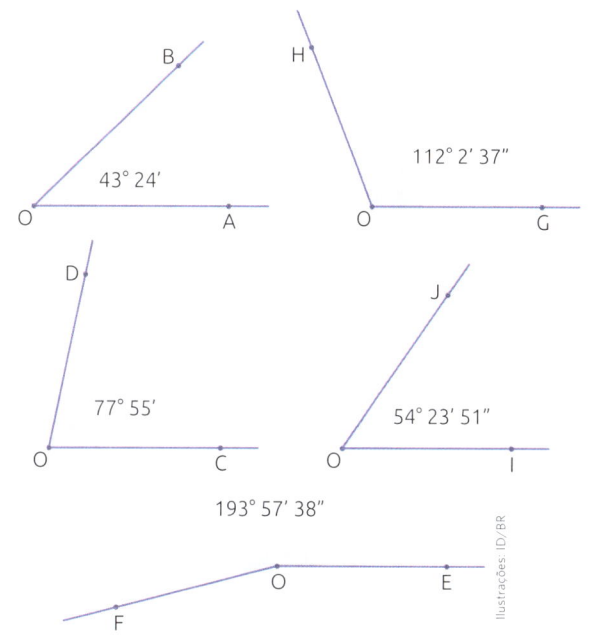

43° 24' (AÔB)

112° 2' 37" (GÔH)

77° 55' (CÔD)

54° 23' 51" (IÔJ)

193° 57' 38" (EÔF)

Agora, calcule.

a) med(GÔH) + med(IÔJ)

b) med(CÔD) + med(EÔF)

c) med(AÔB) + med(IÔJ) + med(CÔD)

d) med(GÔH) + med(EÔF) + med(AÔB)

11. Observe a figura e a medida dos ângulos indicados.

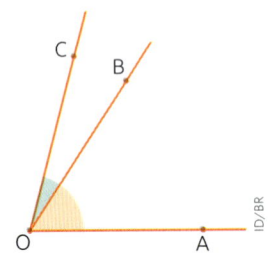

med$(A\hat{O}B)$ = 55° 49′ 52″

med$(A\hat{O}C)$ = 74° 46′ 33″

Agora, determine a medida do ângulo $B\hat{O}C$.

12. Calcule a medida do ângulo suplementar a cada um dos ângulos indicados abaixo.

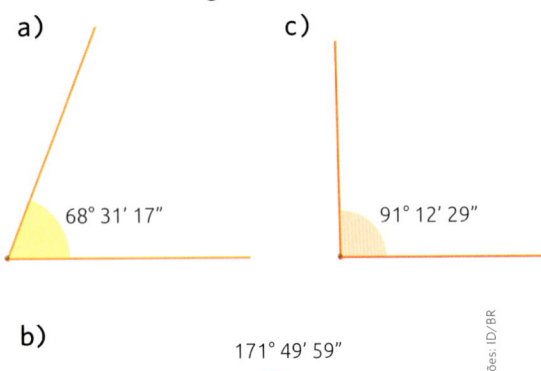

a) 68° 31′ 17″

b) 171° 49′ 59″

c) 91° 12′ 29″

13. Observe as figuras e determine a medida do ângulo indicado em vermelho em cada caso.

No item **b**, o ângulo $A\hat{O}D$ mede 180°.

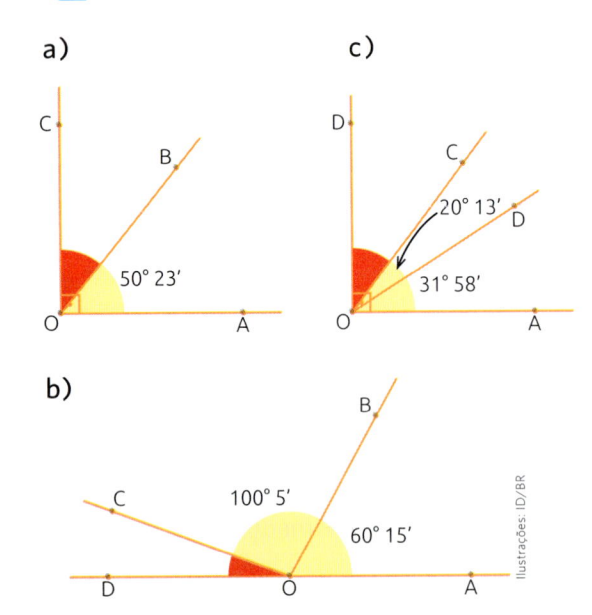

a) 50° 23′

b) 100° 5′ ; 60° 15′

c) 20° 13′ ; 31° 58′

14. Calcule:
a) 25° 38′ + 49° 29′ 15″
b) 78° 39′ − 27° 51′ 40″
c) 165° 24′ 47″ − 93° 35′ 43″
d) 81° 43′ 17″ + 37° 22′ 55″

15. Calcule a medida de $B\hat{O}C$, sabendo que $A\hat{O}B$ e $B\hat{O}C$ são ângulos complementares.

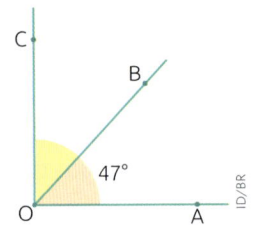

47°

16. Calcule a medida do complementar do ângulo cuja medida é:
a) 75°   c) 23°   e) 1°
b) 14°   d) 51°   f) 76°

17. Calcule a medida do ângulo $A\hat{O}B$ representado na figura, sabendo que os ângulos indicados em verde têm a mesma medida.

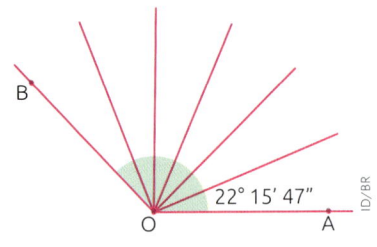

22° 15′ 47″

18. A quarta parte da medida de um ângulo é 10°. Quantos graus mede esse ângulo?

19. Calcule:
a) 3 · 48° 36′ 13″   d) 172° 37′ 26″ : 2
b) 7 · 18° 5′ 22″   e) 285° 36′ 30″ : 6
c) 5 · 62° 39′ 41″   f) 69° 40′ 31″ : 7

20. O dobro da medida de um ângulo é 30°. Qual é a medida desse ângulo?

21. O triângulo a seguir é isósceles e $A\hat{C}B$ é o ângulo de menor medida. Qual a medida de cada um dos outros dois ângulos?

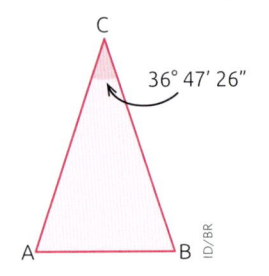

36° 47′ 26″

22. De acordo com as medidas indicadas, resolva os itens.

- **A** 1° 25′ 40″
- **B** 1 620′
- **C** 10 800″
- **D** 240′ 615″
- **E** 15° 2′ 120″
- **F** 3° 625″

a) Realize as transformações necessárias e represente as medidas:
  - **D** e **F** em graus, minutos e segundos.
  - **E** em minutos.
  - **A** em segundos.
  - **B** e **C** em graus.

b) Efetue os cálculos e represente os resultados em graus, minutos e segundos.
  - A + F
  - E − F
  - 3A + B
  - E : 4

23. Calcule:
a) 31° 6′ 15″ + 52° 32′ 10″
b) 128° 14′ 37″ − 95° 36′ 54″
c) 4 · 59° 16′ 45″
d) 134° 24″ : 4

24. Determine a medida a indicada em cada ângulo.

a) med$(G\hat{O}I)$ = 52°
   bissetriz: $\overrightarrow{OH}$

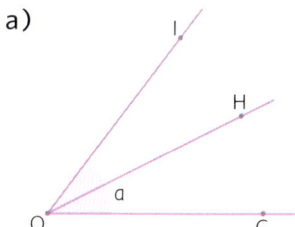

b) med$(P\hat{O}R)$ = 90°
   bissetriz: $\overrightarrow{OQ}$

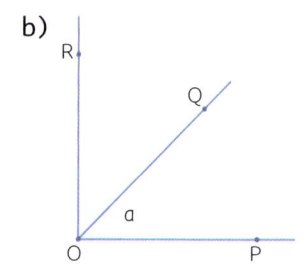

c) med$(V\hat{O}Y)$ = 125°
   bissetriz: $\overrightarrow{OX}$

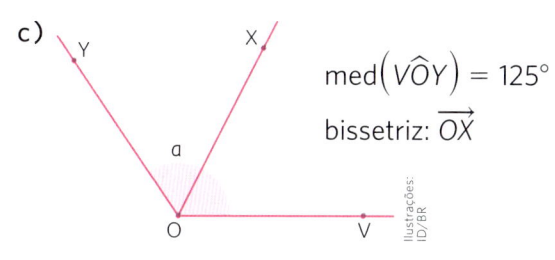

25. O triângulo a seguir é equilátero e $\overrightarrow{CO}$ é a bissetriz do ângulo $A\hat{C}B$. Qual a medida dos ângulos $O\hat{C}B$ e $C\hat{O}B$?

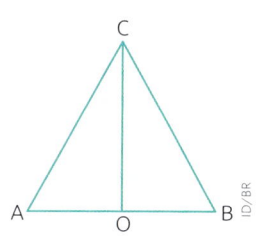

Capítulo 9 — Polígonos e simetria

26. As faces de muitas formas geométricas espaciais são polígonos. Observe as planificações e identifique aquelas que são compostas apenas de polígonos:

a)

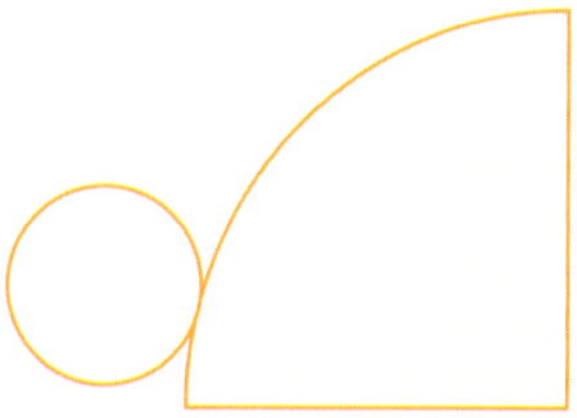

b)

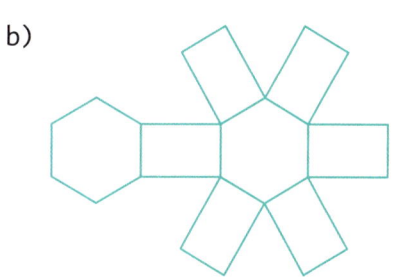

c)

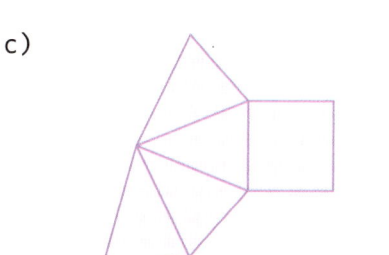

d)

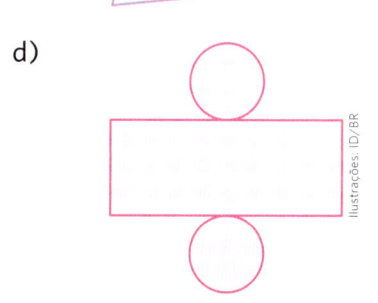

Imagine as planificações montadas. Escreva o nome da forma geométrica espacial que corresponde a cada uma dessas planificações.

27. Entre as figuras abaixo, identifique aquelas que são polígonos.

a)

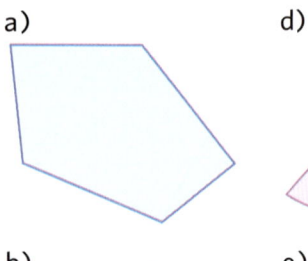

b)

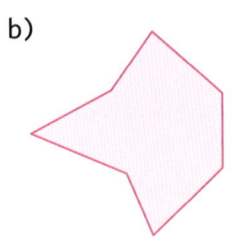

c)

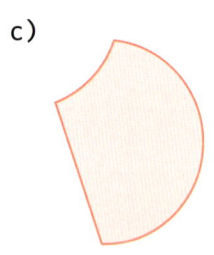

d)

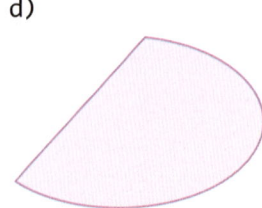

e)

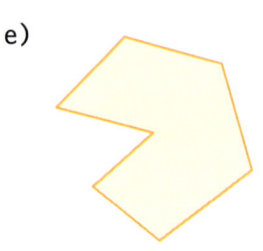

f)

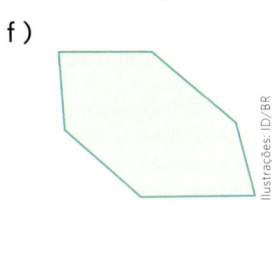

Entre as figuras que você classificou como polígonos, quais são polígonos convexos?

28. Associe os itens aos polígonos, indicando a letra e o número correspondentes.

a) 7 lados
   7 vértices
   7 ângulos

b) 5 lados
   5 vértices
   5 ângulos

c) 4 lados
   4 vértices
   4 ângulos

d) 6 lados
   6 vértices
   6 ângulos

1

2

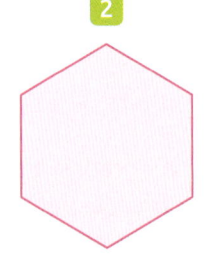

3

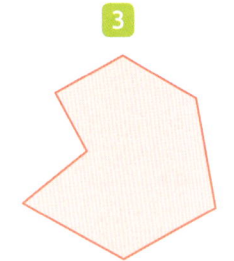

4

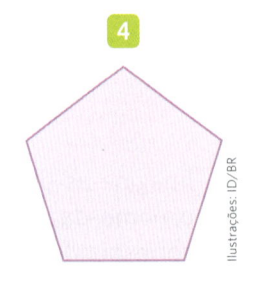

29. Calcule a medida do ângulo desconhecido em cada um dos triângulos.

a) 48°, 85°, a

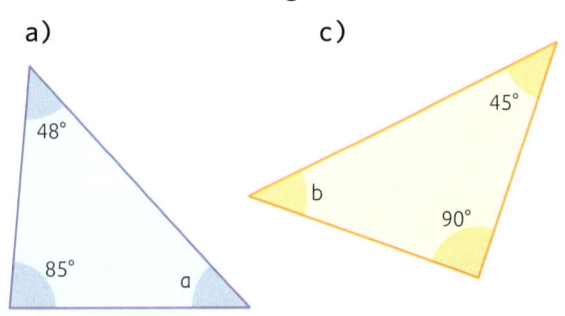

b) 28°, 32°, c

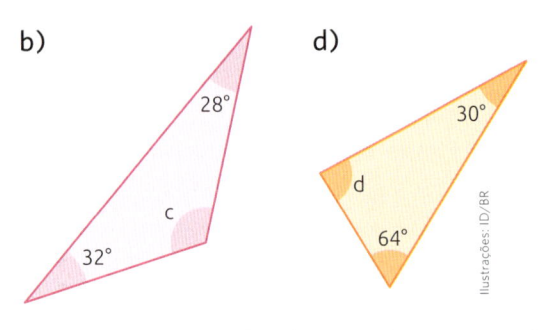

c) 45°, 90°, b

d) 30°, 64°, d

30. Determine as medidas dos ângulos internos do triângulo, sabendo que med$(\hat{A})$ = med$(\hat{B})$.

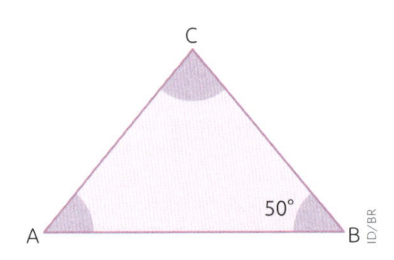

50° em B

31. Sabendo que os polígonos são regulares, determine a medida dos ângulos internos de cada um deles.

a)

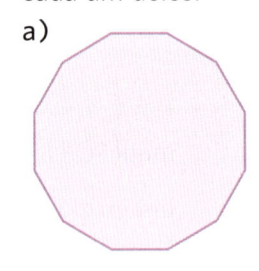

b)

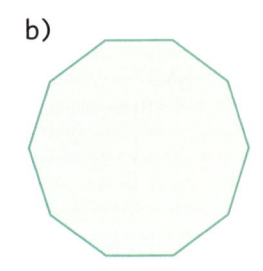

c)

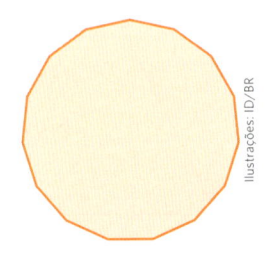

32. Determine, em cada polígono, a medida do ângulo desconhecido.

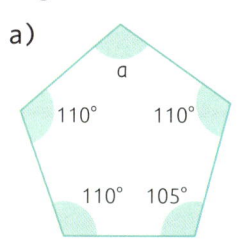

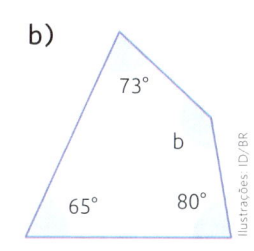

a) Pentágono com ângulos 110°, 110°, 110°, 105° e a.

b) Quadrilátero com ângulos 73°, b, 80° e 65°.

33. Em certo triângulo, a medida de cada um de seus ângulos internos é a, b e c. Sabendo que $a = 60°$ e $b = \dfrac{a}{2}$, determine a medida de cada um dos ângulos internos desse triângulo.

34. Observe as figuras e indique em quais delas o segmento **e** é um **eixo de simetria**.

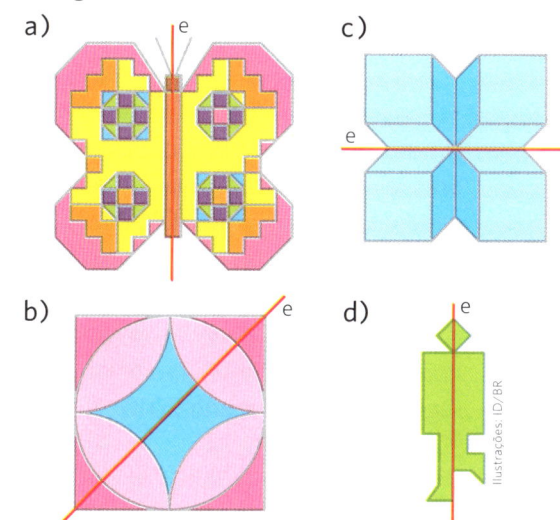

a), b), c), d)

35. Observe as figuras e responda às questões.

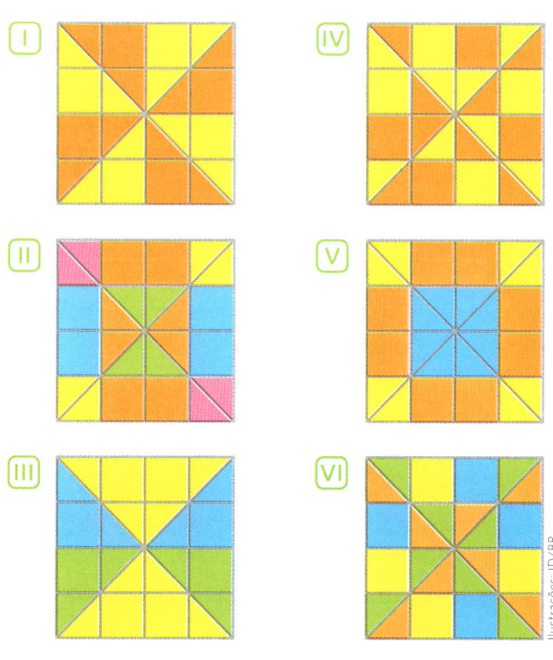

I, II, III, IV, V, VI

a) Quais figuras são simétricas?
b) Qual das figuras possui pelo menos dois eixos de simetria?
c) Quais figuras não são simétricas?

36. Observe as imagens e indique em quais delas há figuras simétricas em relação ao eixo **e**.

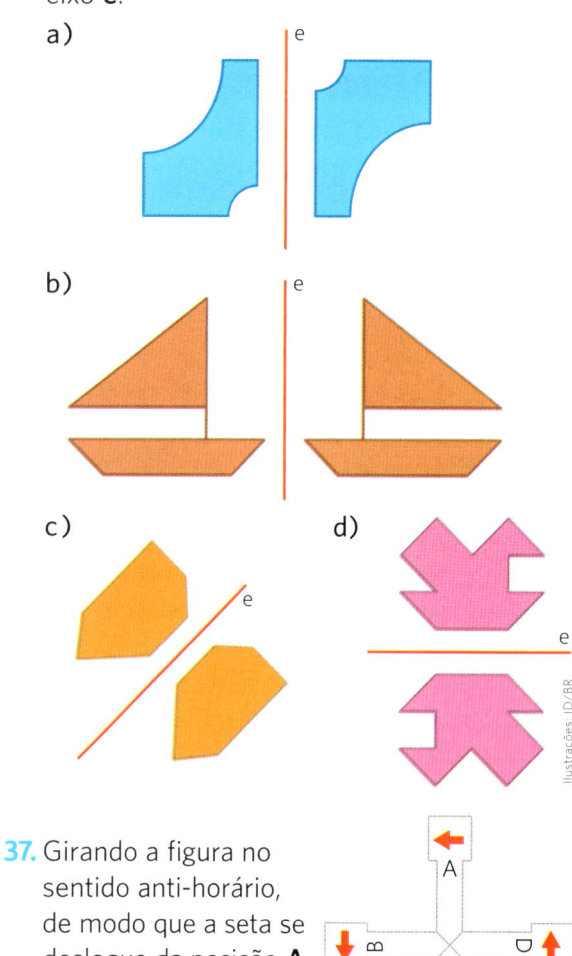

a), b), c), d)

37. Girando a figura no sentido anti-horário, de modo que a seta se desloque da posição **A** para a posição **B**, o ângulo de rotação será de 90°.

a) Girando a seta da posição **C** até a posição **A** no sentido horário, qual será o ângulo de rotação?
b) Girando a seta da posição **B** até a posição **C**, num ângulo de 90°, qual será o sentido de rotação?
c) Qual será o ângulo de rotação se girarmos a seta da posição **D** no sentido anti-horário até a posição **A**?
d) Qual será o ângulo de rotação se girarmos a seta da posição **B** até a posição **C** no sentido horário?

Capítulo 10 — Gráficos e probabilidade

38. Durante as atividades realizadas no dia a dia, nosso corpo consome energia. Para recuperá-la, precisamos de uma alimentação saudável e de um período de sono adequado. A necessidade diária de horas de sono é individual e varia, entre outros fatores, de acordo com a idade.

Necessidade de sono conforme a idade

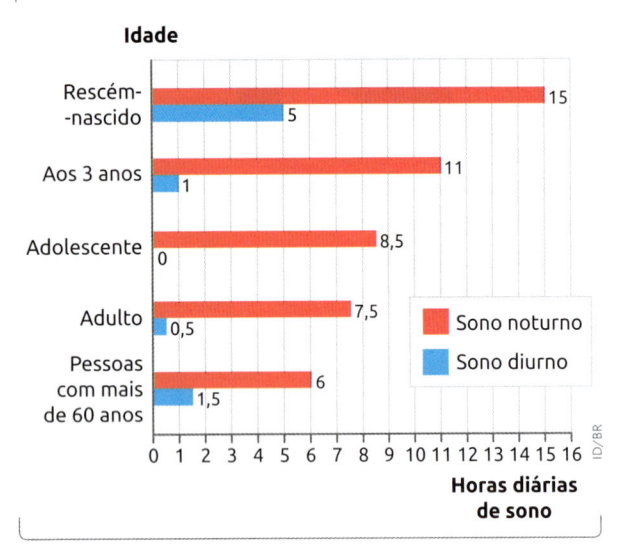

- Recém-nascido: sono noturno 15, sono diurno 5
- Aos 3 anos: sono noturno 11, sono diurno 1
- Adolescente: sono noturno 8,5, sono diurno 0
- Adulto: sono noturno 7,5, sono diurno 0,5
- Pessoas com mais de 60 anos: sono noturno 6, sono diurno 1,5

Fonte de pesquisa: CLINAR. Disponível em: <www.clinar.com.br>. Acesso em: 4 jul. 2016.

a) Quantas horas diárias de sono são necessárias para recuperar a energia de:
- um bebê recém-nascido?
- uma criança de 3 anos?
- um adolescente de 15 anos?
- um adulto de 38 anos?
- uma pessoa de 72 anos?

b) Qual a diferença entre a necessidade diária de sono entre:
- um bebê recém-nascido e um adulto de 42 anos?
- um bebê recém-nascido e um adolescente de 14 anos?
- uma criança de 3 anos e uma pessoa de 68 anos?

c) Em média, quantas horas você dorme por dia? Compare a sua resposta com a quantidade diária de sono necessária para a sua idade e verifique se o seu período de sono está adequado ou não.

39. Observe os dados sobre a população indígena no Brasil em 2010.

Quantidade de homens e mulheres indígenas no Brasil por região, em 2010

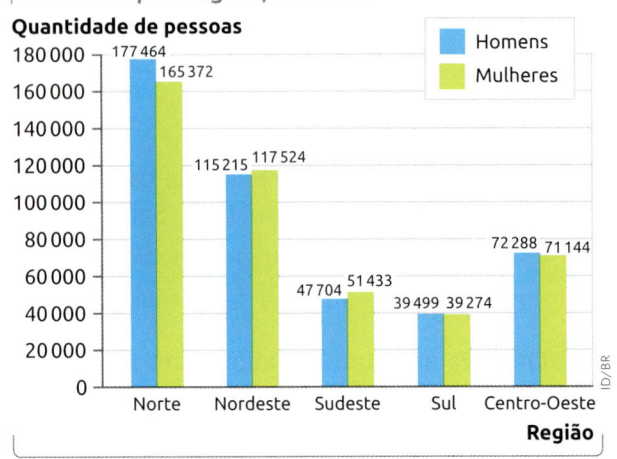

- Norte: Homens 177 464, Mulheres 165 372
- Nordeste: Homens 115 215, Mulheres 117 524
- Sudeste: Homens 47 704, Mulheres 51 433
- Sul: Homens 39 499, Mulheres 39 274
- Centro-Oeste: Homens 72 288, Mulheres 71 144

Fonte de pesquisa: IBGE. Disponível em: <www.ibge.gov.br>. Acesso em: 4 jul. 2016.

a) De acordo com o gráfico, em qual região brasileira se concentrava a maior quantidade de indígenas em 2010?

b) Em 2010, havia mais homens ou mulheres indígenas no Brasil? Quantos a mais?

c) Calcule a diferença entre a quantidade de homens e de mulheres indígenas em cada região do Brasil no ano 2010.

40. Veja a quantidade de geladeiras vendidas em uma loja nos cinco últimos meses de 2016.

Quantidade de geladeiras vendidas de agosto a dezembro de 2016

Mês	Geladeiras vendidas
Agosto	15
Setembro	10
Outubro	17
Novembro	17
Dezembro	20

Fonte de pesquisa: Controle de vendas da loja.

a) Em quais meses foram vendidas entre 12 e 18 geladeiras?

b) Ao todo, quantas geladeiras foram vendidas nessa loja durante esses cinco meses?

c) Construa um gráfico de colunas para representar esses dados.

41. Carlos fez uma viagem com seu carro da cidade **A** até a cidade **B**. Observe no gráfico a distância percorrida por Carlos em função do tempo gasto.

a) Quantos quilômetros Carlos percorreu, aproximadamente, na primeira hora de viagem?

b) No caminho Carlos parou para descansar. Quanto tempo durou essa parada?

c) Quando Carlos parou para descansar, quantos quilômetros faltavam para chegar à cidade **B**?

d) Qual a distância entre a cidade **A** e a cidade **B**?

e) Sabendo que Carlos saiu da cidade **A** às 10 h 35 min, a que horas ele chegou à cidade **B**?

Distância percorrida em função do tempo gasto

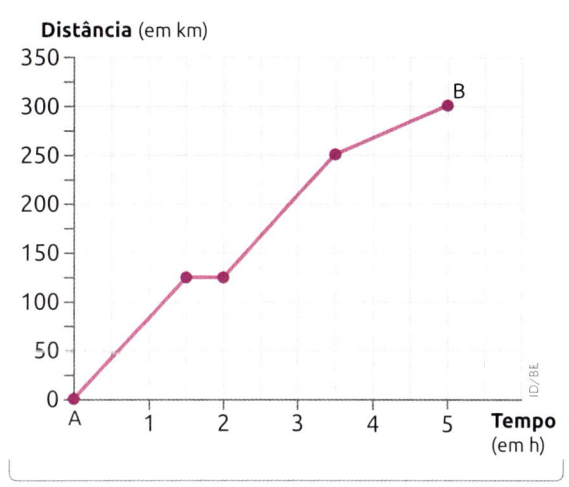

Fonte de pesquisa: Carlos.

42. A tabela e o gráfico apresentam uma projeção sobre a esperança de vida da população brasileira de alguns anos até 2020.

Esperança de vida ao nascer		
Ano	Homens	Mulheres
1991	63,2	70,9
1995	64,8	72,3
2000	66,7	74,3
2005	68,1	75,8
2010	69,7	77,3
2015	71,1	78,6
2020	72,5	79,8

Fonte de pesquisa: IBGE. Disponível em: <www.ibge.gov.br>. Acesso em: 4 jul. 2016.

Esperança de vida ao nascer

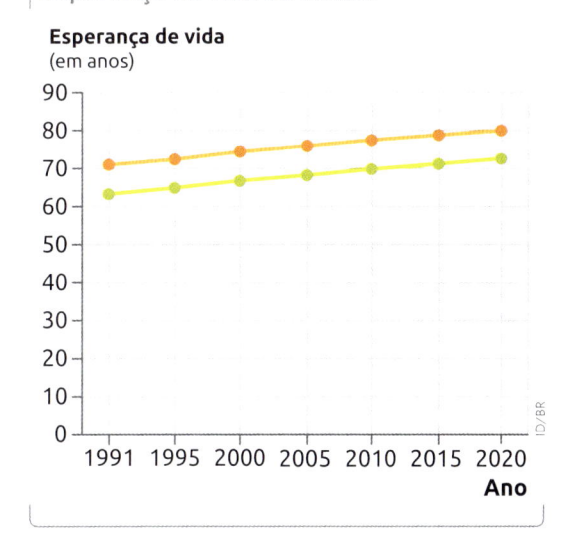

Fonte de pesquisa: IBGE. Disponível em: <www.ibge.gov.br>. Acesso em: 4 jul. 2016.

a) O gráfico de linhas foi construído com os dados da tabela. Identifique as linhas correspondentes à esperança de vida dos homens e à das mulheres.

b) De acordo com a tabela e com o gráfico, a esperança de vida ao nascer, no Brasil, é maior para os homens ou para as mulheres?

c) Observando o gráfico, a esperança de vida da população brasileira está aumentando ou diminuindo? O que isso significa?

43. Em 2015 foram produzidos no Brasil aproximadamente 2 429 421 veículos automotores, classificados em três grupos principais: automóveis; comerciais leves; ônibus e caminhões.

No gráfico estão representadas as porcentagens de cada um desses grupos.

Produção brasileira de veículos automotores, em 2015

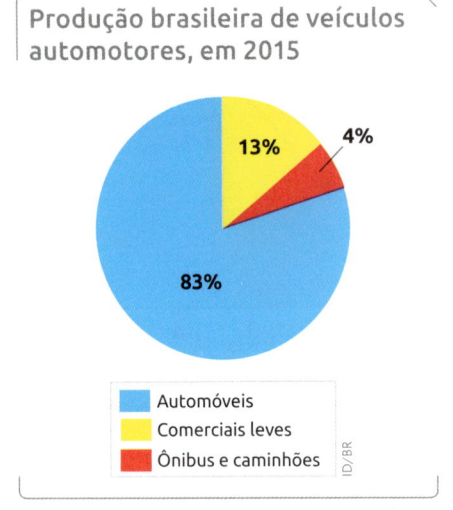

- Automóveis: 83%
- Comerciais leves: 13%
- Ônibus e caminhões: 4%

Fonte de pesquisa: Anfavea. Disponível em: <www.anfavea.com.br>. Acesso em: 4 jul. 2016.

a) Qual dos grupos de veículos corresponde a 4% da produção nacional?

b) Qual foi a porcentagem da produção de veículos comerciais leves?

c) Calcule quantos veículos de cada grupo foram fabricados no Brasil em 2015, aproximadamente.

44. A professora de Rogério fez uma pesquisa na sala de aula para saber qual era o gênero de filme preferido dos seus alunos.

Veja na tabela os resultados que ela obteve e construa um gráfico de setores para representar essas informações.

Gênero de filme preferido dos alunos	
Gênero de filme	Números de alunos
Aventura	16
Romance	10
Suspense	8
Ficção científica	6

Fonte de pesquisa: Alunos da sala de Rogério.

45. Veja na tabela a produção de soja de alguns estados do Brasil, em 2015.

Produção brasileira de soja por estado, em 2015	
Estado	Produção de soja (em toneladas)
Minas Gerais	3 524 055
Paraná	17 231 069
Rio Grande do Sul	15 700 264
Mato Grosso do Sul	7 305 608
Mato Grosso	27 766 988
Goiás	8 606 210
Outros estados	17 045 714

Fonte de pesquisa: IBGE. Disponível em: <www.ibge.gov.br>. Acesso em: 4 jul. 2016.

a) Calcule quantos por cento da produção total cada estado representa. Em seguida, arredonde as porcentagens que você encontrou ao décimo mais próximo.

b) Entre os gráficos a seguir, qual o mais adequado para representar as informações da tabela?

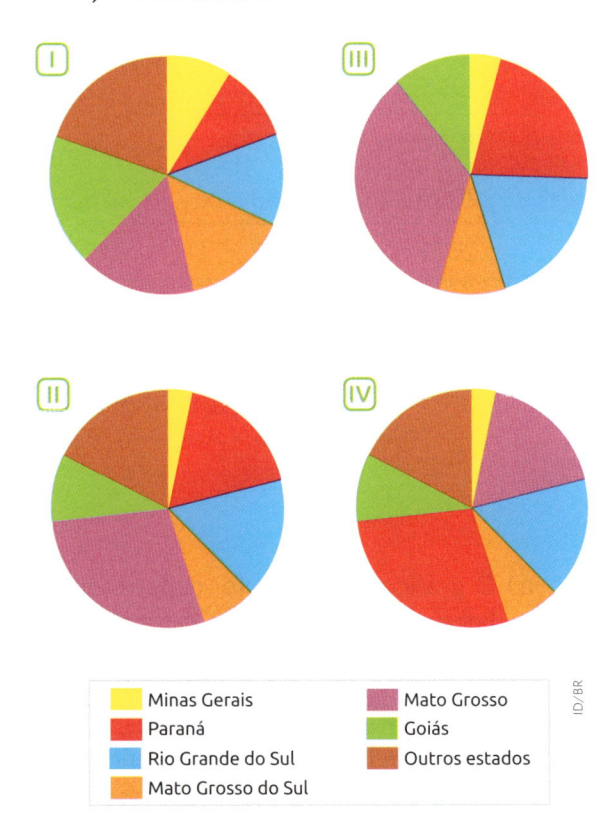

I, II, III, IV

- Minas Gerais
- Paraná
- Rio Grande do Sul
- Mato Grosso do Sul
- Mato Grosso
- Goiás
- Outros estados

46. Márcia foi a uma livraria e pretende comprar três livros. Ao observar os livros, ela ficou em dúvida entre algumas opções.

Veja no quadro essas opções separadas por categoria.

Romance	Ficção científica	Poesia
• A bailarina tudo pode mudar • A vida de Estela • Perto do coração	• Mensagem extraterrestre • A máquina do tempo	• Minhas rimas • Eu, poeta • Poesias escolhidas

De quantas maneiras diferentes Márcia pode escolher os três livros, sabendo que ela pretende comprar um de cada categoria?

47. Um banco utiliza senhas alfabéticas em seu sistema de segurança para as contas de clientes. Cada senha é formada por 4 letras em ordem aleatória.
a) Quantas senhas alfabéticas podem ser formadas com as letras **A**, **C**, **F** e **N**, sem repetir letra em uma mesma senha?
b) Quantas senhas podem ser formadas com essas letras se for possível repetir letras em uma mesma senha?

48. Em um restaurante, o almoço consta de três partes: salada, prato principal e sobremesa. De quantos modos diferentes uma pessoa poderá fazer seu pedido se o restaurante oferece como opções 7 saladas, 5 pratos principais e 4 sobremesas?

49. Observe o cubo e sua planificação.
Represente por meio de um número fracionário e de uma porcentagem a probabilidade de que, ao lançar esse cubo, fique voltada para cima:

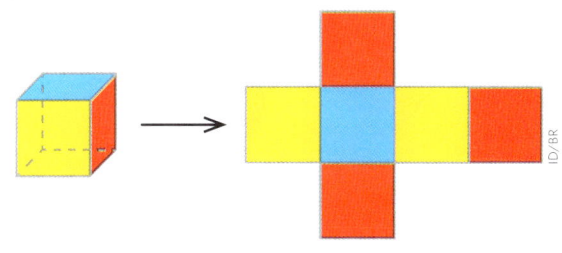

a) a face azul.
b) uma face amarela.
c) uma face vermelha.

50. Edson, Jaqueline, Nicole e Reginaldo foram ao cinema e sentaram-se juntos na mesma fila.
a) De quantas maneiras diferentes eles podem ocupar esses quatro lugares?
b) Qual é a probabilidade de Reginaldo sentar-se entre Jaqueline e Edson?

51. Das cinco alternativas de resposta em uma pesquisa, o entrevistado pode escolher apenas uma.
Qual é a probabilidade de cada alternativa ser a escolhida pelo entrevistado?

52. No cofre de Tatiane há:
• 20 moedas de R$ 0,01
• 18 moedas de R$ 0,05
• 16 moedas de R$ 0,10
• 14 moedas de R$ 0,25
• 10 moedas de R$ 0,50
• 6 moedas de R$ 1,00

Tatiane vai tirar algumas moedas de seu cofre. Qual a probabilidade de a primeira moeda ser de:
a) R$ 0,05?   b) R$ 0,25?   c) R$ 1,00?

53. Observe os números indicados nas fichas.

Ana e Roberto colocaram essas fichas sobre uma mesa com os números voltados para baixo e embaralharam-nas. Depois, as fichas foram colocadas uma ao lado da outra e desviradas, formando, assim, um número de 3 algarismos. Escreva a probabilidade de esse número ser:
a) par.
b) ímpar.
c) maior que 320.
d) menor que 140.

54. Em uma caixa foram colocadas fichas numeradas de 1 a 20. Retirando-se ao acaso uma ficha dessa caixa, qual a probabilidade de o número da ficha ser:
a) par?
b) ímpar?
c) primo?
d) divisível por 5?
e) divisível por 15?

Ação e construção
Hábitos saudáveis para viver melhor

Nascer, crescer, reproduzir-se, envelhecer e morrer. Em geral, essas são as principais etapas do ciclo de vida dos seres humanos e de outros seres vivos. A duração do ciclo de vida varia de acordo com a espécie, e também entre seres de mesma espécie.

No caso do ser humano, chamamos o tempo médio de vida de "expectativa de vida" ou "esperança de vida", que pode variar de uma região a outra. Para se ter noção, no relatório publicado em 2014 pelo Programa das Nações Unidas para o Desenvolvimento (Pnud), a esperança de vida em 2013 no Japão era 83,6 anos e em Serra Leoa, país localizado no continente africano, era apenas 45,6 anos.

Diversos fatores influenciam no cálculo da expectativa de vida de uma região, como a desnutrição, a mortalidade materna e a infantil, a falta de acesso à imunização de doenças (vacinação), as condições de saneamento básico, o atendimento às mães em trabalho de parto, entre outros.

Em países desenvolvidos, a esperança de vida é mais elevada em relação aos países pobres, com condições precárias principalmente na área da saúde, como é o caso de Serra Leoa.

No Brasil, a expectativa de vida vem aumentando ao longo dos anos em decorrência de ações voltadas para a melhoria dos fatores acima citados.

A melhoria da qualidade de vida depende de ações conjuntas da sociedade e do governo. Da nossa parte, podemos nos esforçar para mudar ou melhorar nosso comportamento, tendo como resultado uma qualidade de vida melhor. Além disso, podemos cobrar das autoridades governamentais a manutenção de ações preventivas que garantam melhoria de vida presente e futura, como o cuidado e o respeito com o meio ambiente e as campanhas sanitárias periódicas.

Veja a seguir algumas atitudes que melhoram nossa qualidade de vida.

Bate-papo inicial

Qual é a pessoa mais idosa que você conhece? Quantos anos ela tem?

Em sua opinião, que fatores influenciam para que uma pessoa viva por mais tempo, com qualidade de vida e saúde?

De que forma você acha que a alimentação influencia na qualidade de vida das pessoas?

Ter hábitos alimentares saudáveis.

Não ingerir bebidas alcoólicas.

Não fumar.

Praticar exercícios físicos regularmente.

Analise o gráfico abaixo sobre a expectativa de vida no Brasil no período de 15 anos.

Expectativa de vida ao nascer (em anos) no Brasil (2000-2015)

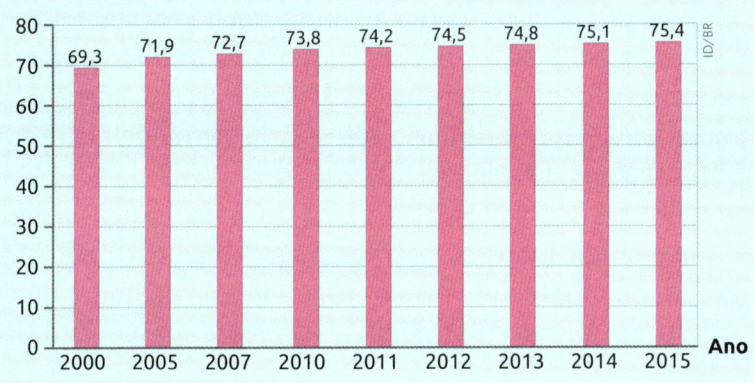

Expectativa de vida (anos)

Ano	2000	2005	2007	2010	2011	2012	2013	2014	2015
	69,3	71,9	72,7	73,8	74,2	74,5	74,8	75,1	75,4

Fonte de pesquisa: IBGE. Disponível em: <http://brasilemsintese.ibge.gov.br/populacao/esperancas-de-vida-ao-nascer.html>. Acesso em: 6 jun. 2016.

Ilustrações: Cecilia Andrade

1. Qual é a principal informação que o gráfico apresenta?
2. Em sua opinião, por que a esperança de vida tem aumentado no Brasil?
3. Dos fatores citados no texto que influenciam no cálculo da expectativa de vida, quais você observa que precisam de atenção na sua região? Comente com os colegas o que poderia ser feito para mudar essa situação.
4. Segundo o texto, que práticas podemos adotar para viver mais e melhor?
5. Em sua opinião, as dicas apresentadas contribuem para melhorar o comportamento individual, tendo como objetivo uma qualidade de vida melhor? Justifique.

Mão na massa

Nossa expectativa de vida aumenta quando temos mais informações para adquirir hábitos saudáveis. Pensando nisso, vamos produzir um jornal mural sobre algumas atitudes que beneficiam nossa saúde e deixá-lo exposto para ser lido por toda a comunidade escolar. O objetivo desta atividade é ampliar os conhecimentos de todos na escola sobre a importância de adotar algumas atitudes positivas que impactam em nossa qualidade de vida.

1º passo • Planejamento

Definição de jornal mural e escolha do espaço

Jornal mural é um meio de comunicação simples de ser desenvolvido, de fácil acesso e baixo custo de produção. O público pode lê-lo em pé, ao passar pelo "mural" em que estão expostas as páginas. Os textos geralmente são curtos e objetivos, acompanhados por diversos elementos visuais. Esse tipo de jornal é utilizado em empresas e escolas na comunicação com funcionários e alunos.

Agora que você já sabe o que é um jornal mural, podemos começar a planejar nosso trabalho! A primeira etapa será escolher o lugar onde o jornal será fixado. Se não houver um painel na escola, o professor deverá verificar a possibilidade de utilizar uma parede coberta por papel *kraft*. O jornal será composto por cinco páginas A3 (29,7 cm × 42 cm). É importante que o local da exposição seja de fácil acesso e grande fluxo de pessoas.

Organização e pesquisa

O conteúdo do nosso jornal mural terá como tema atitudes que contribuam para uma qualidade de vida melhor. Baseando-se nesse objetivo, a turma deverá se organizar para escolher o nome do jornal. Todos podem sugerir. Utilizem a criatividade para pensar em diferentes nomes. Depois, todos deverão votar e, de forma democrática, escolher a opção que agrade a maioria dos alunos.

Para que as páginas tenham um padrão visual, é importante especificar alguns detalhes: definir se os textos serão digitados ou escritos manualmente; estabelecer cores para serem utilizadas em títulos e textos; caso o conteúdo seja digitado, quais fontes e tamanho usar; além de outras informações técnicas que contribuam para a unidade do produto final.

Após a escolha do nome, a turma deverá dividir-se em cinco grupos. Cada grupo será responsável por produzir uma página do jornal. Os temas de cada página serão a justificativa do trabalho (abertura) e os quatro hábitos saudáveis que vimos ilustrados na primeira parte desta seção:

- abertura;
- hábitos alimentares saudáveis;
- prejuízos do cigarro à saúde;
- prejuízos da bebida alcoólica à saúde;
- prática de exercícios físicos.

Cada grupo deverá realizar uma pesquisa aprofundada baseando-se no tema de sua responsabilidade. Vocês podem pesquisar em *sites*, revistas, jornais e livros. Levantem a maior quantidade de informações possíveis. Mesmo que nem todos os dados sejam utilizados no jornal mural, o conhecimento amplo sobre o tema vai facilitar o trabalho no momento da produção do conteúdo.

A página de "abertura" equivale à página 2 dos jornais impressos e seu conteúdo costuma ser mais opinativo do que informativo. O grupo responsável por produzi-la poderá analisar algumas dessas páginas nos jornais a fim de ter ideias para seu conteúdo. Dois elementos são fundamentais:

- um texto, em nome da turma, explicando os motivos de realização e a importância do tema que será abordado no jornal;
- identificação de quem produziu e de quem coordenou o trabalho.

2º passo • Execução

Produção do jornal mural

Cada grupo deverá produzir a sua página seguindo os padrões estabelecidos pela turma. Utilizem a criatividade para desenhar, recortar ou colar imagens e gráficos, de forma que eles atraiam a atenção do público.

Para produzir o conteúdo do jornal mural, vocês devem pensar em informações que sejam relevantes para o público. É interessante, por exemplo, inserir dados e informações locais, como feiras orgânicas, grupos esportivos ou atividades gratuitas ao ar livre, grupos/campanhas de combate ao fumo ou ao álcool, entre outras atividades realizadas na sua cidade sobre os temas trabalhados no jornal.

3º passo • Divulgação

Exposição do jornal mural

Ao terminar de produzir as páginas, elas devem ser fixadas no painel ou na parede reservada para o jornal mural. Ordenem as páginas de acordo com a preferência da turma. O jornal mural poderá ficar exposto pelo período de um mês ou pelo tempo que julgarem necessário.

Quatro ou cinco duplas de voluntários podem visitar as outras salas e departamentos da escola para informar à comunidade escolar sobre a exposição do jornal mural e convidá-los a apreciar o trabalho realizado.

Avaliação

Conversem sobre todos os passos da atividade realizada, desde as discussões iniciais até a confecção do jornal mural. Discutam os pontos positivos e os negativos de toda a realização do trabalho. Os questionamentos a seguir podem orientar a conversa de vocês.

1. Quais atitudes você praticava para melhorar sua qualidade de vida antes de realizar esta atividade? E depois dela?
2. Durante a pesquisa e organização do trabalho, eu me dediquei, compreendi o assunto, participei de todas as etapas desta atividade?
3. Como foi o meu trabalho em grupo? Respeitei a opinião dos meus colegas, respeitei os prazos e mantive meu trabalho sempre organizado?
4. Após a realização da atividade, meus conhecimentos e minha opinião mudaram em relação ao que eu respondi no **Bate-papo inicial**?

Lembre-se de que as atividades desenvolvidas até aqui foram o início de um processo de mudanças a serem praticadas diariamente.

Ferramentas

Sumário

1 Calculadoras **271**

Operações numéricas em uma calculadora comum **271**
Adição e subtração com números inteiros 271
Multiplicação e divisão com números inteiros 272
Cálculo de potências 272
Raiz quadrada 273

Calculadora científica **274**
Potências de base 10 274
Raiz cúbica 275
Valor numérico de expressões algébricas 276
Medidas de ângulos em graus, minutos e segundos 277

2 Instrumentos **278**

Régua e compasso **278**
Construção de ângulos congruentes 278
Construção da bissetriz de um ângulo 278

Esquadros e compasso **279**
Construção de figuras simétricas 279

3 *Software* **280**

LibreOffice Calc **280**
Ordenação de números inteiros 280
Cálculo de potências 281

Uso de fórmulas 282
Construção de gráfico de setores 282

1 Calculadoras

Operações numéricas em uma calculadora comum

Alguns modelos de calculadora possuem a tecla +/− como a apresentada ao lado.

- desliga
- altera o sinal do número
- porcentagem
- raiz quadrada
- apaga o último número registrado
- liga/apaga o número registrado no visor
- visor
- teclas de memória
- teclas de operações
- igual
- ponto
- teclas numéricas

Adição e subtração com números inteiros

Quando precisamos realizar um cálculo envolvendo números negativos, podemos utilizar a tecla +/− para determinar o sinal dos números envolvidos. Essa tecla deve ser pressionada quando o número que pretendemos alterar o sinal estiver sendo exibido no visor. Observe os exemplos.

Realizar a adição dos números −52 e 37

Pressione:

[5] [2] [+/−] [+] [3] [7] [=]

O resultado −15 será exibido no visor.

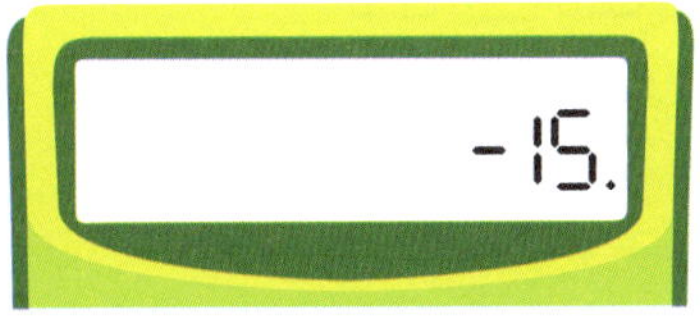

-15.

Calcular (−43) − (−71)

Pressione:

[4] [3] [+/−] [−] [7] [1] [+/−] [=]

O resultado 28 será exibido no visor.

28.

Multiplicação e divisão com números inteiros

Essas operações podem ser realizadas de maneira semelhante à adição e à subtração, porém utilizando as teclas × ou ÷ .

Multiplicar os números 41 e −6

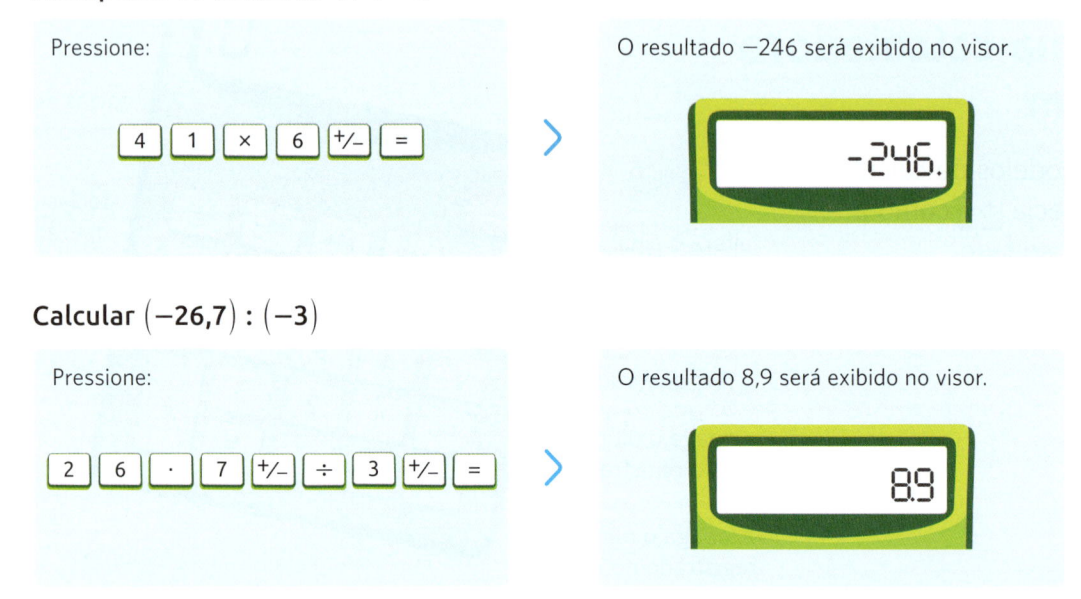

Pressione: 4 1 × 6 +/− =

O resultado −246 será exibido no visor.

$-246.$

Calcular $(-26,7) : (-3)$

Pressione: 2 6 . 7 +/− ÷ 3 +/− =

O resultado 8,9 será exibido no visor.

8.9

Cálculo de potências

Em uma calculadora comum, podemos calcular algumas potências utilizando a tecla = repetidas vezes. A base da potência pode ser tanto um número positivo como um número negativo.

Obter potências de 2

Pressione: 2 × 2 =

O resultado de $2^2 = 2 \cdot 2$ será exibido no visor, ou seja, 4.

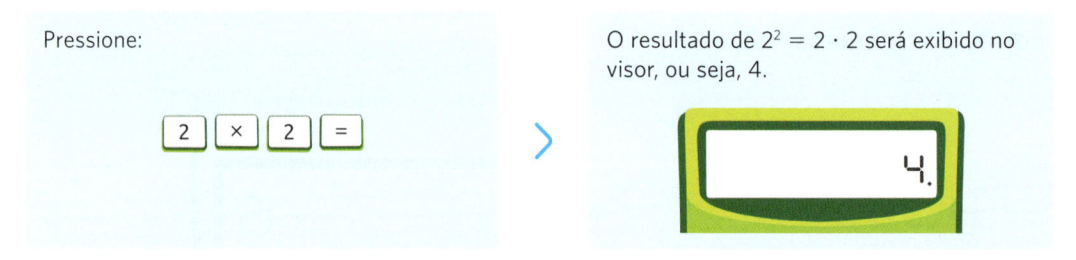

$4.$

Neste caso, cada vez que se pressiona a tecla = , o último número exibido no visor é multiplicado por 2. Assim, pressionando = repetidamente, obtém-se o valor das potências 2^3, 2^4, 2^5, e assim por diante.

Pressione: 2 × 2 = =

$8.$

Pressione: 2 × 2 = = =

$16.$

Determinar o valor de $(-2)^5$

No exemplo anterior, para obter o valor de uma potência, pressionamos a tecla $=$ a quantidade de vezes correspondente a uma unidade a menos que o valor do expoente. Então, para obter o valor de $(-2)^5$ é necessário pressionar a tecla $=$ 4 vezes.

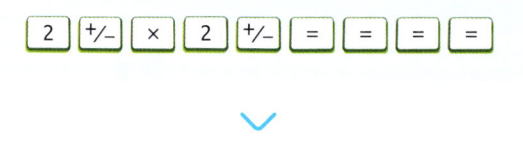

$$\boxed{2}\ \boxed{+/-}\ \boxed{\times}\ \boxed{2}\ \boxed{+/-}\ \boxed{=}\ \boxed{=}\ \boxed{=}\ \boxed{=}$$

O resultado −32 será exibido no visor.

Raiz quadrada

Geralmente, as calculadoras comuns têm uma tecla com a função de calcular a raiz quadrada de um número maior ou igual a zero. Calcular a raiz quadrada de um número negativo resulta em erro, indicado no visor da calculadora pela letra "E".

Calcular $\sqrt{3\,136}$

Pressione:

$$\boxed{3}\ \boxed{1}\ \boxed{3}\ \boxed{6}\ \boxed{\sqrt{\ }}$$

O resultado 56 será exibido no visor.

Calcular $\sqrt{2{,}7225}$

Pressione:

$$\boxed{2}\ \boxed{\cdot}\ \boxed{7}\ \boxed{2}\ \boxed{2}\ \boxed{5}\ \boxed{\sqrt{\ }}$$

O resultado 1,65 será exibido no visor.

Tentar calcular $\sqrt{-81}$

Pressione:

$$\boxed{8}\ \boxed{1}\ \boxed{+/-}\ \boxed{\sqrt{\ }}$$

A letra "E" será exibida no visor, indicando que ocorreu um erro no cálculo.

Calculadora científica

Observe um modelo de calculadora científica e a função de algumas de suas teclas.

- tecla para acesso aos valores gravados em memória
- tecla de acesso à segunda função das demais teclas
- graus, minutos e segundos (primeira função)
- exibição da memória (primeira função) / gravação para a memória (segunda função)
- potenciação de base 10 (primeira função)
- potência de expoente 3 (primeira função) / raiz cúbica (segunda função)

Potências de base 10

Uma das maneiras de se utilizar potências de base 10 na calculadora científica é por meio da tecla [EXP]. Ela pode ser utilizada, por exemplo, para realizar cálculos com números escritos em notação científica.

Calcular $5,8 \cdot 10^4$

Pressione: [5] [.] [8] [EXP] [4] [=]

O resultado 58 000 será exibido no visor.

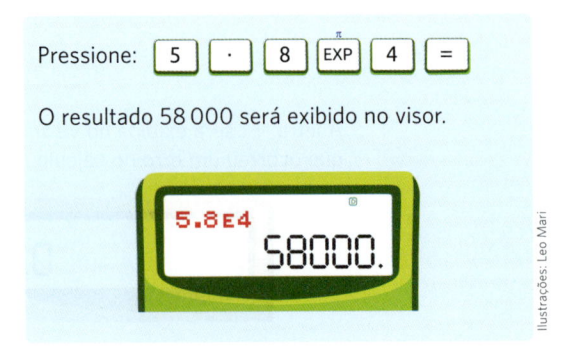

Calcular $72 \cdot 10^{11}$

Pressione:

[7] [2] [EXP] [1] [1] [=]

O resultado $7,2 \cdot 10^{12}$ será exibido no visor. O resultado 7 200 000 000 000 não foi apresentado porque o visor desse modelo de calculadora não comporta essa quantidade de dígitos, portanto, o resultado apresentado foi em notação científica.

Raiz cúbica

Na calculadora científica, a mesma tecla pode possuir duas ou mais funções. A "segunda função" pode ser acessada ao pressionar a tecla "SHIFT" (ou "2nd F", em alguns modelos). No modelo utilizado nos exemplos a seguir, obtemos a raiz cúbica de um número utilizando a segunda função da tecla para o cálculo de potências de expoente 3 ([x^3]).

Calcular $\sqrt[3]{5\,000,211}$

Pressione:

[SHIFT] [x^3] [5] [0] [0] [0] [.] [1] [1] [=]

O resultado 17,1 será exibido no visor.

Calcular $\sqrt[3]{-125}$

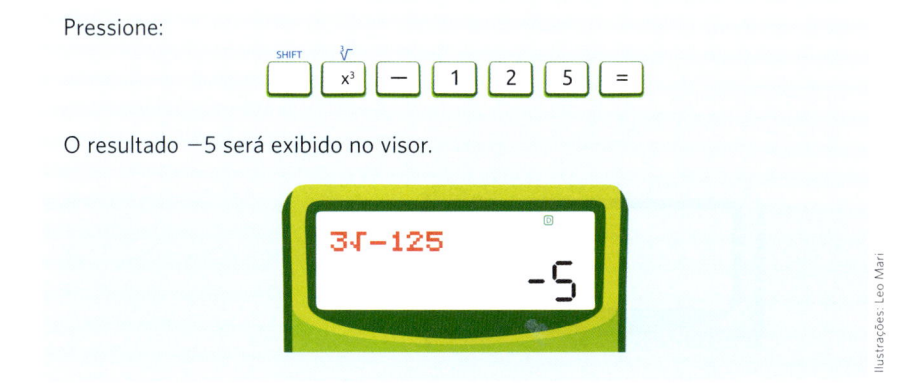

Pressione:

[SHIFT] [x^3] [−] [1] [2] [5] [=]

O resultado −5 será exibido no visor.

Valor numérico de expressões algébricas

Alguns modelos de calculadora científica possuem a ferramenta de gravação de números na memória, que pode ser utilizada em cálculos de expressões. Nos exemplos a seguir, veja como gravar números na memória para utilizá-los no cálculo do valor numérico de expressões algébricas.

Gravar o número 27 na variável X

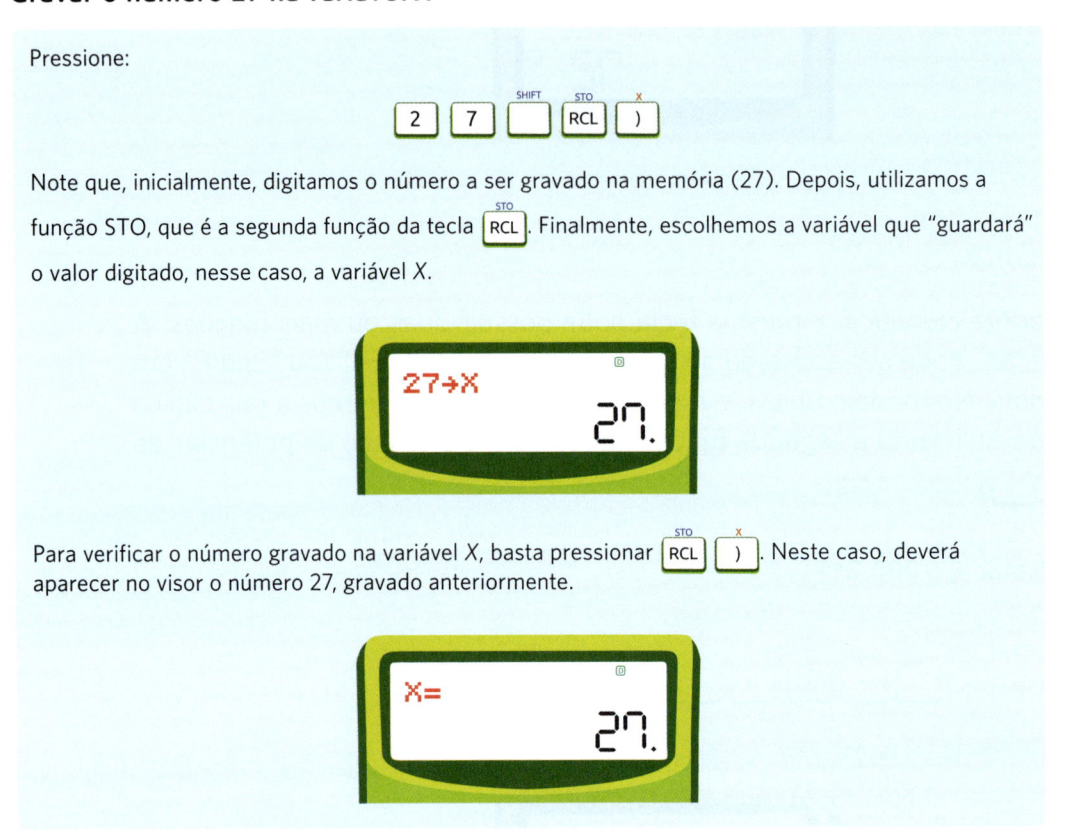

Pressione:

$$2 \quad 7 \quad \boxed{\text{SHIFT}} \quad \boxed{\text{STO/RCL}} \quad \boxed{X/)}$$

Note que, inicialmente, digitamos o número a ser gravado na memória (27). Depois, utilizamos a função STO, que é a segunda função da tecla RCL. Finalmente, escolhemos a variável que "guardará" o valor digitado, nesse caso, a variável X.

[Visor: 27→X / 27.]

Para verificar o número gravado na variável X, basta pressionar RCL). Neste caso, deverá aparecer no visor o número 27, gravado anteriormente.

[Visor: X= / 27.]

Calcular o valor numérico de $2x^2 - y$, para $x = 4$ e $y = 12$

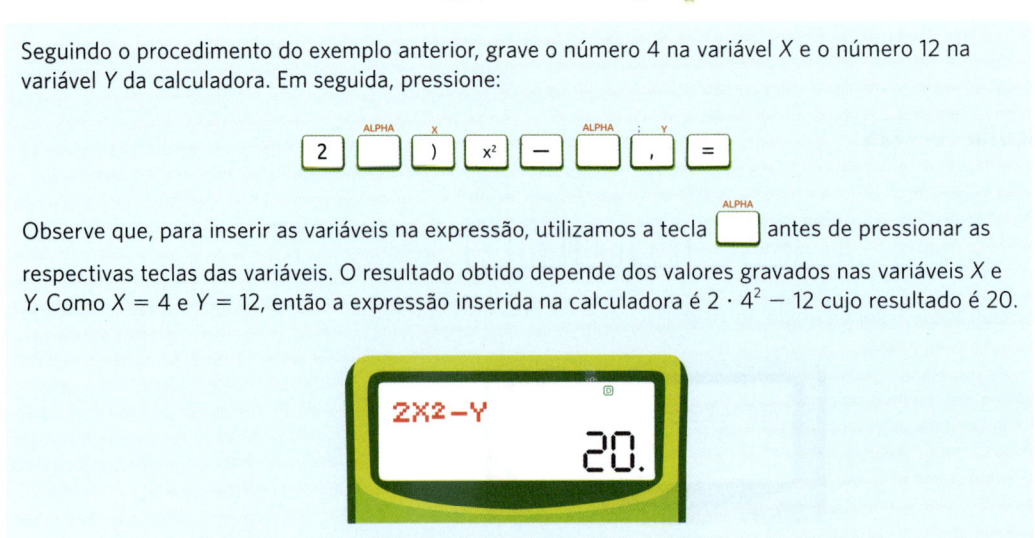

Seguindo o procedimento do exemplo anterior, grave o número 4 na variável X e o número 12 na variável Y da calculadora. Em seguida, pressione:

$$2 \quad \boxed{\text{ALPHA}} \quad \boxed{X/)} \quad \boxed{x^2} \quad \boxed{-} \quad \boxed{\text{ALPHA}} \quad \boxed{Y/,} \quad \boxed{=}$$

Observe que, para inserir as variáveis na expressão, utilizamos a tecla ALPHA antes de pressionar as respectivas teclas das variáveis. O resultado obtido depende dos valores gravados nas variáveis X e Y. Como X = 4 e Y = 12, então a expressão inserida na calculadora é $2 \cdot 4^2 - 12$ cujo resultado é 20.

[Visor: 2X²−Y / 20.]

Medidas de ângulos em graus, minutos e segundos

Alguns modelos de calculadora científica facilitam a manipulação de medidas de ângulos em graus, minutos e segundos, possibilitando realizar cálculos com essas medidas. A tecla utilizada para indicar os graus, os minutos e os segundos é [°′″].

Transformar 8,52° em graus, minutos e segundos

Pressione:

[8] [.] [5] [2] [°′″] [=]

Neste modelo de calculadora, a medida é transformada em graus, minutos e segundos, resultando em 8° 31′ 12″.

Transformar 20 374″ em graus, minutos e segundos

Pressione:

[0] [°′″] [0] [°′″] [2] [0] [3] [7] [4] [°′″] [=]

Neste modelo de calculadora, a medida é transformada em graus, minutos e segundos, resultando em 5° 39′ 34″.

Calcular 1° 21′ 57″ + 6° 40′ 8″

Pressione:

[1] [°′″] [2] [1] [°′″] [5] [7] [°′″] [+] [6] [°′″] [4] [0] [°′″] [8] [°′″] [=]

O resultado 8° 2′ 5″ será exibido no visor.

2 Instrumentos

Régua e compasso

Construção de ângulos congruentes

Utilizando régua e compasso, podemos construir um ângulo $\hat{B}$ congruente ao ângulo $\hat{E}$ dado. Considerando o ângulo $\hat{E}$ ao lado, temos:

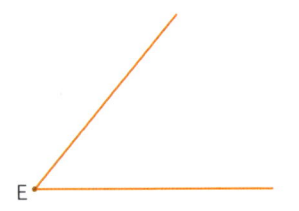

1º passo

Marque o ponto B. Utilizando uma régua, construa a reta suporte r passando em B.

2º passo

Com a ponta-seca do compasso em E, trace um arco C_1, determinando D e F nos lados do ângulo $\hat{E}$.

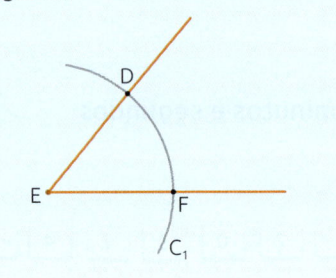

3º passo

Mantendo a mesma abertura do compasso, trace o arco C_2 com centro no ponto B, determinando A na reta r.

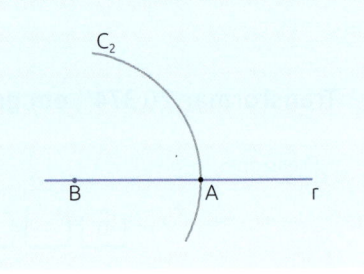

4º passo

Com a ponta-seca do compasso em F, ajuste a abertura do compasso colocando a grafite em D.

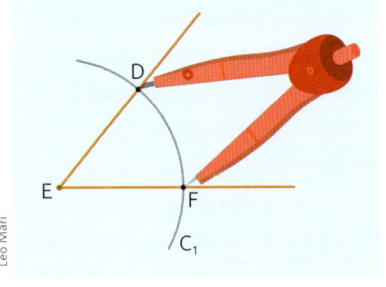

5º passo

Mantendo essa abertura, trace um arco C_3 com centro em A, determinando o ponto C em C_2.

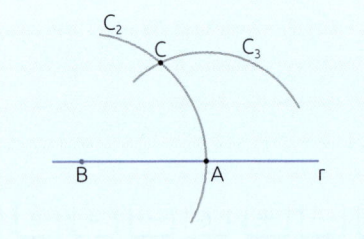

6º passo

Trace a semirreta BC, que representa o outro lado do ângulo com vértice B.

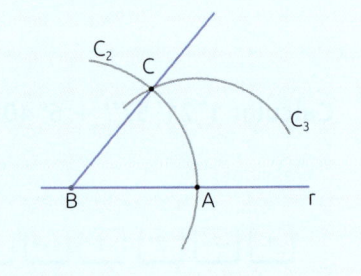

Construção da bissetriz de um ângulo

Utilizando régua e compasso, podemos construir a bissetriz de um ângulo. Considerando o ângulo $A\hat{O}B$ ao lado, temos:

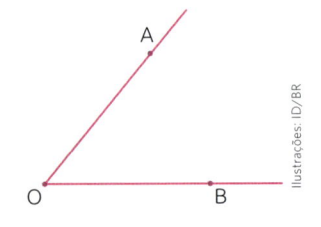

1º passo

Com a ponta-seca do compasso em O, trace um arco C_1 determinando E e D nos lados do ângulo AÔB.

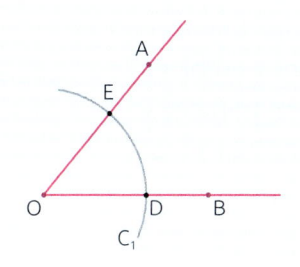

2º passo

Com a ponta-seca do compasso em D, trace um arco C_2 como o representado. Mantenha a abertura e com a ponta-seca em E, trace um arco C_3 determinando o ponto F.

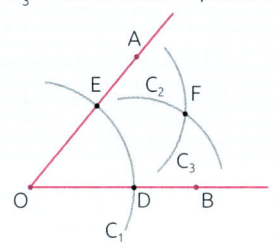

3º passo

Com uma régua, trace a semirreta OF, que é a bissetriz do ângulo AÔB.

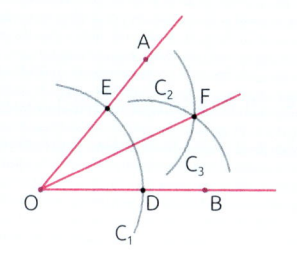

Esquadros e compasso

Construção de figuras simétricas

Utilizando esquadros e compasso, podemos construir figuras simétricas em relação a um eixo. Considerando o triângulo ABC ao lado, vamos construir um triângulo simétrico a ele em relação ao eixo e.

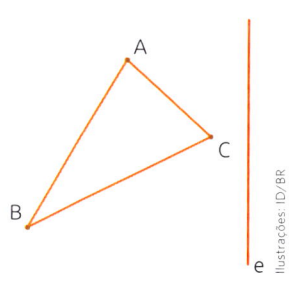

1º passo

Posicione o esquadro de 60° conforme indicado.

2º passo

Apoie o esquadro de 45° no esquadro de 60°, conforme indicado. Em seguida, mantendo fixo o esquadro de 45°, deslize o esquadro de 60° até o vértice A e construa uma reta r perpendicular ao eixo e, passando por A.

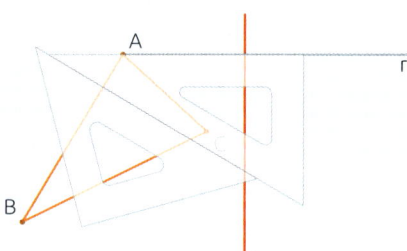

3º passo

Com o compasso medimos a distância do ponto A ao eixo. Em seguida, marcamos essa medida na reta r a partir do eixo e, determinando o ponto A'.

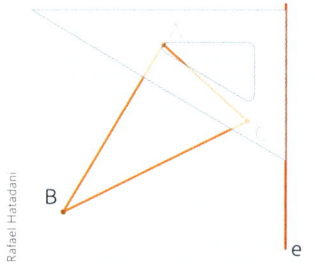

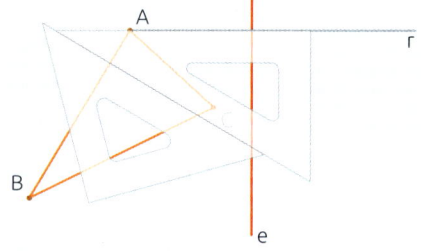

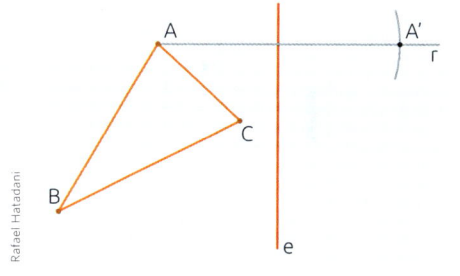

4º passo

Repetindo os procedimentos dos passos 2 e 3 para os pontos B e C, obtemos os pontos B' e C', respectivamente.

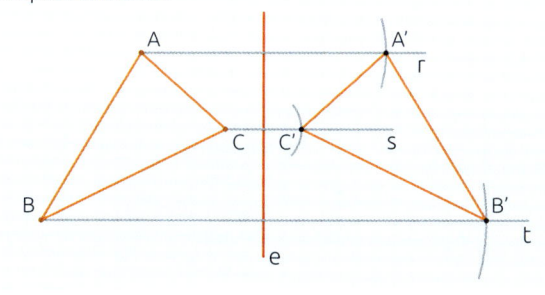

5º passo

Os pontos A', B' e C' correspondem aos vértices do triângulo A'B'C', simétrico ao triângulo ABC em relação ao eixo e.

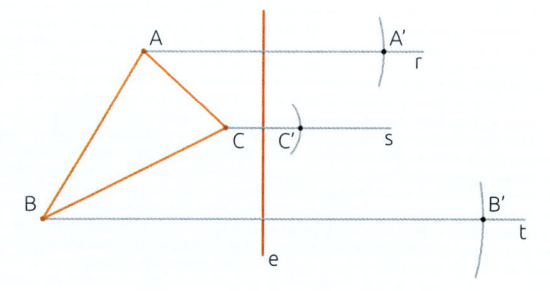

3 Software

LibreOffice Calc

As planilhas eletrônicas são compostas por linhas e colunas, cujo encontro denomina-se célula. Além de serem utilizadas para organizar e apresentar informações de maneira objetiva e precisa, as planilhas eletrônicas permitem a manipulação dessas informações por meio de fórmulas e cálculos, que podem ser automatizados.

O Calc é uma planilha eletrônica que faz parte do pacote LibreOffice, desenvolvido pela The Document Foundation, uma organização sem fins lucrativos. O LibreOffice é um pacote gratuito de aplicações que inclui, além da planilha eletrônica, editores de texto, de apresentação, de desenho, de banco de dados e de fórmulas científicas e equações. Ele pode ser obtido no endereço eletrônico <https://pt-br.libreoffice.org> (acesso em: 6 jun. 2016). Para a realização dos procedimentos a seguir, utilizamos a versão LibreOffice 4.3.2.2.

Ordenação de números inteiros

No Calc, podemos organizar uma lista numérica qualquer em ordem crescente ou decrescente. Veja como ordenar uma lista de números inteiros com esse programa.

1º passo

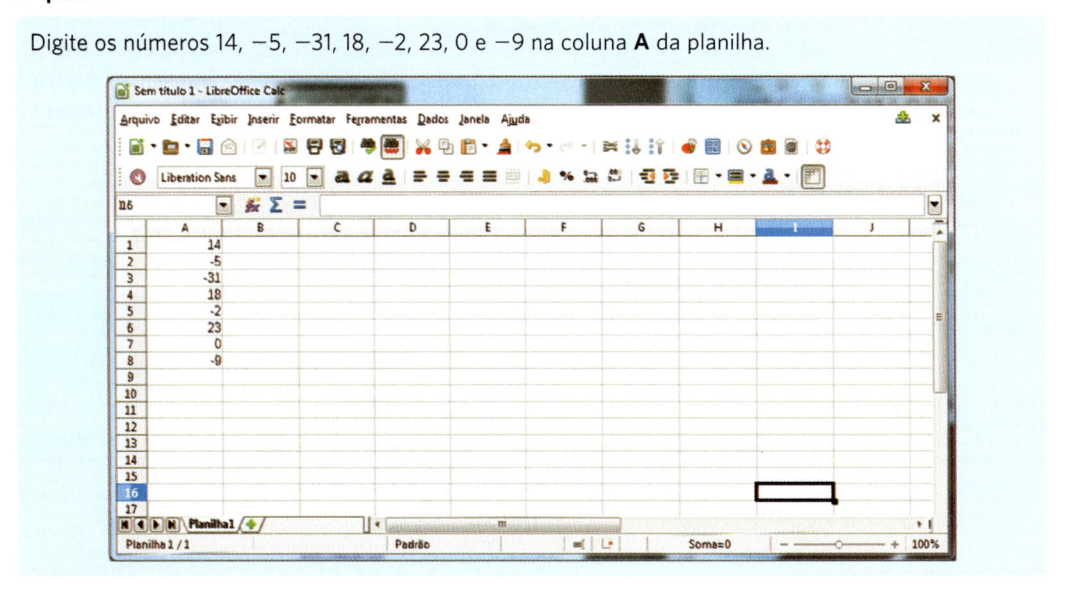

Digite os números 14, −5, −31, 18, −2, 23, 0 e −9 na coluna **A** da planilha.

2º passo

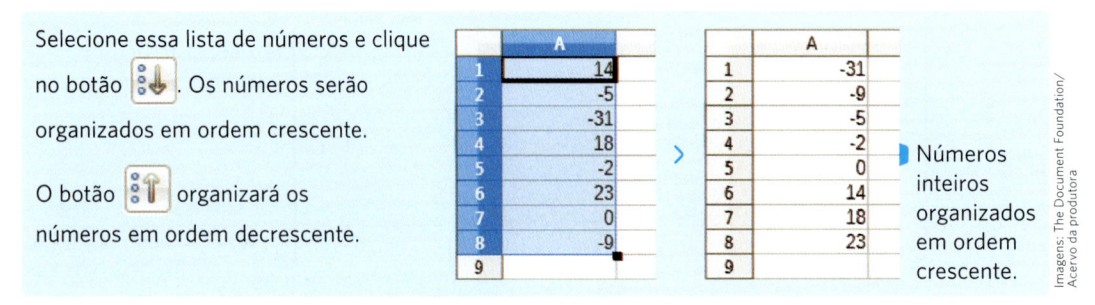

Selecione essa lista de números e clique no botão. Os números serão organizados em ordem crescente.

O botão organizará os números em ordem decrescente.

Números inteiros organizados em ordem crescente.

Cálculo de potências

A seguir, vamos obter uma sequência de potências de mesma base, semelhante à apresentada nos exemplos **1** e **2** da página **64**.

1º passo

Digite os textos **Base**, **Expoente** e **Potência** nas células **A1**, **B1** e **C1**, respectivamente.

	A	B	C
1	Base	Expoente	Potência
2			
3			
4			
5			
6			
7			
8			
9			

2º passo

Digite o número 2 na célula **A2**, que será a base das potências. Para repetir esse número nas próximas linhas, digite a fórmula **=A2** na célula **A3** e tecle Enter. Em seguida, com a célula **A3** selecionada, arraste a guia de preenchimento automático até a célula **A8**.

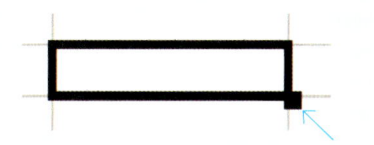

> **Guia de preenchimento automático:** localiza-se no canto inferior direito da célula ou intervalo selecionado e, quando arrastado, estende determinados padrões da seleção para as próximas células.

3º passo

Digite o número 3 na célula **B2**, que será o expoente da primeira potência. Os próximos expoentes diminuirão uma unidade em relação ao expoente anterior, então digite a fórmula **=B2-1** na célula **B3** e tecle Enter. Em seguida, com a célula **B3** selecionada, arraste a guia de preenchimento automático até a célula **B8**.

	A	B	C
1	Base	Expoente	Potência
2		2	3
3		2	2
4		2	1
5		2	0
6		2	-1
7		2	-2
8		2	-3
9			

4º passo

Para calcular a primeira potência, digite **=A2^B2** na célula **C2**, tecle Enter e, para estender esse cálculo para as próximas linhas, com a célula **C2** selecionada, arraste a guia de preenchimento até a célula **C8**.

	A	B	C
1	Base	Expoente	Potência
2	2	3	8
3	2	2	4
4	2	1	2
5	2	0	1
6	2	-1	0,5
7	2	-2	0,25
8	2	-3	0,125
9			

5º passo

Para alterar a base das potências, basta alterar o valor na célula **A2**. Digite, por exemplo, −2 na célula **A2** para obter o valor de potências de base −2.

	A	B	C
1	Base	Expoente	Potência
2	-2	3	-8
3	-2	2	4
4	-2	1	-2
5	-2	0	1
6	-2	-1	-0,5
7	-2	-2	0,25
8	-2	-3	-0,125
9			

Uso de fórmulas

Na planilha eletrônica uma fórmula é iniciada com sinal de igual (=). Vimos anteriormente fórmulas com cálculos de subtração (**=B2-1**) e de potenciação (**=A2^B2**), mas também podemos utilizar fórmulas mais elaboradas. No exemplo a seguir, vamos escrever uma fórmula para obter o valor de $y = \dfrac{8 - x^2}{2x + 1}$ na célula **B2** de acordo com o valor de x inserido na célula **A2**.

1º passo

Digite as variáveis x e y nas células **A1** e **B1**, respectivamente.

	A	B	C
1	x	y	
2			
3			

2º passo

Na célula **B2**, digite a fórmula **=(8-A2^2)/(2*A2+1)** e tecle Enter. Observe que o valor de x deverá ser digitado na célula **A2**.

	A	B	C
1	x	y	
2		=(8-A2^2)/(2*A2+1)	
3			

3º passo

Digite um valor qualquer para x, na célula **A2**. Ao inserir o valor −1, por exemplo, obtemos para y o valor −7.

	A	B	C
1	x	y	
2	-1	-7	
3			
4			

Construção de gráfico de setores

Com o Calc, é possível construir diversos tipos de gráficos, como os estudados no capítulo **10**. Veja como construir um gráfico de setores que represente os dados da tabela ao lado.

Quantidade de alunos do Ensino Médio de certa escola, em 2016	
Ano do Ensino Médio	Quantidade de alunos
1º ano	135
2º ano	108
3º ano	82

Fonte: Direção da escola.

1º passo

Copie os dados das colunas **Ano do Ensino Médio** e **Quantidade de alunos** da tabela para a planilha Calc nas colunas **A** e **B**, respectivamente.

2º passo

Com o *mouse*, selecione os dados que você inseriu na planilha, e no menu **Inserir** selecione a opção **Objeto** e clique em **Gráfico**. No **Assistente de gráficos**, no menu **Passos**, clique em **Tipo de gráfico** e escolha a opção **Pizza**.

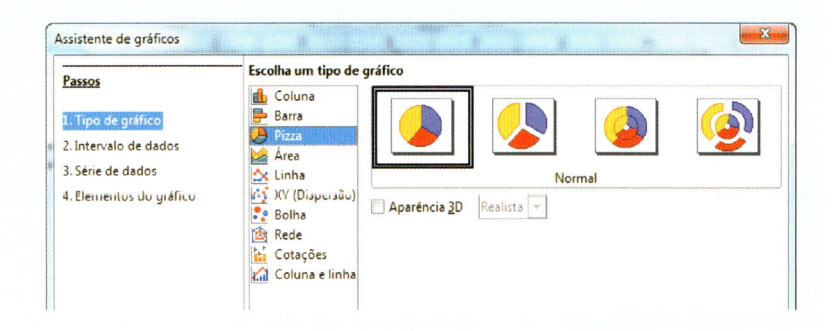

3º passo

Ainda no **Assistente de gráficos** e no menu **Passos**, clique em **Elementos do gráfico** e preencha o campo **Título**; o título deve ser igual ao da tabela. Por fim, clique em **Concluir**.

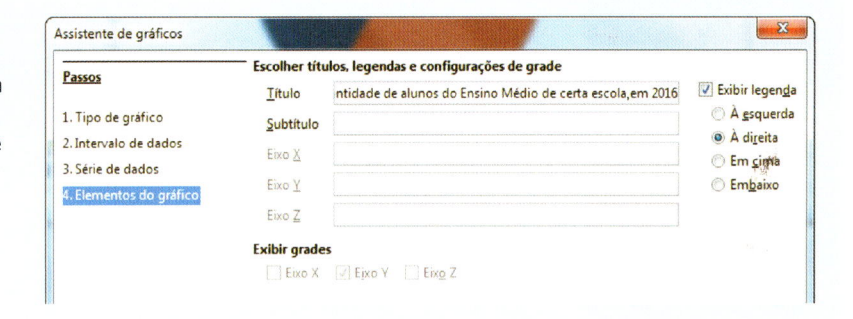

4º passo

O gráfico será gerado com os dados da tabela.

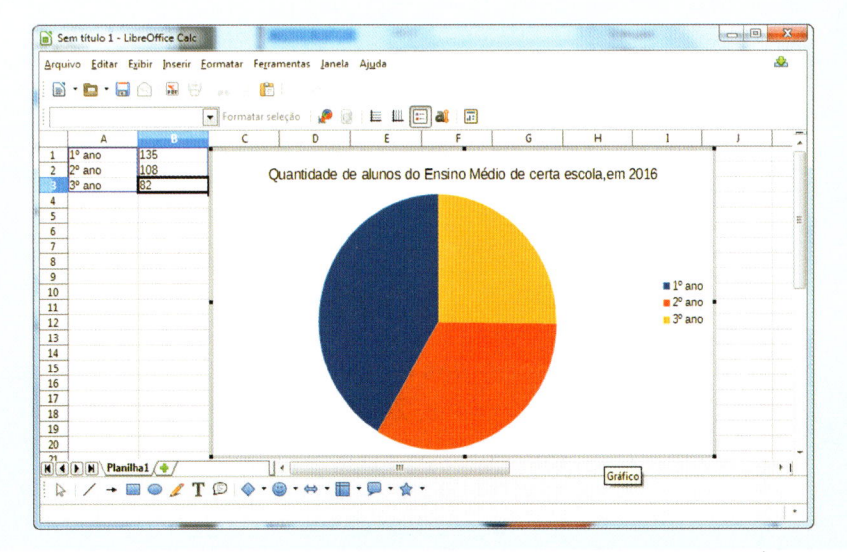

▶ Aprenda mais

A seguir apresentamos algumas sugestões de leitura e pesquisa em livros e *sites*. Os livros indicados abordam direta ou indiretamente os assuntos desenvolvidos ao longo dos capítulos, e os *sites* podem fornecer informações valiosas para enriquecer seus conhecimentos.

Boa leitura e uma ótima pesquisa!

Livros

- **100 números para sonhar um mundo diferente**, de Elen Riot. Tradução de Marcos Bagno. São Paulo: Comboio de Corda, 2009.

- **A geometria na sua vida**, de Nílson José Machado (Consultor). Tradução de Eduardo Brandão. São Paulo: Ática, 2009 (Série Saber Mais).

- **Álgebra**, de Luiz Márcio Pereira Imenes, José Jakubovic e Marcelo Cestari Lellis. 17. ed. São Paulo: Atual, 2009 (Coleção Pra Que Serve Matemática?).

- **Atividades e jogos com áreas e volumes**, de Marion Smoothey. Tradução de Sérgio Quadros. São Paulo: Scipione, 1997 (Coleção Investigação Matemática).

- **Atividades e jogos com estatística**, de Marion Smoothey. Tradução de Sérgio Quadros. São Paulo: Scipione, 1998 (Coleção Investigação Matemática).

- **Atividades e jogos com razão e proporção**, de Marion Smoothey. Tradução de Antonio Carlos Brolezzi. São Paulo: Scipione, 1998 (Coleção Investigação Matemática).

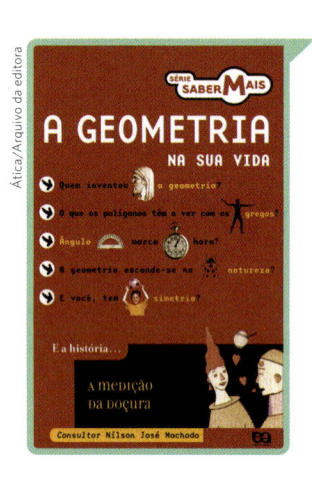

- **Aventura decimal**, de Luzia Faraco Ramos. 13. ed. São Paulo: Ática, 2001 (Coleção A Descoberta da Matemática).

- **Equação**: o idioma da Álgebra, de Oscar Guelli. 11. ed. São Paulo: Ática, 1998 (Coleção Contando a História da Matemática).

- **Geometria dos mosaicos**, de Luiz Márcio Imenes. 12. ed. São Paulo: Scipione, 2000 (Coleção Vivendo a Matemática).

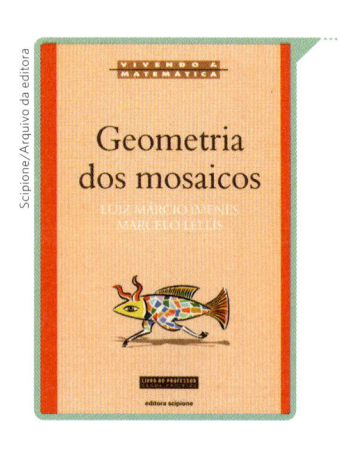

- **Geometria na Amazônia**, de Ernesto Rosa Neto. 10. ed. São Paulo: Ática, 2002 (Série A Descoberta da Matemática).

- **História de sinais**, de Luzia Faraco Ramos. 17. ed. São Paulo: Ática, 2003 (Série A Descoberta da Matemática).

- **Números negativos**, de Luiz Márcio Pereira Imenes, José Jakubovic e Marcelo Cestari Lellis. 21. ed. São Paulo: Atual, 2009 (Coleção Pra Que Serve Matemática?).

- **O bibliotecário que mediu a Terra**, de Kathryn Lasky. Tradução de Maria Luiza Newlands. Rio de Janeiro: Salamandra, 2001.

- **O aprendiz**, de Egidio Trambaiolli Neto. São Paulo: FTD, 1996 (Série O Contador de Histórias e Outras Histórias de Matemática).

- **O diabo dos números**, de Hans Magnus Enzensberger. Tradução de Sérgio Tellaroli. São Paulo: Companhia das Letras, 1997.

- **O enigma de Sherazade**: e outros incríveis problemas das Mil e uma noites à lógica moderna, de Raymond Smullyan. Tradução de Sérgio Flaksman. Rio de Janeiro: Zahar, 1998.

- **Proporções**, de Luiz Márcio Pereira Imenes, José Jakubovic e Marcelo Cestari Lellis. 13. ed. São Paulo: Atual, 2002 (Coleção Pra Que Serve Matemática?).

- **Uma proporção ecológica**, de Luzia Faraco Ramos. 21. ed. São Paulo: Ática, 2002 (Série A Descoberta da Matemática).

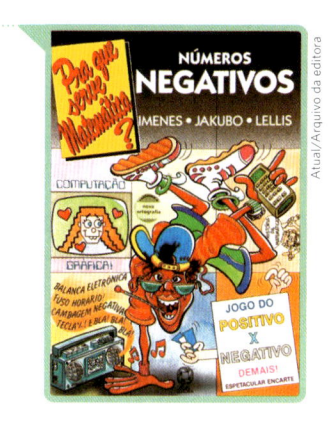

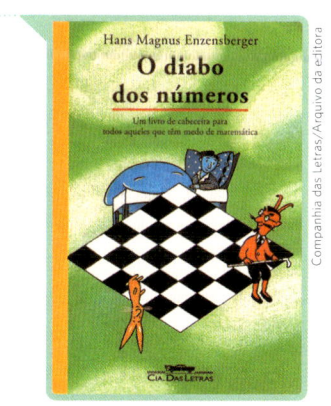

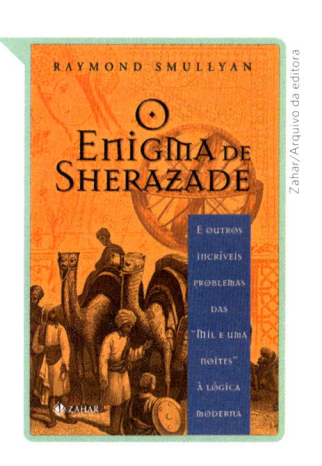

Sites

- Arte & Matemática. Disponível em: <www2.tvcultura.com.br/artematematica>. Acesso em: 30 jun. 2016.
- IBGE *teen*. Disponível em: <www.teen.ibge.gov.br>. Acesso em: 30 jun. 2016.
- iMática. Disponível em: <www.matematica.br>. Acesso em: 30 jun. 2016.
- Khan Academy. Disponível em: <http://pt.khanacademy.org/math>. Acesso em: 30 jun. 2016.
- Matemática essencial. Disponível em: <www.uel.br/projetos/matessencial>. Acesso em: 30 jun. 2016.
- Olimpíada Brasileira de Matemática das Escolas Públicas. Disponível em: <www.obmep.org.br>. Acesso em: 30 jun. 2016.
- TV Escola. Disponível em: <http://tvescola.mec.gov.br>. Acesso em: 30 jun. 2016.

Gabarito

Unidade 1

Capítulo 1 — Números positivos e números negativos

1. A: 40 °C; B: 1 200 °C; C: 100 °C; D: −15 °C
2. termômetro **I**: Passo Fundo; termômetro **II**: São Joaquim; termômetro **III**: Curitiba
3. Resposta esperada: −41 °C, −29 °C.
4. a) +2 993 m   b) −11 000 m
5. a) +R$ 800,00   b) −R$ 452,50
   c) Saldo positivo de R$ 900,00.
6. a) Nos dias 16, 19 e 20 de junho de 2015.
   b) 19 de junho de 2015.
   c) Nos dias 16 e 20 de junho; −2 °C.
7. a) Pasteurização muito rápida, conhecida como UHT. Pasteurização rápida.
   b) Processo UHT. 128 °C.
8. a) antecessor: −13; sucessor: −11
   b) antecessor: −1; sucessor: 1
   c) antecessor: −82; sucessor: −80
   d) antecessor: 99; sucessor: 101
   e) antecessor: −3 057; sucessor: −3 055
9. a) • ponto C: −3   b) • A = −4
      • ponto A: 4   • B = −2
      • ponto D: −6   • C = 3
      • ponto B: 2   • D = 6
10. a) A: −27; B: −16; C: −10; D: −4; E: 5; F: 22; G: 28
    b) • −4   • −27, 22, 28
11. A: −89 °C; D: 58 °C
12. a) 56   b) 8   c) 100   d) 26   e) 36   f) 92
13. a) 0, 1   b) −1, 0, 1
14. A: 5; B: 3; C: 1; D: 0; E: 3; F: 5
15. −106   16. Alternativa **b**.
17. −5, −4, −3, −2, −1
18. a) −3 > −5   d) −4 < 0   g) −11 < 6
    b) 8 < 13   e) −23 < −2 h) 25 > 18
    c) 12 > 5   f) −2 > −5
19. −147, −49, −36, −21, −20, −14, −8, 0, 1, 14, 15
20. −2, −1, 0, 1, 2, 3, 4, 5, 6, 7
21. A-IV; B-I; C-II; D-III
22. a) Positivo; R$ 345,00.
    b) 3 de janeiro; −R$ 176,00.
    c) O depósito em dinheiro no dia 6 de janeiro, no valor de R$ 880,00.
    d) Positivo; R$ 4,00.
23. a) 4º bimestre; R$ 33 250,00.
    b) R$ 19 500,00; 6º bimestre.
    c) No 4º e no 5º bimestres.
24. a) Sim, pois nessa reta numérica a distância entre as marcações é três unidades.
    b) A = −12; B = −6; C = −3; D = 3
25. −28 e 28
26. A = 82; B = 82; C = −44; D = 44; E = 26 ou E = −26; F = −26 ou F = 26; G = −15; H = 15
27. |−9| e |9|; |−33| e |33|; |−10| e |10|; |−96| e |96|
28. a) −26   c) −69   e) +1 ou 1
    b) +152 ou 152   d) −101   f) +273 ou 273
29. Sim, pois se o número for +12, que é maior que +10, por exemplo, seu oposto será −12; que é menor que −10. O mesmo ocorre com outros números inteiros maiores que +10.
30. O termômetro **C**. O termômetro **D**.

Capítulo 2 — Operações com números inteiros

1. a) −3   b) +7   c) −2; −10   d) −5; +6; +1
2. a) A = 0   b) B = −9   c) C = +8   d) D = +36
3. a) Existem várias possibilidades para este item. Uma delas é:

$$(-16) + (+4) + (+16) + (+2) + (-6)$$
comutativa →
$$(-16) + (+16) + (+4) + (+2) + (-6)$$
elemento oposto →
$$0 + (+4) + (+2) + (-6)$$
associativa →
$$0 + (+6) + (-6)$$
elemento neutro →
$$(+6) + (-6)$$
elemento oposto →
$$0$$

b) Existem várias respostas para este item. Uma delas é:

$$(-36) + (+25) + (+11) + (+21) + (+5)$$
associativa →
$$(-36) + (+36) + (+21) + (+5)$$
elemento oposto →
$$0 + (+21) + (+5)$$
elemento neutro →
$$(+21) + (+5)$$
$$(+26)$$

4. a) −13 c) −62 e) 35 g) 21
   b) −9 d) 3 f) −160

5. a) 4 c) −15 e) −56
   b) −60 d) −29 f) −46

6. a) Amanda: 50 pontos; Abel: −30 pontos; Rui: 30 pontos; Gabriel e Marli: −10 pontos
   b) Amanda, Rui, Gabriel e Marli, Abel.

7.

2	−5	0
−3	−1	1
−2	3	−4

8. a) Vasco da Gama (RJ), Goiás (GO) e Joinville (SC).
   b) 10 gols. c) 21 gols.

9. a) R$ 435,00 b) R$ 180,00

10. 16/05: 7 °C; 17/05: 10 °C; 18/05: 14 °C; 19/05: 14 °C; 20/05: 6 °C

11. a) −753, −332, +476, +641 e +1096
   b) Fundação de Alexandria.
   c) 808 anos. d) Resposta pessoal.

12. a) −16 b) −24 c) −35 d) −63

13. A = −9; B = −18; C = 72; D = 30; E = −240; F = 720

14. a) −640 b) 8 200 c) 900 d) −560

15. a) −30 b) −32 c) −198 d) 720

16. a) Negativo. c) Positivo.
   b) Negativo. d) Positivo.

17.

Jogador	Ângelo
Respostas certas	2
Respostas erradas	5
Pontos ganhos	+10
Pontos perdidos	−15
Saldo	−5

Jogador	Carla
Respostas certas	5
Respostas erradas	2
Pontos ganhos	+25
Pontos perdidos	−6
Saldo	+19

Jogador	Vilma
Respostas certas	1
Respostas erradas	6
Pontos ganhos	+5
Pontos perdidos	−18
Saldo	−13

Jogador	Alfredo
Respostas certas	4
Respostas erradas	3
Pontos ganhos	+20
Pontos perdidos	−9
Saldo	+11

18. A-II; B-III; C-I; D-IV
   A) 63 C) −63
   B) −63 D) 63

19. Resposta pessoal.

20. A = −24 D = −288
   B = 12 E = −324
   C = −27 F = 93 312

21. a) 35 c) −7 e) 2 g) −3
   b) −12 d) 10 f) −3 h) 2

22. −265 m

23. a) $12 : 3 > 18 : (-2)$
   b) $(-20) : (-10) = 16 : 8$
   c) $(-28) : (-7) > -14 : 2$
   d) $56 : (-8) > 121 : (-11)$

24. 4 °C

25. a) −8, 48, 16, −96 b) 96, −48, −192, 96

26. a) $(-9) \cdot (+8) = (-72)$ $\begin{cases} (-72) : (-9) = (+8) \\ (-72) : (+8) = (-9) \end{cases}$
   b) $(-11) \cdot (-3) = (+33)$ $\begin{cases} (+33) : (-11) = (-3) \\ (+33) : (-3) = (-11) \end{cases}$
   c) $(+30) \cdot (-2) = (-60)$ $\begin{cases} (-60) : (+30) = (-2) \\ (-60) : (-2) = (+30) \end{cases}$
   d) $(+17) \cdot (+10) = (+170)$ $\begin{cases} (+170) : (+17) = (+10) \\ (+170) : (+10) = (+17) \end{cases}$

27. a) −2 b) 125

28. a) −17 m c) 4 m
   b) M/N Lily d) −25,2 m

29. a) 80 pontos. b) −20 pontos. c) −10 pontos.

30. $(-35) : (-7) = 5$

31. a) −124 c) −125 e) −4
   b) +72 d) +8 f) −3

32. a) −38 b) −133 c) −120 d) 28

33. a) 100 c) −125 e) −343
   b) 1 d) 36 f) 256

34. a) 324 c) −16 807 e) −59 049
   b) −5 832 d) 10 000 f) −128

35. a) Positivo. c) Negativo. e) Negativo.
   b) Negativo. d) Negativo. f) Positivo.

36. a) $(-6)^3 = -216$ c) $(-19)^0 = 1$
   b) $(-14)^2 = 196$ d) $(-8)^2 = 64$

37. a) 1 b) 8 c) −125 d) 1

38. a) 21 b) −91 c) 86 d) 56

39. a) $75 : (5 - 30) = -3$

b) $[(-4)^2 - 8] \cdot 2 = 16$

c) $12 : 4 - (3 + 5) \cdot 3 = -21$

d) $36 - (24 - 18 \cdot 3^2 + 6) = 168$

40. a) • Tóquio: 17h
- Londres: 8h
- Cidade do México: 2h

b) • Lisboa e Camberra: 10 horas.
- Cidade do Cabo e Cidade do México: 8 horas.

41. 163,7 °C **42.** −13 °C **43.** 3 449 anos.

44. a) A = −27; B = −19; C = −11; D = −3; E = 5

b) F = −257; G = −189; H = −53

c) I = −325; J = −227; K = −178; L = −129; M = −80

d) N = −753; O = −389; P = −207; Q = 157

45. 490 a.C. **46.** 398 °C

47. a)

4	9	2
3	5	7
8	1	6

Constante mágica: 15

b) O quadrado é mágico e sua constante mágica é 3.

48. a) saldo positivo: março: 460; abril: 490; maio: 2 758; junho: 4 529; julho: 2 387; agosto: 2 691; setembro: 2 946; outubro: 1 996; novembro: 1 197 e dezembro: 6 240; saldo negativo: janeiro: −3 170 e fevereiro: −2 841

b) Superávit.

49. a) 12 andares.

b) Andar $(+7)$, ou 7º andar.

50. a) −128, −256, −512, −1 024, −2 048

b) −243, 729, −2 187, 6 561, −19 683

c) 96, −192, 384, −768, 1 536

51. −11 132 m **52.** 8

53. a) $(-52 + 2) : (2 - 4) = 25$

b) $-60 : 5 - (20 + 3) = -35$

c) $(-52 + 2) : 2 - 4 = -29$

d) $60 : (5 - 20) + 3 = -1$

54. a) −1 b) −12 c) −123 d) −1 234

55. Equipe **A**: 6 pontos, equipe **B**: 9 pontos; equipe **B**.

56. a) $-5^3 = (-5)^3$ d) $-64 = (-4)^3$

b) $49 \neq -7^2$ e) $-6^8 \neq (-6)^8$

c) $(-2)^6 = 2^6$ f) $(-12)^0 \neq -12^0$

57. a) 3, pois $(-8)^3 = -512$

b) Qualquer número natural e ímpar.

c) sim; 0, pois $(-8)^0 = 1$

Atividades Complementares

Capítulo 1 — Números positivos e números negativos

1. a) −13 °C c) 100 °C e) 5 500 °C

b) 36 °C d) 0 °C f) −65 °C

2. • Termômetro **c**. Termômetro **a**.
- 24 °C, 10 °C, −8 °C

3. a) +25 °C b) +14 °C c) −2 °C d) +32 °C

4. a) +8 848 m c) +2 994 m e) −4 000 m

b) −11 000 m d) +8 000 m

5. −R$ 200,00

6. −R$ 100,00

7. a) **C**: −3; **D**: −5; **E**: 5; **F**: 8

b) Positivo: **E**, **F**. Negativo: **A**, **C**, **D**.

8. a) Ponto Q. Ponto N. c) Pontos K e P.

b) Ponto L.

9. a) 7 b) 4 c) 1

10. 13

11. a) −33 c) 25 e) 51 g) −14

b) 19 d) −8 f) 13 h) −6

12. a) −111 b) 130, −130

13. a) 43 > 34 e) −28 < −26

b) −13 < 13 f) −45 > −50

c) −21 < −17 g) 18 > −18

d) 14 > −32 f) −55 < 50

14. −4, −3, −2, −1, 0, 1, 2, 3, 4

15. a) No dia 22/10.

b) Nos dias 08/10, 13/10, 24/10.

c) Nos dias 07/10, 22/10, 23/10, 28/10.

d) − R$ 25,00; R$ 320,00

e) Positivo.

f) R$ 45,00

g) −25 < −12 < −6 < −4 < 28 < 286 < 320

16. a) Possível resposta: −3, 0, 13

b) Possível resposta: −1, 4, 9

c) Possível resposta: 1, 2, 3

d) Possível resposta: −4, −2, −3

e) Possível resposta: −7, −6, −5

f) Possível resposta: −0,5; 0; 0,5

17. −23, −17, −5, 0, 6, 8, 12

18. a) $2\,994 < 7\,000 < 8\,848$ c) $-3 < 1 < 13$
b) $-30 < -15 < 10$

19. a) $-25, -16, 10, 23, 34$ c) $-25, -16, 10$
b) $10, -16, -25, -58, -75$

20. $-18 < -16 < -14 < -12 < 12 < 14 < 16 < 18$

21. Alternativa **a**.

Capítulo 2 — Operações com números inteiros

22. a) -11 c) -5 e) 27
b) 2 d) 0 f) -38

23. A-IV; B-I; C-II; D-III
I) 70 II) -430 III) -70 IV) 430

24. a) $3, 4, 5$ c) $-2, -1, 0$
b) $-6, -5, -4$ d) $-1, 0, 1$

25. Possível resposta:
- $-3 + (-2) + (-12) = -17$
- $(-1) + (-2) + (-3) + (0) = -6$

26. a) 4º trimestre. R$ 16 000 000,00.
b) Lucro: R$ 18 000 000,00.

27. Alternativa **a**.

28. $-16, -14, -13, -8, 13, 14$
a) -16 c) -13 e) 13
b) -8 d) 14 f) -14

29. $\mathbf{A} = 27;\ \mathbf{B} = 20;\ \mathbf{C} = -46;\ \mathbf{D} = 35$

30. a) Cairo (Egito): 5 °C; Londres (Reino Unido): 10 °C; Nova York (EUA): 9 °C; Ottawa (Canadá): 7 °C; Quito (Equador): 4 °C; Tóquio (Japão): 4 °C
b) 24 °C

31. a) -54 b) -73 c) -86 d) -330

32. a) segunda-feira; 8 °C
b) 14 °C; -3 °C; 17 °C

33. a) Negativos. c) Positivo.
b) Negativo. d) Negativo.

34. a) -90 c) $+56$ e) $+384$
b) $+28$ d) -399 f) $-1\,456$

35. Possível resposta: $451 \cdot (-2) = -902$

36. Itens **b, c, d**.   **37.** $-4, -3, -1$

38. $-R\$\,270{,}00$

39. Possíveis respostas: $(+1) \cdot (-12)$; $(+2) \cdot (-6)$; $(-2) \cdot (+6)$; $(+3) \cdot (-4)$; $(-3) \cdot (+4)$

40. $(-9\,876) \cdot (-1) = +9\,876$

41. a) -8 c) $+7$ e) -3
b) -16 d) $+6$ f) $+6$

42. 107

43. a) (-4) c) 0 e) $(+64)$
b) $(+4)$ d) 0 f) (-64)

44. a) $-84;\ \begin{cases}(-84):(-14) = 6\\(-84):(+6) = -14\end{cases}$

b) $-133;\ \begin{cases}(-133):(+19) = -7\\(-133):(-7) = 19\end{cases}$

c) $-384;\ \begin{cases}(-384):(+24) = -16\\(-384):(-16) = 24\end{cases}$

d) $600;\ \begin{cases}(+600):(-15) = -40\\(+600):(-40) = -15\end{cases}$

e) $-468;\ \begin{cases}(-468):(-52) = 9\\(-468):(+9) = -52\end{cases}$

f) $2\,500;\ \begin{cases}(+2\,500):(-100) = -25\\(+2\,500):(-25) = -100\end{cases}$

45. a) Positivo. b) Sim. c) Negativo.
d) O dividendo e o divisor devem ser ambos negativos ou ambos positivos.

46. a) 16 pontos. b) Negativos.

47. a) 64 c) 0 e) -32 g) -27
b) 128 d) 1 f) 36 h) -9

48.
- A soma dos quadrados de -6 e 8:
$$(-6)^2 + 8^2 = 100$$
- A soma do triplo de 5 com o cubo de 2:
$$3 \cdot 5 + (2)^3 = 23$$
- A diferença entre o quadrado de -15 e o cubo de 6:
$$(-15)^2 - 6^3 = 9$$
- O produto de 4 e $(-5)^4$:
$$4 \cdot (-5)^4 = 2\,500$$
- O quociente de $(-3)^5$ por 9:
$$(-3)^5 : 9 = -27$$
- O quociente do produto de 6 e $(8)^2$ por 4:
$$\left[6 \cdot (8)^2\right] : 4 = 96$$

49. a) $8;\ 27$; maior potência: 3^3
b) $25;\ 32$; maior potência: 2^5
c) $16;\ 27$; maior potência: 27^1
d) $-2;\ 1$; maior potência: $(-1)^2$
e) $256;\ -256$, maior potência: 2^8
f) $100;\ 1\,024$; maior potência: 2^{10}

50. a) 384 b) 609 c) $6\,660$ d) -11 e) 256

Unidade 2

Capítulo 3 — Números racionais

1. naturais: 0, 11, 89
   - inteiros: $-23, -7, 0, 11, 89$
2. As afirmações dos itens **a**, **d**.
3. Possível resposta:
   a) $\frac{6}{1}$ c) $\frac{48}{100}$ e) $\frac{257}{10}$
   b) $\frac{13}{10}$ d) $-\frac{592}{100}$ f) $-\frac{3256}{100}$
4. a) $\frac{9}{15}$; 0,6   c) $\frac{30}{40}$; 0,75   e) $\frac{28}{10}$; 2,8
   b) $\frac{17}{2}$; 8,5   d) $\frac{11}{22}$; 0,5   f) $\frac{55}{100}$; 0,55
5. a) Nas regiões metropolitanas de Belém e de Fortaleza.
   b) Diferente, pois apesar de as porcentagens serem iguais, estas dependem da quantidade total de trabalhadores de cada região metropolitana.
   c) $\frac{10}{100}$, 0,10; $\frac{16}{100}$, 0,16; $\frac{10}{100}$, 0,10; $\frac{25}{100}$, 0,25; $\frac{23}{100}$, 0,23; $\frac{8}{100}$, 0,08
   d) Resposta pessoal.
6. $A = -4,9$; $B = -3$; $C = -1,5$; $D = -0,1$; $E = 0,9$; $F = 2$; $G = 3,2$; $H = 4,6$
7. a) 6 e 7   b) -2 e -1 c) -9 e -8 d) 1 e 2
8. $-7,9$; $-6,2$; -5; $-\frac{9}{5}$; $-0,5$; $\frac{3}{100}$; 1; 2,901; 3,07; $\frac{11}{2}$
9. a) $-0,73 < 0$ d) $\frac{24}{3} = 8$
   b) $6,812 > 6,81$ e) $-1,09 > -1,1$
   c) $-4,9 < -4,05$ f) $-\frac{2}{5} < -0,32$
10. a) 6,1; 6,1   d) 1,902; $-1,902$
    b) 0,49; $-0,49$ e) $\frac{16}{3}$; $-\frac{16}{3}$
    c) 7,58; $-7,58$ f) 5,2; 5,2
11. a) $-0,08\overline{3}$; é dízima periódica
    b) 3,2; não é dízima periódica
    c) $-1,125$; não é dízima periódica
    d) $7,\overline{6}$; é dízima periódica
12. 6 palestras.
13. a) Possíveis respostas: $\frac{100}{3}$; 100:3
    b) $33,\overline{3}$
    c) Resposta esperada: Não, pois não é possível receber R$ $0,00\overline{3}$, por exemplo.
14. a) 3; $1,\overline{3}$ b) 48; $1,\overline{48}$ c) 702; $0,\overline{702}$ d) 02; $11,\overline{02}$
15. a) $\frac{20}{9}$ b) $\frac{118}{99}$ c) $-\frac{32}{9}$ d) $-\frac{167}{99}$
16. a) $\frac{6}{9}$ b) $-\frac{15}{99}$ c) $\frac{46}{99}$ d) $-\frac{127}{99}$
17. a) 7,4   d) 1
    b) $\frac{3}{2}$ ou 1,5   e) $-\frac{7}{15}$
    c) $-3,6$ f) $-\frac{81}{100}$ ou $-0,81$
18. a) 5,3 m   b) 0,7 m
19. a) $-1,9$ b) $-1,4$ c) $-\frac{7}{12}$ d) $\frac{3}{2}$
20. $A = 1$; $B = 2,5$ ou $B = \frac{5}{2}$; $C = 0,5$ ou $C = \frac{1}{2}$; $D = 2$; $E = 4$
21. sexta-feira: 9 °C; sábado: 10,6 °C; domingo: 10,8 °C
22. $\frac{3}{4}$
23. $\frac{3}{20}$
24. a) 2,1   b) $-\frac{1}{3}$ c) $-2,1$ d) 1,5
25. Alternativa **c**.
26. a) $-\frac{45}{22}$ b) $-2,46$ c) $\frac{17}{30}$ d) $\frac{49}{50}$
27. a) $\frac{2}{5}$ b) $\frac{4}{9}$ c) $-\frac{1}{5}$ d) $\frac{1}{8}$
28. a) $\frac{8}{3}$ b) $-\frac{1}{6}$ c) $\frac{10}{7}$ d) $-\frac{9}{5}$
29. a) R$ 10,40   b) R$ 12,61   c) R$ 14,30
30. Resposta pessoal.
31. $A = 4,99$; $B = 7,80$; $C = 6,50$; $D = 30,29$
32. a) 4 147,2; 24 883,2   c) 576,72; 1 730,16
    b) 86,4; 172,8
33. Possíveis respostas:
    a) $(-12,2) \cdot (+2,5) = -30,5$;
    $\left(-\frac{1}{2}\right) \cdot \left(+\frac{200}{3}\right) = -\frac{100}{3}$
    b) $\left(+\frac{20}{9}\right) \cdot \left(+\frac{12}{5}\right) = \frac{16}{3} = 5,\overline{3}$;
    $\left(+\frac{7}{3}\right) \cdot \left(+\frac{5}{2}\right) = \frac{35}{6} = 5,8\overline{3}$
34. a) 93,12%
    b) Sim, porque 5,44% é maior que 1,81% + 3,24% = 5,05%.
    c) Krenák.
35. a) 2,6   b) $-\frac{2}{33}$ c) -3 d) 7
36. 0,45 metro.
37. a) 1,4 : 0,2   b) $\frac{5}{6} : \frac{1}{2}$ c) $0,8 : \frac{1}{4}$ d) $1,5 : \frac{2}{5}$
38. A) 2,3 cm   B) 3,12 cm   C) 1,75 cm   D) 1,5 cm
39. Esta atividade possui várias respostas. Uma delas é: "Primeiro, escreveria 2,6 na forma de fração $\left(\frac{26}{10}\right)$ e a simplificaria, dividindo o numerador e o denominador por 2, obtendo assim $\frac{13}{5}$. Em seguida, resolveria a expressão $\frac{13}{5} : \frac{1}{5}$, transformando-a em uma multiplicação, ao inverter a segunda fração $\frac{13}{5} \cdot \frac{5}{1}$. Dividiria o denominador de $\frac{13}{5}$ e o numerador de $\frac{5}{1}$ por 5 e obteria o resultado 13."

40. Alternativa **e**.

41. a) • R$ 8,50   • R$ 11,75
   b) R$ 24,75   c) 4 kg de arroz.

42. 6 copos.   **43.** 150 recipientes.

44. a) -216 c) $32,49$ e) $0,0081$
   b) $\frac{32}{243}$ d) $\frac{1}{256}$ f) 1

45. a) Menos um oitavo ou menos cento e vinte e cinco milésimos.
   b) Quarenta e nove centésimos.
   c) Um oitenta e um avos.

46. a) $(-0,5)^{10} > (0,05)^{10}$ c) $(-7)^4 = 7^4$
   b) $\left(\frac{1}{6}\right)^3 < \left(\frac{1}{6}\right)^2$

47. $\left(\frac{1}{2}\right)^1, \left(\frac{1}{2}\right)^2$ e $\left(\frac{1}{2}\right)^3$

48. a) 1,8   b) 3,1   c) 4,9   d) 2,9   d) 0,5   e) 1,1

49. a-III; b-I; c-IV; d-II

50. a) 2,2   b) 3,4   c) 5,3   d) 7,6

51. • primeira linha: 3   • Terceira linha: 4,9
   • segunda linha: 2,5   • Quarta linha: 3,9

52. Resposta pessoal.

53. $\frac{16}{25}$; $0,09$; $0,64$; $\frac{144}{400}$

54. a) 3,32   c) $\frac{3}{4}$ ou 0,75
   b) $-\frac{4}{5}$ ou $-0,8$ d) $\frac{3}{16}$

55. a) 1,6   b) 5,25   c) 0,85   d) $2,\overline{6}$

56. A-I; B-IV; C-III; D-II
   Frações impróprias: $\frac{4}{3} = 1\frac{1}{3}$; $\frac{27}{4} = 6\frac{3}{4}$;
   $\frac{16}{9} = 1\frac{7}{9}$

57. Resposta esperada:
   a) números racionais.   c) números inteiros.
   b) números racionais.

58. a) $-\frac{25}{15} < -\frac{2}{3} < 1\frac{2}{3} < \frac{17}{8} < 3,4 < 4,75$

59. 3 e 12; possível resposta: denominador 3: $\frac{1}{3}, \frac{2}{3}, \frac{4}{3}$;
   denominador 12: $\frac{1}{12}, \frac{5}{12}, \frac{7}{12}$

60. a) $\frac{11}{12}$ b) 13,3   c) $-8,7$ d) $\frac{1}{2}$

61. a) R$ 131,28
   b) $131,28 + \blacksquare = 196,68$, pois 131,28 é a soma das faturas de água e telefone que, somadas à de energia, resultam em 196,68.
   c) R$ 65,40

62. a) $-\frac{2}{5}$ b) $-\frac{10}{7}$ c) 19,11   d) 15

63. a) $\frac{7}{15}$ b) $\frac{13}{18}$ c) $\frac{7}{12}$ d) $\frac{21}{55}$

64. 5 centavos: 82 g/R$; 10 centavos: 48 g/R$;
   25 centavos: 30,2 g/R$; 50 centavos: 15,62 g/R$;
   1 real: 7 g/R$

65. a) $\frac{25}{4}$ b) $-1,331$ c) $-\frac{1}{128}$ d) $0,0256$

66. $\frac{49}{4}$; $0,01$; $1,44$; $0,81$; $\frac{9}{36}$
   Raiz quadrada: $\sqrt{\frac{49}{4}} = \frac{7}{2}$; $\sqrt{0,01} = 0,1$;
   $\sqrt{1,44} = 1,2$; $\sqrt{0,81} = 0,9$; $\sqrt{\frac{9}{36}} = \frac{3}{6}$

Capítulo 4 — Potências, notação científica e raízes

1. a) $\frac{1}{2^3} = \left(\frac{1}{2}\right)^3$ c) $\left(-\frac{1}{3}\right)^4$
   b) $\left(\frac{5}{1}\right)^2 = 5^2$ d) $\left(-\frac{6}{1}\right)^5 = (-6)^5$

2. a) $\frac{1}{25}$ b) $\frac{1}{7}$ c) $-\frac{1}{64}$ d) $-\frac{1}{64}$

3. a) $\frac{31}{108}$ b) $\frac{23}{108}$ c) $\frac{1}{108}$ d) $\frac{27}{4}$

4. a) $7^{-4+7} = 7^3 = 343$
   b) $(-4)^{6+(-4)} = (-4)^2 = 16$
   c) $4^{16+(-6)+(-10)} = 4^0 = 1$
   d) $(-5)^{-7+(-8)+13} = (-5)^{-2} = \frac{1}{25}$
   e) $5^{4+(-6)+(-1)} = 5^{-3} = \left(\frac{1}{5}\right)^3 = \frac{1}{125}$

5. a) $6^{6-4} = 6^2 = 36$
   b) $20^{-19-(-20)} = 20^1 = 20$
   c) $4^{2-(-1)} = 4^3 = 64$
   d) $2^{-18-(-12)} = 2^{-6} = \left(\frac{1}{2}\right)^6 = \frac{1}{64}$
   e) $3^{2-(-3)} = 3^5 = 243$
   f) $(-8)^{1-(-1)} = (-8)^2 = 64$

6. a) $2^{2 \cdot 3} = 2^6 = 64$ d) $(-5)^{1 \cdot 3} = (-5)^3 = -125$
   b) $2^{5 \cdot 2} = 2^{10} = 1\,024$ e) $(-2)^{3 \cdot (-3)} = (-2)^{-9} = -\frac{1}{512}$
   c) $3^{2 \cdot 2} = 3^4 = 81$

7. a) $A = 7$ b) $B = 45$ c) $C = 3$ d) $D = -3$

8. a) $4^3 \cdot 14^3 = (4 \cdot 14)^3$ d) $(15 : 5)^8 = 15^8 : 5^8$
   b) $28^4 \cdot 28^4 \neq (28 \cdot 16)^8$ e) $21^{-4} : 3^{-4} \neq (21 : 3)^0$
   c) $9^{-10} \cdot 11^{-10} \neq (9 \cdot 10)^{-10}$

9. a) $(2 \cdot 3)^3 = 6^3 = 216$ d) $(7 \cdot 1)^3 = 7^3 = 343$
   b) $(5 \cdot 3)^2 = 15^2 = 225$ e) $(9 \cdot 8)^1 = 72^1 = 72$
   c) $(4 \cdot 2)^3 = 8^3 = 512$

10. Não. Resposta pessoal.   **11.** Alternativa **d**.

12. Falsa, pois supondo que $a = 4$, $b = 3$ e $n = 2$, temos que $(a + b)^n = (4 + 3)^2 = 7^2 = 49$ e $a^n + b^n = 4^2 + 3^2 = 16 + 9 = 25$.

13. a) 72   b) 27   c) 872   d) $\dfrac{1}{576}$

14. a) 1; 10^0 d) 1 000 000; 10^6
b) 1 000; 10^3 e) 10 000 000; 10^7
c) 10 000; 10^4 f) 1 000 000 000; 10^9

15. a) 100 000 000; 10^6 d) 100; 10^2
b) 10 000; 10^4 e) 1 000; 10^3
c) 100 000; 10^5 f) 1; 10^0

16. a) 0,1   c) 0,01   e) 1 000   g) –1 000
b) 0,00001   d) –0,1   f) 10 000

17. a) 263   b) 80 000 000   c) 10^6 d) 10^3

18. a) $n = 4$ b) $n = 6$ c) $n = 8$

19. a) 10^{-3} b) 10^{-3}; 10^{-2} c) 10^{-1}; 10^0 d) 10^{-6}; 10^{-5}

20. a) Resposta pessoal.   b) Resposta pessoal.

21. a) Região Norte:
17 707 783 = $1 \cdot 10^7 + 7 \cdot 10^6 + 7 \cdot 10^5 + 7 \cdot 10^3 + 7 \cdot 10^2 + 8 \cdot 10^1 + 3 \cdot 10^0$
Região Nordeste:
56 915 936 = $5 \cdot 10^7 + 6 \cdot 10^6 + 9 \cdot 10^5 + 1 \cdot 10^4 + 5 \cdot 10^3 + 9 \cdot 10^2 + 3 \cdot 10^1 + 6 \cdot 10^0$
Região Sudeste:
86 356 952 = $8 \cdot 10^7 + 6 \cdot 10^6 + 3 \cdot 10^5 + 5 \cdot 10^4 + 6 \cdot 10^3 + 9 \cdot 10^2 + 5 \cdot 10^1 + 2 \cdot 10^0$
Região Sul:
29 439 773 = $2 \cdot 10^7 + 9 \cdot 10^6 + 4 \cdot 10^5 + 3 \cdot 10^4 + 9 \cdot 10^3 + 7 \cdot 10^2 + 7 \cdot 10^1 + 3 \cdot 10^0$
Região Centro-Oeste:
15 660 988 = $1 \cdot 10^7 + 5 \cdot 10^6 + 6 \cdot 10^5 + 6 \cdot 10^4 + 9 \cdot 10^2 + 8 \cdot 10^1 + 8 \cdot 10^0$
b) Norte: 17 700 000; Nordeste: 56 900 000; Sudeste: 86 400 000; Sul: 29 400 000; Centro-Oeste: 15 700 000

22. a) 112 635 = $1 \cdot 10^5 + 1 \cdot 10^4 + 2 \cdot 10^3 + 6 \cdot 10^2 + 3 \cdot 10^1 + 5 \cdot 10^0$
b) 3 465 899 = $3 \cdot 10^6 + 4 \cdot 10^5 + 6 \cdot 10^4 + 5 \cdot 10^3 + 8 \cdot 10^2 + 9 \cdot 10^1 + 9 \cdot 10^0$
c) 74 663 007 = $7 \cdot 10^7 + 4 \cdot 10^6 + 6 \cdot 10^5 + 6 \cdot 10^4 + 3 \cdot 10^3 + 7 \cdot 10^0$
d) 208 578 346 = $2 \cdot 10^8 + 8 \cdot 10^6 + 5 \cdot 10^5 + 7 \cdot 10^4 + 8 \cdot 10^3 + 3 \cdot 10^2 + 4 \cdot 10^1 + 6 \cdot 10^0$

23. a) $8 \cdot 10^5$ b) $7{,}5 \cdot 10^4$ c) $3{,}67 \cdot 10^{-4}$ d) $6{,}617 \cdot 10^6$

24. a) $3 \cdot 10^8$ e) $3 \cdot 10^2$; $1 \cdot 10^{-6}$
b) $2 \cdot 10^{10}$ f) $3 \cdot 10^{-7}$; $8 \cdot 10^{-7}$; $1 \cdot 10^{-5}$; $2{,}5 \cdot 10^{-5}$
c) $6 \cdot 10^{-2}$
d) $8 \cdot 10^{-4}$ g) $5{,}5 \cdot 10^3$

25. Alternativa **d**.

26. aproximadamente 29 229 000; $2{,}9229 \cdot 10^7$

27. a) 3   b) –30   c) 21   d) –6   e) 15   f) 9

28. a) 9 cm   c) 7 cm   e) 4 cm
b) 5 cm   d) 11 cm   f) 8 cm

29. a) 3   b) 4   c) 9   d) 11   e) 5   f) 8

30. a) 24,9   c) –8,43   e) 2,67
b) 10,07   d) 28,1   f) –7,37

31. a) $\sqrt{85}$
b) 4, $\sqrt[3]{216}$, $\sqrt{40}$, 8, $\sqrt[3]{729}$, $\sqrt{85}$, $\sqrt{100}$, $\sqrt[3]{3375}$ e 19

32. a) 6 cm
b) 9 cm²
c) Não, pois ele dividiu o lado do quadrado por 4 e obteve quadrados com $\dfrac{1}{16}$ da área do original, uma vez que $6 : 4 = 1{,}5$ e $1{,}5^2 = 2{,}25$, ou seja, 2,25 cm².
d) 3 cm

33. a) $\dfrac{25}{49}$ b) 81   c) $-\dfrac{1}{64}$ d) $\dfrac{1000}{729}$

34. a) –7   b) 6   c) 5   d) –1

35. a) Falsa. Possível resposta: $2^{11} \cdot 4^{11} = 8^{11}$.
b) Verdadeira.
c) Verdadeira.
d) Falsa. Possível resposta: $10^{15} : (3^3)^5 = \left(\dfrac{10}{3}\right)^{15}$.

36. a) 10 077 696   c) 6^7; 279 936   e) 6^4; 1 296
b) 6^5; 7 776   d) 6^3; 216   f) 6^2; 36

37. • 251   • $\dfrac{1}{63\,001}$
• 63 001   • 63 001
• –63 001   • $-\dfrac{1}{251}$

38. a) $700 \cdot 2^{20}$ caracteres.   d) $512 \cdot 2^{30}$ caracteres.
b) $4{,}7 \cdot 2^{30}$ caracteres.   e) $3 \cdot 2^{40}$ caracteres.
c) $128 \cdot 2^{30}$ caracteres.

39. a) <   b) =   c) >   d) <   e) <   f) >

40. a) 265   b) 2 501   c) 767   d) –104

41. $2^{-10} \cdot 3^5$

42. a) 10^4 c) 10^0 e) 10^{-2}
b) 10^6 d) 10^{-5} f) 10^{-1}

43. Resposta esperada: nos itens **a**, **b**, **d**.

44. b e e

a) $52,1 \cdot 10^9$ d) $2,05 \cdot 10^5$
c) $8,25 \cdot 10^{-23}$ f) $3 \cdot 10^{11}$

45. a) $x = 9$ c) $x = 49$ e) $x = 0$
b) $x = 25$ d) $x = 400$ f) $x = 1$

46. a) 3,46   b) 6,71   c) 5,34   d) 1,05

47. a) $8 < \sqrt{75} < 9$ c) $10 < \sqrt{112} < 11$
b) $4 < \sqrt{21} < 5$ d) $14 < \sqrt{200} < 15$

48. 2, $\sqrt{9}$, $\sqrt{10}$, $\sqrt{15}$, 4, $\sqrt{20}$ e 5.

49. 990 m

Capítulo 5 — Medidas de volume e de capacidade

1. a) 12 peças.   d) 24 peças.
b) 9 peças.   e) 36 peças em forma de cubo.
c) 4 camadas.   f) Volume.

2. a) 8 cubinhos.   c) 15 cubinhos.
b) 12 cubinhos.   d) 19 cubinhos.

3. a) figura **1**: 1 cubinho; figura **2**: 8 cubinhos; figura **3**: 27 cubinhos; figura **4**: 64 cubinhos
b) 125 cubinhos.

4. 12 pilhas.

5. a) 40 dm^3 b) 22 dm^3

6. Alternativa **b**.

7. a) 10 cm
b) comprimento: 40 cm; largura: 30 cm

8. a) 48 m^3 b) 90 m^3 c) 64 m^3
- O paralelepípedo do item **b**.

9. $3\,600 \text{ cm}^3$

10. a) 5 m^3 correspondem a $5\,000\,000 \text{ cm}^3$.
b) 2 m^3 correspondem a $2\,000 \text{ dm}^3$.
c) $7,2 \text{ m}^3$ correspondem a $7\,200 \text{ dm}^3$.
d) $0,46 \text{ m}^3$ correspondem a $460\,000 \text{ cm}^3$.

11. a) 60 dm^3; $60\,000 \text{ cm}^3$
b) $124,8 \text{ dm}^3$; $124\,800 \text{ cm}^3$

12. 125 cm^3

13. a) comprimento: 6 cm; largura: 3 cm; altura: 9 cm
b) 162 cm^3

14. Existem várias respostas para esta atividade. Algumas delas são:
3 dm, 4 dm, 5 dm; 1 dm, 6 dm, 10 dm; 2 dm, 2 dm, 15 dm.

15. a) Sim. Opção **C**.
b) **A**: 36 dm^3; **B**: 27 dm^3; **C**: 32 dm^3

16. Alternativa **d**.

17. $508\,725 \text{ cm}^3$

18. a) Paralelepípedo **A**: comprimento: 6 cm, largura: 4,5 cm, altura: 6 cm; paralelepípedo **B**: comprimento: 12 cm, largura: 4,5 cm, altura: 3 cm; paralelepípedo **C**: comprimento: 6 cm, largura: 9 cm, altura: 3 cm.
b) **A**: 162 cm^3; **B**: 162 cm^3; **C**: 162 cm^3

19. $4\,500 \text{ cm}^3$

20. 840 dm^3

21. 756 m^3

22. a) $190,96 \text{ dm}^3$ b) $437,76 \text{ dm}^3$

23. a) $24,2528 \text{ m}^3$ c) Não.
b) $0,125 \text{ m}^3$ d) 160 caixas.

24. Possível resposta: tinta, suco, refrigerante, água mineral.

25. a) 4 L 500 mL   c) 20 L 800 mL
b) 15 L 45 mL   d) 7 L 9 mL

26. a) mL   b) L   c) L   d) mL   e) L

27. a) $A = 9\,000$ d) $D = 2$
b) $B = 15\,000$ e) $E = 0,8$
c) $C = 7\,500$ f) $F = 0,64$

28. 0,028 mL < 240 mL < 1,01 L < 1 L 95 mL < 1 490 mL < 1,5 L < 1 L 750 mL

29. a) 280 frascos.   b) R$ 2 520,00

30. a) **I**: $\frac{3}{5}$; **II**: $\frac{3}{8}$; **III**: $\frac{7}{10}$
b) **I**: 600 mL; **II**: 750 mL; **III**: 1 120 mL

31. Não. Faltaram 300 L de água.

32. a) Sim. Sim. Sobrarão 25 L de suco.
b) Sim.
- Sim. Sobrariam 50 L de suco.

33. a) 128 L   b) 32 amigos.

34. 180 000 litros.

35. A-II; B-IV; C-I; D-III

36. a) Espécie **3**.   c) Espécies **1**, **3**, **4**, **5**.
b) Espécies **1**, **3**, **4**.

37. Vai faltar 100 mL de água para encher o segundo recipiente, pois o primeiro tem volume interno de 900 mL e o segundo tem volume interno de 1 000 mL.

38. 800 mL

39. a) 25 L = 2500 cL   d) 93 mL = 9,3 cL
b) 3,4 hL = = 3 400 dL   e) 60 L = 0,06 kL
c) 12,8 kL = 1 280 daL

40. a) O volume da caixa é 112 cubos coloridos.
b) 99 cubos coloridos.

41. Alternativa **b**.

42. a) 4 cm   c) 10 cm   e) 2 cm
b) 7 cm   d) 5 cm   f) 8 cm

43. Existem várias respostas para esta atividade. Algumas delas são:
2 dm, 2 dm e 3 dm; 1 dm, 1 dm e 12 dm; 1,5 dm, 2 dm e 4 dm

44. 1 890 m³   **45.** Alternativa **b**.

46. 200 min ou 3 h 20 min   **47.** 10

48. a) 31 200 L   b) 50 cm   c) 1,44 m

49. 350 mL   **50.** 2,268 L

51. Possível resposta: O recipiente azul possui 2,4 L de capacidade e o amarelo, 2,7 L. Então, Jeremias pode proceder da seguinte forma:
- encher o recipiente amarelo;
- transferir água do recipiente amarelo para o azul, até encher o recipiente azul;
- despejar o que sobrou no recipiente amarelo (0,3 L) no balde;
- encher o recipiente amarelo e despejar todo o conteúdo (2,7 L) no balde, completando os 3 L.

52. a) 800 L = 8 hL
b) 0,002 kL = 2 L
c) 52 cL = 5,2 dL
d) 0,0159 daL = 159 mL
e) 5 208 000 mL = 5,208 kL
f) 0,000655 hL = 6,55 cL

Atividades Complementares

Capítulo 3 — Números racionais

1. a) -60; 1,15; 10; 100
b) naturais: 100, 10; inteiros: -60, 100, 10; racionais: -60; 1,15; 10; 100

2. $B = \frac{1}{2}$; $C = \frac{5}{4}$; $D = -\frac{3}{2}$; $E = -\frac{3}{4}$; $G = 0{,}4$; $H = 1{,}1$; $I = -1{,}1$; $J = -0{,}8$; $K = -0{,}4$

3. a) $\frac{3}{8}$; 0,375   c) $\frac{1}{8}$; 0,125   e) $\frac{1}{4}$; 0,25
b) $\frac{3}{5}$; 0,6   d) $\frac{2}{25}$; 0,08   f) $\frac{3}{4}$; 0,75

4. a) $A = -105$; $B = -45$; $D = 75$; $E = 135$
b) • de **A** até **D**: 180
• de **B** até **C**: 45   • do número 30 até **A**: 135
• de **A** até **E**: 240   • do número -50 até **D**: 125

5. $-7{,}5$; $+7{,}5$

6. a) -4; -2; 2; 4   b) -3; -1; 1; 3

7. $A = 4{,}5$; $B = 2{,}5$; $M = 3{,}5$

8. a) 31,6; -18 b) $-\frac{1}{5}$ c) 31,6   d) $\frac{2}{3}$
e) -18; $-\frac{1}{2}$; $-\frac{1}{5}$; $\frac{2}{3}$; 5; 6; 13; 13,3; 15; 21,7; 27,1; 31,6

9. a) 0,5333…; 3   c) 0,212121…; 21
b) $-0{,}702702…$; 702   d) $-3{,}2252525…$; 25

10. $A: (+386) + (-158{,}20) = 227{,}80$
$B: (+227{,}80) + (+600{,}25) = 828{,}05$
$C: (+828{,}05) + (-32{,}43) = 795{,}62$
$D: (+795{,}62) + (-75{,}86) = 719{,}76$

11. $A = -3$; $B = -9$; $C = -15$; $D = -21$; $E = +7{,}5$; $F = +1{,}5$; $G = -4{,}5$; $H = -10{,}5$; $I = -16{,}5$

12. 7,5; 11; 14,5

13. Oposto de **a**: -8; $+1{,}7$; $+36$; $-\frac{1}{5}$; $-5{,}4$; $+29{,}15$
b — oposto de **a**: -3; -21; $-\frac{7}{15}$; $-42{,}4$; $+11{,}35$

14. 30,5 °C

15. Resposta pessoal.   **16.** Resposta pessoal.

17. a) 65   d) -65 g) $-66{,}9$
b) -39 e) $-28{,}3$ h) 28,3
c) 39   f) 66,9
$-66{,}9$; -65; -39; $-28{,}3$; 28,3; 39; 65; 66,9

18. a) -48 b) 105   c) $\frac{10}{6}$ ou $\frac{5}{3}$ d) 6

19. A)
a) 11   b) 11   c) 1
B)
d) -8 e) -8 f) 10
C)
g) -2 h) -2 i) 12
D)
j) 2,75   k) 2,75   l) $-1{,}55$

20. a) $-4{,}08$ d) $+\frac{14}{20}$ ou $+\frac{7}{10}$
b) $-\frac{12}{35}$ e) $-\frac{36}{55}$
c) $+83{,}75$ f) $+96{,}48$

21. a) $-1\,216{,}152$ b) $-\frac{8}{7}$

22. $-R\$ 271{,}78$

23. Cálculo do item **c**.
a) $+26{,}28$ c) -72 e) $-222{,}341$
b) $+73{,}7871$ d) $+367{,}19$ f) $-70{,}922$

24. Alternativa **e**.

25. a) -27 b) 16   c) -60 d) -47

26. Aproximadamente 3 vezes.

27. a) 17,1   c) 8   e) $\frac{4}{15}$
b) $-\frac{13}{15}$ d) $\frac{14}{5}$ ou 2,8   f) 24,3

28. a) $(+0{,}2) \cdot (-13) + \left(-\frac{3}{2}\right) = -\frac{41}{10} = -4{,}1$
b) $(-228) : (+6) - (+0{,}2) = -38{,}2$
c) $\left(-\frac{3}{2}\right) + (-228) \cdot (-13) = \frac{5\,925}{2} = 2\,962{,}5$

d) $(+0,2) - (-5) : (+6) = \dfrac{31}{30}$

e) $\left(-\dfrac{3}{2}\right) : (-5) \cdot (-13) = -\dfrac{39}{10}$

29. a) -3 b) -192

30. a) -32 c) $373,248$ e) $\dfrac{16}{49}$

b) $132,25$ d) $0,0625$ f) $-\dfrac{1}{125}$

31. $-1^4;\ \left(-\dfrac{2}{5}\right)^3;\ 0,25^3;\ (-0,6)^6;\ \left(\dfrac{1}{4}\right)^2;\ (-1,7)^2$

32. a) $2,3$ b) $-6,4$ c) $\dfrac{5}{9}$ d) $-\dfrac{3}{5}$

Capítulo 4 — Potências, notação científica e raízes

33. a) $\dfrac{81}{4}$ b) $\dfrac{7}{5}$ c) 216 d) $\dfrac{16}{81}$

34. a) 319 d) $-\dfrac{107}{8}$

b) $\dfrac{13}{8}$ e) $-\dfrac{150}{36} - \dfrac{25}{6}$

c) $-\dfrac{4}{125}$ f) -90

35. a) $3^6 = 729$ e) $6^{-6} = \dfrac{1}{46\,656}$

b) $(-9)^5 = -59\,049$ f) $(-10)^1 = -10$

c) $\left(-\dfrac{1}{2}\right)^5 = -\dfrac{1}{32}$ g) $10^6 = 1\,000\,000$

d) $15^2 = 225$ h) $7^{-4} = \dfrac{1}{2\,401}$

36. a) $15\,625$ c) 9 e) 54

b) 12 d) 18 f) 729

37. a) 265 c) $2\,501$ e) $4\,132$

b) 609 d) 767 f) -104

38. a) $A = 3^{-2};\ B = 3^0;\ C = 3^4;\ D = 3^6;\ E = 3^{-1}$

39. a) $x = 4$ c) $x = 0$ e) $x = 2$

b) $x = 3$ d) $x = 1$ f) $x = 4$

40. 64

41. a) $1\,000$ e) $100\,000\,000$

b) $1\,000\,000\,000$ f) 100

c) 10 e) $10\,000$

d) $1\,000\,000$ e) $10\,000\,000$

42. a) $35 \cdot 10^{-3}$ c) $67 \cdot 10^{-4}$ e) $58 \cdot 10^{-6}$

b) $3 \cdot 10^{-5}$ d) $25 \cdot 10^{-5}$

43. $1\,000$ sabonetes.

44. a) $3 \cdot 10^5$ c) $5 \cdot 10^{-6}$

b) $38 \cdot 10^2 + 21 \cdot 10^3$

45. a) $2010;\ 31\,000\,000 = 31 \cdot 10^6$

b) $30\,400\,000;\ 29\,700\,000;\ 29\,100\,000$

c) $31 \cdot 10^6;\ 304 \cdot 10^5;\ 297 \cdot 10^5;\ 291 \cdot 10^5$

46. A) $1 \cdot 10^{-6}$ D) $8 \cdot 10^{-4}$

B) $1 \cdot 10^{-2}$ E) $6 \cdot 10^{-2}$

C) $1 \cdot 10^{-3}$

47. $9,247 \cdot 10^6$ m

48. a) 5 dias.   b) $1,59 \cdot 10^{15}$

49. a) $1,8 \cdot 10^7$ km   c) $2,592 \cdot 10^{10}$ km

b) $1,08 \cdot 10^9$ km   d) $9,4608 \cdot 10^{12}$ km

50. $4,1 \cdot 10^{13}$ km   **51.** 32 m

52. a) 17 b) 23 c) 75 d) 82

53. a) $9, 16$

b) $0, 1, 4, 9, 16, 25, 36, 49, 64, 81, 100$

c) 100

54. 31

55. $1, 8, 27, 64, 125, 216, 343, 512, 729$ e $1\,000$

56. a) 12 c) 70 e) 24 g) 33

b) 84 d) 21 f) 35 h) 45

57. a) 47 cm   b) 62 cm   c) 55 cm   d) 40 cm

58. a) 3 c) 60 e) $\dfrac{114}{7}$

b) -114 d) 13

59. a) • $5,2$ b) • $7,07$

• $5,5$ • $14,49$

60. $2,\ \sqrt{9},\ \sqrt{10},\ \sqrt{15},\ 4,\ \sqrt{20},\ 5$

61. Resposta pessoal.

62. a) $0, 1$ b) $0, 1, 2, 3, 4, 5$

Capítulo 5 — Medidas de volume e de capacidade

63. a) 5 cm^3 b) 14 cm^3 c) 15 cm^3

a: 3; **b**: 13; **c**: 12

64. a) 19 m^3 b) 26 m^3 c) 18 m^3 d) 13 m^3

65. a) 6 cm^3 b) $11,52$ cm^3 c) 15 cm^3 d) 30 cm^3

66. $15\,625$ cm^3 **67.** 180 dm^3

68. 189 cubos.   **69.** $150\,000$ cm^3

70. a) 120 cm^3 b) 120 cm^3 c) 120 cm^3

Os volumes encontrados são iguais.

71. 264 m^3

72. • Não.

• Vai faltar líquido; $1\,500$ dm^3

73. 41 recipientes.

74. a) 3 dm^3 c) $5,2$ dm^3 e) $0,8$ dm^3

b) 12 dm^3 d) $1,4$ dm^3 f) $2,48$ dm^3

75. a) 4 dm^3 d) 290 dm^3 g) $0,009$ m^3

b) $3,72$ dm^3 e) $0,309$ m^3 h) $0,015$ m^3

c) $16\,420$ dm^3 f) $1,09$ m^3

76. a-I; b-IV; c-II; d-V; e-III

77. a) $75,7$ L   b) $643,45$ km   c) $7\,899$ km

78. a) 20 garrafas.

b) 50 garrafas.

79. a) 1 L b) 2,5 L

80. a) 5 400 m³
b) 5 400 000 dm³; 5 400 000 L

81. Recipiente **b**.

82. a) 5 L c) 7,9 L e) 3 500 L
b) 16 L d) 2 000 L f) 4 200 L

Unidade 3

Capítulo 6 — Equações, inequações e proporção

1. a) R$ 160,00 b) 20h

2. a) $2x + 3$ c) $4z - \dfrac{z}{2}$
b) $y^2 + (-1)$ d) $\dfrac{w}{3} + k$

3. a) 4 b) 5 c) −14 d) $-\dfrac{7}{2}$

4. a) Dobro de um número a mais cinco.
b) Triplo de um número b mais oito, menos dois.
c) Quadrado de um número c mais quatro.
d) Metade de um número d menos nove.

5. a) $x - 5$ e $x - 6$; 0, −1, −2, −3, −4, −5
b) $5y + 10$ e $6y + 12$; 3, 6, 9, 12, 15, 18
c) $13 - w + 1$ e $16 - w$; 5, 7, 9, 11, 13, 15

6. a) $1,40 + r$
b) • R$ 2,50 • R$ 2,90

7. a) R$ 0,25
b) $\dfrac{3}{12}n$ ou $\dfrac{1}{4}n$ ou $0,25n$

8. a) 7 lados.
b) triângulo: $3x$; quadrado: $4x$; pentágono: $5x$; hexágono: $6x$
c) nx

9. a) $2\,300 + \dfrac{1}{100}w$ ou $2\,300 + 0,01w$
b) • R$ 3 300,00 • R$ 7 300,00

10. b) figura **1**: 1 ponto; figura **2**: 4 pontos; figura **3**: 9 pontos; figura **4**: 16 pontos
c) p^2
d) • 49 pontos. • 100 pontos.

11. Resposta pessoal.

12. a) Possível resposta: Chamando de k a quantidade de quilômetros rodados e de m a quantidade de minutos que o táxi estiver parado, temos a seguinte expressão numérica: $6,5 + 2,8k + 0,5m$.
b) R$ 27,60

13. $\dfrac{3\,500}{1\,000}t$ ou $\dfrac{7t}{2}$ ou $3,5t$

14. a) • R$ 3 030,00 • R$ 4 090,50
b) $14x + 45x + 42x$ ou $101x$

15. a) $3a + 1$ b) $4b^3$ c) $3c - 4$ d) $d + 2$

16. a) $(k + 1) + k + (k - 1) = 3k$
b) Resposta esperada: Adicionar três números consecutivos é o mesmo que multiplicar o número "central" por três.

17. a-III; b-I; c-IV; d-II

18. a) 16 palitos; 5 quadrados.
b) • $3q + 1$ c) • 151 palitos.
• $\dfrac{p - 1}{3}$ • 25 quadrados.

19. a) $\dfrac{11}{3}$ b) 2 c) $\dfrac{5}{3}$ d) $\dfrac{14}{3}$

21. Basta digitar $= 5(5 * A3 + 28)/4$ na célula **B3**.

22. R$ 25,00
b) $V = C + \dfrac{C}{4}$ ou $V = C + 0,25C$ ou $V = 1,25C$
c) Batom: R$ 15,00; hidratante: R$ 35,00; perfume: R$ 70,00.

23. $F = n + 2$

24. a) 1, 3, 6 e 10 c) $T_5 = 15$; $T_6 = 21$
b) $T_n = \dfrac{n(n + 1)}{2}$

25. Possível resposta:
a) $p_1 = 8$; $p_2 = 7,75$ c) $p_1 = 7$; $p_2 \simeq 6,714$
b) $p_1 = 4,5$; $p_2 \simeq 4,472$ d) $p_1 = 4,5$; $p_2 = 4,25$

26. As sentenças dos itens **a**, **c**, **d**.

27. $5 \cdot 3^3 - 2 = 5^2 + 4 \cdot 3^2$;
$(15 - 7) \cdot (8 + 4) = 446 - 7 \cdot 50$;
$452 - 13 \cdot 25 = 2^7 - 1$

28. As sentenças dos itens **b**, **d**.

29. Alternativa **c**.

30. a) $2x + 6 = 14$; $x = 4$; 4 kg
b) $5x + 3 = 13$; $x = 2$; 2 kg

31. 4 kg

32. a) 8 b) 3 c) 18 d) 7 e) 0 f) −33

33. a) $x = 15$ b) $x = 19$ c) $x = 30$ d) $x = 21$

34. Alternativa **b**.

35. a) 5; $x + 7 = 12$, $x = 5$ c) 1; $2x + 4 = 6$, $x = 1$
b) 8; $x - 5 = 3$, $x = 8$

36. a) 10 °C; resposta esperada: frio.
b) 32 °F; 212 °F

37. Resposta pessoal. **38.** $4x - 7 = 5^2$; 8

39. a) $x = 3$ b) $x = 2$ c) $x = 5$ d) $x = 9$

40. 1ª caixa: 80 cm; 2ª caixa: 160 cm; 3ª caixa: 190 cm

41. alternativa **b**; 1,5 kg **42.** a-II; b-IV; c-III; d-I

43. a) $6x = 2 \cdot (x + 50)$
b) Camiseta: R$ 25,00 e calça: R$ 75,00.

44. a) R$ 42,50 b) R$ 54,50

45. $\overline{AB}$: 10 cm; $\overline{BC}$: 15 cm; $\overline{CD}$: 7 cm; $\overline{DA}$: 13 cm

46. Alternativa **d**.
47. Possíveis respostas: $35 = x + 21$; $2x + 7 = x + 21$; $49 - x = x + 21$.
48. a) $2\,500 - 8x = 260$ b) 280 mL
49. a) Lucro. De R$ 1 230,00.
    b) $140x - 25 \cdot (30 - x)$
    c) 21 dias.
50. a) $24x + 12 \cdot (280 - x) = 5\,160$
    b) 150 pessoas.   c) 130 pessoas.
51. a) Ao item **I**.
    b) Este item possui várias respostas. Uma delas é: item **II**) $2y = 14$; item **III**) $y - 17 = 8$
52. As sentenças dos itens **a**, **d**, **e**, **f**.
53. a) Dez x é maior do que cento e dez.
    b) Cinco y é menor do que ou igual a quinze.
    c) Oito x menos dez é maior do que ou igual a setenta e oito.
    d) Dois y mais trinta e três é menor do que doze y menos sete.
54. a-III; b-IV; c-I; d-II   55. $-6, -8, -9, -10$
56. a) $x \geq -12$ b) $x \leq -2$ c) $x > -1$ d) $x > \frac{3}{2}$
57. a) **I**: $3x \geq 53$; **II**: $2y \leq 5$ c) Sim, R$ 2,50.
    b) Sim. Não.
58. a) Sim.   b) Não.   c) R$ 242,00
59. $49 + 1,5x \leq 79$; até 20 minutos
60. $29 + 0,95x \leq 63$
    a) Sim.   b) 35 fotografias.
61. a) -5 b) Sim.
62. 45
63. a) $3x < 100 + 50$; $x < 50$
    b) $5y + 75 > 110$; $y > 7$
    A massa da caixa x é menor do que 50 g. A massa da caixa y é maior do que 7 g.
64. a) $22 + 8x \geq 16 + 10x$
    b) 3; perímetro do retângulo: 46 cm, perímetro do trapézio: 46 cm
65. $1\,500 + 12p \geq 18\,000$; $p \geq 1\,375$; R$ 1 375,00
66. a) $100 + 320x \leq 1\,700$ c) R$ 1 650,00
    b) 5 dias.   d) 3 dias.
67. Resposta pessoal.
68. 3 horas.   69. $n > 8$
70. a) $\frac{4n}{2} + 3$ ou $2n + 3$
    b) • Se $n = 0$: 3   • Se $n = 2$: 7
       • Se $n = 1$: 5   • Se $n = -3$: -3
71. a) Escolhi um número, multipliquei-o por 2, subtraí 16 e adicionei 8 ao resultado.
    b) Escolhi um número, adicionei 8 e multipliquei o resultado por 5; depois subtraí 9.
    c) Escolhi um número, elevei-o ao quadrado, adicionei 15 e subtraí 7 do resultado.
    d) Escolhi um número, multipliquei-o por 4, subtraí 2 e elevei o resultado ao quadrado.
72. a) $\frac{7x}{2} + 5$ b) $5y - 9$
73. a) • R$ 445,00   b) $0,1 \cdot x + 50$
       • R$ 1 030,00   c) $0,9 \cdot x - 50$
       • R$ 1 165,00
       • R$ 809,50
74. Possíveis respostas:
    a) $2p + p$; $p + p + p$; $1 + 5p - 2p - 1$
    b) $-q - q$; $5q - 7q$; $q + 2 - 3q - 2$
    c) $2r - r + 1$; $\frac{r}{2} + 1 + \frac{r}{2}$; $2 + 3r - 2r - 1$
    d) $3 - s\left(\frac{1}{3}\right) + 1$; $\frac{12-s}{3}$; $\frac{2s}{3} - s + 4$
75. a) R$ 21,65   c) R$ 19,98   e) R$ 22,19
    b) R$ 33,16   d) R$ 43,89   f) R$ 38,21
76. a) 169 cm ou 1,69 m   b) Resposta pessoal.
77. a) 10 arestas.   c) 18 arestas.   e) 4 vértices.
    b) 8 vértices.   d) 20 faces.
78. Alternativa **b**.
    R$ 14,50 cada camiseta.
79. a) 3,2 km   b) 1 920 m; 400 m
80. 4, 5, 6
    • Resposta esperada: A média aritmética entre três números consecutivos quaisquer é igual ao número central.
81. R$ 1 875,00 de cada adulto e R$ 1 250,00 de cada criança.
82. 200 g   83. Alternativa **b**.
84. a) Ananias: 30 L; Armando: 22,5 L   b) 270 km
85. Alternativa **d**.
86. a) $x + (9 + x) = 475$ c) 46 gols.
    b) 233 gols. 242 gols.
87.

$4 + 2 = 6$	1	$4 + 4 = 8$
7	$4 + 1 = 5$	3
2	9	$x = 4$

88. $\sqrt[3]{216} = 6$; $6\frac{1}{6}$; 7,5
89. a) **I**: $4v > 900$; **II**: $200 + a > 2a$
    b) • Sim. Porque, de acordo com a inequação correspondente à balança **I**, a massa da caixa vermelha deve ser maior do que 225 g.
       • Não. Porque de acordo com a inequação correspondente à balança **II**, a massa da caixa vermelha deve ser menor do que 200 g.
90. R$ 1 500,00
91. a) • Prejuízo.   • Lucro.   • Lucro.   • Prejuízo.
    b) 101 pares de sapatos.

Capítulo 7 — Razão e proporção

1. Possíveis respostas:
   a) $\frac{100}{1\,000}$ ou 1:10   c) $\frac{4}{120}$ ou $\frac{1}{30}$ ou 4:120 ou 1:30
   b) $\frac{5}{11}$ ou 5:11   d) $\frac{1}{25}$ ou 1:25

2. 1,4 m   3. 85 km/h

4. a) 10 h 30 min da manhã.
b) 80 km/h

5. a) • quantidade estimada de habitantes: Salvador.
• densidade demográfica: Salvador.
• área territorial: Juazeiro.
b) Resposta esperada: Porque a densidade demográfica é a razão que depende tanto da quantidade de habitantes quanto da área territorial.

6. 150 km

7. a) 9,6 m   b) 5 cm   c) 12 m e 7,2 m

8. Alternativa **d**.   **9.** 1 g/cm³

10. 700 g   **11.** 13,6 g/cm³

12. a) Resposta esperada: Porque a densidade da água salgada é maior do que a densidade do ovo.
b) Menor densidade.

13. 98%

14. a) R$ 340,00   b) $26,\overline{6}$%

15. a) R$ 2,70   b) 70%

16. a) $\frac{5}{14}$ b) $\frac{2}{14}$ ou $\frac{1}{7}$ c) $\frac{4}{14}$ ou $\frac{2}{7}$

17. As situações dos itens **b**, **c**.

18. a) Sim; diretamente proporcionais.
b) Não.
c) Sim. Inversamente proporcionais.
d) Não.

19. a) $x = 12$; $y = 30$ b) $z = 9$; $w = 44$

20. a) Quantidade de suco concentrado, quantidade de suco; diretamente proporcionais.
b) Quantidade de pessoas por grupo, quantidade de grupos; diretamente proporcionais.
c) Quantidade de impressoras, tempo; inversamente proporcionais.
d) Quantidade de laranjas, valor pago; diretamente proporcionais.
e) Quantidade de peças produzidas, tempo; diretamente proporcionais.

21. a) R$ 150,00; R$ 125,00
b) Diminui.
c) Inversamente proporcionais.

22. a)

Lado do quadrado (cm)	Área do quadrado (cm²)
1	1
2	4
3	9
4	16

b) 100 cm²
c) Não, pois ao dobrar a medida do lado do quadrado, por exemplo, a medida de sua área quadruplica.

23. a)

Retângulo	Medida do lado A	Medida do lado B
I	6 cm	2 cm
II	4 cm	3 cm
III	3 cm	4 cm
IV	2 cm	6 cm

b) As áreas são iguais a 12 cm².
c) Aumenta.

24. Nos itens **a**, **b**.

25. a) • Sim, são diretamente proporcionais.
• Não, não são diretamente proporcionais.
b) $x = 8$

26. a) R$ 9,00   b) R$ 44,00   c) R$ 12,00

27. Os itens verdadeiros são:
c) Uma pessoa vai cobrir o piso de uma garagem com lajotas. A quantidade de lajotas a ser usada é diretamente proporcional à superfície do piso da garagem.
d) Uma pessoa que toma, em média, 2 L de água por dia, em trinta dias tomará, em média, 60 L.
e) Se 3 m de um tecido custam R$ 45,00, 12 m desse mesmo tecido custam R$ 18,00.
f) Se 5 dólares equivalem a R$ 8,10, 25 dólares equivalem a R$ 40,50.

28. a) Inversamente proporcionais.
b) • 10 pessoas: R$ 350,00
• 20 pessoas: R$ 175,00
• 14 pessoas: R$ 250,00
• 8 pessoas: R$ 437,50
c) R$ 140,00

29. 46 litros.   **30.** R$ 2,00

31. 4,5 xícaras de farinha de trigo.   **32.** 1,36 m

33. a) 32 unidades.   b) 75%

34. a) R$ 42,00   b) R$ 33,60

35. 30%   **36.** R$ 5,00

37. 75 cm   **38.** 36 minutos.

39. a) 625 mL   b) 9 copos.

40. a) 6 carros.   b) 8 acertos.

41. a) 9 min   c) 54 min
b) 24 min   d) 75 min

42. a) R$ 5 600,00   b) R$ 8 000,00

43. Alternativa **c**.

44. a) 220 litros.   b) Resposta pessoal.

45. a) 1 050 kg   b) Resposta pessoal.

46. a) 91   b) 120   c) 123   d) 15

47. 80 colaboradores.

48. 10 páginas.   **49.** 90 km/h

50. a) $\dfrac{1}{50}$

b) Diretamente proporcionais.

c) 25 g

d) Resposta esperada: Sim, pois a água sem tratamento pode conter agentes, como bactérias, que podem causar doenças.

51. a) 65 km/h b) 72 km/h

52. 1:25 000 000 **53.** 14,4 m × 7,02 m

54. a) 1:27 300 000 b) Aproximadamente 8,5 cm.

55. 6 cm

56. Possíveis respostas: Belém (PA) a Palmas (TO): 960 km; Belém (PA) a Macapá (AP): 336 km.

57. a) A massa de prata, pois, por ter densidade menor, seu volume é maior e consequentemente, ao ser mergulhada no jarro com água, desloca um volume maior de água.

b) • Densidade e volume: inversamente proporcionais.
• Densidade e massa: diretamente proporcionais.

c) • o volume de 300 g de ouro: 15,45 cm³
• a massa de 320 cm³ de prata: 3 372,8 g
• o volume de 1 kg de prata: 94,88 cm³
• a massa de 0,5 cm³ de ouro: 9,71 g

58. Alternativa **a**.

59. a) 2 b) $\dfrac{1}{6}$

60. a) Diretamente proporcionais.
b) Não proporcionais.
c) Inversamente proporcionais.
d) Inversamente proporcionais.
e) Diretamente proporcionais.

61. a) 98 kWh
b) 15 dias.
c) Possível resposta: Sim, pois com essa prática há diminuição na necessidade de geração em larga escala, reduzindo o impacto ambiental e as perdas geradas em virtude da distância entre as fontes produtoras e consumidoras. Além disso, há o retorno financeiro para quem realiza essa prática.

62. Alternativa **c**. **63.** 6 dias.

64. a) $\dfrac{12}{17}$

b) • 202,5 kg • 12 dias.

65. 90 kg **66.** 2,25 h ou 2 h 15 min

67. 33 dias.

Atividades Complementares

Capítulo 6 — Expressões algébricas, equações e inequações

1. a) 10; 16; 20; 40 b) 2n

2. I-b; II-f; III-d; IV-e; V-a; VI-c

3. a) 2y
b) y + 13
c) 3y − 10
d) $\dfrac{2y}{7}$
Resposta pessoal.

4. a) y + 1
b) y − 1
Resposta pessoal.

5. a) • Produto de R$ 20,00: R$ 16,00 de desconto.
• Produto de R$ 15,00: R$ 12,00 de desconto.
• Produto de R$ 12,00: R$ 9,60 de desconto.
• Produto de R$ 18,00: R$ 14,40 de desconto.
• Produto de R$ 23,00: R$ 18,40 de desconto.
• Produto de R$ 36,00: R$ 28,80 de desconto.

b) $P - \dfrac{P}{5} = \dfrac{4P}{5}$ ou $P - 0,2P = 0,8P$

6. Alternativa **b**.

7. a) 10y c) 10y + 7 e) 3y − 20
b) 3y d) 6y + 10 f) −2y + 10
Resposta pessoal.

8. $2 + 2 + (x - 3) + (x - 3) = 2x - 2$

9. A-V; B-II; C-I; D-VI; E-IV; F-III

10. a) P = 3x c) P = 6z
b) P = 5y d) P = 4w

11. P = 8L

12. a) R$ 505,00; R$ 670,00
b) C = 120 + 55x

13. a) x = 4 c) x = 3 e) x = −2
b) x = 11 d) x = 34 f) x = −6

14. x = 20

15. $4 \cdot x + 4 \cdot 200 = 6 \cdot 300$; pote de margarina: 250 g

16. Alternativa **b**. O preço de cada camiseta é R$ 19,50.

17. a) 5 b) 3

18. a) Marta: x; Artur: x + 7
b) x + x + 7 ou 2x + 7
c) Marta: 10 anos; Artur: 17 anos

19. a) 48 porcos. b) 80 galinhas.

20. José: 6 gols; Caio: 12 gols

21. verdes: 14 fichas; vermelhas: 42 fichas; azuis: 70 fichas

22. 1º dia: 546 km; 2º dia: 638 km; 3º dia: 496 km

23. 36 pontos.

24. largura: 400; comprimento: 600 m

25. a) x = 2 c) x = 6 e) x = 13
b) x = 4 d) x = 10 f) x = 33

26. 3x + 500 = x + 1 100; 300 g

27. a) 5x + 10 = 9 · 5; x = 7
b) 4x + 3(x − 1) = 39; x = 6
c) 2x + 4(x + 1) = 52; x = 8
d) 2x − 50 = x + 22; x = 72

28. a) 7 pessoas. b) R$ 132,00

29. a) Suzana: 34 + x; Denise: 12 + x b) R$ 10,00

30. 350 cm² **31.** 1 a 7 peixes Aristocratas.

299

32. a) $4x \leq 25$
b) $8 \cdot (x-1) \leq 25$ ou $8x - 8 \leq 25$

33. Os itens **a**, **e**, **i**, **j** apresentam inequações.

34. A-III; B-I; C-V; D-II; E-IV   **35.** 0 e 1

36. A) $x > -7$ B) $x \leq \dfrac{5}{8}$ C) $x \geq -3$ D) $x < -2$
a) Existem várias soluções para esta atividade. Uma delas é:
- inequação A: $-6, -5, -4$
- inequação B: $-2, -1, 0$
- inequação C: $-3, -2, -1$
- inequação D: $-5, -4, -3$

b) -3

37. a) $\dfrac{9}{5} > x$ c) $4 \leq x$ e) $96 \leq x$
b) $-\dfrac{1}{3} < x$ d) $-2 \leq x$ f) $\dfrac{9}{4} \geq x$

38. a) $3x + \dfrac{x}{2} < 25 - 18$; $x < 2$
b) $\dfrac{x}{2} - 2x > 5 + x$; $x < -2$
c) $x + 2x - 5 \geq \dfrac{x}{2} - 3x$; $x \geq \dfrac{10}{11}$

39. $x + 7 + \dfrac{x}{3} + 8 + 3x - 6 \leq 35$; $x = 3$; $x = 4$; $x = 5$; $x = 6$

40. a) $5x \leq 620$ b) R$ 124,00   c) Hotéis **A** e **C**.

Capítulo 7 — Razão e proporção

41. 6 horas.   **42.** Alternativa **b**.
43. 15 m × 30 m   **44.** 22,7 g/cm³
45. a) 25%   b) 64%   c) 50%
46. a) 30%   b) 20%   c) 12%
47. a) Itens **a**, **c**.

48.

Quantidade de embalagens	Quantidade de pilhas
1	4
2	2 · 4 = 8
4	4 · 4 = 16
5	5 · 4 = 20
7	7 · 4 = 28
10	10 · 4 = 40
12	12 · 4 = 48
14	14 · 4 = 56

49. a) 288 ovos.   b) 42 bandejas.
50. a) 24 L   b) 40 L   c) R$ 96,60
51. a) 20 L   b) 50 L   c) 200 L
São necessários 600 L de água.
52. a) 100 000 homens.   b) 225 000 habitantes.
53. Alternativa **a**.   **54.** Triângulo **C**.
55. a) Inversamente proporcionais.
b) Diretamente proporcionais.
c) Inversamente proporcionais.
d) Diretamente proporcionais.
e) Diretamente proporcionais.
56. a) Menos dias.   b) 6 dias.

57. Quadro **III**.   **58.** 12 máquinas.   **59.** $x = 9$
60. 3 dias.   **61.** 27 dias.   **62.** 10 horas.
63. 3 costureiras.   **64.** 39 minutos.
65. a) 10,4 m   b) 22 camisas.
66. a) Rodan e Antares. Porque eles percorrem uma distância maior com a mesma quantidade de combustível que os outros.
b) Gama: 12,5 L; Rodan: aproximadamente 11,54 L; Antares: aproximadamente 11,54 L; Orfeu: aproximadamente 13,64 L
67. a) Embalagem **A**.   b) Não.
68. a) 18 mL   b) 16 embalagens.
69. R$ 20,22   **70.** Alternativa **b**.   **71.** 4 viagens.
72. 35 operários.
73. I) $x = \dfrac{9}{8}$ III) $x = 10,5$ V) $x = 18$
II) $x = 6$ IV) $x = 4$
74. a) 4 telefonistas.   b) 40 ligações.   c) 24 ligações.
75. a) 12 operários.   b) 15 dias.
76. 3 km a cada 25 minutos.
77. 2 304 peças.   **78.** $x = 24$ **79.** 2 800 salgados.
80. 162 bolsas.   **81.** 5 dias.   **82.** 75 dias.
83. 26 dias.   **84.** 2 dias.

Capítulo 8 — Ângulos, polígonos e probabilidade

1. Resposta pessoal.

2. Possíveis respostas: $E\hat{O}F$, $A\hat{O}B$, $C\hat{O}A$, $A\hat{O}E$, $F\hat{O}G$, $G\hat{O}A$ e $O\hat{E}F$.

3. I) 225°   II) 120°   III) 45°
4. a) Agudo.   b) Raso.   c) Reto.   d) Obtuso.
5. Alternativa **a**.
6. a) 170°   b) 20°
7. $A\hat{B}C \equiv J\hat{K}L$
8. Resposta pessoal.
9. a) São adjacentes.   c) São adjacentes.
b) Não são adjacentes.   d) São adjacentes.
10. a) 1 440′   c) 4 524′   e) 20 964′
b) 7 500′   d) 7 080′   f) 10 800′
11. a) 18 180″   c) 124 992″   e) 51 789″
b) 5 026″   d) 9 320″   f) 13 899″
12. a) 1° 48′ 40″   c) 35° 9′ 20″   e) 3° 58′ 40″
b) 7° 44′ 16″   d) 107° 15′ 22″   f) 128° 35′ 15″
13. Alternativa **b**.
14. a) 60° 13′ 13″   b) 157° 36′ 19″   c) 249° 2′ 12″
15. a) 70° 20′   c) 110° 59′ 4″   e) 104° 57′ 19″
b) 87° 50′ 12″   d) 177° 49′ 59″   f) 168° 59′ 36″
16. a) 125° 32′   c) 65° 14′ 17″   e) 207° 19′ 1″
b) 151° 47′ 1″   d) 38° 59′ 16″   f) 14° 28′
17. 26° 20′ 19″
18. a) Falsa. Possível resposta: Os ângulos de medidas 45° e 45° são complementares.

b) Verdadeira.   c) Verdadeira.   d) Verdadeira.
e) Falsa. Possível resposta: Os ângulos de medidas 86° 25′ e 3° 35′ são complementares.
f) Falsa. Possível resposta: Os ângulos de medidas 80° 58′ 26″ e 59° 1′ 34″ não são suplementares.

19. a) 40°   c) 75° 54′   e) 8° 49′ 59″
    b) 74°   d) 50° 14′ 55″   f) 26° 59′ 36″

20. **A** = 89°; **B** = 131°; **C** = 72°; **D** = 21°; **E** = 66°; **F** = 116°; **G** = 4°

21. A-III; B-VI; C-I; D-V; E-II; F-IV

22. a) 250° 55′ 48″   c) 6° 58′ 13″   e) 267° 49′ 6″
    b) 276° 15′ 45″   d) 18° 25′ 3″   f) 44° 38′ 11″

23. a) 90° 33′ 59″   c) 44° 2′ 7″   e) 42° 37′ 25″
    b) 235° 14′ 42″   d) 52° 7′ 20″   f) 105° 52′ 6″

24. 140°

25. a) 212° 35′ 36″   c) 203° 3′ 48″   e) 2° 35′ 45″
    b) 291° 1′ 42″   d) 17° 44′

26. 194° 16″   27. 123°

28. 22° 37′ 39″   29. med$(A\hat{O}C)$ = 78°

30. med$(T\hat{O}U)$ = 52°; med$(R\hat{O}U)$ = 156°

31. med$(B\hat{O}C)$ = 52°; med$(D\hat{O}E)$ = 28°

33. med$(B\hat{A}C)$ = 71° 4′ 20″; med$(A\hat{B}C)$ = 90°; med$(A\hat{C}B)$ = 18° 55′ 40″

34. a) 90°   b) 59° 18′ 10″

35. a) 120°   b) 60°   c) 90°   d) 30°

36. a) 0, 40, 20, 60, 60, 40
    b) 180°, 270°, 180°, 360°, 90°

37. b) 1 080′; 64 800″   c) Resposta pessoal.

38. a) 92° 9′ 30″   c) 48° 51′ 46″
    b) 136° 13′ 25″   d) 50° 9′ 42″

39. Complementares, pois a soma é de 90°.

40. a) 60° 12′ 57″   b) 93° 59′ 32″   c) 37° 8′

41. 9° 24′

42. a) Sentido horário.   b) 202° 30′   c) 640°

43. 4 140°   44. 20° 48′ 31″

45. a) 172° 48′   b) 187° 12′

46. a) 1 080°   b) 2,5 voltas ou duas voltas e meia.

47. 22° 30′

48. α = 22° 30′; β = 45°; γ = 67° 30′

49. a) 121° 25′ 8″   c) 127° 27′ 16″
    b) 136° 55′ 20″   d) 96° 2′ 8″

Capítulo 9 — Polígonos e simetria

1. As figuras dos itens **a**, **d**, **f**.

2. vértices: A, B, C, D; lados: $\overline{AB}, \overline{BC}, \overline{CD}, \overline{DA}$; ângulos internos: $\hat{A}, \hat{B}, \hat{C}, \hat{D}$

3. convexos: **b**, **c**; não convexos: **a**, **d**

4. **A** = 4; **B** = 4; **C** = 5; **D** = 6; **E** = 6; **F** = 7; **G** = 8; **H** = 8; **I** = 9; **J** = 9; **K** = 10; **L** = 10; **M** = 10
   • Resposta esperada: A quantidade de vértices, lados e ângulos internos de um polígono é igual.

5. a) **H**, **G**, **B**, **F**, **C**, **J**, **A**, **I**, **E**, **K**, **L**, **D**
   b) As figuras **B**, **F**, **A**, **E**, **L**, **D**.

6. a) Quadriláteros.
   b) Triângulos e quadriláteros.
   c) Triângulos e quadriláteros.
   d) Hexágonos e quadriláteros.

7. a) Octógono, quadrilátero e hexágono.
   b) Hexágono, triângulo e quadrilátero.

8. Heptágono, 7 lados e 7 vértices.

9. Os polígonos dos itens **a**, **d**.

10. a) $x = 45°$ b) $x = 110°$ c) $x = 50°$

11. a) 900°   b) 1 260°

12. a) 1 080°   b) 135°

13. a) 10 lados. Decágono.
    b) Sim. 144°.
    c) • 7 lados.   • 12 lados.   • 15 lados.

14. Alternativa **d**.

15. a) **A**: triângulos equiláteros; **B**: quadrados; **C**: hexágonos regulares
    b) 360°
    c) • **A**: 60°   • **B**: 90°   • **C**: 120°
    d) Não, porque os vértices dos pentágonos regulares ao se encontrarem não formam ângulo de 360°.

16. Resposta pessoal.   17. As figuras **B**, **D**.

18. A) 4 eixos.   B) 3 eixos.   C) 5 eixos.   D) 6 eixos.
    • A quantidade de eixos de simetria é igual à quantidade de lados.

20. Alternativa **b**.   21. Um eixo de simetria.

22. A) Simetria de rotação.   C) Simetria de translação.
    B) Simetria de reflexão.

23. A) 90°   B) 180°   C) 360° ou 0°

25. a) Simetria de rotação.
    b) Simetria de rotação e simetria de reflexão.
    c) Resposta pessoal.

26. a) polígono convexo; vértices: A, B, C, D; lados: $\overline{AB}, \overline{BC}, \overline{CD}, \overline{DA}$; ângulos internos: $\hat{A}, \hat{B}, \hat{C}, \hat{D}$
    b) polígono não convexo; vértices E, F, G, H, I; lados: $\overline{EF}, \overline{FG}, \overline{GH}, \overline{HI}, \overline{EI}$; ângulos internos: $\hat{E}, \hat{F}, \hat{G}, \hat{H}, \hat{I}$
    c) polígono convexo; vértices: J, K, L; lados: $\overline{JK}, \overline{KL}, \overline{LJ}$; ângulos internos: $\hat{J}, \hat{K}, \hat{L}$
    d) polígono não convexo; vértices: M, N, O, P, Q, R, S, T; lados: $\overline{MN}, \overline{NO}, \overline{OP}, \overline{PQ}, \overline{QR}, \overline{RS}, \overline{ST}, \overline{TM}$; ângulos internos: $\hat{M}, \hat{N}, \hat{O}, \hat{P}, \hat{Q}, \hat{R}, \hat{S}, \hat{T}$

27. 3 lados. Triângulo.

28. a) 1 080°   b) 720°   c) 720°   d) 540°

29. a) Octógono.   c) Hexágono.
    b) Hexágono.   d) Pentágono.

30. Alternativa **c**.   31. 40°   32. 150°

33. med$(\hat{A})$ = 55°; med$(\hat{B})$ = 55°; med$(\hat{C})$ = 70°

34. Possíveis respostas: 90°, 60° e 30°; 60°, 60° e 60°

35. a) 135° b) 131° c) 77° d) 112°

36. Na imagem **D**.

37. a) 8 lados. b) 1 080° c) Sim.

39. A-III; B-I; C-II

40. Mosaico **C**.
- **A**: simetria de translação e de reflexão; **B**: simetria de rotação e de reflexão; **C**: simetria de translação e de reflexão

Capítulo 10 — Gráficos e probabilidade

1. Gráfico **b**.

2. a) Nenhuma região. b) Região Centro-Oeste.

3. a) A pé. b) 30 alunos.
c) 7º ano A: 24 alunos; 7º ano B: 25 alunos; 7º ano C: 23 alunos
d) 30 alunos. e) Resposta pessoal.

4. a) Caminhões.
b) Moto e quadriciclo.
c) moto: 9 295 km; carro: 9 111 km; caminhão: 8 159 km; quadriciclo: 9 295 km

6. a) 12 anos.
b) 13 anos. 15 anos.
c) • 11 anos: menino: 35,5 kg; menina: 36 kg.
• 15 anos: menino: 57,5 kg; menina: 52,5 kg.
• 18 anos: menino: 69 kg; menina: 55,5 kg.

7. Resposta pessoal.

8. a) Norte. Sul.
b) Nordeste: 1 541 880 km²; Sudeste: 942 260 km²; Sul: 599 620 km²; Centro-Oeste: 1 627 540 km²
c) 8 566 000 km²

9. Os gráficos dos itens **A**, **C**.

10. a) • moradia: R$ 750,00
• alimentação: R$ 1 000,00
• saúde: R$ 250,00
• transporte: R$ 375,00
• outras despesas: R$ 125,00
b) moradia: 108°; alimentação: 144°; saúde: 36°; transporte: 54°; outras despesas: 18°

11. a) terror: 100°; comédia: 130°; romance: 40°

12. Resposta pessoal.

13. a) Menor.
b) O bioma Pantanal. Mato Grosso e Mato Grosso do Sul.

14. 10 maneiras. **15.** 12 maneiras.

16. • 8 tipos de pratos. • 32 tipos de pratos.

17. 348, 384, 438, 483, 834, 843

18. Alternativa **b**.

19. Resposta esperada: Sim, porque a razão entre a quantidade de possibilidades favoráveis e a quantidade total de possibilidades é a mesma para qualquer número do dado.

20. primeira rodada: $\frac{4}{10}$ ou 40%; segunda rodada: $\frac{6}{10}$ ou 60%; terceira rodada: $\frac{3}{10}$ ou 30%; quarta rodada: $\frac{2}{10}$ ou 20%; quinta rodada: $\frac{2}{10}$ ou 20%

21. • azul: $\frac{3}{10}$ ou 30% • vermelho: $\frac{1}{5}$ ou 20%
• verde: $\frac{1}{4}$ ou 25% • amarelo: $\frac{1}{4}$ ou 25%

22. • Renata ser sorteada: $\frac{1}{40}$ ou 2,5%
• uma mulher ser sorteada: $\frac{11}{20}$ ou 55%
• um homem ser sorteado: $\frac{9}{20}$ ou 45%

23. a) 80 fichas. c) $\frac{22}{79}$ ou aproximadamente 28%
b) $\frac{1}{4}$ ou 25% d) $\frac{11}{78}$ ou aproximadamente 14%

24. • um chaveiro: $\frac{1}{4}$ ou 25%
• uma caneta: $\frac{9}{16}$ ou 56,25%
• um boné: $\frac{1}{8}$ ou 12,5%
• uma agenda: $\frac{1}{16}$ ou 6,25%

25. a) 9 900 cartões. b) 902 cartões.

26. a) 18 006 987
b) Região Nordeste. Região Centro-Oeste.
c) 7 844 220 d) Resposta pessoal.

27. a) Por volta dos 25 anos. c) De 65 para 85 anos.
b) Capacidade pulmonar. d) 19%

28. a) Não, a quantidade de mulheres sempre foi superior à quantidade de homens.
b) 5 049 335 pessoas. 5 678 698 pessoas.
c) 201 467 084 habitantes.

29. a) Gráfico de colunas (ou barras verticais), gráfico de setores.
b) Resposta esperada: Não, pois mesmo que as barras tenham a mesma altura, os valores referentes ao desempenho são diferentes.
c) Resposta esperada: O personagem não ganhará o *tablet*.

30. a) 14%
b) futebol: 198 alunos; basquete: 42 alunos; vôlei: 60 alunos

31. a) Aproximadamente 37,4%.
b) Não, a população corresponde a menos da metade.
c) Sim, pois 180° representaria a metade do gráfico, e a soma dessas populações é menor que a metade.

32. a) Aproximadamente 1 217 pessoas.

33. 8 possibilidades.

34. a) 260 possibilidades.
b) 10 tentativas.
c) $\frac{1}{260}$ ou aproximadamente 0,38%

35. a) 12 números. b) 1,58; 85,1

36. a) 18 possibilidades. b) $\frac{1}{2}$ ou 50%
c) Este item possui várias respostas. Algumas delas são: 2, 4 e 10; 8, 8 e 10; 4, 12 e 10.

Atividades Complementares

Capítulo 8 — Ângulos

1. a) nome: $\hat{O}$, $Y\hat{O}X$ ou $X\hat{O}Y$; vértice: O; lados: $\overrightarrow{OX}$, $\overrightarrow{OY}$
   b) nome: $\hat{H}$, $R\hat{H}M$ ou $M\hat{H}R$; vértice: H; lados: $\overrightarrow{HR}$, $\overrightarrow{HM}$
2. a) 4 partes. b) 90°
3. • med$(\hat{A}) = 120°$ • med$(\hat{C}) = 165°$
   • med$(\hat{B}) = 195°$ • med$(\hat{D}) = 135°$
4. a) **I**: 270°; **II**: 240° b) Relógio **II**.
5. a) Agudo. b) Obtuso. c) Obtuso. d) Agudo.
6. a) 46° b) 115° 29′ c) 26° 10′ 2″
7. a) 183 960″ c) 57 600″ e) 97 200″
   b) 1 733″ d) 7 380″ f) 55 440″
8. a) 5′ c) 33′ e) 1 518′
   b) 17′ d) 780′ f) 2 664′
9. a) 55° b) 36° 14′ 9″ c) 110° 57′ 3″ d) 42° 17′
10. a) 166° 26′ 28″ c) 175° 42′ 51″
    b) 271° 52′ 38″ d) 349° 24′ 15″
11. med$(B\hat{O}C) = 18° 56′ 41″$
12. a) 111° 28′ 43″ b) 8° 10′ 1″ c) 88° 47′ 31″
13. a) 39° 37′ b) 19° 40′ c) 37° 49′
14. a) 75° 7′ 15″ c) 71° 49′ 4″
    b) 50° 47′ 20″ d) 119° 6′ 12″
15. med$(B\hat{O}C) = 43°$
16. a) 15° b) 76° c) 67° d) 39° e) 89° f) 14°
17. 133° 34′ 42″ 18. 40°
19. a) 145° 48′ 39″ c) 313° 18′ 25″ e) 47° 36′ 5″
    b) 126° 37′ 34″ d) 86° 18′ 43″ f) 9° 57′ 13″
20. 15°
21. med$(B\hat{A}C) = 71° 36′ 17″$; med$(A\hat{B}C) = 71° 36′ 17″$
22. a) • **D**: 4° 10′ 15″; **F**: 3° 10′ 25″ • **A**: 5 140″
    • **E**: 904′ • **B**: 27°; **C**: 3°
    b) • A + F = 4° 36′ 5″ • 3A + B = 31° 17′
    • E − F = 11° 53′ 35″ • E : 4 = 3° 46′
23. a) 83° 38′ 25″ c) 237° 7′
    b) 32° 37′ 43″ d) 33° 30′ 6″
24. a) $a = 26°$ b) $a = 45°$ c) $a = 62,5°$
25. med$(O\hat{C}B) = 30°$; med$(C\hat{O}B) = 90°$

Capítulo 9 — Polígonos e simetria

26. Planificações **b**, **c**.
    a) Cone.
    b) Prisma de base hexagonal.
    c) Pirâmide de base quadrada.
    d) Cilindro.
27. Figuras **a**, **b**, **e**, **f**.
    São convexos os polígonos das figuras **a**, **f**.
28. a-3; b-4; c-1; d-2
29. a) 47° b) 120° c) 45° d) 86°
30. med$(\hat{A}) = 50°$; med$(\hat{B}) = 50°$; med$(\hat{C}) = 80°$
31. a) 150° b) 144° c) 156°
32. a) 105° b) 142°
33. $a = 60°$; $b = 30°$; $c = 90°$ 34. Figuras **b**, **c**.
35. a) Figuras **III**, **V**. b) Figura **V**. c) Figuras **I**, **II**, **IV**, **VI**.
36. Imagens **b**, **c**.
37. a) 180° b) Anti-horário. c) 90° d) 270°

Capítulo 10 — Gráficos e probabilidade

38. a) • 20 horas. b) • 12 horas.
    • 12 horas. • 11 horas e 30 minutos.
    • 8 horas e 30 minutos. • 4 horas e 30 minutos.
    • 8 horas.
    • 7 horas e 30 minutos.
    c) Resposta pessoal.
39. a) Região Norte. b) Mais homens. 7 423.
    c) região Norte: 12 092; região Nordeste: 2 309; região Sudeste: 3 729; região Sul: 225; região Centro-Oeste: 1 144
40. a) Agosto, outubro e novembro. b) 79 geladeiras.
41. a) 75 km c) 175 km e) 15 h 35 min
    b) 30 minutos. d) 300 km
42. a) linha laranja: mulheres; linha verde: homens
    b) Mulheres.
    c) Está aumentando. Significa que as pessoas estão vivendo mais tempo.
43. a) Ônibus e caminhões. b) 13%
    c) automóveis: 2 016 419; comerciais leves: 315 825; ônibus e caminhões: 97 177
45. a) Minas Gerais: 3,6%; Paraná: 17,7%; Rio Grande do Sul: 16,2%; Mato Grosso do Sul: 7,5%; Mato Grosso: 28,6%; Goiás: 8,9%; Outros estados: 17,5%
    b) Gráfico **II**.
46. 18 maneiras diferentes.
47. a) 24 senhas. b) 256 senhas.
48. 140 modos diferentes.
49. a) $\frac{1}{6}$; aproximadamente 16,7%
    b) $\frac{2}{6} = \frac{1}{3}$; aproximadamente 33,3%
    c) $\frac{3}{6} = \frac{1}{2}$; 50%
50. a) 24 maneiras. b) $\frac{4}{24} = \frac{1}{6}$
51. $\frac{1}{5}$ ou 20%
52. a) $\frac{18}{84} = \frac{3}{14}$ b) $\frac{14}{84} = \frac{1}{6}$ c) $\frac{6}{84} = \frac{1}{14}$
53. a) $\frac{2}{6} = \frac{1}{3}$ b) $\frac{4}{6} = \frac{2}{3}$ c) $\frac{3}{6} = \frac{1}{2}$ d) $\frac{1}{6}$
54. a) $\frac{10}{20} = \frac{1}{2}$ c) $\frac{8}{20} = \frac{2}{5}$ e) $\frac{1}{20}$
    b) $\frac{10}{20} = \frac{1}{2}$ d) $\frac{4}{20} = \frac{1}{5}$

Siglas

Cefet-RN – Centro Federal de Educação Tecnológica – Rio Grande do Norte
Enem – Exame Nacional do Ensino Médio
ETEC – Escola Técnica Estadual de Ensino Médio e Cursos Técnicos Gratuitos
OBM – Olimpíada Brasileira de Matemática
OBMEP – Olimpíada Brasileira de Matemática das Escolas Públicas
Prova Brasil – Avaliação Nacional do Rendimento Escolar
Saresp – Sistema de Avaliação de Rendimento Escolar do Estado de São Paulo
UERJ – Universidade do Estado do Rio de Janeiro
UFG – Universidade Federal de Goiás

Referências bibliográficas

ALMANAQUE ABRIL 2015. São Paulo: Abril, 2015.

ALRO, Helle; SKOVSMOSE, Ole. *Diálogo e aprendizagem em Educação Matemática*. Trad. Orlando de A. Figueiredo. Belo Horizonte: Autêntica, 2006.

ARAGÃO, Maria José. *História da matemática*. Rio de Janeiro: Interciência, 2009.

BELLOS, Alex. *Alex no país dos números*. Trad. Berilo Vargas; Cláudio Carina. São Paulo: Companhia das Letras, 2011.

BENDICK, Jeanne. *Pesos e medidas*. Trad. Djalmir Ferreira de Mello. Rio de Janeiro: Fundo de Cultura, 1960 (Coleção O Mundo e Nós).

BOYER, Carl Benjamin. *História da matemática*. Trad. Elza F. Gomide. São Paulo: Edgard Blücher, 1974.

BRASIL. Ministério da Educação, Secretaria de Educação Básica. *Matemática*: Ensino Fundamental. v. 17. Brasília: Ministério da Educação, 2010 (Coleção Explorando o Ensino).

CENTURIÓN, Marília. *Conteúdo e metodologia da Matemática*: números e operações. São Paulo: Scipione, 1994 (Série Didática – Classes de Magistério).

DIAS, Marisa da Silva; MORETTI, Vanessa Dias. *Números e operações*: elementos lógico-históricos para atividade de ensino. Curitiba: Ibpex, 2011 (Série Matemática em Sala de Aula).

EVES, Howard. *Introdução à história da matemática*. Trad. Hygino H. Domingues. Campinas: Ed. da Unicamp, 2004.

GONÇALVES, Cristina Faria Fidelis; STRAPASSON, Elizabeth. *O tratamento da informação*: estatística para o ensino fundamental. Londrina: Eduel, 2007.

LIMA, Elon Lages. *Meu professor de matemática e outras histórias*. 5. ed. Rio de Janeiro: SBM, 2006 (Coleção do Professor de Matemática).

NUNES, Terezinha et al. *Educação matemática 1*: números e operações numéricas. São Paulo: Cortez, 2005.

PAIS, Luiz Carlos. *Ensinar e aprender matemática*. Belo Horizonte: Autêntica, 2006.

RICHARDS, Jon; SIMKINS, Ed. *O mundo em infográficos*. Trad. Liliana Negrello; Orlei Negrello Filho. Rio de Janeiro: Sextante, 2013.

ROONEY, Anne. *A história da matemática*: desde a criação das pirâmides até a exploração do infinito. São Paulo: M.Books do Brasil, 2012.

ROQUE, Tatiana. *História da matemática*: uma visão crítica, desfazendo mitos e lendas. Rio de Janeiro: Zahar, 2012.

WAGNER, Eduardo. *Construções geométricas*. 6. ed. Rio de Janeiro: SBM, 2007 (Coleção do Professor de Matemática).

convergências

Livros que preparam o aluno para o exercício da cidadania.

›› SELEÇÃO DE CONTEÚDOS
Conteúdos criteriosamente selecionados e apresentados em contextos motivadores.

›› FORMAÇÃO DE LEITORES CRÍTICOS
Trabalho com estratégias de leitura para o desenvolvimento da competência leitora.

›› DIÁLOGO ENTRE AS DISCIPLINAS
Temas convergentes: Ambiente e sustentabilidade, Qualidade de vida, Tecnologias, Expressões culturais, Cidadania e Gênero e diversidade.

›› EDUCAÇÃO BASEADA EM VALORES
Trabalho voltado para a formação de cidadãos críticos e conscientes de seu papel na sociedade.

Também na versão digital para computador e *tablet*.

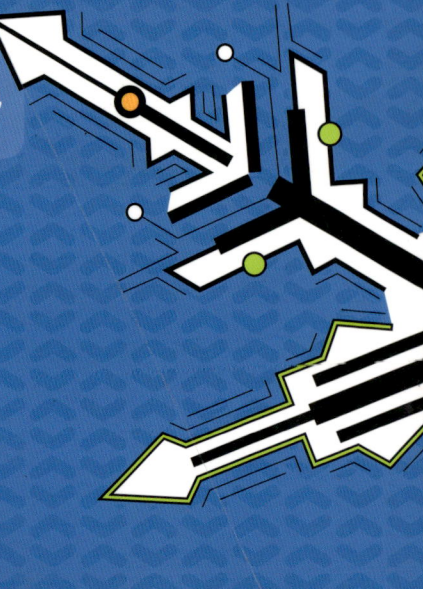

ISBN 978-85-418-1609-0